Moderne Wirtschaftsgestaltungen

herausgegeben von

Kurt Wiedenfeld

Heft 12:

Die Organisation des Ruhrbergbaues

von

Dr. Ernst Ledermann

Berlin und Leipzig 1927

Walter de Gruyter & Co.

vormals G. J. Göschen'sche Verlagshandlung — J. Guttentag, Verlagsbuchhandlung
Georg Reimer — Karl J. Trübner — Veit & Comp.

Die Organisation des Ruhrbergbaues

unter Berücksichtigung der Beziehungen zur Eisenindustrie

von

Diplomkaufmann
Dr. Ernst Ledermann
Volkswirt R. D. V.

Berlin und Leipzig 1927
Walter de Gruyter & Co.
vormals G. J. Göschen'sche Verlagshandlung — J. Guttentag, Verlagsbuchhandlung
Georg Reimer — Karl J. Trübner — Veit & Comp.

Erscheint gleichzeitig als Dissertation der Philosophischen Fakultät
der Universität Leipzig im Auszug

Otto Wigand'sche Buchdruckerei G. m. b. H., Leipzig

Vorwort

Die nachstehende Abhandlung über den Ruhrbergbau wurde im Rahmen des Volkswirtschaftlichen Seminars von Herrn Geheimrat Prof. Dr. Wiedenfeld, Leipzig, im Jahre 1925 verfertigt und stellt einen Versuch dar, die mannigfachen Organisationsfragen, die Kriegs- und Nachkriegszeit der Montanindustrie bereitet haben, zusammenzufassen und aus ihnen heraus die Tendenz der Entwicklung zu erkennen. Die enge Verflechtung zwischen Kohle und Eisen, ein Charakteristikum der deutschen Montanindustrie, machte es erforderlich, von dem ursprünglichen Plan einer Darstellung der Verhältnisse im Rheinisch-Westfälischen Kohlensyndikat überzugreifen auf das Gesamtproblem der Organisation der Montanindustrie. Die Arbeit schließt im wesentlichen mit dem Zustand ab, wie er um die Jahreswende 1925/26 gegeben war, berücksichtigt aber auch noch wichtige Tatsachen des ersten Quartals 1926.

Während des Druckes der Arbeit hat sich manches in der Organisation geändert, Neuerungen bedeutender Art der letzten Jahre — so die Regelung der Gebiete und des Verhältnisses zwischen reinen und Hüttenzechen — sind revidiert worden, aber die Grunderkenntnisse der Arbeit bleiben bestehen und rechtfertigen ihre Publikation.

Herrn Geheimrat Prof. Dr. Wiedenfeld, der das Referat der Arbeit in liebenswürdiger Weise übernahm und sie jederzeit mit Interesse verfolgte, fühle ich mich zu besonderem Dank verpflichtet. Es sei mir gleichzeitig gestattet, dem Herrn Korreferenten, Herrn Prof. Dr. A. Hoffmann, Leipzig, sowie all den Herren aus Fachverbänden und Unternehmungen, die mir mit ihrem Rat zur Verfügung standen, insbesondere den Herren vom Bergbauverein Essen, dessen Bibliothek mir uneingeschränkt zur Benutzung zugänglich gemacht wurde, an dieser Stelle meinen Dank auszusprechen.

Leipzig/München, im Mai 1927.

Inhaltsverzeichnis

Dritter Abschnitt

Seite

Statistischer Anhang

Graphischer Anhang

Abkürzungen

R.W.K.S.	= Rheinisch-Westfälisches Kohlensyndikat
St.V.	= Stahlwerksverband
R.St.G.	= Rohstahlgemeinschaft
R.E.V.	= Roheisenverband
R.K.V.	= Reichskohlenverband
O.B.B.	= Oberbergamtsbezirk
St. u. E.	= Stahl und Eisen
D.K.Z.	= Deutsche Kohlen-Zeitung
Frankf. Ztg.	= Frankfurter Zeitung
B.T.	= Berliner Tageblatt
D.B.Z.	= Deutsche Bergwerks-Zeitung
R.W.Z.	= Rheinisch-Westfälische Zeitung
K.Z.	= Kölnische Zeitung
K.V.Z.	= Kölnische Volkszeitung
B.B.Z.	= Berliner Börsen-Zeitung
B.B.V.	= Bergbauverein für den O.B.B. Dortmund in Essen
G.B.	= Geschäftsbericht

Einleitung

Die Hauptursachen der Organisationswandlung der Ruhrmontanindustrie

Die Montanindustrie steht als Schlüsselindustrie im Vordergrund des Interesses an den Organisationsaufgaben. Die Wandlungen, die sich in der Organisation der Ruhrmontanindustrie in den letzten Jahren vollzogen haben, lassen es geboten erscheinen, sich mit diesen zu befassen.

In den Rohstoffbeziehungen haben sich im und durch den Krieg grundlegende Verschiebungen vollzogen [1]. Durch die Isolierung des deutschen Marktes entstand aus einer in normalen Zeiten stark aktiven Kohlenbilanz eine Kohlennot. Sie wurde im wesentlichen verursacht durch den Förderausfall des maschineller Intensivierung — eine Arbeitsintensivierung konnte infolge Arbeitermangel nicht in Frage stehen — wenig zugänglichen Steinkohlenbergbaues, während die Braunkohle ihre Förderung anhaltend steigerte und mengenmäßig die der Steinkohle 1922 überflügelte. Bei der Beurteilung dieser Erscheinungen darf man allerdings den Verlust an Steinkohlenlagerstätten nicht unberücksichtigt lassen. Trotz einer starken Vermehrung der Belegschaft nach Kriegsende, eine Maßnahme, die im Arbeitsraum vor Ort einerseits, an der Wohnungsfrage andererseits Grenzen fand, verschärfte sich die Kohlennot. Die deutsche Kohlenbasis verengte sich infolge der Verluste in Lothringen, der Aussonderung der Saar und 1922 der Zerreißung des oberschlesischen Wirtschaftsgebietes. Die Arbeitsleistung selbst sank, da die individuelle Arbeitsintensität infolge der psychischen Nachwirkungen des Krieges gemindert war, soziale Probleme die Arbeitsgestaltung belasteten, die Arbeitszeit herabgesetzt wurde.

[1] Es werden hier in der Einleitung nur die Hauptursachen der Organisationswandlung behandelt, andere lediglich angedeutet, eine aus Zweckmäßigkeitsgründen gebotene Maßnahme.

Die Folgen der Kohlennot waren mannigfacher Natur. Das Reich sah sich bereits 1917 zwecks Vermeidung einer Versorgungskrisis zur Einsetzung des Reichskohlenkommissars veranlaßt, dem es oblag, in die Vertriebspolitik der Syndikate autoritativ einzugreifen und die Verteilung der Förderung regional und quantitativ zu regeln.

Bestrebungen der Verarbeitungsindustrie, sich den Rohstoff in Quantität und Qualität zu sichern, führten zur Konzentration zwischen Großverbrauchern und Zechen. Diese Bewegung dauerte bis etwa 1921/22 an, d. h. solange nicht nur Deutschland, sondern der Weltmarkt unter dem Druck der Brennstoffknappheit litt und solange vor allem brauchbare, angliederungsfähige Objekte noch frei waren. Die Konzentration erstreckte sich dabei nicht nur auf die Ruhrkohle, sondern griff auf die Braunkohle um so mehr über, als deren Produktivität leichter zu steigern war. Gleichzeitig wurden wärmetechnische Verbesserungen durchgeführt mit dem Ziel restloser Ausnutzung der Brennstoffenergien und damit relativer Senkung des Kohlenbedarfes. Anlagen, die wie Hochöfen große Abfallenergien erzeugen, gliederten sich Verarbeitungsbetriebe an.

Die Steinkohle wurde in mannigfacher Hinsicht durch andere Energieträger ersetzt. Die Braunkohle, die in erster Linie mit dem durch die Verschiebungen in der Stahlerzeugung betonten Siemens-Martin-Prozeß diente, die weiter vom Reichskohlenkommissar verstärkt dem Hausbrand zugeführt wurde, wurde im großen Umfang zur Großkrafterzeugung — Goldenbergwerk, Golpa-Merseburg — herangezogen. Für die Energieerzeugung wurden Wasserkraftanlagen ausgebaut [2]). Schließlich hat das

---

[2]) Dehne, S. 73, rechnet bei Vollausbau für Deutschland — was heute allerdings eine Kostenfrage ist und daher sehr problematisch erscheint — mit einer Steinkohlenersparnis von 10 Millionen Tonnen jährlich, derzeitig aber schon 2 Millionen Tonnen (Murgwerk, Walchensee-, Inn-, Kochelwerk, Wasserkräfte des Harz usw.). Italien rechnet laut Frankf. Ztg. v. 25. 8. 1925 mit 9 Millionen Tonnen Ersparnis. Frankreich hat bereits $2^1/_2$ Millionen kW installiert. England hat dagegen keine Großkraftzentralen.

Öl die Steinkohle in der Schiffahrt, deren Bedarf an sich gemindert ist, weitgehend ersetzt[3]).

Die nachhaltigste Folge des Krieges und der Kohlennot aber dürfte die Umschichtung sein, die sich seit 1913 in der Weltkohlenversorgung vollzogen hat. Die Bestrebungen, sich selbst zu versorgen, mußten bei den Staaten notwendig ausgelöst werden, die über Kohlenvorräte verfügten. Der europäisch-amerikanische Anteil an der Weltproduktion ist zugunsten der übrigen Produktionsgebiete effektiv und relativ gesunken[4]). Bedeutsamer aber noch ist die Verschiebung in der europäischen Produktionsbasis[5]). Besonders stark ist der Anteil Hollands und Italiens ge-

---

[3]) D. B. Z. v. 2. 9. 1925 Antriebsarten der Welttonnage:

	Segler	Motor	Kohlen	Öl
1914	8,06	0,45	88,84	2,05 Proz.
1923	3,92	3,09	66,20	26,79 „

[4]) GB. R. K. V. 1924/25 stat. Anh. S. 2/3 Weltkohlenproduktion in Millionen Tonnen:

	Steinkohle			Braunkohle		
	1913	1924	1913 = 100	1913	1924	1913 = 100
Europa	607	553	91	124	158	128
Amerika	531	514	97	0,9 (Amerika und Übrige Welt)	3,6	394
Übrige Welt	79	100	125			

[5]) Europäische Produktionsbasis in Millionen Tonnen:

	Steinkohle			Braunkohle		
	1913	1924	Proz.	1913	1924	Proz.
England	292	273,5	93,7			
Deutschland	140,8	118,8	84,4	87,2	124,4	142,5
Saar und Pfalz	13,2	14	106,1			
Ostoberschlesien und Lothringen	35,9	29	80,8			
Frankreich ohne Lothringen	40,1	38,7	96,5	0,8	0,9	119
Belgien	22,8	23,4	102,6			
Holland	1,9	6,2	326,3			
Italien				0,7	1,0	143,3
Österreich-Ungarn (alter Umfang)	15,7	15,2	96,8	31,6	28,7	90,8
Übrige Länder	44,5	33,7	75,6	3,8	1,4	37,2
	606,9	552,5	91,0	124,1	158,4	128,0

wachsen, bei Holland eine durch die verminderte Belieferung seitens der Ruhr notwendig bedingte Entwicklung.

Die Kohlennot, die am Weltmarkt bereits 1921 überwunden wurde, herrschte in Deutschland infolge der Inflation, die wie ein Schutzzoll und als Agens einer Konjunktur wirkte, bis Ende 1923. Sie wurde durch die Schwierigkeiten nach Abbruch des passiven Widerstandes und die Politik der Micum, die bewußt einer Wiederankurbelung der Wirtschaft entgegenarbeitete, bis Mitte 1924 latent erhalten, um von da an einer sich verschärfenden Absatzkrisis Platz zu machen. Es ist klar, daß die Erscheinungen, die die Kohlennot gemildert hatten, die Absatznot jetzt erschwerten. Es kam als weitere Hemmung hinzu, daß der Tarifaufbau wesentlich geändert worden war.

Die Wirkung des vor dem Krieg bestehenden Tarifaufbaues hatte sich — ähnlich der Entwicklung der Preise — durch die Inflation verschoben. Die Staffel war zudem völlig geändert worden und die Ausnahmetarife seit 1919 infolge des Friedensvertrages[6]) in Fortfall gekommen, so daß nur noch der A. T. 6 galt[7]). Eine mehrfache Senkung der Frachtsätze brachte den Tarif ab 1. 3. 1924 in eine Staffel, die bei 350 km etwa 50 Proz. über dem Vorkriegstarif, bei 1000 km etwa 10 Proz. darunter lag und bei 800 km den früheren Satz schnitt[8]). Das bedeutete für den Wettbewerb der Ruhr zunächst eine Erleichterung durch Beengung des Schlagkreises der Braunkohle, dann aber eine starke Erschwerung durch Ausweitung des oberschlesischen Konkurrenzkreises und gleichzeitige Verengung des Mannheimer, der an sich durch die Regiefracht[9]) stark vorbelastet war.

Den anormalen Zustand beseitigte die Tarifreform vom 15. 5. 1924, ergänzt durch die Frachtsenkung vom 18. 9. 1924, die

---

[6]) Anl. V § 6: „... die Tarife für die Beförderung mit der Eisenbahn dürfen nicht höher sein, als für gleichartige Beförderungen in Deutschland“ (betr. Bezahlung der Reparationskohlen).

[7]) Bis 31. 10. 1923 in Mark, seit 1. 11. 1923 in Goldmark.

[8]) Vgl. Skalweit in D. K. Z. v. 1925 S. 316.

[9]) G. B. 1922/24 R. W. K. S. S. 32, lt. diesem betrug sie bis Juli 1924 Mk. 2.40, bis November Mk. 1.80 pro Tonne.

den A. T. 6 vom Schnittpunkt mit dem Vorkriegstarif in diesen abbog, so daß die Nahentfernungen stärker als vor dem Krieg belastet waren und mit zunehmender Entfernung der relative Erhöhungssatz sank, wie sich aus folgender Gegenüberstellung der beiden Sätze ergibt[10]. Es betrug die Fracht je 10 t in Mark:

km	10	50	100	200	300	400	500	600	700	800
1914	9	18	29	51	73	91	104	119	133	147
18. Sept. 1924 .	14	26	41	71	101	122	129	132	134	147
Steigerung in Proz. . . .	56	44	41	39	38	34	24	11	.	—

Auch in dieser Form ist der Schlagkreis der Ruhr noch beengt. Es ergibt sich z. B. gegenüber Oberschlesien als Wettbewerbgrenze 1914 525 km, bei gleichem Tarifaufbau 1925 365 km, beim derzeitigen A. T. 6 300 km ab Gelsenkirchen[11]. Die Differenz 525/365 ist dabei durch eine stärkere Steigerung der Preise der Ruhrkohle verursacht, so daß die tarifarische Benachteiligung nur 65 km beträgt[12].

Die Auftarifisierung der nahen Entfernungen hat m. E. die Konkurrenz gegen die Braunkohle nicht erschwert, da die wertvollere Steinkohle die Tarifüberlastung eher tragen kann als die Braunkohle[13]. Überhaupt ist zu betonen, daß obige Wettbewerbgrenzen nur ceteris paribus anderen gegenüber gelten, daß Wasserstraßenkonkurrenz, Heizkraft, Preis, Einschiebung dritter Konkurrenten die Konkurrenzlage völlig verschieben. Die Berechnung kann nur als Beispiel dienen.

[10]) G. B. Rhein. Braunkohlensyndikat 1924/25 S. 8.

[11]) Sklaweit a. a. O. S. 316 berechnet für Fettstückkohle diese Grenzen.

[12]) Die Wettbewerbsgrenzen sind: 1914 Stralsund—östl. Berlin—östl. Leipzig—Chemnitz—Grenze. 1925 westl. Kiel—westl. Hamburg—östl. Braunschweig—östl. Göttingen—östl. Kassel—Würzburg—östl. München. Sie wären bei alter Preisrelation östl. Lübeck—Magdeburg—westl. Erfurt—östl. Koburg—östl. Nürnberg—östl. Regensburg—Passau. Vgl. zu letzterer die etwa gleiche süddeutsche Konkurrenzlinie des Kohlenkontor.

[13]) Vgl. Denkschrift des Deutschen Braunkohlenindustrievereins Seite 1.

Die Ausnahmetarife wurden inzwischen teilweise wieder eingeführt. Der A. T. 6a nach dem Siegerland für Ruhrkohle und rheinische Braunkohle gilt wieder seit 1924. Der Küstenausnahmetarif wurde im Mai 1925 erneuert. Ein Ausnahmetarif nach Holland wurde ab 1. 10. 1925 eingeführt[14]). Der A. T. 6u für den oberrheinischen Umschlag wurde am 15. 6. 1924 wieder erlassen und damit zunächst eine Konkurrenz zwischen Strecke und Wasser in etwa wiederhergestellt und der süddeutsche Aktionsradius erweitert, wenn auch die Wasserstraße infolge der Wirkung der Tarifierung der Ferndistanzen im A. T. 6 gegen 1913 noch benachteiligt bleibt[15]), und schon bei etwa 200 km ab Umschlag mit der Strecke nicht mehr konkurrieren kann[16]).

Die Schlepp- und Kanalgebühren verteuern den Versand nach Norden und Osten[17]). Die Rheinfrachten haben sich seit 1924 infolge des Überangebotes an Frachtraum gesenkt. Ebenso sind aber auch die Konkurrenzfrachten der englischen Kohle erheblich zurückgegangen.

Der Umschichtung im Kohlenmarkt parallel ging eine solche im Eisenmarkt. Auf die Bestrebungen der Hüttenzechen, sich den Rohstoff einerseits, die Abnehmer der Abfallenergien andererseits zu sichern, wurde hingewiesen. Die Anlagen selbst wurden, besonders in den Verfeinerungsabteilungen, für Kriegszwecke im Rahmen des Hindenburgprogramms seit 1916 stark ausgebaut, Tatsachen, die den Brennstoffbedarf an sich steigerten. Diese Anlagen, wie die ganze Kriegsindustrie, waren nach Friedensschluß völlig umzustellen und konnten dank der Inflation, trotz der Weltkrisis, mit Unterbrechungen einigermaßen bis Ende 1922 beschäftigt werden. Die Reorganisation der gemischten Werke wurde kompliziert durch die großen Verluste, die die Eisen-

[14]) Vgl. D. B. Z. v. 25. 11. 1925.

[15]) D. B. Z. v. 17. 9. 1925.

[16]) Der A. T. 6u hat besondere Bedeutung für die gleichmäßige Versorgung des süddeutschen Marktes mit Kohlen in Zeiten, in denen die Schiffahrt ruht und die oberrheinischen Umschlageplätze als Reservelager dienen.

[17]) Dortmund-Ems-Kanal und Herne-Hannover-Kanal.

industrie durch die Abtrennung Lothringens, Luxemburgs, später Ostoberschlesiens und das vorübergehende Ausscheiden des Saargebietes aus der deutschen Zollhoheit erlitt. Diese Verluste trafen in erster Linie die Ruhrhütten, die in großem Umfang Minette verbrauchten[18]) und mit den Südwestwerken organisch verbunden waren. Hier — wie später in Oberschlesien[19]) — wurde mitten aus dem Produktionsaufbau ein Hauptglied herausgeschnitten[20]), und so ein völliger Neubau der eisenschaffenden

Verschiebung der Grundlagen der eisenschaffenden Industrie (lt. Stat. St. u. E. 1914 u. 1925/26) (in 1000 t)

Gebiet	Roheisen		Rohstahl		Walzprod.		Rohstahl in Proz.[21]) von Roheisen		Walzprod. in Proz.[21]) von Rohstahl	
	1913	1925	1913	1925	1913	1925	1913	1925	1913	1925
Rheinland . Westfalen .	8 209	8 000	10 112	9 895	9 181	8 161	123	126	91	83
Siegerland .	995	581	388	285	446	451	39	49	115	158
Saar . . .	1 371	—	2 080	—	1 652	—	152	—	79	—
Lothringen . Luxemburg .	6 418	—	3 623	—	3 033	—	56	—	84	—
Nord-, Ost- u. Mittel-deutschl. .	1 001	1 050	1 072	1 432	917	1 143	107	136	86	79
Süddeutschl.	320	257	253	215	191	204	79	84	75	95
Schlesien .	995	289	1 407	366	1 279	287	141	127	91	78
Summe	19 309	10 177	18 935	12 193	16 699	10 246				
Davon Saar-Minette	Proz.		Proz.		Proz.		Durchschnitt			
Ost-Ob.-Sch.	43,5	—	35,2	—	34,6	—	98	119	88	84
Saar . . .	7,1	—	10,9	—	10,2	—	—	—	—	—
Rheinland . Westfalen .	42,5	78,6	53,4	81,2	55	79,7	—	—	—	—

[18]) Die Ruhr empfing an Minette (in 1000 t) 1913 aus Lothringen 3244, an Erzen aus Frankreich 1489. 1925 bezog Deutschland lt. D. B. Z. v. 16. 2. 1926 nur noch 1523 insgesamt.

[19]) Vgl. Deutsch a. a. O.

[20]) Vgl. unten Erster Abschnitt IV.

[21]) Unter 100 Proz. = Überschuß-, über 100 Proz. = Zuschußgebiet.

Roheisensorten

	in 1000 t			in Prozenten		
	1913	1924	1925	1913	1924	1925
Hämatit und Gießerei . .	3657	1405	2155	18,9	18	21,2
Bessemer	369	40	37	1,9	0,5	0,4
Thomas	12193	4410	5940	63,2	56,4	58,4
Stahl- und Spiegeleisen, FMn und FSi	2600	1943	2020	13,5	24,9	19,8
Sonstiges	490	14	25	2,5	0,2	0,2

Rohstahlsorten nach Gebieten
(in 1000 t)

Gebiet	Thomasstahl			SM.-Stahl basisch			andere Sorten		
	1913	1924	1925	1913	1924	1925	1913	1924	1925
Rheinland u. Westfalen .	4686	3547	—	4605	4139	—	821	381	—
Siegerland	—	—	—	381	173	—	7	9	—
Saar u. Pfalz	1719	—	—	342	—	—	19	—	—
Lothringen u. Luxemburg	3386	—	—	220	—	—	17	—	—
Nord-, Ost-, Mittel- u. Süd-Deutschland	598	443	—	655	792	—	72	99	—
Schlesien	241		—	1126	259	—	40		—
Summe	10630	3990	5110	7329	5363	6475	976	489	608

Walzwerksproduktion

Sorte	in 1000 t			in Prozenten		
	1913	1924	1925	1913	1924	1925
Halbzeug	2800	830	951	16,8	10,2	9,3
Eisenbahnoberbau	2470	1053	1499	14,8	12,9	14,6
Träger	1555	460	676	9,3	5,6	6,6
Stabeisen	4430	2321	2839	26,5	28,4	27,7
Bandeisen	396	282	389	2,4	3,5	3,8
Walzdraht	1158	909	1073	6,9	11,1	10,5
Grobbleche	1409	767	833	8,4	9,4	8,1
Mittel- u. Feinbleche . . .	890	609	896	5,3	7,4	8,7
Weißbleche	83	86	91	0,5	1,0	0,9
Röhren	750	476	637	4,5	5,8	6,2
Andere Fabrikate	758	381	262	4,6	4,7	3,6
Summe	16699	8174	10246	100	100	100

Verschiebungen in der Handesbilanz[22]) (in 1000 t)

Produkt	Export			Import			(+) Export- bzw. (−) Import-Überschuß		
	1913	1924	1925	1913	1924	1925	1913	1924	1925
Erz	2613	129	202	14024	3076	11540	− 11411	− 2947	− 11338
Halbzeug und Rohluppen .	701	47	108	11	162	213	+ 690	− 115	− 105
Eisenbahnoberbau . .	657	93	422	0,5	141	96	+ 656,5	− 48	+ 326
Stab- u. Formeisen . . .	1620	243	598	26	479	478	+ 1594	− 236	+ 120
Röhren und Walzen . .	393	130	310	10	41	37	+ 383	+ 89	+ 273
Blech u. Draht	1128	397	548	71	165	56	+ 1057	+ 232	+ 482
Roheisen und Schrott . .	1053	465	478	461	312	451	+ 592	+ 153	+ 27

Industrie erforderlich. Die Tendenz, die durch die Kriegsproduktion einerseits, den Mangel an genügend Importerzen und Koks andererseits bereits im Krieg den Schrott- und Braunkohlenverbrauch und damit den Siemens-Martin-Prozeß betont hatte, wurde durch die Unmöglichkeit, Minette in genügenden Mengen zu erhalten, ganz bedeutend verstärkt. Gleichzeitig bewirkte der Übergang zur Wärmewirtschaft und der Mangel an Halbzeug, für das wir seit 1919 eine passive Bilanz hatten, eine Betonung der Verfeinerung, die es ermöglichte, an Stelle von Arbeitern Arbeitskraft zu exportieren.

Die Umschichtung, die sich hinsichtlich der Qualität der Produktion und der Art ihrer Sortierung vollzogen hat, wird aus den statistischen Übersichten (s. Seiten 7—9) augenscheinlich. Es ist dabei schwer zu sagen, ob sich mit der Möglichkeit, wieder Minette zu beziehen, wie überhaupt aus einer eventuellen

---

[22]) Stat. Jahrbuch 1924/25 u. D. B. Z. v. 10. 2. 1926. — Anmerkung des Stat. Jahrbuchs, S. 137: „Die Ergebnisse der deutschen Außenhandelsstatistik für 1924 sind infolge der Verwaltungsverhältnisse im besetzten Gebiet unvollständig. Der unmittelbare Verkehr des besetzten Gebietes mit dem Auslande fehlt sowohl in der Einfuhr wie in der Ausfuhr zum größten Teil.“ Die Zahlen sind ohne Reparationsexport, was ja in Eisen kaum in Frage stehen dürfte.

Wiederannäherung der Ruhr-Minettewerke eine Rückbildung der Qualitäts- zur Quantitätsproduktion, d. h. vom Siemens-Martin- zum Thomasverfahren vollziehen wird. Es wäre — bei günstiger Tariflage und weiteren technischen Fortschritten im Hochofenprozeß — denkbar, aber umgekehrt würden für den Siemens-Martin-Prozeß Fortschritte in der Feinkohlenfeuerung sprechen. Zur Zeit jedenfalls ist, wie die vorstehende Erzimportstatistik ausweist, der Bedarf des Reiches (ohne Saargebiet), und das heißt ja für den Fernbezug von Minette fast ausschließlich der Bedarf der Ruhr, noch stark zurückgegangen, während der Anteil vor allem der p-haltigen Erze Schwedens gestiegen ist, teilweise allerdings als Folge der aus der Erznot nach dem Krieg getätigten langfristigen Schwedenabkommen der Eisenindustrie.

Aus den Tabellen wird ersichtlich:

1. Das Ruhrgebiet ist der absolute Schwerpunkt der deutschen eisenschaffenden Industrie geworden, hierin gefördert durch die verstärkte Attraktionskraft der Kohle, nachdem eine Standortkonkurrenz des Erzes in großem Umfang nicht mehr in Frage kam.

2. Aus Rohstahlüberschuß- sind Zuschußgebiete und umgekehrt geworden. Der Überschuß der Ruhr an Rohstahl ist von 9 Proz. auf 17 Proz. gewachsen, was dem Gesichtspunkt steigender Verfeinerung scheinbar widerspricht. Tatsächlich ist das darauf zurückzuführen, daß die Ruhr in gewissem Umfang die Halbzeugversorgung, die früher vom Minettegebiet aus erfolgte, mit übernommen hat.

3. Das Reich ist aus einem Überschußgebiet in Halbzeug ein Zuschußgebiet, in Roheisen und Schrott ein eben bilanziertes, in Roheisen allein auch ein Zuschußgebiet geworden, während der Exportüberschuß der Walzwerke wohl zurückgegangen, 1925 aber wieder bedeutend gestiegen ist.

4. Es ist weiter für den Kohlenkonsum von Bedeutung, daß trotz der Krise die Produktion in Roheisen und Stahl 1925 gegen 1924 gesteigert werden konnte, eine Tatsache, die auch in dem gewachsenen Importbedarf an Eisenerz sich zeigt, und die uns

trotz der Gebietsverluste die zweite Stelle in der Weltproduktion vor England und Frankreich bewahrt hat.

Die Verknappung der Halbzeug- und Roheisenbasis wirkte ebenso wie die der Erzbasis, die das Übergreifen der Ruhrhüttenzechen nach dem Siegerland schon im Krieg und nachdem hervorrief, fördernd auf die Konzentration.

Die Ursachen, die von der Rohstoffbasis her und durch diese mit ausgelöst von der Technik die Organisation in Produktion und Absatz beeinflußten, wurden durch Anlässe verschiedener Art noch verstärkt. Die hohen Kriegsgewinne wurden im Erwerb vor allem von Verfeinerungsbetrieben angelegt, die Liquidationserlöse der Südwestwerke suchten Verwertung im Wiederaufbau durch Aufkauf bestehender reiner Werke oder Ausbau vorhandener Anlagen[23]), die Inflation löste eine Flucht in die Sachwerte aller Art aus, die sehr oft planlos so aufgekauft wurden, wie sie in Paketen an der Börse angeboten waren. Die Inflation begünstigte aber auch die Überfremdung, der man wieder durch Verschachtelung der Unternehmen entgegenzuwirken suchte. Mit dem Umschwung 1924 setzte auch da eine Rückbildung, die Krise der „anorganischen Konzerne", ein.

Es zeigte sich weiter, daß ausländische Anleihen vornehmlich den großen Konzernen zuströmten, ein Moment, das ihren Rückhalt stärkte.

Wie Schutzzölle für die Eisenindustrie und Kartelle ganz allgemein das Preisniveau auf einer gewissen Höhe halten und damit die Konzentration fördern, so wirkten die Absperrung vom Import im Krieg als Folge der Blockade, nachdem durch die Inflation, weiter die Höchstpreise im Krieg und nachdem die einseitige öffentliche Preispolitik in Kohle und Eisen begünstigend auf die Bildung gemischter Werke; vor allem veranlassten sie das Vordringen in die Industrien, die im Markte ihre Preise bildeten, wie diese umgekehrt im Interesse stabiler Preise Anschluß an die Vorstufen des Produktionsprozesses suchten. Die

[23]) Vgl. diese Arbeit Erster Abschnitt IV.

öffentliche Preisfestsetzung nahm dem Kartell gleichzeitig seine wichtigste Aufgabe, und damit verloren die Unternehmer das Interesse am Verband. Erst die Umkehr 1924 ließ die Rohstahlgemeinschaft wieder entstehen und stärkte 1925 die Position des R. W. K. S.[24]).

Die amtliche Kohlenverteilung begünstigte die Konzernbildung, da sie die Bestrebungen, die amtlichen Maßnahmen im Selbstverbrauch zu umgehen[25]), förderte und die Unternehmer veranlaßte, sich durch Erwerb eigener Zechen innerhalb ihres Kontingents wenigstens einen bevorzugten Anspruch auf die benötigten Qualitäten zu sichern.

Die Expansion der Konzerne, die die Tätigkeit der Kartelle einerseits unterhöhlten, wurde endlich durch rechtliche und staatspolitische Maßnahmen, die andererseits den Kartellen Abtrag brachten, gestärkt. Als 1915 das Reich durch die Bundesratsverordnung vom 12. Juli in die Organisation der Industrie eingriff und damit eine Abkehr von seiner bisherigen Stellung zu den Syndikaten aus Kriegsnotwendigkeiten heraus vollzog, erfolgte gleichzeitig die erste Wandlung in der rechtlichen Struktur des R. W. K. S. Bis dahin beruhte das Kartell ausschließlich auf privatem Vertragsrecht[26])[27]). 1915 kamen die Verträge zwar auch noch freiwillig zustande, aber ein Blick auf die vorhergegangenen langjährigen Verhandlungen läßt erkennen, daß der mittelbare Zwang doch nicht ganz einflußlos blieb, ja vielleicht allein das Syndikat erhielt. Der durch die Bundesratsverordnung eingeschlagene Weg ging über die Errichtung der B-Produktenausfuhrverbände und die Einsetzung des Reichskohlenkommissars, verstärkt, aber nicht ausgelöst, durch die sozialistischen Strö-

---

[24]) R. W. K. S. = Rheinisch-Westfälisches Kohlensyndikat A.-G. Essen.

[25]) Vgl. diese Arbeit Zweiter Abschnitt I.

[26]) Vgl. Flechtheim, Isay a. a. O.

[27]) Eine Gesellschaft bürgerlichen Rechtes schließt mit ihrem Organ, dem sie den Charakter einer juristischen Person gibt, als Vertragskontrahentin abermals eine Gesellschaft. Letzterer Vertrag ist der Kartellvertrag als solcher.

mungen nach der Revolution, zum Kohlenwirtschaftsgesetz vom 23. 3./21. 8. 1919 und Eisenwirtschaftsbund [28]) vom 1. 4. 1920.

Wenn auch das Kohlenwirtschaftsgesetz den freien Zusammenschluß vorsieht und nur subsidiär den öffentlich-rechtlichen Organisationsakt, so ist das R. W. K. S. doch offiziell in die öffentliche Kohlenwirtschaft eingefügt und seine Natur hat sich — nach Willen des Gesetzgebers und nach wirtschaftlicher und juristischer Betrachtung gewandelt. Es ist ein privatrechtlicher Unternehmerverband mit öffentlich-rechtlichen Befugnissen und Pflichten [29]). Die freie Gestaltung seiner Rechtsbeziehungen ist ihm in wichtigsten Kartellaufgaben benommen, wenn auch 1924 eine Rückbildung durch die Delegation der Preisfestsetzung eingesetzt hat. Die Zwangsverordnung vom 16. 9. 1924 zeigte den Umfang der — wenn auch bestrittenen [30]) — Befugnisse des Reichswirtschaftsministers.

Die Wirkung dieser staatlichen Eingriffe aber war eine Schwächung des Kartells dadurch, daß die Konzerne und Unternehmer bestrebt waren, die Hauptaufgaben der Geschäftspolitik dem Verband zu entziehen. Bestärkt noch durch die zwar 1921 eingestellten Versuche einer Sozialisierung der „reifen" Betriebe, wozu man die Kohle und das Eisen rechnete, erwuchs in den Unternehmern ein Ressentiment gegen die staatlichen Maßnahmen, das auch heute noch nachwirkt. Wie man in Amerika die Antitrustgesetzgebung umgangen hatte, wie das Kaligesetz von 1910 seinen Zweck verfehlte [31]), so schickte sich die Ruhrmontanindustrie an, ihre Unternehmungen für die Sozialisierung unreif zu machen durch Verflechtung der Werke in den verschiedenen Wirtschaftszweigen und -gebieten. Ihr Interesse am Kartell kraft öffentlichen Rechts erlahmte, bestärkt durch die günstige Absatzlage der Nachkriegszeit. Erst die Absatznot bewirkte hier eine Wandlung in der psychischen Einstellung der Zechen- und Hüttenbesitzer.

[28]) War bis Ende 1923 offiziell tätig und ist seitdem eingestellt.

[29]) Isay a. a. O. S. 13.

[30]) Vgl. Zwangsproblem, diese Arbeit: Schluß.

[31]) Wiedenfeld, „Die Kaliindustrie usw.".

Es sind endlich noch die allgemeinen Maßnahmen — freiwilliger und durch die Nachkriegsverhältnisse erzwungener — staatlicher Wirtschafts- und Finanzpolitik darzulegen. In der Handelspolitik war das Reich bis 10. 1. 1925 gegenüber der Entente, bis 16. 6. 1925 gegenüber Polen vertraglich auf einseitige Meistbegünstigung festgelegt und gezwungen, Einfuhrkontingente aufzunehmen, die bis 1923 nur durch die Valutaschranke in einem erträglichen Rahmen gehalten werden konnten. Gleichzeitig wirkte die Durchlöcherung der westlichen Zollgrenze zerstörend auf die Exportpolitik. Antidumpingzölle und handelspolitische Diskriminierung der deutschen Waren vervollständigten das traurige Bild. Die Erleichterung des inländischen Marktes von den Kontingenten und die Wiedererlangung der handelspolitischen Freizügigkeit, besonders der Abschluß neuer Handelsverträge, tangiert die Organisation der Ruhrindustrie wesentlich, vor allem die Eisenindustrie gegenüber der Saar und dem Minettegebiet, die Kohle gegenüber den Reparationsstaaten, mit denen freie Lieferabkommen neuerdings wieder getätigt werden.

Die Steuerlasten endlich sind — im wesentlichen als Folgen des Krieges und der Inflation — nicht nur gewaltig gewachsen, die wiederholte Änderung im systematischen Aufbau wirkte auf die Art der Organisation jeweils sehr verschieden ein. Die Umsatzsteuer ließ zeitweilig den Importumsatz erster Hand frei und wird allgemein bei jedem Übergang eines Gutes von einem zu einem anderen Wirtschaftssubjekt erhoben. Es ist verständlich, daß beide Ursachen den vertikalen Zusammenschluß von der Rohstoff- wie der Verarbeitungsseite her förderten und auch bei Senkung der Steuer auf 0,6 Proz. dem gemischten Betrieb noch einen Rentabilitätsvorsprung gewährleisten [32]). Die hohe Kohlensteuer und die sozialen Belastungen der Kohle bestärkten diese Tendenzen ganz außerordentlich [33]). Die Kapitalverkehrssteuer wie die Erhöhung der Aktienstempel, der Börsengebühren usw. waren andererseits wiederholt ein Hemmschuh für Fusionen und

---

[32]) Vorschlag des Reichsfinanzministeriums s. Frankf. Ztg. v. 11. 2. 1926.

[33]) Siehe unten Zweiter Abschnitt III.

führten an deren Stelle zu Gemeinschaftsverträgen. Die Micumlasten endlich, die letzten Endes eine Steuererhebung zugunsten der Entente waren, benachteiligten die Ruhrwerke gegenüber den anderen Werken und erwirkten wiederholt eine rechtliche Aussonderung innerhalb der Konzerne. Es ist anzunehmen, daß das Revisionsprogramm des Finanzministeriums andererseits [34]) — wie beabsichtigt — die Fusionen und Gemeinschaftsorganisationen der Industrie und da vor allem der Ruhr erleichtern wird [35]).

Nach Skizzierung der zentralen Ursachen der Organisationswandlung wird die tatsächliche Entwicklung der Organisation des R. W. K. S., seiner Mitglieder und interessenverbundenen Verbände verständlich.

---

[34]) Siehe Frankf. Ztg. v. 11. 2. 1926.

[35]) Nach Fertigstellung der Arbeit ist eine großzügige Steuerreform durch den Reichsfinanzminister Reinhold verwirklicht worden, die wesentlich die großen Fusionen des Jahres 1926 mit ermöglichte.

Erster Abschnitt

Die Grundlagen der Organisation des Ruhrbergbaues im allgemeinen

unter Berücksichtigung der Eisenindustrie

I. Entstehung und allgemeine Grundlagen

a) Entstehung und Entwicklung

Der Bergbau war am längsten — bis zur Mitte des 19. Jahrhunderts — in staatlicher Bevormundung gehalten worden. Er wurde dieser Fesseln entledigt durch die mit dem Miteigentümergesetz von 1851 aufgenommene und durch das allgemeine Berggesetz von 1865 abgeschlossene Novellengesetzgebung [1]. Mit der rechtlichen Freistellung vollzogen sich gleichzeitig wichtige technische und wirtschaftliche Neuerungen. Es war 1847 erstmalig gelungen, den Mergel auf Graf Beust zu durchstoßen, bald folgte der erste Gefrierschacht, die Dampfmaschine hatte schon vordem ihren Einzug im Bergbau gehalten. Der Ausbau der Eisenbahnen weitete den Markt und ermöglichte den Absatz größerer Fördermengen. Die Aktiengesellschaft wurde 1842 eingeführt, seit 1848 entstanden die großen deutschen Bankinstitute. Es wirkten so zu gleicher Zeit starke Kräfte zusammen, die Voraussetzungen eines nachhaltigen Aufschwunges zu schaffen. Unternehmernaturen war ein neues Betätigungsfeld erschlossen. Es ist verständlich, daß sich unter den ersten Unternehmern wenig revierständige und wenig eigentlich bergbautreibende be-

[1] Wichtige Neuerungen: Mutungs- und Schürffreiheit, Revision der Gewerkschaft, größere Maximalfelder, Revision der Konsolidierungsbestimmungen, Freizügigkeit.

fanden, denn das Direktionssystem war für das Wirken solcher Naturen kein Boden. Aus anderen Gewerben und Ländern kamen die ersten Ruhrunternehmer [2]).

Wie in allen Perioden, in denen ein System zugunsten seines Antipoden auf die Herrschaft verzichtet, die Entwicklung nicht allmählich, sondern sprunghaft vor sich geht, so auch in der zweiten Hälfte des 19. Jahrhunderts im Ruhrbergbau, verschärft noch in der Wirkung durch die Flüssigkeit im Kapitalmarkt und den Spekulationsrausch, der dem Sieg von 1870/71 folgte. Der Aufschwung war fieberhaft und mußte eine nachhaltige scharfe Krise auslösen, die 1873 ausbrach. Schon 1857 — noch während des Abbaues der staatlichen Wirtschaftsführung — hatte der Bergbau eine erste Krisis größeren Umfanges durchgemacht [3]). Damals entstand die wirtschaftspolitische Interessenvereinigung, der 1858 gegründete Bergbauverein Essen. Die schwerere und längere Krisis 1873 legte den Keim zum R. W. K. S.

Die Preisschwankungen waren unerträglich; es wurden im Durchschnitt der Jahre:

1870/74	Mk. 8.89	pro	Tonne	Kohle	
1875/79	Mk. 5.34	„	„	„	
1880/84	Mk. 4.66	„	„	„	
1885/89	Mk. 4.88	„	„	„	
1890/94	Mk. 7.27	„	„	„	bezahlt.

Die ersten Preiskonventionen blieben erfolglos, da der Druck, der von den Fördermengen her die Rentabilität der Zechen belastete, und die starke Zersplitterung, die es zu einer wirksamen Kontrolle und Zentralisation nicht kommen ließ, Vertragsumgehungen auslösten und so jede Maßnahme der Konventionen durchkreuzten. Auch die Fördervereinigungen scheiterten an inneren, durch Sonderrechte verursachten Gegensätzen und an der großen Zahl der in ihren Dispositionen ungebundenen Außenseiter.

---

[2]) Stinnes, Haniel von der Schiffahrt und vom Kohlenhandel, alte Gewerken; Grillo und v. Hansemann vom Bankgewerbe. Weitere vom Ausland (Frankreich, Belgien, England).

[3]) Vgl. Artikel „Krisen" im Handwörterb. d. St.-W. Bd. VI, S. 49 ff.

Erst die Erkenntnis, daß die Voraussetzung jeden Erfolges eine Minderung der Mitgliederzahl und die Schaffung einiger großer Unternehmen ist, bereitete eine Besserung vor. Die Gelsenkirchener Bergwerks-A.-G., die Harpener Bergwerks-A.-G., die Bergwerksgesellschaft Hibernia und der Bergbauverein wurden die zielbewußten Vorkämpfer einer Konzentrationsbewegung [4]).

Unterstützt wurden die Bestrebungen durch den Kohlenklub, der in den achtziger Jahren als gesellige Vereinigung entstand; hier lernten sich die Unternehmer erst einmal kennen und konnten ihre wirtschaftspolitischen Ideen austauschen. Die Bezirks- und Sachverkaufsverbände, die um 1890 herum gegründet wurden, kann man dann schon als unmittelbare Vorläufer des R. W. K. S. ansehen [5]). Von besonderer Bedeutung waren hier das Westfälische Kokssyndikat Dortmund 1890 unter Unckell, dem späteren ersten Direktor des Kohlensyndikats. und der Dortmunder Brikettverkaufsverein, Dortmund 1891.

Dem kurzen Aufschwung 1889/90 folgte eine Depression, die 1892 zur Gründung der Zechengemeinschaft führte und am 16./19. 2. 1893 zur Errichtung des R. W. K. S. [6]).

Der erste Vertrag des R. W. K. S. galt — das ist einer der bemerkenswertesten Fortschritte gegenüber den Preis- und Förderkonventionen — bis 28. 2. 1898. Damit hatte man die Voraussetzung einer Politik auf lange Sicht geschaffen. Jedem war es erleichtert, dem Verband Funktionen zu übertragen, die man im Interesse der eigenen Konkurrenzfähigkeit bei kurzfristigen Verbänden nicht hatte aufgeben wollen und können. Der Vertrag von 1893 umfaßte 86,7 Proz. der Revierförderung, der Rest

---

[4]) G. B. Gelsenkirchen von 1883: „Die alten Übelstände im Absatz sind immer wieder bemerkbar. Sie werden allein durch die trostlose Zersplitterung unseres Bergbaues verursacht. Förderkonventionen sind ein nur vorübergehender Notbehelf."

[5]) 1890 Dortmunder Kohlenverkaufsverein; 1891 Essener, Bochumer, Steele-Mülheimer Kohlenverkaufsverein; 1888 Ziegel- und Kalk-Kohlenvereinigung; 1890 Grus- und Siebgruskohlenvereinigung.

[6]) Näheres s. Götzke a. a. O. S. 8 ff.; Wiedenfeld, Kohlensyndikat, S. 18 ff.; Sammelwerk Bd. XL.

waren Hüttenzechen, die man als irrelevant für den Markt, mit den kleinen und einigen widerstrebenden Werken zusammen, außerhalb belassen hatte.

Mit dem Brikettverkaufsverein wurden 1894 und 1897, dem Kokssyndikat 1895 und 1897 Gemeinschaftsverträge getroffen, und ein ausschließlicher Verbandsverkehr für Überschußbedarf oder -angebot vereinbart. Die Kartellgemeinschaft wurde zudem durch gegenseitige Delegierung von Aufsichtsratsmitgliedern und durch den Umstand gesichert, daß der Mitgliederkreis im wesentlichen derselbe war.

Eine erste vorzeitige Vertragsänderung machte sich 1895 durch Mißstände, die aus der Schachtbeteiligungsfrage erwachsen waren, erforderlich[7]). Es wurde ein neuer Vertrag vom 31. 7./20. 9. 1895 mit Wirkung ab 1. 1. 1896 vereinbart, und zwar auf zehn Jahre. Die wesentlichen Neuerungen dieses Vertrages betrafen die Beteiligung. Mit energischer Hand suchte man so, erkannte Mißstände sofort zu beseitigen, und war bereit, sich auf wesentlich längere Zeit zu binden, ein Zeichen dafür, daß die Kartellidee voranschritt.

Auch dieser Vertrag wurde nicht bis zum Ende durchgehalten. Der wachsende Markteinfluß der Hüttenzechen, die Notwendigkeit, das Vertragsverhältnis zum Kokssyndikat und Brikettverkaufsverein zu regeln, das Aufkommen von Außenseitern und vor allem die mißlichen Preisausschreitungen des Handels, die in der Konjunktur von 1901/02 das Syndikat in seiner Politik gestört und ihm eine heftige öffentliche Kritik eingetragen hatten, ferner eine notwendige Sonderregelung für den Rheintransport und den süddeutschen Markt ließen eine vorzeitige Vertragserneuerung erwünscht erscheinen. Unter vollkommener Umgestaltung des ganzen Organisationswerkes, unter Einbeziehung sämtlicher Hüttenzechen und fast sämtlicher Außenseiter kam der neue Vertrag vom 15. 9./1. 10. 1903 mit Wirkung ab 1. 10. 1903/1. 1. 1904 zustande. Das Kohlensyndikat und der

---

[7]) Siehe zu den einzelnen hier angedeuteten Punkten die ausführliche Darstellung in den einzelnen Abschnitten.

Brikettverkaufsverein gingen im R. W. K. S. auf. Die Beteiligungsfrage wurde grundsätzlich revidiert, der Geschäftszweck des Syndikats erweitert und die Absatz- und Handelsorganisation völlig geändert. 98,7 Proz. der Revierproduktion gehörten dem neuen Syndikat an. Der Vertrag galt bis 31. 12. 1915.

Die Entwicklung war bis dahin relativ ruhig und die Machtposition des Syndikats stärkend verlaufen. Das änderte sich in der Folgezeit; ein Ringen des Einzelinteresses mit dem der Gesamtheit, d. h. dem des Syndikats wurde vorherrschend. Die Hauptschwierigkeiten erwuchsen teils aus dem Vertrag, seinen Lücken und der Heterogenität der Interessen seiner Mitglieder — z. B. der Hüttenzechenfrage —, teils aus dem erstarkenden Staatsinteresse und der wachsenden Außenseitermacht. Das Syndikat wurde in den Jahren 1905 ff. erstmalig durch den Gegensatz der reinen und Hüttenzechen ernstlich in seinem Bestand bedroht, und erst der Zusatzvertrag vom 5. 8. 1909 bannte durch ein Kompromiß die Gefahr des Verfalls. Die anderen Fragen ließen es aber zu einer ruhigen Entwicklung nicht mehr gelangen, und man setzte schon 1910 einen Erneuerungsausschuß in der Absicht ein, baldmöglichst zu einer Vereinbarung und vorzeitigen Vertragserneuerung zu gelangen. Mit wechselseitigem Erfolg und unter öfteren Unterbrechungen tagte dieser Ausschuß bis 1915. Zeitweilig gelang eine weitgehende Verständigung, aber dann traten erneute Gegensätze auf, und wiederholt schien eine Einigung teils völlig, teils vor der „letzten Stunde" fraglich. Erst im Februar 1915 stand ein Vertrag in Aussicht. Jedenfalls wurde am 20. 2. 1915 von einer nominell großen Mehrheit gegen sehr potente Gegner — Stinnes, Thyssen und andere — ein provisorisches Übereinkommen unterzeichnet.

Die Verhandlungen mit den noch ablehnenden Gruppen waren im Gang, als der Erlaß der Bundesratsverordnung vom 12. 7. 1915 in die Entwicklung eingriff. Am 14. 9. 1915 kam das freiwillige Übergangssyndikat mit Wirkung ab 1. 1. 1916 bis 31. 3. 1917 zustande. Der Fiskus trat unter Zubilligung von Sonderrechten dem Vertrag bei. Die Gegensätze wurden wesentlich, wenn auch zunächst nur für die relativ kurze Zeitspanne, gemildert. Man hatte ein Übergangssyndikat gebildet, da man unter dem mittelbaren Druck der Verordnung nicht zu einer dauernden Regelung auf der geplanten Basis geneigt war und Zeit gewinnen wollte, um die durch den Staatseingriff drohende Entwicklung in ihrer organisatorischen Wirkung besser beurteilen zu können. Die sofort eingeleiteten Verhandlungen für ein Dauersyndikat führten am 14. 10. 1916 zu einem Vertrag, der vom 1. 4. 1917 bis 31. 3. 1922 galt und der, abgesehen von innerorganisatorischen, schon 1915 vorbereiteten Maßnahmen, keine wesentlichen Änderungen brachte. Der Mitgliederstand umfaßte sämtliche in Frage kommenden, d. h. größeren Revierzechen.

Der Erlaß des Kohlenwirtschaftsgesetzes 1919 machte eine Anpassung des Syndikatsvertrages an die rechtlichen Bestimmungen erforderlich, die aber relativ leicht erfolgen konnte, da das Gesetz im wesentlichen auf der langjährigen Erfahrung des R. W. K. S. aufbaute [8]). Die wichtigsten Änderungen betrafen die Ermöglichung der Mitgliedschaft für jedes Kohlenpütt, die Preisbestimmungen und die diesbezüglichen Zuständigkeiten.

Die aus dem Friedensvertrag heraus entstehenden Schwierigkeiten bewirkten, daß die Organisation des R. W. K. S. den Notwendigkeiten in keiner Weise mehr entsprach und so mit zwei kartellfeindlichen Mächten zu ringen hatte, dem wachsenden Gegensatz der inneren Kräfte einerseits, andererseits den unsicheren äußeren Verhältnissen, die eine Kurzlebigkeit jeder Organisation oder ihre sie zur Bedeutungslosigkeit stempelnde Labilität herbeiführten. Es ist erklärlich, daß die neuen Verträge immer mehr den Charakter von Kompromissen stark heterogener Kräfte annahmen und der Zwang des Gesetzes wiederholt eingriff.

Erst nach Ablehnung eines ersten Entwurfes seitens des Reichskohlenrates, nach einer einmonatigen Zwangsverlängerung und einer mittelbar erzwungenen Änderung des bisherigen Vertrages, kam ab 1. 5. 1922 ein neues Syndikat zustande, das von

[8]) Siehe Herbig in Glückauf 1922, S. 521.

vornherein seine Dauer wegen der unsicheren Wirtschaftslage auf nur elf Monate begrenzte. Erstmalig wurden bedeutende Mitglieder [9]) dem Syndikat zwangsweise eingefügt [10]), ein bedeutsames Zeichen für die Lage und für die ganze künftige Entwicklung bis zum letzten Vertrag symptomatisch.

Die Position der gemischten Werke war wesentlich gestärkt worden. Die unter dem Druck der Inflation und der Umstellung der Kriegswerkstätten sich stetig verschärfende Konzentrationsbewegung und die Ruhrbesetzung gewannen auf die Syndikatsorganisation starken Einfluß. Die Verhandlungen über die Erneuerung des Kartells wurden in Anbetracht der ungeklärten Verhältnisse Anfang 1923 eingestellt, der Sitz des Syndikats am 9. 1. 1923 nach Hamburg verlegt. War eine Lockerung der Beziehungen des Syndikats zu seinen Mitgliedern durch die räumliche Trennung an sich eingetreten, so mußte das Syndikat seine Tätigkeit in der Folge mehr und mehr den wenigen unbesetzten Zechen und der Versorgung seiner Abnehmer mit ausländischen Kohlen zuwenden, seinen besetzten Mitgliedern aber fast vollkommene Dispositionsfreiheit einräumen, da die Willkürherrschaft der Besatzung jede Zentraldisposition zur Unmöglichkeit machte. Die Verlängerung des am 31. 3. 1923 abgelaufenen Vertrages unter Zwangsanschluß verschiedener ausländisch finanzierter Zechen [11]) bedeutete so lediglich eine Formalität. Der Vertrag war praktisch seit dem 10. 1. 1923 außer Wirkung getreten und freie Konkurrenz unter anormalen Marktverhältnissen, also Regellosigkeit und Unordnung im höchsten Grade, herrschten vor. Der Syndikatsvertrag wurde dreimal verlängert, bis 30. 9., 31. 12. 1923 und schließlich, um die schwierigen Erneuerungsverhandlungen erfolgreich beenden zu können, bis 15. 1. 1924. Gleichzeitig hatte sich, durch die Politik der Micum bewußt gefördert, die starke Zersetzung darin gezeigt, daß neben einer

---

[9]) 1919 wurden bereits Becker und de Wendel zwangsweise eingefügt.

[10]) Gutehoffnungshütte, Haniel-Zechen.

[11]) de Wendel, Dahlbusch, Friedrich Heinrich.

großen Mehrheit, die einem Micumabkommen des Zechenverbandes beitrat, verschiedene Sonderabkommen einzelner Werke zustande kamen.

Die Verhandlungen für den neuen Vertrag, die am 5. 1. 1924 zu einem sehr lockeren Kompromiß führten, wie dieses selbst, spiegeln die Schwierigkeiten wider, denen das Syndikat begegnete. Die Kräfte, die im Syndikat eine überlebte Organisationsform erblickten, waren sehr stark. Hatten während des passiven Widerstandes die Zechen notwendig eine weitgehende Selbständigkeit erlangt, so erforderte die Inbetriebnahme der Werke, die Wiederanknüpfung der Geschäftsbeziehungen, die durch die Stabilisierung gebotenen Reorganisationsmaßnahmen in erhöhtem Maß eine nur von wirtschaftlichen Gesichtspunkten geleitete Betätigungsfreiheit. Syndikat und Konkurrenz standen sich als Organisationsprinzipien diametral gegenüber, und die Lösung war nur möglich gegen eine große Zahl von Außenseitern und unter Zubilligung von Sonderrechten an einzelne Mitglieder. Schon der geänderte Name, der zwar aus allgemeinen Erwägungen heraus angenommen wurde, ist charakteristisch für die Organisation. Hatten wir es vordem mit dem „Rheinisch-Westfälischen Kohlen-Syndikat“ zu tun, so trat jetzt an seine Stelle die „Vereinigung für den Verkauf und die Verteilung der Ruhrkohle A.-G.“ [12]). Es war tatsächlich nur mehr noch eine lockere Vertragsgemeinschaft mit allgemein wirtschaftspolitischen Aufgaben, denn ein straffes Verkaufssyndikat mit weitgehender Beschränkung der Freiheit der Mitglieder. Das schwierigste Problem war die Organisation des Handels, die von da an größere Bedeutung erlangte als die Hüttenzechenfrage.

Der Art des Vertrages entsprach seine Dauer und die Regelung der Kündigung. Die Vereinbarung wurde bis 31. 12. 1924 geschlossen mit der Möglichkeit, sie erstmalig per 31. 5. 1924 und dann monatlich unter Einhaltung einer Sechswochenfrist zu lösen. Hatten wir oben als einen bedeutsamen Fortschritt gegenüber den wirkungslosen Förderkonventionen die Verlängerung der

[12]) Abgekürzt: Ruhrkohle.

Vertragsdauer angesehen, die allein erst eine erfolgreiche zentrale Syndikatspolitik ermöglichte, so mußte die durch die wirtschaftlichen Verhältnisse erzwungene kurze Dauer der Verträge die Syndikate zur Wirkungslosigkeit verurteilen, selbst wenn man die Tatsache berücksichtigt, daß das Kohlenwirtschaftsgesetz formal eine vertragslose Zeit nicht zuließ. Nur das Notwendigste regelte das Syndikat und alle wichtigen Belange erledigte jeder für sich. Die Handelsfrage, die scharfe Außenseiterkonkurrenz in Verbindung mit der Umkehrung der Kohlennot in einen Kohlenüberfluß, die Schwächung des Syndikats nach außen, die in Aussicht stehende Regelung der Reparationsfrage nach Abschluß der Londoner Verhandlungen weckten alsbald bei einer Mehrheit von 85 Proz. der Mitglieder den Wunsch nach einer grundlegenden Neuregelung der Organisation, so daß der Vertrag per 30. 9. 1924 gekündigt wurde.

Die Erneuerungsverhandlungen waren nicht minder von Gegensätzen erfüllt, und die Verschlechterung der Absatzlage in Verbindung mit der Kreditnot und der noch nachwirkenden Belastung durch die Micum verstärkten die Zahl der Syndikatsgegner, die nur in der freien Konkurrenz die Möglichkeit einer Sanierung und allgemeinen Besserung erblickten. Es kam zwar ein Kompromiß vom 13. 9. 1924 zustande, das sogar ab 1. 10. 1924 bis 31. 12. 1929, also mehr als fünf Jahre, dauern sollte und damit scheinbar stabile Verhältnisse schuf. Gegenüber dem Januar-Vertrag waren keine wesentlichen Änderungen vereinbart worden. Nur in der Handelsfrage, dem Kernpunkt der Kontroverse, hatte man sich stark dem alten Zustand im Sinne einer straffen Zentralorganisation genähert. Das widersprach den prinzipiellen Anschauungen von etwa 10 Proz. der Mitglieder völlig, so daß sie nicht beitraten und damit es auch den übrigen fast unmöglich machten, den Vertrag zu vollziehen. Der Reichswirtschaftsminister griff ein und verordnete den Zwangsbeitritt der 10 Proz. Die Folge war die Drohung der Zwangsmitglieder, die Rechtsgültigkeit anzufechten und in der Erfüllung der Vertragspflichten passive Resistenz zu üben. Damit war mindestens für die Dauer des Rechtsstreites die Wirkung des Syndikates in Frage gestellt, eine Erkenntnis, der man sich auf seiten der übrigen Mitglieder um so weniger verschloß, als man auch da teilweise nur mit halbem Herzen sich dem Syndikat verbunden fühlte.

So begannen neue Verhandlungen, um den unhaltbaren Zustand durch einen allen Wünschen Rechnung tragenden, vor allem allseitig freiwilligen Vertrag zu beenden. Man war sich klar, daß im Gegensatz zu den Zeiten der Kohlennot mit Zwangsmitgliedern, sofern diese einen gewissen wirtschaftlichen Einfluß besaßen, erfolgreich nicht zu arbeiten war, und war sich von Anbeginn der Schwierigkeiten bewußt, denen die Schaffung einer möglichst vollkommenen, tragfähigen Organisation begegnen mußte, wenn man die Zentralprobleme aufgreifen wollte. Der Schwierigkeiten waren nicht weniger und nur noch größere als früher zu lösen, und die Lektüre der offiziellen und preßoffiziösen Verhandlungsberichte zeigt, daß es um jeden Punkt hart auf hart ging. Wenn der Erfolg schließlich in den letzten Sitzungen, selbst für die Teilnehmer überraschend schnell, gesichert werden konnte, so wird man den Hauptgrund in rein psychologischen Ursachen zu suchen haben. Der um das Syndikat von seinen Anfängen an hochverdiente Geheimrat Emil Kirdorf, der Schöpfer von Gelsenkirchen, der Vater des Syndikats und dessen sicherer Steuermann in früheren Jahren, war im Laufe der Verhandlungen vom Vorsitz zurückgetreten. Infolge seines hohen Alters und seiner ganzen psychischen Veranlagung [13]) konnte er sich in die geänderten wirtschaftlichen und sozialen Verhältnisse nicht recht schicken und war damit auch nicht der geeignete Vorkämpfer für einen völlig neuen Charakter seiner Organisation, der zu stark an der Tradition hängende Leiter. Generaldirektor Dr. Albert Vögler, der Mitarbeiter Hugo Stinnes, dessen geistiger Erbe und Nachfolger zugleich, war der gegebene Führer, nicht gewohnt, in letzter Stunde an Kleinigkeiten ein Werk scheitern, sondern als notwendig Erkanntes sich etwas kosten zu lassen, wenn es anders nicht geht. Und ein Syndikat war notwendig, so lange der Zwang des Gesetzes bestand. Ob man ohne diesen

---

[13]) Siehe Freundt a. a. O.

Druck ebenso gedacht hätte, die Antwort darauf können wir erst später geben; als Problem sei die Frage hier angedeutet.

Das Syndikat kam zustande. Der Vertrag des R. W. K. S. vom 30. 4. 1925 in der Fassung vom 10. 9. 1925[14]) stellte das juristische Substrat einer gänzlich neugestalteten wirtschaftlichen Organisation dar. In welcher Weise die heutige Organisation den Bedürfnissen gerecht wird, wo sie Krisenmomente enthält, das wird die detaillierte Betrachtung erkennen lassen. Hervorgehoben sei hier im allgemeinen Überblick, daß grundsätzlich die Hüttenzechenfrage, das Umlageverfahren, die Absatzorganisation, die Frage der Handelsgesellschaften neu geregelt wurden. Ungelöst blieb vor allem die schwierige Frage einer Revision der Beteiligung.

Der Vertrag gilt für eine, eine zielsichere Entwicklung gewährleistende Dauer von fünf Jahren ab 1. 5. 1925 bis 31. 3. 1930. Formell ist damit, nachdem auch der Beitritt restlos freiwillig erfolgte, ein Ruhezustand geschaffen und eine Beurteilungsbasis, aber auch das sei hier schon angedeutet, n u r formell, tatsächlich ist jede Zechenbesitzer-Versammlung noch ein Ringen um Klärung, und auch dieser Vertrag kann mit sechs Wochen per jeden Ultimo gekündigt werden. Es ist zwar nicht anzunehmen, daß, solange das Kohlenwirtschaftsgesetz ein Syndikat fordert, das R. W. K. S. vorzeitig auf Grund dieser Bestimmung sich auflöst, aber die Möglichkeit besteht und ist wegen der Schwierigkeit der Organisationsprobleme durchaus zu beachten[15]).

Die Organisation der eisenschaffenden Industrie, die ver-

---

[14]) Die Verhandlungen wurden noch als Ruhrkohle geführt, der alte Name aber nach Fortfall der Gründe für die Namensänderung nach Vertragsschluß wieder angenommen. Am 16. 1. 1924 war das Syndikat nach Essen zurückgekehrt. Die erste Redaktion des neuen Vertrages erfolgte am 9. 5. 1925.

[15]) Als Charakteristikum dafür, daß die Verhältnisse noch nicht konsolidiert sind, diene die T. O. der Versammlung vom 30. 11. 1925: 18 Punkte, darunter: Berufungen der Gewerkschaften Graf Bismarck und Dahlbusch gegen den Beschluß des Auslandsausschusses zur Durchführung der §§ 36—38 des Syndikatsvertrages; Einsprüche verschiedener Hüttenzechen gegen die Handhabung von § 62 Ziff. 3.

gleichsweise mit zu behandeln ist, zerfällt in zwei große Gruppen, die Hochofen- und die Stahl- und Walzwerksindustrie [16]).

Der Roheisenverband [17]) [18]) besitzt seine heutige Organisation im wesentlichen seit 1910/11. Der Eigenart der Produktionsverhältnisse in den einzelnen Gebieten angepaßt, zerfiel er in die Gruppen: A. Rheinland/Westfalen, Schlesien, Küstengebiet, Mittel- und Süddeutschland und Buderussche Eisenwerke Wetzlar als Hüttenzeche; B. Siegerland ohne Buderus; C. Lothringen, Luxemburg, der 1917 auch die Saarwerke beitraten [19]).

1919 schieden die Gruppe C und 1922 einige Werke Oberschlesiens aus dem Verbande aus. Dank dem durchgegliederten Aufbau konnte das Syndikat diese Absplitterung ohne Beeinträchtigung seiner Organisationspolitik überwinden. Der derzeitige Vertrag, der zuletzt 1921 verlängert und in der Beteiligungsfrage geändert wurde, läuft noch bis Ende 1926. Der Ausgeglichenheit der internen Verhältnisse entsprechend, dürfte eine Erneuerung zustandekommen, vorausgesetzt, daß eine Verständigung mit den Saar- und Minettewerken gelingt.

Die Rohstahlgemeinschaft [20]), die heutige Spitzenorganisation der Stahlwerke, wurde am 1. 11. 1924 gegründet. Der Stahlwerksverband, der 1904 errichtet, 1907 verlängert und unter Freistellung der B-Produkte 1912 erneuert wurde, und den man teilweise als ihren Vorläufer betrachten kann, wurde von den Kriegsfolgen besonders hart infolge Ausscheidens der Südwestwerke betroffen, so daß er von 1918 bis 1920 nur als Zwangsorganisation bestand und mit Ausnahme eines Überrestes, der Eisenbahnbedarfsgemeinschaft, sich 1920 als Verkaufsverband auflöste.

[16]) Kopforganisation beider war in den Jahren 1919 ff. der Eisenwirtschaftsbund.

[17]) Abgekürzt R. E. V.

[18]) Während des Druckes erschien das interessante Werk des früheren Direktor des R. E. V., Klotzbach, „Der Roheisenverband", Verlag Stahl & Eisen, Düsseldorf 1926, auf das hier verwiesen sei.

[19]) G. B. R. E. V. 1911 ff.

[20]) Abgekürzt: R. St. G.

Erst nach Überwindung der anormalen wirtschaftlichen Verhältnisse und nach Eintreten der Absatzkrisis, kam 1924 eine neue Organisation in der R. St. G. zustande. Sie ist ein Gemeinschaftsverband von Syndikaten. Mit Ausnahme von Schmiede- und Gußstücken, die wegen ihrer die Syndizierung erschwerenden Mannigfaltigkeit an sich frei sind, und der Feinbleche, für die wegen der großen Zahl von Außenseiterwerken und der verschiedenen Qualitäten des Produktes keine Einigung erzielt werden konnte, wurden 1925 auf der ganzen Linie Syndikate gegründet. Es bestehen zur Zeit folgende:

Verband	errichtet am	Dauer
A-Produkten-Verband, Düsseldorf	1. 1. 1925	30. 4. 1930
Stabeisenverband, Düsseldorf	30. 7. 1925	30. 4. 1930
Bandeisenverband, Düsseldorf	7. 8. 1925	30. 4. 1930
Deutsche Drahtwalzwerke A.-G., Düsseldorf	1. 8. 1925	31. 12. 1929
Grobblechverband, Düsseldorf	18. 7. 1925	30. 9. 1930
Röhrenverband, Düsseldorf	1. 4. 1925	15. 3. 1932
Deutsche Stahlgemeinschaft, Essen . . .		

Der Umfang der Verbände erstreckt sich auf den weitaus größten Teil der Produktion im Reichsgebiet. Der Röhrenverband ist bereits international ausgebaut (Deutschland, Polen, Tschechoslowakei). Seit Januar 1926 ist die Firma Gebrüder Röchling, Völklingen, der R. St. G. beigetreten und Verhandlungen mit den übrigen Saar- und mit den Minettewerken sind noch in der Schwebe. Von dem Beitritt letzterer hängt im wesentlichen der Erfolg der R. St. G. ab, doch darf damit m. E. nach Bereinigung der Handelsvertragsverhandlungen gerechnet werden[21]). Bemerkenswert ist, daß erstmalig eine allgemeine Syndizierung der B-Produkte gelungen ist, und zwar auf die relativ lange Zeit von fünf bis sieben Jahren.

b) Aufgabenkreis und innere Organisation

Der Grundgedanke der Kartelle der Montanindustrie wie der Verbände im allgemeinen, ist die Beseitigung des Wettbewerbs

[21]) Ihr Beitritt erfolgte 1926, während diese Arbeit im Druck war.

unter ihren Mitgliedern[22]) und deren wirtschaftliche Förderung[23]). Nur was zur Erreichung dieses Zweckes erforderlich scheint, wird im Kartell organisiert. Im Vordergrund steht die Regelung der Beteiligung, das Residuum der Förderkonventionen und der Preise, das der Preiskonventionen. Frühzeitig griff das R. W. K. S. und der R. E. V. auch in die Absatzregelung durch Organisation des Handels ein, wogegen bei der R. St. G. bzw. dem Stahlwerksverband dem Handel eine selbständige Stellung zukommt.

Beim R. W. K. S. unterliegen der Syndikatsmengenkontrolle sämtliche aus eigenen Schachtanlagen geförderten Mengen[24]). Die Zuordnung der abgesetzten Mengen zur Beteiligung hat im Lauf der Entwicklung geschwankt. Der Zechenverbrauch ist seit 1904 beteiligungsfrei, der Hütten- bzw. Werksverbrauch ist kontingentiert und unterliegt einer Sonderbeteiligung. Dem Syndikatsvertrieb entzogen, aber auf die Beteiligung anrechnungspflichtig sind der Verbrauch eigener Werke, der Landdebit, das Deputat und teilweise auch die Vorverträge. Als Verbrauch eigener Werke gilt der Bedarf jeder eigenen Nebenproduktenanlage im weiteren Sinne[25]), soweit diese im Revier liegen. Bis 1925 war der Begriff beschränkt auf Betriebe im unmittelbaren Anschluß an die Zeche, eine Bestimmung, die man fallen ließ, um eine rationelle Produktion am günstigsten, eventuell marktorientierten Standort zu ermöglichen. Der Landdebit erstreckt sich auf den Kleinverkauf, soweit dieser sich im Rahmen des Platzgeschäftes ohne Inanspruchnahme öffentlicher Verkehrsmittel vollzieht. Das Deputat umfaßt den Hausbrandbedarf der Werksarbeiter und Beamten. Die Vorverträge wurden verschieden geregelt. Die Tendenz geht dabei dahin, möglichst dem Syndikat die Abwicklung zu übertragen oder die Abkommen

---

[22]) Siehe § 1, Syndikatsvertrag vom 30. 4. 1925 des R. W. K. S.

[23]) Siehe § 1, Syndikatsvertrag vom 1. 11. 1924 der R. St. G.

[24]) Dem Eigentum sind gleichgestellt: Nießbrauch, Pacht, ähnliche Nutzung; vgl. § 15 Syndikatsvertrag R. W. K. S. 1925.

[25]) § 16 III Syndikatsvertrag des R. W. K. S. 1925.

für die Dauer des Kartells zu sistieren. Alle anderen Mengen unterliegen der Syndikatsregelung.

Der Organisationsbereich des R. E. V. und der R. St. G. erstreckt sich ausschließlich auf die Verkaufsmengen wobei der R. E. V. den Selbstverbrauch völlig frei läßt, während die R. St. G. die Verbrauchsbeteiligung mittelbar, ähnlich wie im R. W. K. S., regelt.

Um die Absatzpolitik weitgehend zu sichern und den Wirkungsbereich des Syndikates auch auf Gebiete zu erstrecken, in denen eine natürliche Konkurrenz anderer Provenienz herrscht, ist dem Syndikat wie auch den Eisenverbänden der Zukauf von außersyndikatlichen Produkten aller Art, für das R. W. K. S. vor allem von Braunkohle, gestattet.

Der Syndikatszweck des R. W. K. S. wird durch die Errichtung von Anlagen und Aufnahme von Beteiligungen gefördert. Eigene Aufbereitungsanlagen und Lagerplätze bestehen vornehmlich am Rhein, weiter sind Vorposten im bestrittenen Gebiet die Brikettwerke Emden und Berlin-Charlottenburg. Einen verwandten Zweck verfolgt die Beteiligung an der Westfälischen Transport-A.-G.

Der Aufbau der Innenorganisation des R. W. K. S. hat sich in seiner heutigen Form seit 1915 herausgebildet. Bis dahin war sie einfacher und dabei stärker zentralisiert, für den großen Aufgabenkreis deshalb aber auch zu schwerfällig. Organe des R. W. K. S. sind die Mitgliederversammlung, die ständigen Ausschüsse und die Geschäftsführung. Das absolute Schwergewicht liegt bei der Zechenbesitzerversammlung, deren Befugnisse[26]) erst die Basis abgeben für die der Ausschüsse und der Geschäftsführung. Die minütlich notwendigen, höchst wichtigen Entscheidungen verlangen, daß die Geschäftsführung mit weitestgehenden Handlungsvollmachten ausgestattet und in möglichst anpassungsfähige Normen gestellt wird. Ebenso verlangt die Mannigfaltigkeit der Teilprobleme, das Erfordernis, bei jeder Entscheidung das Für und Wider abzuwägen und vor allem Präzedenzfälle zu ver-

---

[26]) Siehe § 10 ff. Syndikatsvertrag R. W. K. S. 1925.

meiden, daß die wichtigsten Problemreihen zur Bearbeitung besonderen Organen, den ständigen Ausschüssen, delegiert werden. Diese haben das Grundsätzliche jeder Einzelfrage, soweit sie nicht selbständiges Entscheidungsrecht besitzen, so weit vorzubereiten, daß der Mitgliederversammlung nur noch die formale Entscheidung bleibt. Berufungen gehen unter Ausschluß des Rechtsweges an ein Schiedsgericht. Die Ausschüsse sind die eigentlichen Arbeitsorgane, hier zeigt sich die Vielseitigkeit der Organisation. Es bestehen heute acht ständige Ausschüsse, die nachstehend mit dem Zeitpunkt ihres Entstehens und mit ihrem Wirkungskreis (s. S. 32 und 33) angegeben sind.

Neben dieser Verwaltungsorganisation besteht die eigentliche Betriebsorganisation, die in elf Verkaufsabteilungen — nach Verkaufsrevieren eingeteilt — und sechs Versandabteilungen — nach Sorten gegliedert — zerfällt, und an die sich allgemeine Verwaltung, Abteilung für Verkehrsangelegenheiten, Abteilung für Wärmetechnik, Buchhaltung, Kasse, Nachrichtenbureau und Statistik anreihen [27]).

Zur erfolgreichen Durchführung des Syndikatszweckes sind, das haben die ersten Versuche jeder Kartellbildung gezeigt, Sicherheitsmaßnahmen erforderlich. Und die durch äußeren Zwang ausgelöste, innerlich aber schon vorbereitete Lockerung des Syndikatsgefüges in den Jahren seit 1922 bis zum jetzigen Vertrag hat erneut bewiesen, daß ein Kartell erfolgreich nur wirken kann, wenn es straffe Mittel in der Hand hat, die Mitglieder zur Einhaltung ihrer Pflichten anzuhalten. Die erste Voraussetzung dafür ist ein klarer Vertrag, eine unzweideutige Umreißung der Syndikatsrechte und -pflichten. Welchen oft unvorhergesehenen Schaden unklare Vertragsbestimmungen haben können, dafür ist die Hüttenzechenfrage das erste, die Anfechtung der Rechtmäßigkeit des Septembervertrages 1924 das zweite klassische Beispiel.

Eine weitere Voraussetzung ist die Verhütung bewußt vertragswidriger Maßnahmen der Mitglieder. Zunächst hilft da die

---

[27]) Siehe Jahrbuch f. d. O. B. B. Dortmund 1922/25, S. 517.

Verwaltungs-

Name des Ausschusses	seit	Wirkungskreis	Stimmrecht haben:
Kohlenausschuß	14. 9. 15	Verkaufsbeteil. i. Kohlen	sämtliche Mitgl.
Koksausschuß	14. 9. 15	Verkaufsbeteil. i. Koks	Koksbeteiligte
Brikettausschuß	14. 9. 15	Verkaufsbeteil. i. Brikett	Brikettbeteiligte
Selbstverbrauchs-Ausschuß	22. 4. 22	Verbrauchsbeteilign.	sämtliche Mitgl.
Qualitätsausschuß	14. 9. 15	Qualitätsfragen	sämtliche Mitgl.
Absatzausschuß	14. 9. 15	Absatzförderung	sämtliche Mitgl.
Geschäftsausschuß	14. 9. 15	Verkaufsorganisation	sämtliche Mitgl.
Auslandsausschuß	30. 4. 25	bestrittenes Gebiet	am bestrittenen Absatz beteiligte Mitgl.

Überwachung der Verkaufsorganisation der Mitglieder[28]). Danach steht dem Syndikat das Recht der Einsichtnahme der Bücher zu. Zur Erleichterung der Kontrolle hat jedes Mitglied genau formulierte Berichte einzureichen. Ferner ist es uneingeschränkt für Mängel in der Erfüllung der ihm übertragenen Lieferungen haftbar.

Das stärkste Mittel, das infolge der Inflation und Kohlennot zeitweilig unwirksam blieb, ist das System der Geldstrafen[29]), die in Anbetracht der mißlichen Erfahrungen, die man in den letzten Jahren mit der Vertragstreue gemacht hatte, im neuen Vertrag sehr scharf und hoch — Mk. 1000.— bis 3000.— für den Einzelfall Minimum, Mk. 25.— pro Tonne generell — angesetzt wurden. Das Ausmaß der Strafen dürfte geeignet sein, jeden bewußten Vertragsbruch zu vermeiden.

[28]) Syndikatsvertrag 1925 R. W. K. S. §§ 41/42.
[29]) Syndikatsvertrag 1925 R. W. K. S. § 43.

organisation

je t Beteiligung = ein Mitglied	vorherige Zuständigkeit	Entstehungsgrund
5 Mill. Gesamtbeteiligung	Kommission C	Wachsende Bedeutung der Beteiligungsfrage und Anwachsen der zu behandelnden Fälle veranlaßt Sonderausschuß. Vertikalkonzentration verursachte Ausdehnung des Problems.
$1\,^{1}/_{4}$ Mill. Koksbeteiligung	Koks-Kommission	
$^{1}/_{4}$ Mill. Brikettbeteiligung	Brikett-Kommission	
5 Mill. Gesamtbeteiligung	Mitgl.-Versammlung Beirat und Zechenbesitzerversammlung	Zentrale Regelung und Entlastung der Mitgliederversammlung. Wachsende Konkurrenz legten zentrale Förderung des Absatzes nahe. Wachsende Bedeutung der Handelsfrage in den verschiedenen Entwicklungsphasen seit 1915.
$^{1}/_{2}$ Mill. bestrittene Beteil.	Zechenbesitzerversammlung	Spaltung der Kartellregelung in bestrittene u. unbestrittene machte Zentralisierung von Aufgaben des bestrittenen Gebietes erforderlich.

II. Gliederung der Revierzechen im allgemeinen

a) Die natürlich-geologische Gliederung

Es ist für den Aufbau und die Macht eines Kartells bedeutsam, welche organisatorischen Unterschiede zwischen seinen Mitgliedern bestehen, da diese die Grenze des gemeinsam Organisierbaren bestimmen. Die natürlich-geologischen Produktionsbedingungen sind im Ruhrbergbau — im Gegensatz zu Oberschlesien — sehr verschiedenartig. Die Gewinnung erfolgt im Schachtbau[1], da die Kohle nur an den Hängen der Ruhr, dem ursprünglichen Bereich des Revierbergbaues, zutage ausgeht. In der geologischen Struktur lagern — von oben nach unten — die Grundsorten: Mager-, Eß-, Fett-, Gas- und Gasflammkohle übereinander, wobei im Süden nur die Magerkohle ansteht und die anderen Sorten sich allmählich — bei keilförmiger Verbreiterung des Vorkommens — nach Norden zu unterschieben. Am Ruhrufer zutage ausgehend, senkt sich die kohleführende Schicht

[1]) Mit Ausnahme weniger nichtsyndizierter kleiner Südzechen.

in immer größere Teufen, von Süden nach Norden und von Westen nach Osten, überlagert von Kreidemergel und am Rhein und in der Emscher-Vorflut von Schwimmsand. Die Mächtigkeit der Flöze nimmt dabei bei wachsender Teufe zu und die Schichtverwerfungen ab. So sind Teufen über 1000 m ausschließlich in den Revieren Hamm und Lünen im Nordosten vorhanden; über 800 m in den Mittel- und Nordrevieren, 400—800 m herrschen in den übrigen Revieren vor und im Süden und Westen haben wir zahlreiche Schächte unter 400 m bis zu 90 m (Zeche Hammerthal) und sogar noch Stollenbetrieb (Zeche Charlotte)[2]).

Ein Blick auf die Felderkarte[3]) zeigt uns im Süden stark zersplitterte kleine Berechtsame, in der Mitte durch Konsolidation[4]) vergrößerte Felder, im Westen, Norden und Osten große zusammenhängende Felderkomplexe, die durch zahlreiche, systematisch angeordnete Schächte erschlossen sind[5]).

Bedeutsam ist schließlich die Transportlage der Zechen. Das Revier wird im Westen durch den Rhein in zwei ungleiche Teile zerlegt. Im Süden ist die Ruhr bis Mülheim schiffbar, d. h. nur ein Teil der Südwestzechen kann sie benutzen. Die Lippe im Norden ist bergbaulich noch nicht erreicht und müßte für eine Nutzung erst reguliert werden. Im Osten fehlen brauchbare natürliche Wasserstraßen völlig. Der Dortmund-Ems-Kanal hat hier seit 1898 eine künstliche Wasserstraße geschaffen. Die Mitte des Revieres wurde an das Wasserstraßennetz durch Eröffnung des Rhein-Herne-Kanals 1914 angeschlossen. Der Wasserstraßenanschluß gewährt den Zechen eine die gleichmäßige Förderung gewährleistende Transportmöglichkeit, besonders wenn er durch eigene Häfen und Flotten ergänzt wird, ein Vorteil, der in Zeiten des Wagenmangels vor allem bedeutsam wird. Das Schienen-

---

[2]) Schacht-Teufen s. „Die Bergwerke und Salinen usw." a. a. O.

[3]) Glückauf 1926, Heft 1, Sonderbeilage. Interessant ist der Vergleich mit der Karte bei Wiedenfeld: R. W. K. S., Tabellenheft, was die Besitzverschiebungen seit dem Krieg sehr gut veranschaulicht.

[4]) Erkennbar an den unregelmäßigen, teils stark eingezwängten Markscheiden.

[5]) Berechtsamsgröße s. Jahrb. d. O. B. B. Dortmund 1922/25.

netz erschließt das Revier relativ gleichmäßig, so daß hier ein Vorteil für einzelne Zechen kaum gegeben ist.

Aus all diesen Tatsachen ergeben sich für die einzelnen Zechen wichtige Unterschiede. Der Bergbau dringt aus den Kernrevieren Werden, Hattingen, Witten, Südbochum, Essen I mit dem Fortschritt der Technik und der Steigerung des Bedarfes nach Norden, Westen und Osten radial vor und verlegt sein Schwergewicht nach diesen Gebieten. Diese Entwicklung ist im wesentlichen natürlich bedingt.

Die Südzechen brauchen wenig Anlagekapital, da die Unter- und Übertageanlagen klein sind. Ihre Einseitigkeit in der Sortenführung erschwert aber in Zeiten der Überproduktion ihre wirtschaftliche Lage, sie sind weiter durch Flözverwerfungen und geringe Mächtigkeit wie fortschreitenden Abbau benachteiligt, eine Mechanisierung vor Ort ist fast unmöglich, Schlägel und Eisen müssen hier die Arbeit leisten, die die Schrämmaschine teilweise anderwärts besorgt. Aus Mangel an Nebenproduktenanlagen, für die ihnen teils die Sorten an sich, teils die Mengen fehlen, ist ihre Rentabilität beeinträchtigt. Eine Wassertransportverbindung fehlt.

Demgegenüber arbeiten die Nord-, West- und Ostzechen mit teilweise sehr hohen Anlagekosten für Schächte in Teufen von 500 bis 1000 m. Diese können sie nur tragen, weil sie zunächst über mannigfache Sorten in stärkeren Flözen, die eine Mechanisierung zulassen, auf großer, arrondierter Berechtsame verfügen und damit Reserven haben, die die Amortisation des Kapitals sichern. In der Quantität nicht beengt, können sie Nebenproduktenanlagen betreiben und deren Abgase zur Minderung des Zechenverbrauchs verwerten. Oft sind unternehmungsweise oder vertraglich Abnehmer angeschlossen, und der Absatz wird ihnen größtenteils durch eine nahe Wasserstraße erleichtert. Der Schwerpunkt der Quantität und Qualität liegt im Norden [6]).

Eine Sonderstellung nehmen die Rheinzechen ein, die bei mittlerer Schachtteufe — 500 bis 700 m — bei günstigen Flöz-

[6]) Siehe Duncker a. a. O. S. 17 ff.

verhältnissen eine bevorzugte Absatzlage besitzen. Bei den Ostzechen, die für das weite deutsche Hinterland absatzgünstig liegen, wird dieser frachtliche Vorsprung gemindert durch die hohen Kosten der außerordentlich tiefen Schächte und die besonders schwierigen Abteuf- und Abbauverhältnisse [7]).

Eine Produktionsstatistik der einzelnen Mitglieder bestätigt die Ausführungen [8]). Für die für die Syndikatsorganisation wichtigen Gesichtspunkte möge eine Zusammenstellung das Wesentliche hervorheben [9]).

Sorte in 1000 Einheiten	Revier	Syndikat	Proz.	Gemischte Zechen [10])	Proz.	Reine Zechen	Proz.
Magerkohle . . t	4217	3998	94,8	1 324	33,1	2674	66,9
Eßkohle . . . t	6858	6627	96,8	3 915	59,1	2712	40,9
Fettkohle . . . t	60593	60582	ca. 100	50 677	83,6	9905	16,4
Gas- u. Gasflammkohle . . . t	22460	22460	100	17 160	76,4	5300	23,6
Koks . . . . t	.	21363	.	17 220	80,6	4143	19,4
Brikett . . . . t	.	2064	.	952	46,1	1112	53,9
Schwefelsaures Ammoniak . t	.	260	.	215	82,8	45	17,2
Teer u. Teerpech t	.	658	.	521	79,1	138	20,9
Benzole . . . t	.	114	.	93	80,9	22	19,1
Gas . . . . cbm	.	2279	.	1 979	86,9	300	13,1

Der Menge nach ist die Magerkohle die unbedeutendste, die Fettkohle die weitaus wichtigste Kohlensorte. Die Gas- und Gasflammkohle dürfte eine zunehmende Bedeutung wieder gewinnen, sobald das technisch gelöste Verfahren der Tieftemperaturverkokung mit Erzeugung des chemisch sehr wertvollen Urteers [11]) und die Brikettierung der Gasfeinkohle zu anthrazitähnlichen

[7]) Wasserhaltung und Untertagehitze erfordern hohe Anlagemittel für Pump- und Berieselungsanlagen.

[8]) Vgl. „Die Bergwerke und Salinen im Niederrheinisch-Westfälischen Bergbaubezirk 1922/24“, Essen 1925, a. a. O.

[9]) Vgl. auch Statist. Anhang, Beteiligungsliste.

[10]) Gemischte Zechen im weiteren Sinn, d. h. einschließlich interessen-verbundenen Zechen.

[11]) Versuche auf Zeche Mathias Stinnes und Mont Cenis.

Eiformbriketts sich als wirtschaftlich verwertbar erweisen[12]). Die Tabelle veranschaulicht gleichzeitig die Bevorzugung der Fett- und Gaskohlenzechen, die Industrieprodukte liefern und die die besten Standortsbedingungen aufweisen, seitens der gemischten Werke. Das Übergewicht, das sie in Koks und dessen Nebenprodukten besitzen, bestätigt, daß technische Gesichtspunkte in erster Linie für diese Erscheinung maßgebend sind.

Das wird noch deutlicher auf Grund einer Berechnung (s. Seiten 37/39). Um den Werks- und Zechenverbrauch zu trennen, können wir mit den Erfahrungssätzen rechnen, d. h. zur Zeit $8^{1}/_{2}$ Proz.[13]), für die Mager- und Eßkohlenzechen etwas mehr, da diese an sich einen größeren Verbrauch pro Tonne Nutzförderung haben und auch nicht Abfallkräfte von Neben-

Berechnung: (in 1000 t)[14])

	Kohle	davon: Fettkohle	davon: Gas- u. Gasflammkohle	davon: Eß- u. Magerkohle	in Kohle umgerechnet: Koks	in Kohle umgerechnet: Briketts
Produktion	94518	62755	19957	11806	29916	4008
Gesamtabsatz inkl. Zechen u. Werksverbrauch	94809	63157	19868	11784	30157	4022
Werks- u. Zechenverbrauch .	23284	17231	4648	1405	8564	228
Absatz f. Rechn. d. Syndikats	71525	45926	15220	10379	21593	3794
Verbrauch für Koks u. Briketts Verkauf	25770	20333	2036	3402	—	—
Marktabsatz inkl. Deputat u. Landdebit . . . . . t	45755	25593	13184	6977	21593	3794
Proz.	48,3	40,5	65,4	59,2	71,6	94,6

produktenanlagen verwerten können. Da die der Berechnung zugrundegelegten Zahlen für 1921/22 gelten und damals die Verhältnisse schwieriger lagen, nehme ich 10 Proz. an. Eine Er-

---

[12]) Versuche der Funkezeche Dorstfeld, die die Briketts im süddeutschen Markt schon anbietet.

[13]) Laut persönlicher Angabe. Vgl. auch Jüngst in D. B. Z. v. 18. 10. 1925, der 10 Proz. einschließlich Deputat annimmt.

[14]) Errechnet auf Grund der Syndikatsstatistik für das Jahr 1921/22, s. G.-B. R. W. K. S. 1922/24.

mittlung der Abgaseverwendung und andererseits des Mehrbedarfes der Eß- und Magerkohlenzechen für den Zechenverbrauch ist nicht möglich. Als Kostenfaktoren sind diese Tatsachen immerhin zu beachten. Es ist auch an Hand der veröffentlichten Zahlen nicht zu ermitteln, wieviel Tonnen Koks und Briketts im Zechenverbrauch Verwendung finden. Ich nehme als rohen Maßstab für Koks das Mittel zwischen Fett- und Gasflammkohlen an, für Briketts den Satz der Eß- und Magerkohle; dabei dürfte bei Koks ein Fehler entstehen, da weniger Koks im Zechenverbrauch verwertet wird. Diese leider unumgänglichen Ungenauigkeiten beeinträchtigen aber das Gesamtresultat kaum.

Berechnung: (in 1000 t)[15])

Sorte	Gesamtabsatz	Gesamtselbstverbrauch		davon: Zechenverbrauch		davon: Werksverbrauch	
	t	t	Proz.	t	Proz.	t	Proz.
Kohle	94 809	23 284	24,6	9481	10	13 803	14,6
davon:							
Fettkohle	63 157	17 231	27,3	6316	10	10 915	17,3
Gas- u. Gasflammkohle .	19 868	4 649	23,4	1987	10	2 662	13,4
Eß- u. Magerkohle . . .	11 784	1 405	12,0	1178	10	227	2,0
Koks } in Kohle umgerechnet	30 157	8 564	28,4	3378	11,2	4 186	17,2
Briketts } in Kohle umgerechnet	4 022	229	5,7	191	4,7	38	1,0

Es verteilt sich also vom Gesamtabsatz der auf:

Sorte	Nur aufbereiteter Absatz	Auf Weiterverarbeitung	Auf Werksverbrauch	Auf Zechenverbrauch
Kohle	48,3	27,1	14,6	10
Fettkohle	40,5	32,2	17,3	10
Gas- u. Gasflammkohle	65,4	11,2	13,4	10
Eß- u. Magerkohle . .	59,2	28,8	2,0	10
Koks	71,6	—	17,2	11,2
Briketts	94,3	—	1,0	4,7

Zum Syndikat stehen die Zechen so von der Sorte bedingt sehr verschieden; während im Gesamtdurchschnitt Absatz an aufbereiteten und verarbeiteten Produkten sich die Wage halten, weicht das Bild für jede Sorte stark ab. Die Magerkohle

[15]) Vgl. Anmerkung 14, vorige Seite.

ist fast völlig auf den Markt angewiesen, denn auch das Verarbeitungsprodukt, das Brikett, ist vornehmlich ein Marktprodukt, während Fett- und Gaskohle nur mit 72 Proz. bzw. 76 Proz. auf den Markt und die Verarbeitung angewiesen und in letzterer auch nur mit 72 Proz. Koks marktabhängig sind. Die gegensätzlichen Sorteninteressen wirken in der Beteiligung fort und erschweren die Organisation. Und weiter beeinflussen sie die Preis- und Absatzpolitik.

Daß die Verkokung sich fast ausschließlich auf die Fett- und Gaskohlenzechen, die Brikettierung umgekehrt auf die Eß- und Magerkohlenzechen beschränkt, ist technisch bedingt und wird aus der nachstehenden Gegenüberstellung erkennbar:

Verbrauch an Kohle zur Verarbeitung in Koks und Briketts in 1000 t		Absatz an Koks und Briketts in Kohle umgerechnet in 1000 t	
Fett-, Gas- u. Gasflammkohle	22 369	21 593	Koks
Eß- und Magerkohle . . .	3 401	3 794	Briketts
	25 770	25 387	

Die Spannung beträgt, die Zahlen auf gleiche Endsummen ausgewogen:

+ 450 000 Brik. > Eß- und Magerkohle = ca. 12 Proz. d. Brik.-Abs.
— 450 000 Koks < Fett- und Gaskohle = ca. 2 Proz. d. Koks-Abs.

Damit aber fehlen den Eß- und Magerkohlenzechen die Voraussetzungen, die ein gemischtes Werk, besonders eine Hüttenzeche, an die Kohle stellt, d. h. sie sind auch von der Sorte her beengt, ihre Rentabilität [16]) zu steigern [17]).

Eine Sonderstellung unter den Magerkohlenzechen nehmen

---

[16]) Die Wertsteigerung 1913 durch Nebenproduktengewinnung betrug von Mk. 11.93 auf Mk. 13.78 = 15 Proz. für Verkokung, durch Brikettierung von Mk. 11.93 auf Mk. 12.01 = etwa 1 Proz., wobei die ideelle Werterhöhung für Brikettierung wegen der sonst schwer verwertbaren Feinkohle höher liegt. Siehe Jüngst in D. B. Z. 1925, Nr. 246.

[17]) Statistik G. B.; R. W. K. S. 1919/20, S. 20, ergibt ähnliche Resultate.

die ein, die Anthrazit, eine besonders begehrte Sorte, fördern. Dank der hohen Qualität des Produktes können sie geologische und andere wirtschaftliche Nachteile ausgleichen und sich in den Fragen der Kontingentierung, Beteiligung, Preisbildung usw. eine Sonderbehandlung sichern[18]).

b) Die Unternehmungsformen

Unter den Unternehmungsformen herrscht heute die Aktiengesellschaft absolut vor, während die für die Anfänge jeden Bergbaues besonders geeignete Gewerkschaft an Bedeutung zurücktritt; Eigentümerbergbau besteht unter den Syndikatsmitgliedern überhaupt nicht mehr. Ebensowenig finden wir Feudalbesitz, der im Ruhrbergbau sich lediglich als Regalrentner bemerkbar machte[19]), nicht als Unternehmer, wie in Oberschlesien. Dagegen sind zahlreiche Gewerkschaften, wenn auch rechtlich unpersönlich aufgezogen, ausgesprochene Familienunternehmungen und auch unter den Aktiengesellschaften stellt Krupp im wesentlichen Familienbesitz dar.

Eine Tendenz zur Mobilisierung des Bergbaukapitals ist unverkennbar. Für den Charakter der Organisation ist das bedeutsam, denn neben der Familientradition, die der gegebene Träger einer Kartellorganisation ist, wirken immer stärker andere Kräfte mit, die der Führer der Konzerne. So ist die Deutsch-Luxemburgische Bergwerks- und Hütten-A.-G. das Werk Hugo Stinnes, der schon mit 21 Jahren selbständig Unternehmen aufbaute, und Albert Vöglers, des Technikers; der Klöckner-Konzern verdankt seinen Namen dem Eisengroßhändler Peter Klöckner; August Thyssen ist Ingenieur und Kaufmann[20]); Otto Wolf, der an der Phönix-A.-G. maßgebend beteiligt ist, ist Kaufmann. Emil Kirdorf allerdings, der Kaufmann, wird der Vorkämpfer der Syndikatsidee.

---

[18]) Z. B. Zechen Langenbrahm, Heinrich, Ludwig.

[19]) Herzog von Arenberg, der noch bis kurz vor Kriegsausbruch den Bergwerkszehnt vereinnahmte.

[20]) Während des Druckes verstorben.

Je mehr ganz allgemein die Aktiengesellschaft an Übergewicht gewinnt und je mehr die Verbindung des Bergbaues mit anderen Industriezweigen sich vollzieht, je vielseitiger die technischen und wirtschaftlichen Aufgaben werden, um so mehr gewinnt der leitende Direktor der Aktiengesellschaft an Stelle des Gewerken der Gewerkschaft an Einfluß. So wird die ganze Organisation mehr versachlicht, traditionell-psychologisch bestimmter Fesseln entledigt. Was das bedeutet, dafür mögen nur die lockere, stark fiduziarische Oberschlesische Kohlenkonvention der Feudalbesitzer vor dem Krieg einerseits, die Zersetzung des Mitteldeutschen Braunkohlensyndikates durch den überragenden Einfluß der Händler andererseits, und schließlich die straff geschlossene, traditionslose, rein kapitalistisch bestimmte Organisation des Rheinischen Braunkohlensyndikates, des vielleicht erfolgreichsten Kartelles, als Beispiel dienen.

Im Ruhrbergbau bringt erst die zunehmende kapitalistische Durchsetzung die Straffung, die aufgelockert wird durch den wachsenden Einfluß der gemischten Werke und der Handelsinteressen sowie durch die starken natürlichen Differenzen. Der Beteiligung nach stehen sich die Unternehmungsformen wie folgt gegenüber:

Beteiligung (in 1000 t)

	t	Proz.
Aktiengesellschaften	91 266	57,6
Fiskus und Hibernia	13 498	8,5
Gewerkschaften	48 180	30,4
G. m. b. H. und O. H. G.	5 495	3,5
	158 439	100

Dabei ist zu beachten, daß der größte Teil der Gewerkschaften mit den Aktiengesellschaften interessenverbunden und vielfach von diesen auch majorisiert ist.

c) Große und kleine Syndikatszechen

Die Entwicklung des Bergbaues tendiert zum Großbetrieb. Die nachstehende Tabelle vermag uns über die syndikatlichen

Verhältnisse Aufschluß zu geben. Dabei ist zu beachten, daß syndikatsrechtliche Selbständigkeit, d. h. eigene Beteiligung, noch nicht wirtschaftliche Selbständigkeit bedeutet, da Verkaufsvereine und Konzerne mehrere Beteiligungen umfassen. Und ferner bedeutet eine Erhöhung des Durchschnittes an sich noch keine Steigerung der Leistungsfähigkeit oder Vergrößerung der Anlagen, da die Beteiligungen besonders seit 1922 stark verwässert sind. Die Steigerung der Gesamtbeteiligung seit diesem Jahr ist ohne wesentliche Aufnahme neuer Mitglieder erfolgt.

Die Durchschnittsgesamtbeteiligung je Syndikatsmitglied stieg von 1893 über 1904—1916—1922 bis 1925 vom 1- über das 2,1-, $4\frac{1}{4}$-, $4\frac{2}{3}$- bis zum 6-fachen.

Beteiligungsentwicklung

Jahr	Zahl der Mitglieder	Kohlenbeteiligung inkl. Selbstverbrauch in 1000 t		Jahr	Zahl der Mitglieder	Kohlenbeteiligung inkl. Selbstverbrauch in 1000 t	
		Rechnungsmäßige	Durchschnitt			Rechnungsmäßige	Durchschnitt
1893	98	35 372	361	1918	89	136 861	1538
1898	97	49 688	512	1919	88	139 036	1580
1903	84	63 836	760	1920	83	140 697	1695
1904	96	73 367	775	1921	82	141 127	1721
1909	74	94 979	1 284	1922	81[21])	137 439	1697
1913	64	102 086	1 595	1923	81	137 439	1697
1914	64	107 429	1 679	15. 1. 24	70	138 917	1986
1915	63	107 723	1 710	1. 10. 24	73	143 633	1954
1916	85	130 022	1 529	1. 8. 25	72	157 438	2187
1917	93	134 082	1 442				

Nach Beteiligungsklassen geordnet erhalten wir folgende Übersicht (s. S. 43). Wir können in allen Sorten — Kohle, Koks und Briketts — seit 1893 ein konstantes zahlen- und beteiligungsmäßiges Vordringen des Großbetriebes feststellen. Hatten die Zechen mit über 1 Million Tonnen Kohlenbeteiligung 1893 mit sechs Stück etwa ein Drittel der Gesamtbeteiligung, so halten sie heute mit 48 Stück etwa 90 Proz., der Rest ist zur Bedeutungslosigkeit verurteilt. Bei Koks ist das Verhältnis, wenn

[21]) Ohne die kleinen Zechen mit variabler Beteiligung.

wir 250 000 t, bei Briketts, wenn wir 150 000 t als untere Grenze wählen, ähnlich, auch hier sind 90 Proz. in den Beteiligungsklassen des Großbetriebes.

Gehen wir in der Betrachtung etappenweise vor, so können wir verschiedene Erscheinungen der Organisation klar erkennen. In Kohle wurden durch das Teufen von Syndikatsschächten die Aufnahme im Syndikatsschutz erstarkter Außenseiter, z. B. der Zeche Rheinpreußen, und der leistungsfähigen Hüttenzechen die kleinen von 1893 bis 1904 von 67 Proz. auf 38 Proz. verdrängt.

Beteiligungsklasse	Vertrag von									
	1893		1904		1916		1922		1925	
	Zahl	Proz.	Zahl	Proz.	Zahl	Proz.	Zahl	Proz.	Zahl	Proz.
Kohleverkauf und Verbrauch										
bis 99999	14	2,4	—	—	1	0,1	1	0.1	1	0,1
100000— 249999	43	20,4	31	7,4	6	0.9	6	0,8	6	0,8
250000— 499999	27	28,5	20	10.3	12	3,3	8	1,9	6	1,4
500000— 749999	7	13,2	11	8,3	19	9,6	11	4,9	6	2,5
750000— 999999	1	2,3	11	13,—	8	5,1	6	3,6	8	4,4
1000000—4999999	6	33,2	20	42.5	33	48,—	42	57,6	34	43,9
5000000—9999999	—	—	2	18.5	5	23.6	5	22,5	10	39,2
über 10000000	—	—	—	—	1	9,4	1	8,6	1	7,7
Koksverkauf (erste Spalte für 1890)										
bis 99999	18	44,9	20	12,2	9	1,8	9	1,7	10	1,9
100000—149999	4	21,—	10	12,4	8	3,7	7	3,1	4	1,9
150000—199999	1	6,4	7	11,5	1	0,7	2	1,3	1	0,7
200000—249999	—	—	5	10.9	7	5,9	6	5,—	6	5,1
250000—499999	—	—	7	23,6	16	21,2	14	18,—	10	13,3
500000—999999	1	27,7	1	5,—	13	32,7	14	37,4	10	25,6
über 1000000	—	—	2	24,4	5	34,—	5	33,5	9	51,5
Brikettverkauf (erste Spalte für 1890)										
bis 74999	6	100	18	37,3	9	12,—	9	11,1	7	5,9
75000— 99999	—	—	3	9,7	2	3,1	2	3,1	—	—
100000—149999	—	—	4	17,6	4	9,3	3	6,8	4	6,1
150000—199999	—	—	3	18,7	4	13.5	2	6,0	2	4,6
200000—249999	—	—	2	16,7	4	17,1	6	24,2	8	25,4
250000—499999	—	—	—	—	2	15,3	3	21,4	3	15,1
500000—999999	—	—	—	—	2	29,7	2	27,4	3	25,4
über 1000000	—	—	—	—	—	—	—	—	1	17,5

Effektiv war das Mißverhältnis noch stärker, da das Hüttenzechenkontingent nicht mit erfaßt wurde, das für 1904 mit etwa 8 Proz. der Gesamtbeteiligung zu veranschlagen [22]) und fast aus-

[22]) Siehe Berechnung unten Zweiter Abschnitt I.

schließlich den Großzechen zuzurechnen wäre. Bis 1916/1922/1925 fiel dann der Anteil der kleinen Zechen auf 1 Proz., 1916 wesentlich verursacht durch den Beitritt des Fiskus und der Außenseiter und dann verschärft durch die Entwicklungsbeteiligungen der ehemaligen Außenseiter und die nach Kriegsschluß stark einsetzende Konzentration. Deren Wirkung indessen zeigt sich deutlicher daran, daß der Anteil der Zechen von 1—5 Mill. Tonnen Beteiligung, 1893 die Höchstklasse mit sechs Mitgliedern und 33 Proz. Beteiligung, bis 1916 ansteigend auf 48 Proz., bis 1922 auf 57,6 Proz., seit 1904 von der Klasse 5—10 Mill. überlagert, seit 1922 von dieser Klasse immer mehr eingeholt wurde und daß sich seit 1916 eine neue Klasse mit über 10 Mill. überschob. Durch Fusionen Millionenbeteiligter untereinander wuchsen die neuen Machtgebilde über ihre Stammklasse hinaus. So stiegen die Rheinischen Stahlwerke, die Mannesmannröhren-Werke, die Essener Steinkohlenbergwerke in höhere Klassen, konzernmäßig betrachtet vor allem auch der Konzern Hösch-Köln-Neuessen-Trier, Lothringer Bergbau-A.-G., Krupp — Helene und Amalie — Konstantin der Große und andere mehr [23]).

Die hier aufgezeigte Entwicklung tritt noch plastischer in der Koksbeteiligung hervor, wo seit 1916 die kleinen Beteiligungsklassen ihren Effektivbestand prozentual im wesentlichen behaupten konnten (1916 — 1922 — 1925 betrug der prozentuale Anteil 12,1 Proz. — 11,1 Proz. — 9,6 Proz.) und sich die Konzentration fast ausnahmslos auf die großen Zechen untereinander beschränkte. Dabei ist zu beachten, daß besonders bei Koks die Beteiligung keineswegs der Leistungsfähigkeit entspricht, da die Hüttenzechen den Hauptteil ihres Kontingentes in Koks beanspruchen und so effektiv das Übergewicht der Großbeteiligung viel stärker noch ist, als die Zahlen verdeutlichen. Die kleinen Zechen besitzen für die großen lediglich ein Stillegungsinteresse, eine Tatsache, die in der Beteiligung für 1925 noch keinen wesentlichen Niederschlag fand, wohl aber heute schon durch ein stär-

[23]) Der prozentuale Rückgang der Höchstklasse erklärt sich aus deren Konstanz in der Effektivgröße.

keres Schwinden der kleinsten Klassen auch in Kohle und Koks zum Ausdruck kommen dürfte.

Das starke Sinken in Briketts ist fast ausschließlich zu erklären als Folge der Erweiterung der Brikettierungsanlagen zwecks besserer Verwertung des Feinkohlenanfalls. Verschiedene kleine Zechen wurden fusioniert, teils vor 1925, teils nach dem jüngsten Vertragsschluß [24]), so daß die kleinen Anteile weiter sinken werden. Charakteristisch ist hierbei die Einschiebung einer Klasse über eine Million, die die Essener Steinkohlenbergwerke, deren Spezialität die Förderung und Brikettierung von Magerkohle ist, mit ein Sechstel der Gesamtbeteiligung allein halten.

Aus der gegebenen Gliederung erwachsen im Syndikat verschiedene die Geschäftsführung beeinflussende Strömungen. Es ist verständlich, daß die kleinen Zechen, im Drang ihre stehenden Kosten möglichst zu verteilen und sie dann auch im Erlös zu gewinnen, einerseits gegen zu scharfe Kontingentierung auftreten, andererseits höhere Preise fordern müssen. Den großen Zechen bietet sich die Möglichkeit, ihre Produktion auf wenigen Anlagen rationell zu konzentrieren, so daß ihnen der Zweck der Produktionsanpassung höher steht als eine nur in Verbindung mit Haldung der überförderten Mengen mögliche geringere Kontingentierung. In Preisfragen befürworten sie — die „Mäßigkeitsapostel" — niedrige Preise, die ihnen dank ihrer besseren Anlagen noch eine Rentabilität sichern, gleichzeitig aber eine Erhöhung der Nachfrage in Aussicht stellen. Ihr Streben geht auf Ausschaltung der kleinen Beteiligten, sei es durch deren Fusion, sei es durch Stillegungskauf, um ihre eigenen Produktionsanlagen besser auszunutzen und vor allem dem Druck nachkommen zu können, der auf ihnen von ihren großzügigen Aufbereitungsanlagen her ruht, und der sich mit zunehmender chemotechnischer Verfeinerung verstärkt [25]).

So verschiedenartig nun auch die Interessen der großen und kleinen Zechen sind, so störten sie doch das Syndikats-

[24]) Blankenburg, Herbeder Steinkohlenbergwerke, Prinz Friedrich.

[25]) Siehe Wiedenfeld R. W. K. S. Seite 43.

gefüge eigentlich nicht. Die kleinen Beteiligten verdanken, soweit sie nicht dank Sonderqualitäten einen Vorzug genießen, nur dem Syndikat ihr Dasein, zumindest als Fernlieferanten. Soweit es sich um Südrandzechen handelt, erliegen sie mehr und mehr oder werden von den großen Konzernen aufgesogen unterhalb einer Beteiligungslinie, die für Kohle bzw. Koks bzw. Briketts bei 250 000 bzw. 150 000 bzw. 75 000 t etwa liegt. Das Schwergewicht dürfte in nächster Zeit innerhab der Beteiligungsklasse von etwa 3—6 Mill. Tonnen Beteiligung bleiben.

Wirtschaftlich ist die Entwicklung zur Großbeteiligung verschieden zu beurteilen. Eine Zentralisation der Verkokung ist rein technisch eine Notwendigkeit, während die Brikettproduktion an den Stellen des Feinkohlenanfalls dezentralisiert bleiben wird. Ebenso genügt schon eine Beteiligung von 1—2 Mill. Tonnen für eine moderne Doppelschachtanlage. Eine Zusammenfassung mehrerer solcher Normalbeteiligungen zu einer Unternehmungseinheit hat wesentlich betriebsorganisatorische und wirtschaftliche Ursachen. Und da ist es sicher, daß die Produktion rationeller durchgeführt werden kann, wenn mehrere Anlagen dafür zur Auswahl stehen. Das gilt für Kohle in ihren verschiedenen Sorten, weniger gilt es für Briketts. Die Konzentration mehrerer Brikettierungsanlagen ist eine Sekundärerscheinung.

Dem wirtschaftlichen Vorzug steht als Nachteil die Möglichkeit einer Machtübersteigerung gegenüber, die sehr nachteilig wirken würde, deren Gefahr tatsächlich aber durch den Revier- und Sortenwettbewerb gebannt wird.

Endlich ist zu beachten, daß jede Konzentration ein Konzentrationsoptimum hat, die Möglichkeit, in der Leitung den Überblick zu behalten. Diese Grenze ist bei Kohle, besonders wenn sie auf großen Berechtsamen aufbaut, dank der relativen Einheitlichkeit der Produkte im Gegensatz etwa zur Maschinenindustrie sehr weit gesteckt. Zumindest ist eine dezentralisierte Verwaltung sehr leicht durchführbar, so daß das Optimum wohl noch von keinem Unternehmen überschritten scheint.

III. Syndikats- und Außenseiterzechen

a) Syndikat und Fiskus

Für die wirtschaftliche Beurteilung kommt dem Fiskalbergbau und seiner Stellung zum Syndikat, die im Laufe der Entwicklung verschieden war, eine Bedeutung zu, die eine eigene Betrachtung neben den anderen Problemen erforderlich macht. Der preußische Staat, in dessen Gebiet die Hauptreviere des Steinkohlenbergbaues liegen, hatte in Oberschlesien [1]) und im Saargebiet [2]) große Kohlenberechtsame. Im Ruhrrevier war dagegen der Bergbau seit 1852 ausschließlich in privaten Händen [3]) und dem Revier benachbart bestanden nur die staatlichen Bergwerke bei Ibbenbüren.

Die Mißstände während der Hochkonjunktur 1900/01 bewirkten, daß der Staat eigenen Zechenbesitz im Ruhrrevier zu gewinnen suchte, um als Außenseiter die Kartellpolitik beeinflussen und so die öffentlichen Belange mittelbar wahren zu können. Gleichzeitig sollte der öffentliche Bedarf an Kohlen sichergestellt werden. In den Jahren 1902 ff. erwarb der Staat die Zeche Gladbeck und große, unverritzte Berechtsame, 1904/05 versuchte er durch Kauf der Aktienmajorität die Bergwerksgesellschaft Hibernia, eines der modernsten und leistungsfähigsten Ruhrunternehmen, in seinen Besitz zu bringen, um sich im Syndikat einen unmittelbaren Einfluß zu sichern und die teueren, langwierigen Aufschlußarbeiten zu ersparen. Der Plan scheiterte am Widerstand des Syndikates und einer Reihe seiner Mitglieder, die in der entscheidenden Generalversammlung eine knappe Majorität erlangten. In der Befürchtung, der Erwerb der Hibernia sei der Anfang einer allgemeinen Verstaatlichung, beschloß man, alle zur Sicherung des privaten Besitzes irgend möglichen Mittel

[1]) Fiskalischer Anteil an der Produktion 1912 16,9 Proz.

[2]) Fiskalischer Anteil an der Produktion 1912 73,9 Proz.

[3]) 1852 Verkauf der fiskalischen Zechen Bruchstraße, Prinzessin und Preußisch-Szepter wegen Unrentabilität s. D. B. Z., Jub.-Ausg. Nr. 2 S. 6.

anzuwenden[4]). Die Majorität der Gesellschaft wurde in der „Herne-G. m. b. H." gepoolt.

Der Fiskus, der durch das Vorgehen der Wirtschaft in seiner Eigenschaft als Staat unmittelbar tangiert worden war, suchte durch autoritative Maßnahmen seine Interessen zu wahren. Der Erlaß der Lex Gamp 1905 und des Berggesetzes von 1907 hoben die Bergbaufreiheit auf und sicherten ihm einen umfangreichen Komplex von Berechtsamen. Die Felder wurden energisch in Aufschluß genommen. Anstatt als Eigentümer der Hibernia kartellverpflichtetes Mitglied wurde der Fiskus zu einem Außenseiter, dessen Macht sich immer mehr für das Syndikat fühlbar machte[5]). Die Produktion entwickelte sich:

(in 1000 t)

Jahr	Kohle	Koks
1903	303	—
1908	1200	26
1912	3299	931
1913	4030	1478

Dazu kam eine großzügige Nebenproduktenindustrie. Mochten auch mannigfache technische Schwierigkeiten und der Umstand die Rentabilität beeinträchtigt haben, daß es sich durchgängig um teuere Tiefbauschachtanlagen handelte[6]), so zeigte doch die Produktionsentwicklung und die große Ausdehnung der Berechtsame die Leistungsfähigkeit der Fiskalzechen.

Der Ausbau einer eigenen großen Vertriebsorganisation wurde gleichzeitig in Angriff genommen. Die starke Position, die der Fiskus allmählich gewonnen hatte, weckte in Syndikatskreisen das Interesse an einer Vereinbarung. Erstmalig kam für 1912 ein Abkommen zwischen beiden Parteien für die noch un-

---

[4]) Wiedenfeld R. W. K. S. S. 70 ff.

[5]) Das „Außenseiterproblem" des Fiskus wird hier gleich mitbehandelt, wobei für die grundsätzlichen Außenseiterfragen S. 52 ff. vergleichsweise mit zu beachten sind.

[6]) Schachtteufen der Zechen Gladbeck 710 und 515 m, Bergmannsglück 600 m, Westerholt 520 und 680 m, Waltrop 635 m, Zweckel 700 m, Scholven 593 m.

verschlossene Produktion zustande, in dem der Fiskus sich den jederzeitigen Rücktritt vorbehielt für den Fall, daß die Preispolitik des R. W. K. S. ihm nicht konveniere oder staatspolitische Erwägungen den Rücktritt geboten erscheinen ließen. Die Hauptwaffe war dabei für den Fiskus die Tatsache, daß sein Rücktritt einer öffentlichen Verurteilung der Syndikatspolitik gleichzuachten war. Gegen den Einspruch des Fiskus für 1913 beschlossene Preiserhöhungen bewirkten dann auch die Kündigung der Vereinbarung. Die Konkurrenz lebte erneut verschärft auf. Die Staatszechen konnten ihre Produktion um mehr als 50 Proz. steigern. Es gelang ihnen, ihren Absatz auszudehnen und das größte zechenfreie Hüttenwerk des Stahlwerksverbandes, die Vereinigten Hüttenwerke Burbach-Eich-Düdelingen, als Abnehmer zu gewinnen [7]).

Die erneut aufgenommenen Verhandlungen wegen des Beitrittes zu dem neu zu bildenden Syndikat drehten sich vornehmlich um fünf Fragen:

1. Wirksamere Ausgestaltung des Rücktrittrechtes und des Preisveto und Sicherung der öffentlichen Belange.
2. Sicherstellung des öffentlichen Bedarfes.
3. Bereinigung der Hibernia-Frage.
4. Eingliederung der Fiskalabsatzorganisation in die des Syndikates.
5. Gleichzeitige Regelung der Verhältnisse im Saargebiet [8]).

Wiederholt erklärte der preußische Handelsminister seine Bereitwilligkeit zum Beitritt, wenn vorgenannte Bedingungen erfüllt würden. Der Ausbruch des Krieges und die Bundesratsverordnung vom 12. 7. 1915 waren auf den Gang der Verhandlungen von starkem Einfluß. Die Saarfrage schaltete angesichts

[7]) Bedeutung des Fiskus für den Absatz: Kohlenabsatz an Behörden 1913 13 Proz., an Händler 77,3 Proz., an Verbraucher 9,7 Proz. des Gesamtabsatzes.

[8]) Da Syndikatsmitglieder (Stinnes, Thyssen) auch an der Saar Bergwerke hatten, mußte mit ihnen zwecks Vermeidung einer Interessenkollision eine Verständigung herbeigeführt werden.

der völlig geänderten Verhältnisse zunächst aus. Die übrigen Bedingungen bedurften der eingehenden Klärung. Zur Sicherung des öffentlichen Bedarfes [9]) wurde ein dem Verbrauchskontingent ähnliches Sonderkontingent von 450 000 t geschaffen. Einen eventuellen Mehrbedarf darf der Fiskus aus eigenen Anlagen in Form des Rückkaufes beanspruchen. Um das Preisveto und das damit verknüpfte Rücktrittsrecht wirksam zu gestalten, mußte der Staat Wert darauf legen, daß ihm seine Handelsorganisation und seine Kundenbeziehungen erhalten blieben. Dem stand mit gleicher wirtschaftlicher Berechtigung die Argumentation des Syndikats gegenüber, daß ein Kartell alle Mitglieder gleich beschäftigen und unbedingt die Kundenbeziehungen wie auch die Handelsorganisation gleichartig behandeln müsse.

Die schwierigen Verhandlungen ließen eine endgültige Lösung in der kurzen Zeitspanne 1915 kaum möglich erscheinen. Der Fiskus setzte sich für das Übergangssyndikat ein, um Zeit für eine Bereinigung aller strittigen Fragen zu gewinnen und seine Konkurrenzfähigkeit für alle Eventualitäten stärken zu können. Zusammen mit den ihm nahestehenden Händlern gründete er die „Süddeutsche Vertriebsstelle von Erzeugnissen staatlicher Ruhrzechen G. m. b. H.“, Duisburg, die „Westdeutsche“ in Köln, die „Norddeutsche“ in Hannover [10]).

Die Einigung mit dem Syndikat kam dann 1916 zustande. Die fiskalische Handelsorganisation wurde in die des Syndikates und in das Kohlenkontor eingefügt, sollte aber für den Fall des Rücktrittes mit dem Fiskus automatisch wieder ausscheiden. Dem „Rhein-See-Schiffahrts-Konzern“ wurde eine Transportbeschäftigung im Rahmen seiner bisherigen Beschäftigung für den Staat zugesichert. Die Verträge mit Burbach-Eich-Düdelingen und den belgischen Hütten wurden als Vorverträge, deren Abwicklung der Fiskus selbst übernahm, anerkannt. Die letzte Streitfrage war die „Hibernia“-Angelegenheit. Aus Prestigegründen mußte der Staat seinen Beitritt von der Beseitigung

[9]) Staatsbahnen, Marine, Reichs- und Marinebehörden.
[10]) D. K. Z. 1916 S. 70 ff.

dieser Kontroverse abhängig machen, das sah man in Syndikatskreisen ein. 1916 ging der Besitz der Hibernia an den Staat über. Eine gewisse innere Konkurrenz zwischen dem behördenmäßig konstituierten Altbesitz und der als Aktiengesellschaft erhaltenen Neuerwerbung wurde gleichzeitig als wertvolles Agens für den Fiskalbesitz wirksam. Der Berechtsame nach schon bisher der größte Unternehmer des Reviers, wurde der Fiskus hinsichtlich der Beteiligung das zweite Mitglied im Syndikat. Nach dem heutigen Stande folgen sich die größten Beteiligungen:

Vereinigte Stahlwerke A.-G.[11])	37,2 Mill.	t = 24	Proz. d.	Gesamtbeteiligung
Fiskus	13,5 „	t = 9	„ „	„
Harpen incl. Zeche Massen . .	11,3 „	t = 7	„ „	„

Damit hatte er als Kohlenproduzent eine den oberschlesischen Verhältnissen ähnliche Stellung gewonnen.

Mit dem Beitritt schwand der Gegensatz dem Syndikat gegenüber und die späteren Verträge nehmen dem Fiskus alle Sonderrechte, da die Wahrung der Staatsinteressen Sache der im Kohlenwirtschaftsgesetz geschaffenen Organisation wurde. Der Fiskus gibt sich heute als reiner Unternehmer. Wie in anderen Zweigen des Staatsbetriebes wird als letzter auch der im Ruhrrevier 1926 aus der behördlichen Organisation und etatmäßigen Bindung gelöst werden, nachdem er bereits seit 1923 gesondert verwaltet wird. Die Überführung in die Form der Aktiengesellschaft ist geeignet, den Gesellschaften die Konkurrenz zu erleichtern, da sie eine Hauptfessel des bürokratischen Systems beseitigt, die etatmäßige Bindung.

Das Fiskalkontingent ist seit 1924 als Verbrauchsrecht gestaltet und dient als solches auch heute noch der ursprünglich verreichlichten und jetzt rechtlich verselbständigten Reichsbahn, der Marine, den Staatsbehörden. Sein Charakter ist daher unterschiedlich dem des Verbrauchsrechtes der gemischten Zechen. Die Fiskalunternehmen halten eine Mittelstellung zwischen reinen und gemischten Zechen.

---

[11]) Stand am 1. 4. 1926.

b) Syndikat und Außenseiter im allgemeinen

Das Außenseiterproblem im allgemeinen [12]) als Wettbewerbsfaktor der Organisation hat heute sekundäre Bedeutung, ist aber für das Verständnis der ganzen Entwicklung und der Entwicklungsmöglichkeiten zu erörtern. Außenseiter im engeren Sinne sind nur die Unternehmer, die eine Mitwirkung im Kartell bewußt ablehnen; Unternehmer, auf deren Mitgliedschaft das Syndikat verzichtet, sind keine eigentlichen Außenseiter, da sie den Willen zur Konkurrenz nicht haben. Vielfach geht ihr Streben sogar dahin, Syndikatsmitglied zu werden, und nur die Vereinigung verhält sich demgegenüber aus kartellpolitischen oder organisatorischen Rücksichten ablehnend. Sie werden dann allerdings in aller Regel von der Außenseiterpolitik nicht betroffen.

Beide Arten nichtsyndizierter Mitglieder hatten wir 1893 beim R. W. K. S. Damals blieben drei Gruppen außerhalb der Vereinigung. Die eigentlichen Außenseiter machten 3 Proz. der Syndikatsproduktion aus, die nichtsyndizierten Zechen insgesamt 13,9 Proz. Bis 1903 verschob sich das Verhältnis auf 7 Proz. bzw. 17,9 Proz. [13]). In der günstigen Konjunktur der neunziger Jahre hatten sie die Syndikatspolitik wenig gestört; ihre Produktion stieg erst von 1900 an rapid. Die Expansion der Außenseiter war teilweise durch die Syndikatspolitik selbst verursacht — die hohen Preise, die unzulängliche Regelung der Beteiligungsfrage, die Verpflichtung zum Ausschließlichkeitsverkehr.

Die verstärkte Marktproduktion der Hüttenzechen zwang dann 1903 das Syndikat, eine Regelung anzustreben, nachdem 1902 bereits — mitverschuldet durch das System der Syndikatsschächte — die Fördereinschränkung auf 24 Proz. festgesetzt werden mußte. Unter Zubilligung hoher Beteiligungen [14]) traten

---

[12]) Das heißt der privaten und fiskalischen Außenseiter im Lauf der Entwicklung.

[13]) Siehe Götzke a. a. O. S. 95 ff. und Außenseiterstatistik, statist. Anhang Tab. I.

[14]) Es förderten die Außenseiter (n. Götzke a. a. O. S. 98/104) 1903 10,5 Mill. Tonnen, die Mitglieder 53,8 Mill. Tonnen, der Hüttenzechenbedarf betrug 5,6 Mill. Tonnen. Die Beteiligung der neuen betrug

1903/04 fast sämtliche Außenseiter [15]) dem Syndikat bei. Um für die Zukunft das Neuaufkommen von Außenseitern zu verhindern, wurde in den Vertrag eine Bestimmung aufgenommen, die der Zechenbesitzerversammlung die Eröffnung der Konkurrenz ermöglichte [16]). Weiter gründeten Syndikatszechen eine Verwaltungsgesellschaft für einen Teil des noch unverritzten Felderbesitzes [17]). Die Mutungssperre 1905/07 [18]) sicherte absolut gegen die Verleihung neuer Berechtsame.

Dennoch konnte das R. W. K. S. das Entstehen von Außenseitern nicht verhindern, da ein Teil des bereits verliehenen freien Felderbesitzes nicht mit erfaßt worden war. Der Fiskus hatte große Berechtsame erworben, private Unternehmer besaßen oder muteten noch Felder. Der Wert dieser Felder hatte 1907 Monopolcharakter erhalten und wurde durch das „Da"sein des Syndikats gesteigert, da die Beteiligungsentwicklung nicht mehr durch das Teufen neuer Schächte beeinflußt werden konnte, sondern von der Marktlage abhängig war. Eine geschickt geführte Außenseiterkonkurrenz konnte dem Syndikat hier sehr wohl Abbruch tun. Die Ablehnung der Qualitätsgarantie den Händlern gegenüber, die Rücksichtnahme auf die teueren Zechen in der Preispolitik, die Belastung der Syndikatszechen mit Umlagen und die Kontingentierung begünstigten die Position der Außenseiter.

Die Kohlennot 1906/07 war ein starkes Agens, Außersyndikatszechen zu gründen und sich als Abnehmer ihre Produktion zu sichern, als Händler in englischer Kohle und rheinischer Braunkohle sich auf diesem Wege Ruhrsorten zu beschaffen. Und besonders unangenehm wurde dem R. W. K. S. der Übergang der Außenseiter zur Koksproduktion [19]). Die Lage der reinen

---

13,2 + 5,6 = 18,8 Mill. Tonnen, die der alten 60 Mill. Tonnen. Die Förderung verhielt sich also $19^1/_2$: 100, die Beteiligung 31,4 : 100.

[15]) Freie Vogel und Unverhofft blieb außerhalb wegen nichtbewilligter Beteiligung. Ferner blieb der Fiskus fern und das Syndikat verzichtete auf alle Zechen unter 120 000 t.

[16]) § 13 Syndikatsvertrag R. W. K. S. 1903.

[17]) Rheinisch-Westfälische Bergwerks-G. m. b. H. 1905.

[18]) Lex Gamp 1905 und Allgemeines Berggesetz 1907.

[19]) Stat. Anhang Außenseiterstatistik Tabelle I.

Zechen wurde hierin schon von den Hüttenzechen bedroht; vor allem aber vollzog sich infolge der dadurch ausgelösten Feierschichten [20]) eine Arbeiterabkehr zu den modernen, vollbeschäftigten Außenseitern, die zudem noch bessere Löhne [21]) zahlen konnten, als zahlreiche der veralteten Syndikatszechen. Über die Entwicklung der Außenseiter und den Einfluß, den sie auf die Rentabilität der Syndikatszechen ausübten, geben nachstehende Zahlen ein charakteristisches Bild:

Anteil an der Kohlenproduktion	1904	2,1 Proz.	1913	11,2 Proz.
Anteil an der Koksproduktion .	1908	1,25 „	1913	17 „
Höhe der Umlage	1904	6 „	1912	12 „

Nur wenige Außenseiter waren dem Syndikat seit 1904 beigetreten, die, die wegen schlechter Sorten oder kleiner Berechtsame auf das Syndikat angewiesen waren. Mit den leistungsfähigen Außenseitern aber war eine Einigung nur schwer zu erzielen. Sie waren bestrebt, ihre freie Stellung solange als möglich zu wahren, um ihre Machtposition zu stärken, genau wie 1903 die Hüttenzechen. Die Möglichkeit einer Syndikatsauflösung bestärkte ihren Widerstand und veranlaßte selbst Mitglieder, sich syndikatsfreie Zechen anzugliedern. Dabei bedeuteten diese Mitgliedaußenseiter für das Kartell eine besondere Gefahr, da sie über alle syndikatsinternen Vorgänge orientiert waren und die Syndikatspolitik so leicht paralysieren konnten [22]). Feste Beziehungen zu syndikatsfreien Händlern zudem stärkten die Position der Außenseiter [23]).

Ein Gegensyndikat nur moderner Zechen unter Führung der Bergwerksgesellschaft Trier war in Bildung [24]), als 1912 im Zusammenhang mit dem Fiskusabkommen Verträge mit einigen der

[20]) G. B. R. W. K. S. 1909.

[21]) Die Südrandzechen zahlen heute noch 6 Proz. unter Tarif.

[22]) Harpen-Viktoria Lünen; Stinnes-ver. Welheim; Thyssen-Lohberg-Rhein; Haniel-Jacobi; Arenberg-Arenberg Fortsetzung (1912 beigetreten); Mansfeld-Sachsen; Bochumer Verein-Teutoburgia; Krupp-Emscher Lippe.

[23]) Siehe unten Zweiter Abschnitt IV.

[24]) G. B. Bergwerksgesellschaft Hermann 1911.

bedeutendsten Außenseiter zustande kamen[25]. 1913/14 folgten weitere Zechen[26], aber 1915 standen doch noch eine Reihe leistungsfähiger Anlagen außerhalb jeglicher Bindung zum Syndikat[27].

Bei den Abkommen hatten die nichtsyndizierten Unternehmer dank ihrer günstigen Verhandlungsposition gut abgeschnitten. Sie waren moderne, großenteils absatzgünstig gelegene Zechen und das R. W. K. S. mußte auf ihren Beitritt, wenn es als Syndikat bestehen wollte, Wert legen. Dennoch hätte ein Zerfall des Syndikates auch sie in eine schwierige Lage gebracht. Ihre Anlagen waren noch jung und wenig abgeschrieben, so daß sie in einem Preiskampf von den stehenden Kosten her bald gelähmt worden wären; zumindest wäre der Ausgang des Wettbewerbes problematisch gewesen[28].

Da die Abkommen von 1912/14 eine Förderbeschränkung für die Zechen nicht vorsehen, konnten diese ihren Produktionsanteil bis 1915 noch stark steigern. Nur die Umlage konnte vom R. W. K. S. gesenkt werden. Die Verhandlungen wegen des endgültigen Beitrittes wurden bis zur Bereinigung der innersyndikatlichen Gegensätze zurückgestellt und dann durch den Kriegsausbruch hinausgeschoben. Sie waren in der Beteiligungs- und Handelsfrage sehr schwer, da die Zechen noch in der Entwicklung waren und eine Berücksichtigung ihrer Absatzbeziehungen forderten. Das Syndikat, das besonders in der Koksfrage die Interessen der reinen Zechen zu schützen hatte, wurde durch die Bundesratsverordnung in seiner Verhandlungsposition ge-

[25]) Hermann, Trier, Auguste Viktoria, Brassert, Emscher Lippe, Teutoburgia, Viktoria Lünen.

[26]) Maximilian (1914 ersoffen), Westfalen, Fürst Leopold, Jacobi, Wilhelmine Mevissen.

[27]) 1913/15 kamen erst in Förderung: Lohberg-Rhein, Vereinigte Welheim, Sachsen, es sind Zechen, die lediglich für den Quotenkampf geteuft wurden. Weiter waren außerhalb Adler, Barmen, Diergardt, Friedrich Heinrich, Glückaufsegen, de Wendel, Fiskus, Freie Vogel und Unverhofft.

[28]) Wiedenfeld R. W. K. S. Seite 74 rechnet mit einem Obsiegen der Außenseiter.

stärkt, denn wenn sich 97 Proz. aller Zechen nicht freiwillig einigten, stand das Zwangssyndikat zu erwarten.

1916 kam in der Außenseiterfrage wie in fast allen Punkten nur ein Kompromiß zustande. Die Zechen Admiral und Glückaufsegen blieben wegen unerfüllbarer Beteiligungsansprüche außerhalb des Kartelles. Sie traten dem Dauersyndikat vom 14. 10. 1916 bei, dem damit fast alle Revierzechen angehörten. Mit Rücksicht auf ihre besondere Lage wurden den neuen Mitgliedern entwicklungsfähige Staffelbeteiligungen zugesprochen. Die Beteiligung wurde gleichzeitig stark verwässert und die alten Mitglieder benachteiligt, wie nachstehende Förder- und Beteiligungsziffern erkennen lassen:

	Alte Mitglieder	Neue Mitglieder	Spalte 2 von 1
Förderung 1915 . . .	73,9 Mill. t,	12,8 Mill. t,	14,7 Proz.
Beteiligung am 1. 4. 1917	110,5 Mill. t,	24 Mill. t,	21,7 Proz.

Die Koksfrage konnte infolge der Kriegsverhältnisse leicht gelöst werden. Den Zechen wurde bei einer Koksbeteiligung von 5 195 000 t eine Abnahmegarantie von 3 225 000 t, d. h. $62^1/_2$ Proz. gegenüber einer allgemeinen Beschäftigung von 50 Proz. 1914 zugebilligt [29]). Die Vorverträge und Handelsorganisationen wurden in das Syndikat eingefügt. Der Syndikatsvertrag suchte endlich ein Neuaufkommen von Außenseitern dauernd zu bannen durch die Verpflichtung aller Mitglieder, dem Syndikat unverkürzt mit ihrem gesamten Felderbesitz beizutreten [30]). Damit war das Reviermonopol absolut gestaltet. Die Außenseiterfrage war zunächst erledigt, mittelbar durch den Staatseingriff gefördert. Unter den gegebenen Verhältnissen war dieser Organisationsakt notwendig.

Für die Beurteilung der weiteren Entwicklung darf man annehmen, daß im normalen Verlauf eine so restlose Erfassung der Außenseiter, vor allem ihres unverritzten Felderbesitzes, nicht gelungen wäre. Denn dessen Sicherung entsprach ganz der all-

---

[29]) Glückauf November 1916.

[30]) Siehe Vertrag R. W. K. S. 1916 und vgl. das Rheinische Braunkohlensyndikat, das zur Verwaltung des Felderbesitzes eine Sonderorganisation gegründet hat.

gemeinen Einstellung zu den Organisationen, sich irgendwo ein Ventil für die freie Betätigung offenzuhalten [31]).

Das Kohlenwirtschaftsgesetz lenkte die natürliche Entwicklung noch weiter ab und verankerte das rechtliche Monopol endgültig durch die Forderung, daß jedes Bergwerk einem für sein Revier zuständigen Syndikat angehören muß. Selbst die kleinsten Pütts, die lediglich für den Landabsatz in Frage kommen, hatten damit das Recht und die Pflicht, dem Syndikat anzugehören. Daher traten dem R. W. K. S. bis 1. 2. 1920 23 neue Mitglieder bei, die großenteils erst in der Kohlennot ihren Betrieb wieder aufgenommen hatten und fast ausschließlich früher stillgelegte Südrandzechen darstellten. Das Stahlwerk Becker wurde dem Syndikat für seine Zeche Präsident als erster derartiger Fall zwangsweise angeschlossen, da eine freie Vereinbarung weder in der Frage des Selbstverbrauches [32]) noch der Vorverträge gelang [33]). Es wurde damit evident, daß weder gegen den Willen des Syndikats noch des Reichswirtschaftsministers oder der Zeche selbst Außenseiter entstehen konnten. 1920/22 traten weitere sechs Zechen, die die Förderung aufgenommen hatten, dem Syndikat bei [34]).

Mit der Ruhrbesetzung vollzog sich in der Außenseiterfrage ein gewisser Umschwung. Bereits 1922 war der Reichswirtschaftsminister gezwungen, mehrere bedeutende Zechen [35]) zwangsweise einzugliedern und ebenso bei den Vertragsverlängerungen 1923. Die zum Wiederantrieb der Wirtschaft erforderliche Lockerung der Kohlenzwangswirtschaft brachte es mit sich, daß man auch in der Frage des Organisationszwanges die recht-

---

[31]) Vgl. daß man 1912 die B-Produkte im Stahlwerksverband freiließ.

[32]) Becker war erst nach 1916 Hüttenzeche geworden, während der Vertrag den 16. 10. 1916 als Stichtag für die Einräumung eines Verbrauchsrechtes festsetzte.

[33]) Es handelte sich um einen Liefervertrag mit der Schweiz.

[34]) G. B. R. W. K. S. 1920/22.

[35]) Siehe oben Erster Abschnitt I a, S. 22 ff.

lichen Handhaben praktisch außer Wirkung setzte. So war es möglich, daß der Ruhrkohle vom Januar 1924 zwei Außenseitergruppen gegenüberstanden. Zunächst blieben sämtliche auf Grund des Kohlenwirtschaftsgesetzes 1920/22 beigetretenen Zechen dem Syndikat fern. Außer Prinz Friedrich, Präsident, Herbeder Steinkohlenbergwerke hatten sie nur lokale Bedeutung [36]). Für diese größeren Zechen aber waren es vor allem Beteiligungsfragen, die ihre Außenseiterstellung verursachten. Aus der Einstellung der Besatzungsmächte und der Micum zum Syndikat erklärt sich das Fernbleiben der zweiten großen Gruppe, der belgisch-französischen Zechen Dahlbusch, Friedrich Heinrich, de Wendel, die immerhin über 2 Proz. der Revierproduktion darstellten und wie Friedrich Heinrich absatz-, wie Dahlbusch sortenbegünstigt waren. Die gesamte nichtsyndizierte Produktion betrug etwa $3^1/_2$ Proz., mehr also als die Bundesratsverordnung 1915 für zulässig erklärt hatte. Das Entstehen einer dritten Gruppe hatte man nur dadurch vermieden, daß im Rahmen des Syndikates selbst sich die Spaltung zwischen den Blockzechen und den blockfreien vollzog [37]).

Bei Gründung der zweiten „Ruhrkohle" im September spielte die Außenseiterfrage infolge des wieder gehandhabten Zwangseingriffes des Reichswirtschaftsministers eine bedeutsame Rolle. Die Frage konnte dann wegen der Kontroverse über die Rechtsgültigkeit der Zwangsverordnung erst im Vertrag von 1925 gelöst werden. Nur kleine Zechen mit Förderungen von unter 100 000 t stehen heute abseits der Organisation [38]), und Außenseiter können, da fast der gesamte verliehene Felderbesitz im

---

[36]) Diese drei Gruppen hielten mit 625 000 t etwa 50 Proz. der ganzen Außenseitergruppe, so daß die restlichen 26 Mitglieder dieser Gruppe im Durchschnitt nur je 20—25 000 t Förderung hatten.

[37]) Siehe unter Zweiter Abschnitt IVc.

[38]) Im Januar 1926 wurde der Aufnahmeantrag der Zechen Gewerkschaft Alte Steinkuhle und Märkische Bergbau-A.-G. wegen Beteiligungsforderungen abgelehnt. Sie förderten zusammen 1924 nur 34 000 t.

Syndikat vereinigt ist, kaum während der Vertragsdauer neu entstehen [39]).

Aber die Spaltung des Syndikates in zwei Gebietsorganisationen läßt uns die Entwicklungstendenz erkennen und feststellen, daß die heutige Organisation nicht organisch, sondern durch das Kohlenwirtschaftsgesetz erzwungen ist. Und auch die Geschichte aller Kartellbildung zeigt, daß das Monopol nur erreicht wurde, wo es rechtlich statuiert war [40]). Der Eingriff der Gesetzgebung ist der Entwicklung nicht immanent.

Wenn es 1893 ff. und 1904 ff. Außenseiter gab, so war ihr Dasein wirtschafts- und kartellpolitisch bedingt. Vielfach liegen Tatsachen vor, die eine gemeinsame Organisation unzweckmäßig erscheinen lassen, wie bei sortenmäßig anders gelagerten, bei kleinen Zechen, bei verbrauchsverbundenen. Man kann im Zweifel sein, ob Hütten- und reine Zechen einer gemeinsamen Organisation als Fundament dienen können. Vollends verliert das Kartell seine innere Berechtigung, wo die Kohle als Energie im Draht transportiert wird. Organisch ist somit der Mangel an Außenseitern nicht bedingt. Das wird auch durch die jüngsten Erneuerungsverhandlungen 1925 bestätigt. Wenn sich die internen Gegensätze in den verschiedenen Fragen überschneiden und jeweils sehr stark distanzieren, so besagt das nur, daß ohne den Zwang das Kartell nicht Bestand gehabt hätte, zumindest nicht in seiner konkurrenzfreien Monopolposition.

Und diese Tatsache drängt die Frage auf, ob der Außenseiter eine auch wirtschaftlich notwendige Erscheinung ist. Will er nur im Trüben fischen, ohne die Syndikatslasten zu tragen, so verliert er seine Existenzberechtigung. Er hat diese nur, wenn er im Wettbewerb zum Kartell steht. Wo er zielbewußt einer monopolistischen Preis- und Qualitätspolitik, einer bureaukratischen Vertriebspolitik entgegenarbeitet, erscheint er im Kartell- und Konsumenteninteresse notwendig. Er berichtigt nicht

[39]) Zur Außenseiterfrage s. Statistischer Anhang: Außenseiterstatistik Tabelle I.

[40]) Vgl. die Entwicklung im Kalisyndikat, Wiedenfeld: Kaliindustrie.

nur die Kartellpolitik, sondern er füllt die Lücken aus, die ein großes Kartell nur schwer decken kann, die Rücksicht auf Individualwünsche der Abnehmer. Das Kartell hat eine Schematisierung notwendig zur Folge und besitzt ein Organisationsoptimum, das durch Außenseiter erhöht und ergänzt werden muß. Und deshalb sollte der Organisationszwang kein Hindernis für die freie wirtschaftliche Gestaltung sein. Das derzeitige Reviermonopol des R. W. K. S. steht und fällt mit dem Kohlenwirtschaftsgesetz.

IV. Reine und gemischte Zechen im allgemeinen

Die Mitglieder des R. W. K. S. sind mit Rücksicht auf den Einfluß, den sie auf die Organisation haben, einzuteilen in reine, gemischte und diesen interessenverbundene Zechen. Ihre jeweilige Beteiligung läßt nachstehende Übersicht erkennen:

	In Millionen Tonnen				
	1. 1. 1904	1. 1. 1912	1. 1. 1916	1. 5. 1922	1. 8. 1925
Gesamtbeteiligung .	78745	96260	129972	137439	157439
Reine Zechen . .	64719	63178	62738	44252	35207
Proz.	82,2	65,4	48,3	32,2	22,4
Interessenverbundene Zechen	—	—	9000	25296	33021
Proz.	—	—	6,9	18,9	21,0
Gemischte Zechen .	14026	33082	58234	67261	89211
Proz.	17,8	34,6	44,8	48,9	56,6
Verbrauchskonting. d. gem. Zechen .	5600	16996	21243	23818	27289
Proz.	7,2	17,6	16.3	17,3	17,3

Die Expansion, die die gemischten Zechen erfahren haben, ist daraus deutlich zu erkennen.

a) Reine Zechen

Die Tätigkeit der reinen Zechen beschränkt sich auf die Gewinnung, Aufbereitung, Verkokung und Brikettierung der Kohle, die Nebenproduktenindustrie, und teilweise unterhalten sie Beziehungen zu Reedereien und Händlern. Da sie fast ausschließlich [1]) auf den Markt angewiesen sind, sind sie die natürlichen Träger eines Verkaufsverbandes für Kohle. Eine Organisation erscheint für sie, so lange sie vereinzelt sind oder auf relativ enger Berechtsame basieren, aus mehrfachen Gründen notwendig. Das Risiko des Bergbaues macht eine Sicherung der Rentabilität durch angemessene und vor allem stabile Preise erforderlich; die Einstellung der Produktion auf lange Betriebspläne bedingt langfristige, von der Konjunktur unabhängige Lieferabkommen; die Einseitigkeit, die eine Einzelzeche in der Sorte besitzt, erschwert es ihr, einen dauernd gesicherten Absatz zu finden. Es ist dabei Zweckmäßigkeitsfrage und hängt von den speziellen Verhältnissen jeder einzelnen Zeche ab, welche Art der Organisation gewählt wird. Es kann vielfach eine feste Händlerbeziehung genügen, besonders wenn die reine Zeche eine begehrte Sorte fördert; die zweite Möglichkeit bietet das Kartell der reinen Zechen; endlich kann sich eine reine Zeche durch Fusion mit anderen zum Großunternehmen erweitern und damit in sich selbst einen Risikoausgleich schaffen. Die reinen Zechen sind im allgemeinen Befürworter des Syndikates, das ihrer Entwicklung, von der Beteiligung abgesehen, keine Hemmung in den Weg legt und für sie eine rationelle Vertriebsorganisation darstellt. Das gilt aber nur solange das Kartell sich von inneren Gegensätzen freihält; sind solche erwachsen und anderweit nicht zu beheben als durch freie Konkurrenz, so treten besonders die großen reinen Unternehmungen für den Wettbewerb ein. Es zeigte sich das während der Erneuerungsverhandlungen 1915, bei denen es die reinen Zechen in der Koksfrage bis zu einem Abbruch der Verhandlungen kommen ließen, und durch Erwerb von Reedereien und Außenseiterzechen [2]) ihre Marktstellung zu festigen suchten. Es wäre ein Trugschluß, zu glauben, die reinen Zechen hätten — wie die reinen Hütten — ihre Existenzberechtigung verloren, weil technisch-organisatorische Gesichtspunkte für die Errichtung gemischter Zechen sprechen. Schon die Ver-

[1]) Abgesehen vom Zechenselbstverbrauch und der Verwertung von Kohle zur Nebenproduktengewinnung.

[2]) Siehe diese Arbeit, Zweiter Abschnitt IV.

braucherzechen allgemeiner Art sind — wie darzulegen — lediglich eine Folgeerscheinung der Kartellierung, nicht organischer Ursachen, und es ist unmöglich, daß alle kleinsten reinen Betriebe und alle Hausbrandabnehmer, etwa in der Form von Genossenschaften, ein eigenes Bergwerk besitzen — eine Tendenz, die in der „Germanenwagenbestimmung" des Kohlenwirtschaftsgesetzes [3]) sich anzeigte und eine Frage, die vor allem in den kontradiktorischen Verhandlungen einen breiten Rahmen einnahm. Solange Kohle als wägbares Gut verbraucht wird und in differenzierten Sorten anfällt, muß dieser Gedanke absurd erscheinen [4]).

Die Stellung der reinen den gemischten Zechen gegenüber ist nicht einheitlich; die kleinsten Zechen haben wiederholt mit den gemischten konform gehandelt und diesen ihre Spitzenstimmrechte überlassen, um sich so eventuell den Weg zum gemischten Betrieb zu bahnen, nachdem er ihnen der natürlichen Hemmungen wegen oft nicht erreichbar ist [5]).

Der Kreis der reinen Zechen ist infolge der Expansion der gemischten seit 1893, wo nur sie im Syndikat waren, immer stärker zusammengeschmolzen, vor allem wenn wir, wie es mir vom Syndikatsvertrag her gesehen, der die Belieferung auch aus den interessenverbundenen Werken zuläßt, erforderlich scheint, letztere aus dem Kreis der reinen Zechen ausscheiden. Diese Aussonderung wird notwendig aus der organisationspolitischen Einstellung der interessenverbundenen den gemischten Zechen gegenüber, denn die Stimme der Gemeinschaftszechen ist generell in Gegensatzfragen den verbrauchsberechtigten zuzurechnen.

Durch den Übergang der Zeche Massen an die Harpener Bergbau-A.-G. und den der Majorität der Zeche Siebenplaneten

---

[3]) Die Bestimmung, daß 20-Tonnen-Aufträge von Genossenschaften vom Syndikat direkt auszuführen sind. § 64 Ausführungsbestimmungen zum Kohlenwirtschaftsgesetz vom 21. 8. 1919.

[4]) Die Zukunftsprobleme zentralisierter Gasfernversorgung als Leucht- und Heizgas eröffnen allerdings solche Perspektiven.

[5]) Vgl. Erster Abschnitt II a, S. 33 ff.

an die Buderusschen Eisenwerke, scheidet Harpen, der größte und energischste Vorkämpfer der reinen Zechen, ab 1926 aus deren Kreis praktisch aus und gibt damit seinen traditionellen Standpunkt auf, der allein ihn früher vorteilhafte Angebote von Hüttenzechen abzulehnen veranlaßte. Ich behandele dennoch Harpen unter den reinen Zechen, weil das Abkommen mit Buderus noch zu jung ist und der Verbrauchsanteil im Verhältnis zur Gesamtbeteiligung von Harpen so minimal, daß man aus dieser einen Transaktion noch nicht die Entwicklungstendenz ableiten kann. Immerhin bleibt der Schritt zu beachten und würde bei weiterem Ausbau den Einfluß der reinen Zechen empfindlich schwächen, da Harpen mit 11,3 Millionen Tonnen Beteiligung 7 Proz. der Syndikatsbeteiligung innehat. Harpen ist sowohl sortenmäßig wie finanziell sehr gut aufgebaut. Er besitzt neben einer eigenen Vertriebsorganisation wertvolle Beziehungen zum Kommunalen Elektrizitätsverband Westfalen, dem er die Gasproduktion seiner umfangreichen Kokereien zur Verfügung stellt. Eine Sonderstellung nimmt Harpen in der Nebenproduktenerzeugung ein und ist deshalb in erster Linie an einer ungehemmten Koksproduktion interessiert.

Der zweite große reine Konzern, die Essener Steinkohlenbergwerke A.-G., Essen, fand von jeher seine Spezialität in der Magerkohlenbrikettierung, in der er auch heute die Führung hat [6]). Die Gefährdung, die aus dieser einseitigen Einstellung hätte erwachsen können, veranlaßte den Erwerb der Fett- und Gaskohlenzechen Dorstfeld 1916 und Oespel 1920, wobei erstere in der Brikettierung von Gasfeinkohle neuerdings eine Sonderstellung dank einem patentierten Sonderverfahren einnimmt. Der Konzern, der über $3^1/_2$ Proz. der Gesamtbeteiligung des R. W. K. S. besitzt, hat sich damit einen Risikoausgleich geschaffen, der seine Position im Syndikat stärkt. Eine eigene Vertriebsorganisation für die bestrittenen Gebiete — außer Holland und Hamburg — besteht in Essen [7]).

[6]) Siehe Erster Abschnitt II c, S. 45.

[7]) Persönliche Information.

Die Beteiligungen der übrigen reinen Zechen bewegen sich unter 5 Millionen Tonnen. Zu erwähnen ist hier der Stinnes-Konzern, wenn er auch zur Zeit wegen Sanierungsmaßnahmen in seinem Stand nicht absolut gesichert ist[8]). Er stellt eine gut gegliederte, alte Reederzechenorganisation dar. Er besteht aus der Zeche Mathias Stinnes, die eine besonders gute Gaskohle, die für die Urteererzeugung verwertet wird, führt, weiter aus den Zechen Vereinigte Welheim, Carolus Magnus und der Magerkohlengruppe des Mülheimer Bergwerksvereins, während Graf Beust, Friedrich Ernestine und Viktoria Mathias als gemischte Zechen anzusprechen sind. Die Stinnes-Gruppe war früher in kritischen Fragen wegen ihrer persönlichen Beziehungen zur Deutsch-Luxemburgischen Bergwerks- und Hütten-A.-G., den Hüttenzecheninteressen zuzurechnen. Heute dürfte sie im wesentlichen die Interessen der reinen Zechen und die Forderung eines syndikatsfreien Handels verfechten.

Die übrigen reinen Zechen sind teils von der Sorte her begünstigt — Ewald, Dahlbusch, König Ludwig, Langenbrahm, Heinrich — besonders letztere drei verdanken ihrer vorzüglichen Anthrazitkohle eine Sonderstellung im Syndikat und würden auch eine solche im freien Markt einnehmen; teils liegen sie sehr absatzgünstig, wie Diergardt, Friedrich Heinrich, Wilhelmine Mevissen, Niederrheinische Bergwerksgesellschaft. Sie stehen teilweise, wie Langenbrahm und König Ludwig zur Lothringen Bergbau A.-G., Friedrich Heinrich zu de Wendel, in engen Beziehungen zu Hüttenzechen, und das bestärkt ihre von der Sorte oder Absatzlage her gegensätzliche Einstellung zum Kartell. Die wenigen noch verbleibenden reinen Zechen haben minimale Beteiligungen und ihre Zahl wird durch Stillegungen und Fusionen immer kleiner. So schieden die Zechen Hammerthal und Blankenburg durch Fusion mit Ewald; Herbeder Steinkohlenbergwerke, Präsident und Vereinigte Schürbank und Charlottenburg mit Lothringen Bergbau A.-G.; Vereinigte Trappe mit König Ludwig als selbständige Unternehmen aus.

[8]) Vgl. Ledermann „Stinnes" a. a. O. S. 19 ff.

b) Gemischte Zechen

Die Beteiligungsübersicht läßt erkennen, daß der Einfluß der gemischten Zechen und ihrer interessenverbundenen Unternehmen[9]) stark gewachsen ist und heute die absolute bzw. qualifizierte Majorität darstellt. Die gemischten Zechen im engeren Sinne verfügen über 56,6 Proz., die Konzerne über 77,6 Proz. der Gesamtbeteiligung. Eine gewisse Sicherung gegen eine einseitige Interessenpolitik der gemischten Zechen besteht aber für die reinen darin, daß das Verbrauchskontingent nur 17,3 Proz. beträgt, d. h. mit vier Fünftel ihres Anteils sind auch die gemischten Zechen am Absatz beteiligt, besitzen also in diesem Umfang „reine" Interessen. Nur in den Sonderfragen der gemischten Zechen vermögen sie ihren Willen durchzusetzen. Es ist weiter bedeutsam, daß trotz der starken Expansion der Konzerne das Verbrauchskontingent seit 1912 konstant geblieben ist. Das war möglich, weil die Großverbraucher im Südwesten des Reiches aus der Reihe der verbrauchsberechtigten Betriebe ausschieden und der Verbrauch der zahlreichen Neuangliederungen den Massenbedarf der Minettehütten kaum erreicht.

Eine gemischte Zeche ist doppelt in der Produktionssphäre verwurzelt, in der Kohle und im Verarbeitungswerk, meist im Hochofen- und Stahlwerk, und ihre Interessen sind damit notwendig andere als die der reinen Zechen. Im Bereich der Kohle und ihrer Derivate ist das gemischte Werk nur zu einem Teil auf den Markt angewiesen; der andere Teil wird in den eigenen Betrieben verbraucht. Die gemischten Werke haben am Syndikat nur soweit ein Interesse, als dieses ihren betriebstechnischen Aufbau nicht beeinträchtigt und ihre Spitzenproduktion absetzt, wie umgekehrt das Syndikat auf die Hüttenzechen verzichten kann, solange diese als Außenseiter seine Absatzpolitik nicht tangieren, als Mitglieder aber nur innere Gegensätze auslösen würden. Das gemischte Werk hat in sich selbst einen hohen Grad jener Elastizität, die das Kartell für das reine Werk so

---

[9]) In obiger Übersicht ist die Transaktion Harpen-Buderus noch nicht berücksichtigt; vgl. S. 60 und 62.

wertvoll macht. Das Streben der Hüttenzechen ist im Gegensatz zu dem der Kartelle und der reinen Zechen das nach weitgehender Marktunabhängigkeit, wobei die Begrenzung der Weiterverarbeitung durch die im Kontingent gegebenen Verbrauchsmöglichkeiten hemmend wirkt. Es hieße aber die Entwicklungstatsachen verkennen, wollte man eine Interessenlosigkeit der gemischten Zechen am Syndikat behaupten. Soweit nicht technische und wirtschaftliche Gesichtspunkte eine gemischte Zeche als eine organische Erscheinung schaffen, sind es die Vorteile, die das gemischte Werk gegenüber dem reinen durch das Dasein des Syndikats genießt.

Die ersten Hüttenzechen entstanden schon in der Zeit des Überganges zur Bergbaufreiheit [10]). Das gemischte Werk bedeutete in der Eisenindustrie nichts schlechthin Neuartiges, waren doch schon die Reckhämmer an Bächen angelegt, mit dem Wasserlauf als ihrer Kraftquelle betrieblich verbunden, waren weiter die Holzkohlenhochöfen in holzreichen Gegenden angesiedelt und Eigentümer von Waldbeständen. Der Zug des Kokshochofens zur Kohle ist nur eine Parallelerscheinung, die organisatorische Verbindung mit der Kohle war technisch und wirtschaftlich bedingt. Der Hochofen braucht große Mengen Koks als Rohstoff und die Güte des Roheisens hängt von der Qualität des Kokses ab, Momente, die die betriebliche Vereinigung nahelegten. Weiter konnte man mit den Kosten des eigenen Betriebes als konstantem Faktor rechnen, eine Tatsache allerdings, die in der vorsyndikatlichen Zeit starker Depression am Kohlenmarkt zum Nachteil der gemischten Hütten sich auswirkte und ein wesentlicher Grund mit für den Mißerfolg eines Strousberg war [11]). Von einer bevorzugten Stellung den reinen Hütten und Zechen gegenüber kann für die damalige Zeit nicht gut gesprochen werden. Das änderte sich mit dem Aufkommen der Verbände, mochten die Hüttenzechen — wie bis 1903 — diesen

---

[10]) Jüngst: Entwicklungstendenzen S. 20, 1854 Gutehoffnungshütte, 1855 Hörder Verein, 1856 Krupp, Bochumer Verein.

[11]) Gründer der Dortmunder Union, der „Stinnes" der siebziger Jahre.

gegenüber Außenseiter, mochten sie Mitglieder sein. Die erwähnten technischen Ursachen bestanden weiter und erhöhten ihren Wirkungsgrad mit dem Voranschreiten des technischen Fortschrittes. Kontinuierliche Betriebe, die das Roheisen „in einer Hitze" bis zum verfeinerten Stahlprodukt auswalzten, die die Energien der Hochofengichtgase dem Stahlwerk dienstbar, die andererseits die Koksofenabgase für dritte Zwecke — die Gas- und Elektrizitätsversorgung — frei machten, waren technisch den reinen Eisenwerken überlegen und erhöhten durch die restlose Ausnutzung aller Energien die Rentabilität der Zechen. Aus der Kontinuität ergab sich aber auch eine Abpassung der Produktionsstufen aufeinander, um das Aggregat optimaler Leistungen im Betrieb zu gewährleisten[12]). Die gemischten Werke wuchsen zu stetig größeren Betriebs- und Unternehmungseinheiten heran. Ein Hochofen war nur bei einer dauernden, mengenmäßig konstanten Leistung fähig, die vom Stahlwerk benötigten Mengen Energie zu liefern. Und diese betriebstechnische Verflechtung zeigt sich an jedem Punkt des Produktionsaufbaues. Die erwähnte Betonung einer rationellen Kraft- und Wärmewirtschaft bringt es dann mit sich, sich neben dem Koks, der wesentlich als Rohstoff und mittelbar als Energieträger dient, auf die Braunkohle zu stützen, deren gleichmäßige Eigenschaften es bei der Verbrennung vorteilhaft erscheinen lassen, sie besonders im Siemens-Martin-Ofen zu verwenden.

Aus der notwendigen Vielseitigkeit des gemischten Betriebes ergibt sich in diesem selbst ein Risikoausgleich, der der Zeche eine gleichmäßigere und gleichzeitig höhere Beschäftigungsmöglichkeit sichert, denn die großen gemischten Betriebe sind in gewissem Umfange autark, die Zeche deckt z. B. ihren Bedarf an Grubenschienen aus dem Walzwerk, das das Roheisen verarbeitet, für das die eigene Kokerei den Koks geliefert hat. Ein Teil der Anlagen ist stetig damit befaßt, die anderen Anlagen zu speisen, um an dritten Stellen marktbestimmte Produkte zu schaffen — ein stetig sich selbst befruchtender Organismus.

---

[12]) Siehe Wiedenfeld „Gewerbepolitik". 1926 im Druck.

Zu den technischen Gesichtspunkten treten die wirtschaftlichen hinzu. Das Streben der Kartelle nach stabilen und hohen Preisen machte es für einen Großverbraucher ganz generell vorteilhaft, sich eine billig arbeitende Zeche anzugliedern, um sich die Differentialrente zwischen Kost- und Richtpreis zu sichern und damit einen Vorsprung gegenüber den Wettbewerbern zu erlangen. Qualitativ und quantitativ unzulängliche Lieferungen sowie Preisüberteuerungen lösten zahlreiche Fusionen aus, besonders auch zwischen Brennstoffkonsumenten, die nicht wie die Eisenindustrie rohstofforientiert und technisch auf den Zusammenschluß angewiesen waren.

Eine reine Konsequenz des Kartells ist das Expansionsstreben mit dem Ziel einer verbesserten Position zur Zeit der Vertragserneuerung, das für die reinen Zechen zwar auch gilt, sich da aber doch nur im begrenzten Bereich der Zechen betätigen kann, während die Errichtung neuer Hüttenanlagen technisch unbegrenzt möglich, bis zu einem gewissen Grad sogar im Interesse höherer Betriebsintensität notwendig ist, und das wird wiederholt ausgelöst, zur Zeit der Erneuerung des Kohlenkartells und zu der der Eisen- und Verarbeitungsverbände. Daß dann auch die umgekehrte Entwicklung eintritt, die einer reinen Zeche als Initiativunternehmen zu einer Zechenhütte, ist aus der bevorzugten Stellung der gemischten Zechen erklärlich und wird — wie bei Harpen und Essener Steinkohle erwähnt — entweder nur von der Tradition oder der Sorte hintan gehalten. Der Krieg und die Nachkriegszeit bringen dann die erörterten mannigfachen Sonderursachen, die die vertikale Konzernbildung fördern.

Der Aufbau der gemischten Konzerne [13]), die eine Expansion der gemischten Zechen an sich darstellen, wird den Grad ihrer Autarkie erkennen lassen und daraus auch ihre im allgemeinen gegensätzliche Einstellung zum Syndikat. Eine statistische Über-

---

[13]) Ich beschränke mich in der Darstellung auf die wichtigsten, wobei die wieder zerfallenen, wie Henschel-Lothringen-Essener Steinkohle, Buderus-Röchling-Rombach ausscheiden, da ihre Zerfallursachen auch an anderen Beispielen anorganischer Gebilde klargelegt werden können, z. B. Stumm, Rombach.

sicht [14]) läßt den Anteil der Konzerne an den Verbänden vor dem Krieg und jetzt sowie ihren Anteil an den deutschen Produktionsstätten der Hochofen-, Stahl- und Walzwerksindustrie und an den Gießereien nach dem Stande von 1922 erkennen. Dabei ist zu beachten, daß die Zahl der Walzwerke und Gießereien wie auch der Edelstahlwerke noch nichts über ihre Leistungsfähigkeit im einzelnen sagt, sondern nur ein Bild über den Aufbau der Konzerne gibt. Es ist weiter auf den Unterschied zu verweisen, der zwischen der Chargierfähigkeit und der Leistungsfähigkeit der Thomaskonverter- und der Siemens-Martin-Stahlwerke und unter diesen wieder zwischen festen und kippbaren Siemens-Martin-Öfen usw. besteht, da die Umschlagszeit eines Reduktionsprozesses bei den verschiedenen Verfahren sehr stark divergiert. Wieweit endlich später Neuanlagen in Betrieb gekommen sind, konnte im einzelnen nicht festgestellt werden. Trotz dieser unvermeidbaren Mängel der Aufstellung ist in Verbindung mit den Beteiligungsziffern in den Kartellen [15]) ein einigermaßen zuverlässiges Bild über den Anteil der Hüttenzechenkonzerne an der Produktion gegeben.

Siemens-Rheinelbe-Schuckert-Union [16])

Die S. R. S. U., der bisher größte Konzern [17]), entstand ab 1. 10. 1920 durch Abschluß einer achtzigjährigen Interessengemeinschaft zwischen der Deutsch-Luxemburgischen Bergwerks- und Hütten-A.-G. [18]), der Gelsenkirchener Bergwerks-A.-G. und der Siemens-Schuckert-Gruppe. Die S. R. S. U. als Spitzenorganisation vereint in sich Gebilde, die von Männern verschiedenartiger Ideenrichtung ursprünglich aufgebaut, durch den Kriegsausgang allein zu dieser Gemeinschaft veranlaßt wurden. Deutsch-Lux. ist im wesentlichen als das Werk Hugo Stinnes anzusehen, der

[14]) Stat. Anhang Tabelle II.

[15]) Stat. Anhang Tabelle III.

[16]) Abgekürzt S. R. S. U. Näheres Ledermann: „Stinnes“, S. 60 ff.

[17]) Die Vereinigten Stahlwerke sind gesondert behandelt, s. unten Dritter Abschnitt II.

[18]) Abgekürzt: Deutsch-Lux.

wiederholt mit Thyssen zusammen Vorkämpfer der Konzern- und Trustidee war und auch in diesem, seinem mächtigstem Gebilde den Gedanken des auf der Kohle und dem Erz fundierten gemischten Werkes durchführte. Als 1904 Stinnes zu Deutsch-Lux. kam, hatte das Unternehmen mit den Nachwehen einer Sanierung zu ringen. Dennoch baute Stinnes den Betrieb durch große Transaktionen aus, in der Erkenntnis, daß das Hüttenzechenvorrecht, dessen uneingeschränkte Geltung er sich im Prozeßweg erstritten hatte, genügend Rentabilitätssicherheiten biete. Dabei errichtete Stinnes im Gegensatz zu Thyssen nicht völlig neue Werke, sondern erwarb bestehende, meist sanierungsbedürftige Unternehmungen billig, um sie zu reorganisieren und seinem Konzern einzufügen. Es ist dies eine an die Transaktionen der amerikanischen Eisenbahnen erinnernde Taktik; man kam billig zu wertvollen Anlagen. Die Fusion mit der Dortmunder Union und die Interessengemeinschaften mit der Rümelingen-St. Ingberter Hüttenaktiengesellschaft und der Saar-Mosel-Bergwerksgesellschaft 1910/11 schlossen die Vorkriegsexpansion im wesentlichen ab. Machtvoll stand der Konzern den Verbänden bei ihrer Erneuerung gegenüber. Deutsch-Lux. zerfiel 1914 in zwei große Gruppen:

1. Differdingen (Erzbergwerke und Hütte für A-Produkte) — Saar-Mosel (Kohle) — Rümelingen-St. Ingbert (Hütte für Rohstahl und Roheisen und Verfeinerung).

2. Bochum (Zechen) — Dortmund (Stahl- und Walzwerke sowie Verarbeitung) — Müllheim (Maschinenfabrikation) — Horst (Hochofenwerk); weiter die Küstenhütten bei Emden und Bremen. Dazu kamen Erzberechtsame in Bayern. Neben anderen Betrieben wurden 1917/18 die Feinblechwerke Weber-Brandenburg und Meggener Walzwerk angegliedert und der Besitz an Erzbergwerken stark erweitert. 1919/20 erfolgte die Liquidation und Veräußerung des ganzen Südwestblockes, wobei es beim Verkauf der luxemburgischen Werke gelang, einen Koks-Erztauschvertrag für je 300 000 t abzuschließen und sich damit wenigstens eine gewisse Erzbasis zu erhalten. Die Liquidationserlöse verwendete Deutsch-Lux. zur Angliederung zahlreicher Verfeine-

rungsbetriebe, die sich den Rohstoff — Kohle — sicherten, während Deutsch-Lux. wertvolle Verarbeitungsstätten erhielt[19]).

Die Gelsenkirchener Bergwerks-A.-G. ist sachlich ähnlich aufgebaut. Sie ist das Werk Emil Kirdorfs, des Vorsitzenden des Kohlensyndikates. Ihr Übergang zur Hüttenzeche 1905/07 war wesentlich von dem Gesichtspunkt getragen, im R. W. K. S. und im Stahlwerksverband einen Einfluß zu behalten, der einem Überwiegen der Trustideen entgegenwirken konnte. Hätte man es anders gewollt, so häte eine Namensänderung bei der Fusion 1907 genügt, um das Hüttenzechenvorrecht des Schalker Gruben- und Hüttenvereines der ganzen Gemeinschaft zugute kommen zu lassen. Die wirtschaftlichen Vorteile, die die Eigentümer von Hütten im Minettegebiet hatten, veranlaßten dann 1909/12 den Bau der Adolf-Emil-Hütte bei Esch-Deutsch-Oth, wobei die Absicht mitsprach, im Stahlwerksverband die Führung zu erhalten und die großen Kohlenberechtsame rationell auszunützen. Der Konzern gliederte sich 1914 in zwei Gruppen:

1. Im Minettegebiet die Erzgewinnung, Hochöfen, Stahl- und Walzwerke bis zur Verfeinerung.

2. Im Ruhrrevier die Kohlegewinung, Hochöfen und Gießereien, aber keine Stahl- und Walzwerke, um Gelsenkirchen-Schalke-Duisburg; 1910 waren außerdem Röhrenwerke in Düsseldorf hinzugekommen. Im Krieg erfolgte der Erwerb weniger Erzgruben und die Angliederung des Martin- und Feinblechwerkes Hüstener Gewerkschaft, sowie 1917 die Gründung der Ostseewerft Flensburg. Durch den Kriegsausgang wurden der Aachener Zentrale ihre Minette- und Eisengrundlage entzogen, so daß der ganze dortige Besitz abgestoßen werden mußte, nachdem man einen Wiederaufbauplan bei Aachen wegen der unsicheren politischen Lage und wegen des dadurch gefährdeten Minetterückhaltes glaubte ablehnen zu sollen.

---

[19]) Gebr. Knipping, Altena, Drahtzieherei W. Feuerhake & Co., Fröndenberg, Wilhelm-Heinrich-Werk, Düsseldorf, Iburger Seilindustrie, Kettenfabrik Schlieper in Grüne und Sichtigvor; Interessengemeinschaften mit Friedrich Thomée, Stahlwerk Brüninghaus, Kugel & Berg, sämtlich in Werdohl.

Aus den Kriegsfolgen erklärt sich in erster Linie der Zusammenschluß der beiden Großwerke, der Deutsch-Lux. eine wertvolle qualitative Ergänzung seiner Kohlenbasis und die fehlenden Teile der Verarbeitung — Weißblech- und Röhrenwerke — brachte, während Gelsenkirchen sich große Neuanlagen ersparte und sich seine Hüttenzecheneigenschaft sicherte. Die benachbarte Lage der Werke begünstigte die Vereinigung.

Für die Angliederung des Siemens-Schuckert-Konzerns, der im Gegensatz zu seinem großen Konkurrenten, der A. E. G., familiär-traditionell aufgebaut war, endlich sprach einerseits die Tendenz zur Verfeinerung bis zum letzten Konsum, der Wunsch der Rokstoffsicherung — vor allem für die Elektromaschinenindustrie — andererseits. Die Minderung der Konjunkturrisiken durch Verankerung der Interessen in verschiedenen Wirtschaftskreisen, die Spezialisierungsmöglichkeiten und anderes mehr kamen hinzu.

Die Expansion, die die S. R. S. U. weiter nahm, war im allgemeinen organisch, wenn auch der Anlaß wie beim Bochumer Verein und der Alpinen Montangesellschaft Börsentransaktionen waren. Mit dem Bochumer Verein wurde eines der ältesten Edelstahlwerke dem Konzern eingefügt. Der Verein hatte neben Kohlen- und Erzbergwerken und seiner Bochumer Hütte erstmalig 1920 in die Verfeinerung durch Erwerb der Firma W. Haiß, Haslach, einer Fabrik für Automobilteile, übergegriffen. Nach seinem Übergang an die S. R. S. U., zu deren Bochumer Zechen er äußerst günstig liegt, wurde ein modernes Röhrenwerk bei Höntrop im Werksanschluß an die Hütte errichtet.

Mit der Beteiligung an der Alpinen Montangesellschaft, die ein Großabnehmer für Koks und eine Erzreserve ist, und an den Stahlwerken Gebr. Böhler & Co. A.-G. erfolgte eine Interessennahme an der österreichischen Industrie und eine Dislozierung des Risikos. Die 1924 erworbene Majorität der Charlottenhütte, Niederschelden, stärkt die Position in der Feinblechverarbeitung und bringt wertvolle Beziehungen zur Bismarckhütte in Polnisch-Oberschlesien.

Die starken Beziehungen zum Kohlenhandel und zur Rheinschiffahrt sind in der Firma Raab, Karcher & Co., G. m. b. H., der Werkshandel für sämtliche Stahlprodukte in der Firma Heinrich August Schulte, A.-G., zentralisiert.

Der produktionstechnische Aufbau hat — bei einer Hochofenfassung von 16 410 cbm — in den Thomas-Konverteranlagen eine schwache Stelle [20]). Im übrigen aber ist er weitgehend durchgegliedert und bietet vor allem in Stab- und Bandeisen die Möglichkeit, die Produktion zu spezialisieren. Der kontinuierliche Betrieb der Werke ist durch eine weitgehende Konzentration der Anlagen sichergestellt; die Stahl- und Walzwerke liegen — nahe den Zechen — bei Dortmund um die Union, bei Gelsenkirchen-Bochum um Schalke-Bochumer Verein-Höntrop, bei Duisburg um den Vulkan; nur die Verfeinerungsanlagen sind — wenn auch großenteils gebietsnah — disloziert bei Düsseldorf, Werdohl, Hüsten, Meggen, Brandenburg.

Thyssen-Konzern [21])

Der Thyssen-Konzern, der im Gegensatz zur S. R. S. U. und deren Stammgesellschaften einen stark familiären Charakter, im Gegensatz zu Krupp einen ausgeprägt kapitalistischen Zug trägt, verdankt diesen beiden Eigenschaften seine Sonderstellung; größte Beweglichkeit einerseits und die ungehemmte Möglichkeit andererseits, eine Idee straff durchzuführen. Aus einem kleinen 1871 gegründeten Bandeisenwalzwerk war in systematischem, großzügigem Ausbau in wenig Jahrzehnten einer der bedeutendsten Konzerne erwachsen, das Werk August Thyssens. Thyssen trat stets für den Trust ein, da ein Kartell durch seine inneren Gegensätze in seiner Stoßkraft gehemmt sei, ein Gedanke, der heute in der Einstellung zum Syndikatshandel wieder hervortritt und der manche früheren Transaktionen bestimmte: den Bau der Hütte in Caën, die Realteilung des Grubenfeldes Deut-

---

[20]) Vgl. die S. R. S. U. mit Phönix und Thyssen, Statist. Anhang Tab. II/III.

[21]) Siehe Arnst a. a. O.

scher Kaiser, 1903, um Felder außerhalb des Syndikats zu besitzen, den Verkauf der Zeche Gladbeck an den Fiskus. Der Konzern war einer der ersten, der Außenseiterzechen teufte. Zu den großen Anlagen, die er absatzgünstig im Rhein-Ruhr-Winkel bei Duisburg-Meiderich-Hamborn in der Aktiengesellschaft für Hüttenindustrie und der heutigen August-Thyssen-Hütte und in der großen Maschinenfabrik in Mülheim 1910 errichtet hatte — heute wieder das Konzernzentrum —, kam 1910/12 der Bau der riesigen Hagendinger Hüttenanlagen, die allerdings durch den Mangel einer eigenen nahen Erzbasis benachteiligt waren. Die dadurch verursachte Produktionsverteuerung konnte auch durch den Umstand, daß die Saar-Mosel-Berwerksgesellschaft Koks in der Nähe produzierte, nicht behoben werden. Das an sich modern ausgebaute Werk mußte das Erz kaufen oder aus Caën als billige Rückfracht gegen den exportierten Koks heranbringen.

Im Krieg erfolgten, der Eigenart des Konzernes, die erforderlichen Anlagen selbst zu bauen, entsprechend, keine Angliederungen. Der Friedensschluß traf den Konzern sehr empfindlich. Die Erzberechtsame gingen verloren, dazu wurde die Stellung in der Eisenproduktion stark geschwächt durch den Verlust der Hagendinger Anlagen. Aber der rheinische Besitz blieb organisch erhalten, eine Tatsache, die auch aus der statistischen Gliederung erkennbar wird [22]). Es wird so verständlich, daß der Thyssen-Konzern in der Nachkriegskonzentration eine geringere Rolle spielte. In Kohle hatte er große Berechtsame, und die Liquidationserlöse verwendete er hauptsächlich zur Modernisierung und zum Ausbau seiner Duisburg-Hamborner Anlagen, die in ihrer Leistungsfähigkeit in Deutschland unerreicht, den größten Teil des Jahresbedarfes der deutschen Wirtschaft allein decken können [23]).

Unter den Beteiligungen des Konzernes sind die an der Friedrichshütte Wehbach, die unter anderem Erzberechtsame

---

[22]) Statist. Anhang Tabelle II/III.

[23]) Der gewaltige Ausbau ist aus der statist. Übersicht noch nicht erkennbar.

besitzt, und die Konsortialbeteiligungen zusammen mit dem Klöckner-Konzern an der Geisweider Eisenwerke-A.-G. und dem Krefelder Stahlwerk hervorzuheben, und weiter vor allem an den Werften, Bremer Vulkan und Flensburger Schiffsbau-A.-G. Bemerkenswert ist endlich, daß Thyssen in engem Zusammenhang mit seinen Siegerländer Stahlwerken Anteil an der Westerwälder Braunkohlenproduktion genommen hat.

Eine großzügige Handelsorganisation in Verbindung mit einer eigenen Flotte, der Werkshäfen zur Verfügung stehen, sichert dem Konzern den Vertrieb seiner Produkte. Der Werkshandel ist konzentriert in der Thyssenschen Eisenhandels-G. m. b. H., Duisburg-Meiderich, die zahlreiche Filialen unterhält.

Phönix-Konzern

Der Phönix-Konzern entstand in seiner heutigen mächtigen Stellung im wesentlichen 1906/07 durch die durch die Hüttenzechenfrage ausgelöste Fusion mit dem Hörder Verein und der Zeche Nordstern. Die durchgegliederte Verfeinerung, die er vor dem Krieg besaß, ließ ihn zum Gegner des Expansionsdranges vor allem der Werke werden, die die Kurzlebigkeit der Eisenverbände immer wieder zu Neubauten ausnutzten [24]). Da er sein Halbzeug und Roheisen fast vollständig selbst verfeinerte, und daher nur eine Sicherheitsbeteiligung am R. E. V. unterhielt, war er ein Befürworter der Syndizierung der B-Produkte wie überhaupt von jeher ein strikter Verfechter des Kartellgedankens [25]).

Seiner inneren Geschlossenheit und seiner Einstellung zu den Expansionsbestrebungen entsprechend, beteiligte er sich nicht an den Gründungen im Minettegebiet. Sein Besitz blieb so nach Kriegsausgang im wesentlichen intakt; die Beteiligung an einer Luxemburger Minetteberechtsame konnte in Gemeinschaft mit der Gutehoffnungshütte erhalten werden. Da der Konzern so kaum Liquidationsgelder empfing, war er an der Ausdehnung nach dem Krieg, vor allem dem Zug zur Verfeinerung, nur wenig be-

---

[24]) G. B. Phönix 1907/08.

[25]) G. B. Phönix 1907 ff.

teiligt. Zwecks Sicherung des Absatzes seiner Produkte und Erwerb von Kenntnissen im Schiffbau beteiligte er sich 1920 an der Reiherstieg-Schiffswerft- und Maschinenfabrik-A.-G., Hamburg, eine Beteiligung, die 1925 infolge der Krisis im Schiffsbau aufgegeben wurde. Die Kohlennot veranlaßte den Phönix, seine Kohlenbasis auszudehnen: Um den kostspieligen und langwierigen Ausbau seiner Feldesreserven zu vermeiden, schloß er 1920 eine fünfzigjährige Interessengemeinschaft mit der Haniel-Zeche Zollverein und erwarb weiter 1925 vom Norddeutschen Lloyd dessen alte Beteiligung an der Zeche Emscher-Lippe, die der Lloyd wegen des verringerten Kohlenbedarfes der Schiffahrt entbehren konnte.

Zusammen mit den interessenverbundenen Vereinigten Stahlwerken van der Zypen und Wissener Hütte, A.-G., nimmt der Konzern eine Sonderstellung in der Weißblechfabrikation ein.

Standortmäßig sind Kohle, Hochöfen, Stahl- und Walzwerke günstig zueinander gelagert, bei Hörde-Dortmund und bei Duisburg-Ruhrort. Dazu kommen Walzwerke und Verfeinerungsanlagen um Düsseldorf und Hamm an verschiedenen nahen Orten Westfalens.

Die innere Geschlossenheit ließ den Konzern zu einem begehrten Objekt des anlagesuchenden Kapitals werden, wie ihn sein eigenes Kreditbedürfnis zu dem umgekehrten Schritt veranlaßte. So kam 1920 die Überfremdung Otto Wolff-Koninklijke-Nederlandsche Hoogovens en Staalfabrieken, Haag [26]), zustande. In den Hochofenwerken, die vom holländischen Staate subventioniert während des Krieges entstanden waren, fand der Phönix einen guten Auftraggeber seiner Verfeinerungswerke, in Otto Wolff eine gut organisierte Werkhandelsfirma.

Am Kohlenhandel wie an der Schiffahrt war der Phönix früher nicht, und erst in der Zeit der Syndikatslockerung 1924 gering beteiligt. Es wird das verständlich, wenn wir die positive Einstellung zum Syndikat bedenken und weiter, daß für Kohle bis 1920 nur sehr geringe Marktinteressen bestanden und seitdem

---

[26]) Könecke a. a. O. S. 140 ff.

durch die Interessengemeinschaft mit Zollverein die Handelsbeziehungen zur Haniel-Gruppe. zur Verfügung stehen.

Rheinische Stahlwerke Akt.-Ges.

Die Rheinischen Stahlwerke, Duisburg-Meiderich, sind seit dem Erwerb der Zeche Zentrum (1900) Hüttenzeche, waren aber bis 1910 nur ein mittlerer Betrieb. Erst in den folgenden Jahren vollzog sich die Angliederung von Anlagen, die eine höhere Beteiligung im Stahlwerksverband erwirken sollten. Hierher gehören die Interessengemeinschaften mit dem Röhrenwerk Balcke, Tellering & Co., A.-G., Benrath-Hilden, 1911, mit den Vereinigten Walz- und Röhrenwerken [27]), Hohenlimburg, 1912, die beide 1916 fusioniert wurden. Um dem Expansionsstreben der großen Konzerne Einhalt zu gebieten, trat Rheinstahl für die Syndizierung der B-Produkte ein und machte von dieser 1914 auch seinen Beitritt zum R. W. K. S. abhängig [28]), ein Anspruch, der durch den Krieg zurückgestellt werden mußte.

Der Rohstoffmangel veranlaßte dann im Krieg neben dem Erwerb von Erzberechtsamen eine Erweiterung der Kohlenbasis parallel mit dem Ausbau der Hüttenanlagen. 1917 wurde die Zeche Brassert erworben [29]). Eine gewaltige Ausdehnung erfuhr der Konzern 1921 durch die Übernahme der Gewerkschaft Fröhliche Morgensonne und der Arenbergschen Bergwerksaktiengesellschaft einschließlich der Gewerkschaft Arenberg Fortsetzung, eine der ältesten und wertvollsten reinen Zechen. Hier, wie später noch bei Hösch, Stumm, Mannesmann und bei den Interessengemeinschaften von Krupp und Phönix tritt deutlich die Erscheinung hervor, daß vor allem große, moderne Anlagen Fusionsobjekte bildeten und daß in der Beteiligungsklassierung eine Verschiebung in den Spitzengruppen stattfindet [30]). Arenberg, mit dem gleichzeitig eine Reederei erworben wurde,

---

[27]) Die heutige Abteilung „Wurag".

[28]) G. B. Rheinstahl 1913/14.

[29]) Die gleichfalls 1917 erworbene Friedrich Heinrich A.-G. mußte 1921 an die französischen Vorbesitzer rückübereignet werden.

[30]) Erster Abschnitt II c, S. 44.

entwickelte sich so — dem Zug der Zeit folgend — zur Hüttenzeche. 1919 hatte Rheinstahl sich weiter die Braunkohlengewerkschaft Schallmauer bei Frechen angegliedert und so für seine zahlreichen Siemens-Martin-Werke eine wertvolle Kohlenbasis erhalten.

Die Hüttenanlagen waren unterdessen großzügig ausgebaut worden und ließen 1924 die Vorkriegsproduktion weit hinter sich[31]). Noch im Kriege — 1918 — waren die Walzwerke Th. Wuppermann G. m. b. H., Schlebusch und Felser & Co., Köln-Kalk erworben worden. 1921 erfolgte der Ankauf der Maschinenbau- und Werftanlagen der Maschinenfabrik Augsburg-Nürnberg bei Duisburg-Wanheim und verschiedener Beteiligungen[32]).

Die Anlagen konzentrieren sich mit Kohle, Hochöfen, Stahl- und Walzwerken um Duisburg, während die Verfeinerungsanlagen mehr verstreut — um Hohenlimburg und am Mittelrhein — liegen. Sie erstrecken sich auf fast alle Walzwerksprodukte.

Eine vorübergehende Interessengemeinschaft mit van der Zypen ist an den Phönix übergegangen. Sie war aus der Beteiligung entstanden, die Otto Wolff an Rheinstahl nach dem Krieg erwarb und durch die dieser Werkshändler für den Export wurde, während im Inland eine eigene Rheinstahl-Handels-G. m. b. H. den Vertrieb erledigt. Im Kohlengeschäft besitzt der Konzern große Beteiligungen. Diese hatten in Verbindung mit der günstigen Lage am Rhein und dem Interesse, das die großen Kohlenmengen am Markt haben, Rheinstahl zu den Gegnern des Syndikatshandels gemacht.

Bedeutsam ist endlich die Beteiligung, die die I. G. Farbenindustrie 1924 an Rheinstahl genommen hat, nachdem schon seit 1916/17 ein Verkaufsverein Rheinstahl — Auguste Viktoria bestanden hatte. Die Beziehung zur chemischen Industrie, die

[31]) G. B. Rheinstahl 1923/24.

[32]) Gußstahlfabrik Felix Bischoff G. m. b. H., Duisburg, A. Herwig Söhne, Dillenburg, Schiffswerft- und Maschinenfabrik A.-G., Hamburg-Steinwärder.

eine zweite Verwurzelung der gemischten Zeche darstellt, dient dem Zweck einer direkten Abnehmerverbindung für die Kohlenproduktion, die für die Hüttenanlagen zu umfangreich ist. Gleichzeitig sichert sich Rheinstahl eine Beschäftigung seiner Rheinflotte und auch einen Großkonsumenten für Stahlprodukte [33] [34]).

Die Tendenz, die sich hier ausprägt, ist die einer absoluten Abkehr vom Syndikat und einer Zuneigung zum Universalkonzern. Nichts veranschaulicht so klar die Bedeutung, die dieser Abnehmerbeziehung zukommt, als der Umstand, daß Rheinstahl, 1926 auf seinen Anteil am Exportabsatz in Kohle verzichten konnte. Die Aussonderung des Selbstverbrauches aus seiner Beziehung zur Stahlproduktion ist für den Stahltrust [35]) zu beachten, dem sämtliche vorerwähnten gemischten Konzerne angehören.

Krupp-Konzern

Die Zentralen des Krupp-Konzerns waren vor dem Krieg die aus der ursprünglichen Gründung hervorgegangenen Essener Stahl-, Walz- und Fertigfabrikatwerke und das große Hochofen-, Stahl- und Walzwerk Friedrich-Alfred-Hütte, Rheinhausen. Dazu kamen reine Hochofenwerke am Mittelrhein, das Stahl- und Walzwerk und die Fertigwerkstätte Grusonwerk Magdeburg, die Germania-Werft Kiel, das Edelstahlwerk Annen, große Erzkonzessionen in Spanien und eine im Verhältnis zur Größe der Verarbeitungswerke relativ schmale Kohlenbasis. Die Werke, die sich ausschließlich im Familienbesitz befinden, waren bis zur Verfeinerung hinauf organisch aufgebaut. Das Fabrikationsprogramm war in erster Linie auf die Rüstungsindustrie eingestellt, auch die Kieler Werft war zunächst eine Baustätte für Kriegsschiffe.

Im Krieg wurden die Werke stark erweitert und der Interessenkreis durch Fusionen und Gemeinschaftsabkommen ausge-

[33]) G. B. Rheinstahl 1924/25.

[34]) Eine Fusion mit der I. G. wird zur Zeit — 1926 — erwogen, nachdem die Stahlwerke an die V. St. A. G. übergegangen sind.

[35]) Siehe unten Dritter Abschnitt II.

dehnt [36]. 1916 wurden die Bayrischen Geschützwerke Friedrich Krupp, München, neu errichtet [37]. Der Erzbesitz wurde durch Ankauf ausgedehnt.

Wenn auch kein Werk der Friedrich-Krupp-A.-G. im Liquidationsgebiet lag, so wurde die Firma durch den Kriegsausgang ebenso hart betroffen wie Gelsenkirchen und Thyssen. Der Zweck des Riesenunternehmens, die Herstellung von Heeresmaterial aller Art, war hinfällig geworden und auf Ersuchen der Entente mußte der ganze Betrieb umgestellt werden. Unter einer ständigen Militärkontrolle wurde bis 1925 das Maschinenmaterial verschrottet, obwohl es größtenteils für Friedensproduktion geeignet war [38]. Dieser Umstellungs- und Vernichtungsprozeß spannte die Rentabilität des Werkes sehr stark an und erschwerte die Reorganisation. 1919/20 stellten die Kruppwerke erstmalig seit zwei Menschenaltern kein Kriegsgerät her [39]; dagegen wurden seit 1919 die verschiedensten Zweige der Fertigfabrikation — landwirtschaftliche Maschinen, Lokomotiv- und Waggonbau, Bau von Dieselmotoren, Lastwagen, Spinn-, Papier-, Bureaumaschinen, Handelsschiffen, kinematographischen Apparaten u. a. m. — meist in Verbindung und Interessengemeinschaft mit Spezialfirmen dieser Gebiete — Rheinmetall, Ernemann, Fahr, Faunwerke — aufgenommen und der Vertrieb durch Gründung von Vertriebsgesellschaften im In- und Ausland sichergestellt.

Die Kriegsgewinne einerseits, die Scheinkonjunktur andererseits gaben den neuen Betrieben Betriebskapital und Absatzmöglichkeiten. Um den großen Bedarf der Verarbeitungswerke zu sichern, galt es vor allem, die Rohstoffbasis zu verbreitern. So wurden 1921 die Interessengemeinschaften mit den Zechen Helene und Amalie und Konstantin der Große abgeschlossen und

---

[36]) Feinblechwalzwerk Capito & Klein, Benrath; Stadtberger Hütte, Niedermarsberg.

[37]) Könecke a. a. O. S. 196 ff., 1919 verkauft.

[38]) Von den 1918 vorhandenen Arbeitsmaschinen wurden bis 1922 43 Proz. zwangsweise zerstreut und zerstört, vgl. G. B. 1921/22. Die Devastation ging in den folgenden Jahren weiter.

[39]) G. B. Krupp A.-G. 1919/20.

neue Erzgruben im Siegerland und in Spanien erworben. Dennoch mußten 1922 in Essen (!) Braunkohlen und auf den Außenwerken holländische und englische Kohlen zur Bedarfsdeckung herangezogen werden[40]).

Die Ruhrbesetzung traf die Ruhrwerke, die ein spezielles Angriffsziel der Besatzung waren, schwer. Die Werke außerhalb des Revieres wurden 1923 rechtlich verselbständigt, um sie kreditfähig zu erhalten und auch vor einem möglichen Zugriff der Entente zu schützen. Seit 1924 leidet der Krupp-Konzern wie alle unter der Wirtschaftskrisis, besonders der Maschinen-, Schiffs- und Waggonbauindustrie. In der Edelstahlproduktion besitzt er nach wie vor eine Vorzugsstellung. Der Rücktritt von den Verhandlungen zur Errichtung des Montantrusts im September 1925 erfolgte teils aus traditionellen Rücksichten, teils aus der Erwägung, daß die großen Essener Verfeinerungsbetriebe für den Trust ungeeignete Objekte darstellen, und teils wohl in dem Vertrauen, aus eigener Kraft die Krisis überwinden zu können[41]).

Der bis zur Feinstverarbeitung durchgegliederte, dank der Betonung der Qualitätsfabrikation und dank der Familientradition auch innerlich homogene Konzern, der mit eigenen Vertriebsorganen für die Fertigprodukte, mit großen Werkshändlern der Rohstahlgemeinschaft gegenüber arbeitet[42]), besitzt in der Stahl-

[40]) G. B. Krupp A.-G. 1921/22.

[41]) Es ist immerhin bedeutsam, daß sich während der Drucklegung eine Annäherungstendenz zeigte. Krupp, Hösch, Klöckner, Gutehoffnungshütte und Linke Hoffmann Lauchhammer bildeten zusammen mit der Vereinigte Stahlwerke A.-G. — d. h. also sämtliche bedeutenden Hüttenwerke — ein Aufkaufkonsortium für unrentable, sanierungsbedürftige Werke, um diese im Interesse der generellen Rentabilität der Eisenindustrie und ihrer Rationalisierung gemeinsam zu rationalisieren oder stillzulegen. Es zeigen sich hier also Beziehungen zwischen den V. St. A. G. und den übrigen Konzernen, die nicht mehr kartellpolitisch, sondern trustpolitisch sind, neben der R. St. G. und dem R. E. V. herlaufen und für die Entwicklungstendenz symptomatisch sind.

[42]) Anfangs 1926 Gründung einer eigenen Werkhandelsfirma.

produktion und -verarbeitung sein eigentliches Arbeitsfeld, während die Kohle, bei der er sich für den Vertrieb im wesentlichen des Syndikates bedient, ähnlich wie beim Phönix, nur mehr Mittel zum Zweck ist.

Gutehoffnungshütte-Haniel

Die Gutehoffnungshütte ist wie Krupp eines der ältesten Unternehmen der Eisenindustrie, ein Familienkonzern (Haniel) [43]), und ist schon frühzeitig gemischtes Werk geworden. Vor dem Krieg war der Konzern im unmittelbaren Anschluß an den eigenen Kohlenbesitz und den der Familie Haniel um Oberhausen herum konzentriert. Hier befanden sich die Hochofen-, Stahl- und Walzwerke und die umfangreichen Maschinenbauanstalten und Fertigwerkstätten. Der 1911 durch Geländekäufe inaugurierte Plan, in der Nähe der lothringisch-luxemburgischen Minettegruben eine moderne Hütte zu errichten [44]), wurde nur durch den Krieg verhindert, so daß die Gutehoffnungshütte mit geringen Verlusten die Nachkriegsentwicklung beginnen konnte, zumal sie sich ihre Luxemburger Erzbergwerke zu erhalten verstand.

Bereits im Krieg hatte die Gutehoffnungshütte im Lahn-Sieg-Dillgebiet Erzkonzessionen erworben, und die breite Kohlenbasis wurde durch Abteufen neuer Schächte ergiebiger gestaltet. Die Haupttätigkeit aber richtete sich auf eine starke Intensivierung durch Förderung der technischen Neuerungen und Expansion in der Verfeinerung.

1918 hatte sich der Konzern an der Gründung der Deutschen Werft A.-G., Hamburg, beteiligt und die Maschinenfabrik Haniel & Lueg, Düsseldorf, und das Altenhundener Walz- und Hammerwerk erworben. Es folgten die Nietenfabrik Gebr. Möhling, Schwerte, und die Osnabrücker Kupfer- und Drahtwerke. Diese Werke lagen sämtlich relativ nahe dem Hauptbetrieb.

Dagegen begann 1920 der Ausbau einer zweiten süddeutschen Werksgruppe, eine Dislozierung der Risikozentren,

---

[43]) Festschrift Gutehoffnungshütte 1810/1910.

[44]) G. B. Gutehoffnungshütte 1911.

wie sie ähnlich Stinnes durch seine Orientierung nach Österreich vornahm. Majoritätsbeteiligungen und Interessengemeinschaften an der Maschinenfabrik Augsburg-Nürnberg, dem süddeutschen Schwerpunkt, am Eisenwerk Nürnberg A.-G. vorm. Tafel & Co., Fritz Neumeyer A.-G., Nürnberg-München (das frühere Krupp-Werk)[45], L. A. Riedinger, Maschinen- und Bronzewarenfabrik A.-G., Augsburg, und in Württemberg an der Maschinenfabrik Eßlingen A.-G., mit dem württembergischen Staate zusammen an den Schwäbischen Hüttenwerken G. m. b. H., Wasseralfingen sind die Stützpunkte dieser zweiten Zentrale, die für das Oberhausener Werk vor allem einen Halbzeug-Großabnehmer und für die Zechen Selbstverbraucher darstellen. Infolge der Ruhrbesetzung wurde die Konzernzentrale nach Nürnberg verlegt, wo eine Effektenhaltungsgesellschaft als oberstes Verwaltungsorgan errichtet wurde. Oberhausen firmiert als besondere Betriebsaktiengesellschaft.

Die Stellung des Konzerns zu den Verbänden war nicht einheitlich. Im Kohlenhandel hatte der Konzern von jeher eine starke Reeder- und Vertriebsbeziehung, die Firma Franz Haniel & Co. Das Selbständigkeitsstreben, das vor 1903 die Zeche Rheinpreußen als Außenseiter beließ, das 1911 die Teufung einer nichtsyndizierten Zeche, Jacobi, und deren Ausstattung mit einer eigenen Vertriebsorganisation veranlaßte[46], ist für die am Rhein gelegenen, auf arrondiertem Felderbesitz fundierten Zechen charakteristisch[47].

Auch 1922 machte der Konzern der Syndizierung Schwierigkeiten und mußte zwangsweise dem R. W. K. S. angeschlossen werden, da eine Einigung über die Verbrauchsberechtigung einiger seiner neu erworbenen Werke nicht glückte. Die Tatsache endlich, daß während der Ruhrbesetzung an sich zu begrüßende Außerverbandsgeschäfte mit Holland den Zechen Beschäftigung sicherten und daß die Hütte ein Sonder-Micum-Abkommen ab-

[45]) Siehe Anm. 37, S. 80.
[46]) G. B. Gutehoffnungshütte 1912/13.
[47]) Vgl. Thyssen, Deutscher Kaiser; Rheinische Stahlwerke.

schloß [48]), dürfte die ablehnende Einstellung zum R. W. K. S. weiter dokumentieren, auch wenn die Firma von dem Recht, eigene Zechenhandelsorganisationen zu unterhalten, keinen Gebrauch gemacht hat. Den Eisenverbänden gegenüber trat die Hütte dagegen bis zum Kriegsschluß stets für straffe Syndizierung oder völlige Freilassung aller B-Produkte ein. Eine eigene Werkhandelsorganisation wurde erst in Verfolg des Zerfalles des Stahlwerksverbandes ausgebaut [49]) und in der Gutehoffnungs-Eisenhandel-G. m. b. H., Essen, für den Norden und Westen, für Süddeutschland in der Fränkischen Eisenhandels-G. m. b. H., Nürnberg, und der Franz Haniel & Co., Mannheim, zentralisiert.

Die starken angegliederten Verbraucher einerseits, die Tatsache andererseits, daß der Kernbestand unbeschadet aus dem Krieg hervorgegangen und in sich auch organisch aufgebaut ist, dürfte es veranlaßt haben, daß die Gutehoffnungshütte sich an den Montantrustverhandlungen nicht beteiligt hat [50]).

Hösch-Köln-Neuessen

Auch das Eisen- und Stahlwerk Hösch, Dortmund, wurde durch den Kriegsausgang wenig in seinem Aufbau tangiert. Es verlor lediglich eine mit dem Phönix konsortial betriebene Minettegrube in Lothringen [51]). Hösch war 1897 durch die Zeche Westphalia, eine relativ kleine Berechtsame, Hüttenzeche geworden und hatte in den Jahren bis zum Krieg seinen Dortmunder Hochofen-, Stahl- und Walzwerken bezirksnahe Verarbeitungsbetriebe in Dortmund und Hohenlimburg angegliedert. Die schmale Kohlenbasis veranlaßte dann kurz vor dem Krieg den Erwerb von Kohlenfeldern und 1918 den der Zechen Fürst Leopold und Fürst Leopold Fortsetzung und ab 1. Juli 1920 den Abschluß einer 80jährigen Interessengemeinschaft mit einer

---

[48]) G. B. Gutehoffnungshütte 1923/24.

[49]) G. B. Gutehoffnungshütte 1919/21; bis 1925 als Steffens & Nölle A.-G. geführt.

[50]) Siehe Anm. 41, S. 81.

[51]) Könecke: a. a. O. S. 183 ff.

der besten reinen Zechen, dem Köln-Neuessener Bergwerksverein, Altenessen, eine Parallele zur Fusion Rheinstahl-Arenberg; gleichzeitig wurden damit die Gewerkschaften Trier I/III dem Konzern angegliedert.

Die Gemeinschaft Hösch-Köln-Neuessen ergänzt sich organisch, da Hösch vordem für seine Zwecke nur wenig geeignete Kohle hatte und seinen Brennstoffbedarf nicht decken konnte, während Köln-Neuessen die Entwicklung zur gemischten Zeche mit einem der bestfundierten Hüttenwerke gelang. An die relativ breite Kohlenbasis wurden dann weitere Verarbeitungsstätten angegliedert [52]).

1925 wurde das Edelstahlwerk Eicken & Co., Hagen, in die Interessengemeinschaft einbezogen. Die Beteiligung an der Seereederei Frigga A.-G., Hamburg, 1921 entspricht der allgemeinen Interessennahme an dem in diesem Zeitpunkt gut beschäftigten Schiffbau.

Im Eisenwerkshandel hat Hösch bereits 1906 die Dortmunder Eisenhandlung G. m. b. H. gegründet und im Kohlenhandel und Reedereiwesen ist Köln-Neuessen durch die Firma Gg. Reitz G. m. b. H., Mainz-Frankfurt, vertreten.

Die Einstellung zu den Verbänden und zum Montantrust [53]) wird aus den Berichten nicht genau ersichtlich, scheint mir aber wegen des großen Produktionsüberschusses an Kohle dem R. W. K. S. gegenüber günstig zu sein.

Mannesmann-Konzern

Die Mannesmannröhrenwerke A.-G., Düsseldorf, haben sich erst relativ spät der Kohle zugewendet, da sie als reine Walzwerke und Produzenten eines Spezialproduktes an sich günstigen Absatz fanden und das Vordringen der großen gemischten Werke, die alle Produktionsgebiete erfassen wollen, nicht zu fürchten

---

[52]) 1920 Böcker & Röhr, Hohenlimburg, Hemer Nietenfabrik Gebr. Prinz; 1921 Eisenbahnbedarfsfabrik Both & Tillmann G. m. b. H., Dortmund.

[53]) Siehe Anm. 41, S. 81.

brauchten[54]). Die Firma, die Werke in Düsseldorf, Remscheid, Gelsenkirchen und Saarbrücken hatte, sah sich durch die zahlreichen Fusionen zwischen reinen Röhrenwerken und Hüttenzechen aber bereits 1912 veranlaßt, die Zeche Königin Elisabeth und 1914 das Stahl- und Blechwalzwerk Schulz-Knaudt, Hükkingen a. Rh., zu erwerben; weiter wollte man am Rhein ein Hochofenwerk errichten. Man hoffte so, im Rohstoffbezug unabhängig zu werden und die Rentabilität sicher zu stellen. Die Entwicklung zum gemischten Betrieb wurde im Krieg durch den Erwerb eigener Erzbergwerke und durch die Ausdehnung der Kohlenbasis — 1918 wurde die Zeche Unser Fritz angegliedert, 1921 die Zeche Consolidation und die Braunkohlen-Industrie-A.-G. Zukunft — weiter verfolgt. Der Röhrenabteilung wurden 1917 die Stahlröhrenwerke Witten angegliedert. 1920 erfolgte zur Sicherung des Bedarfes an Qualitätsblechen der Erwerb eines Edelstahlwerkes in Grevenbrück.

Der Bau eines Hochofenwerkes, durch den Krieg zurückgestellt, wurde nicht ausgeführt, dafür aber 1925 eine Beteiligung an der Bremer Hütte, Kirchen, aufgenommen. Die Kriegsverluste der Mannesmannwerke trafen vor allem die großzügige Exportorganisation und deren Produktionsstätten. Die Werke in England und Italien gingen verloren, das Saarbrückener Werk wurde in eine französisch-deutsche Gesellschaft eingebracht, an der Mannesmann mit 40 Proz. beteiligt blieb. Die tschechischen Werke in Komotau blieben erhalten.

Im Handel ist der Konzern vertreten durch die Mannesmannröhrenlager G. m. b. H. und die Majoritätsbeteiligung an der Kohlengroßhandlung Hansen, Neuerburg & Co., Frankfurt.

Die Mannesmannwerke haben eine Beteiligung am Montantrust, dem einzig maßgebenden deutschen Konkurrenten in Röhren, abgelehnt. Welche Gründe dabei mitsprachen, ist schwer zu sagen, vielleicht Fragen der Beteiligung und die Tatsache, daß die Werke in sich eine Spezialisierung der Röhrenproduktion und eine Rationalisierung auf ihren Kohlenzechen durchführen

[54]) B. G. Mannesmannröhrenwerke 1909/10.

können. Es mag hinzukommen, daß man den Weltnamen erhalten wissen will und die alten Absatzbeziehungen, die man nach dem Krieg wieder ausbaute. Der Umstand, daß man in Röhren einem internationalen Kartell beigetreten ist, spricht für die kartellfreundliche Einstellung des Konzerns.

Klöckner-Konzern

Von den Konzernen, deren Hüttenwerke ausschließlich im Minette- und Saarrevier lagen, und die sich nach dem Krieg in dieser Produktionsstufe vollständig neu ausbauen mußten, hat nur der Klöckner-Konzern ein organisches Gebilde gezeitigt. Die Stammgesellschaft, der Lothringer Hüttenverein Aumetz-Friede, hatte vor dem Krieg ihre Erzbasis im Minettegebiet. In unmittelbarem Anschluß an diese bestanden die Hochöfen-, Stahl- und Walzwerke in Kneuttingen und Fentsch. In die Verarbeitung war man erst seit Freigabe der B-Produkte 1912 vorgedrungen durch Interessengemeinschaften mit dem Façoneisenwalzwerk Mannstädt, Köln, und der Düsseldorfer Eisen- und Drahtindustrie, Werke, die 1918 fusioniert wurden. Die Koksbasis, die durch den Erwerb der Zeche General 1899 gewonnen wurde, war sehr schmal und konnte den Eigenbedarf bei weitem nicht decken. Das änderte sich erst nach Erwerb der Zechen Victor und Ickern 1909.

Abgesehen vom Ankauf einiger innerdeutscher Erzbergwerke und der Angliederung der Gewerkschaft Quint — ein Walz- und Emaillierwerk — erfolgte im Krieg keine Expansion. Der Friedensschluß entriß dem Konzern die Erz-, Roheisen- und Stahlbasis, nur die Zechen und die Düsseldorf-Kölner Röhrenwerke blieben erhalten. Aus dem Liquidationserlös der Kneuttinger Anlagen erwarb die Gesellschaft, die ihren Sitz nach Rauxel verlegt hatte, zusammen mit Thyssen die Bewirtschaftung der Geisweider Eisenwerke, die neben Erzen vor allem den Halbzeugbedarf der Röhrenwerke sicher stellten und des Krefelder Stahlwerkes, eines Stahl- und Verarbeitungswerkes.

Um im Wiederaufbau nicht nachzuhinken, schloß Klöckner mit dem Reich 1920 einen Abfindungsvergleich für seine noch liquidationsberechtigten Anlagen. Er erhielt dadurch sofort größere Mittel, die zur Errichtung eines neues Stahlwerkes in Düsseldorf und zur Erweiterung der Troisdorfer Anlagen dienten. Ferner wurden 50jährige Interessengemeinschaftsverträge abgeschlossen mit den Hochofen, Stahl- und Walzwerken Hasper Eisen- und Stahlwerk, Haspe, und Georgsmarienhütte, Osnabrück. Gleichzeitig wurde die Kohlenbasis durch eine Interessengemeinschaft mit der Königsborn A.-G. für Bergbau- und Solbadbetrieb, Unna-Königsborn, erweitert. In der Verfeinerung wurden Beteiligungen an der Maschinenbauanstalt Humboldt, Köln, und der Maschinenfabrik und Eisengießerei Isselburger Hütte A.-G. genommen. Die Georgsmarienhütte, die schon Hüttenzeche war, erhielt durch die Interessengemeinschaft eine breitere Rohstoffbasis und vor allem Betriebskapital, das ihr aus jahrelangen Finanznöten half. Für Haspe erfüllte sich ein lang gehegter Plan, sich eine eigene Kohlenbasis zu schaffen, um quantitativ, qualitativ und im Preis vom Syndikat unabhängig zu werden [55]).

So war innerhalb kurzer Zeit ein neuer großer Konzern entstanden, der sich auf modernen Zechen und modernen Qualitätsstahlwerken aufbaute, und auch in der Verarbeitung beteiligt war; er konzentrierte sich in der eisenschaffenden Produktionsstufe um Georgsmarienhütte, Haspe und Düsseldorf rings um die Kohlenzechen herum. Einer auch hier wie bei der S. R. S. U. schwachen Thomasstahlbasis steht eine um so stärkere für Siemens-Martin-Stahl gegenüber.

Das Jahr 1923 stellte den noch jungen Organismus auf eine harte Probe, doch konnten die Werke Haspe und Georgsmarienhütte mit Kohle von Unna und Werne und ausländischen Brennstoffen versorgt werden. Die Folgen des Regiebetriebes der Zechen Victor und Ickern brachten vorübergehend eine starke finanzielle und organisatorische Belastung. Der Konzern fusionierte sich 1923 zu den „Klöckner-Werke A.-G., Berlin“, deren Sitz seit 1924 Rauxel ist.

Zum Vertrieb bestehen dank dem Umstand, daß Peter

---

[55]) G. B. Haspe Eisen- und Stahlwerk 1913/14 und 1919/20.

Klöckner vom Eisenhandel kommt, starke Beziehungen einerseits zur Klöckner-Reederei- und Kohlenhandel Duisburg und andererseits zur Werkshandelsfirma Klöckner & Co., Duisburg.

Die Stellung des Konzerns zu den Verbänden ist nach Äußerungen seines Führers [56]) ebenso günstig wie gegenüber dem Montantrust [57]), dem man indessen vorläufig nicht beitreten will. Ich möchte annehmen, daß der Konzern ohne den Zwang zum Syndikat dank seiner Beziehungen zum Handel und seiner guten Organisation außerhalb eines Kartelles zumindest in Kohle bleiben würde.

Rombacher Hüttenwerke A.-G.

Die Rombacher Hüttenwerke hatten vor dem Krieg ihren Sitz in Rombach und waren eines unserer besten Minettewerke. Sie sind wie der Klöckner-Konzern eine vom Eisenhandel — Karl Später, Coblenz — organisierte Gemeinschaft. Ursprünglich war das Hochofen- und Stahlwerk Rombach-Maizières auf englischer, in Zeebrügge verkokter Kohle basiert und auf die in der Nähe der Hütte befindlichen Minettebergwerke. Erst 1914 — vor der Erneuerung des R. W. K. S. — ging Rombach zum Abschluß einer Interessengemeinschaft mit der Zeche Concordia Oberhausen über, die gleichzeitig über eine Reederei verfügte. Im Krieg folgte dann noch eine Interessengemeinschaft mit der Concordiahütte A.-G., Engers.

Durch den Friedensschluß ging der größte Teil des Besitzes verloren, so daß der Aufbau auf einer relativ breiten Kohlenbasis und dem kleinen Hochofen- und Stahlwerk bei Engers völlig neu erfolgen mußte. Erzberechtsame wurden im Siegerland und im Harz erworben; 1921 erfolgte die Fusion der Westfälischen Stahlwerke, Bochum, ein Martin-Stahl- und Walzwerk, das stark ausgebaut wurde, und mit dem eine veraltete Hochofenanlage in Eiserfeld a. d. Sieg erworben wurde. Schließlich wurden an Fertigfabrikationsstätten die Hansa-Filterwerke, Haiger, an-

[56]) D. B. Z. 9. 10. 1925.

[57]) Siehe Anm. 41, S. 81.

gegliedert und eine Majoritätsbeteiligung an dem Stahl- und Walzwerk Eisenhütte Holstein, Rendsburg und den Howaldt-Werken A.-G., Kiel, einer Werft, genommen.

Die Darstellung und die statistische Übersicht lassen die Hauptmängel der neuen Organisation erkennen. Die vorhandenen kleinen Hochöfen- und Stahlwerke konnten die große Verbrauchsbeteiligung der Concordiazeche, die auf die Lothringer Anlagen abgestellt war, nicht konsumieren. Der Versuch, die Buderusschen Eisen- und Stahlwerke sich als Ersatz anzugliedern, mißlang, da Röchling zuvorkam. Die erworbene Minorität genügte aber, um zeitweise einen Verkaufsverein Buderus-Röchling-Rombach zustandezubringen, in dem die Concordia für ihren Koks gute Verwendung fand. Dennoch gab Rombach 1924 — wahrscheinlich aus finanziellen Nöten, die auch den Ausbau der Bochumer Anlagen hemmten — die Aktien ab und der Verkaufsverein zerfiel. Die Schiebung eines Teiles seiner Verbrauchs- nach Verkaufsbeteiligung wurde erst ab 1925 genehmigt, wodurch aber die finanzielle Situation und die Betriebslage auf Concordia, das nun erhöht einschränken und dessen Produkte sich mit den niedrigen Marktpreisen begnügen mußten, nicht gebessert wurde.

Der Konzern war weiter dadurch benachteiligt, daß seine Betriebe stark dezentralisiert blieben. Die Holsteiner Anlagen, die man durch Umbau der Hochöfen und Errichtung einer Walzenstraße instand gesetzt hatte, sind auf englischer Kohle basiert; die Siegerländer Hütte stillgelegt; die Hütte bei Engers ist neben Bochum der einzige Abnehmer der Zeche, wobei die Verbindung auf dem Rhein, da die Wasserstrecke von Engers bis Oberhausen kurz ist, dem Betrieb kaum in Form einer Transportverbilligung zugute kommt. Die prekäre finanzielle Lage, die den Ausbau von Bochum unterbrach, wurde durch große Bauverluste der Howaldtwerke 1925 erschüttert, so daß der bilanzmäßige Verlust per 30. 6. 1925 Mk. 13 000 000 betrug, das Obligo aber etwa Mk. 30 000 000. Wenn die gewährten Stützungskredite — vielleicht unter Abstoßung von anorganischen Objekten — den Konkurs hintanhalten, so wird doch kaum ein

Konzern übrigbbleiben. Die wertvollen Objekte, Westfälische Stahlwerke und Zeche Concordia, werden nur schwer zusammenzuhalten sein. Sie allein könnten — eventuell in Verbindung mit Engers — ein organisches gemischtes Werk ergeben.

Die zweite Lösungsmöglichkeit ist die Rückbildung zur reinen Zeche und zum reinen Stahlwerk [58]).

Stumm-Konzern

Der Stumm-Konzern krankt ebenso an den Folgen der Kriegsliquidation. Die Firma Gebr. Stumm, Neunkirchen, war eines der ältesten deutschen Hüttenwerke [59]). Die Rohstoffgrundlage bildeten vor dem Krieg die Zeche Minister Achenbach und die Minettegruben bei Ückingen. Darauf basierten die Ückinger Hütte und die mit Saarkohle betriebenen Stammwerke Neunkirchen und Homburg, moderne Hochofen-, Stahl-, Walz- und Fertigfabrikatwerke.

Durch den Kriegsausgang mußten Ückingen und die Minettegruben liquidiert werden und die Maßnahmen der Besatzung, vor allem die Unterbindung der Kohlenlieferung zur Saar, brachten die Verwaltung dahin, ihre Saar-Pfalzwerke in zwei Aktiengesellschaften umzugründen, an denen französisches Kapital für Neunkirchen mit 60 Proz., für Homburg mit 40 Proz. beteiligt wurde [60]).

Die Firma, die so nur noch ihre wertvolle Kohlenberechtsame und eine Beteiligung an ihrem ehemaligen Besitz besaß, begann 1920 mit dem Wiederaufbau eines großen Vertikal-

---

[58]) Die Stahlwerke von Rombach sind während des Druckes der Arbeit von dem unter Führung der V. St. A. G. stehenden Aufkaufkonsortium unrentabler Werke zwecks Stillegung bzw. Rationalisierung erworben worden und damit wurde das gemischte Werk aufgelöst; vgl. Stumm-Konzern, S. 93, Anm. 64.

[59]) Festschrift 1806/1906.

[60]) Anfangs 1926 erfolgte eine Umorganisation dadurch, daß die französischen Beteiligten von Neunkirchen von ihrem 60 prozentigen Anteil 40 Proz. an Otto Wolff, Köln, abtraten. So ist der ursprüngliche Stummbesitz im wesentlichen in deutsche Hände zurückgekehrt. — Stumm, Neunkirchen, trat Ende 1926 der R. St. G. als Mitglied bei.

konzernes, der in der „Stumm-Konzern G. m. b. H." Düsseldorf-Saarbrücken, einer Effektenhaltungs- und Verwaltungsgesellschaft, konzentriert wurde. Zur Verbreiterung der Kohlenbasis schloß Minister Achenbach 1920 eine 25 jährige Interessen- und Beteiligungsgemeinschaft mit dem Essener Bergwerksverein König Wilhelm, einer ausgezeichneten Fettkohlenzeche, und weiter wurde 1921 der Aplerbecker Aktienverein für Bergbau Zeche Margarethe erworben.

In der Hütten- und Stahlindustrie wurden folgende Beteiligungen mit jeweils 81 Proz. genommen [61]):

1. Gelsenkirchener Gußstahl- und Eisenwerke, Gelsenkirchen-Düsseldorf-Hagen, ein Stahl-, Walz- und Hammerwerk, das seinerseits mit zahlreichen Verarbeitungsbetrieben in Interessengemeinschaft steht, den Hephästuswerken A.-G., Vohwinkel, der Deutschen Lastautomobilgesellschaft A.-G. Ratingen.
2. Niederrheinische Hütte, Duisburg-Hochfeld, mit Drahtwerk Wesel, ein Hochofen-, Stahl- und Walzwerk, das auf diese Art Hüttenzecheneigenschaft erhielt.
3. Norddeutsche Hütte, Bremen, ein reines Hochofenwerk.
4. Westfälische Eisen- und Drahtindustrie, Langendreer, mit der Aplerbecker Hütte, ein Hochofen-, Stahl- und Walzwerk.
5. Eisenindustrie zu Menden und Schwerte, ein Martin-Stahl- und Walzwerk.
6. Gußstahlwerk Witten.
7. Metallzieherei A.-G., Köln-Ehrenfeld.
8. Schiffswerft I. Frerichs, Einswarden.

An verschiedenen Werken der Fertigfabrikation [62]) — Eggen-, Schrauben- und Drahtstiftfabriken — wurden Minoritätsbeteiligungen erworben.

Als Werkhandelsfirma gründete der Konzern 1920 die Montangesellschaft Saar m. b. H., Krefeld, mit zahlreichen Filialen,

---

[61]) 81 Proz. wegen der seinerzeit für das Selbstverbrauchsrecht im R. W. K. S. festgesetzten Vertragsbestimmungen.

[62]) Könecke a. a. O. S. 150 ff.

während für den Kohlenhandel und die Reederei durch die Zeche König Wilhelm die Firma de Gruyter & Co. eingebracht wurde.

Die Expansion, die wesentlich 1921 beendet war, war wie bei Klöckner sehr rasch vollzogen worden, aber der Konzern hatte in der Jagd nach den Objekten neben wertvollen, wie der Niederrheinischen Hütte, Witten und Menden auch höchst unvollkommene Objekte wie Gelsenkirchener Gußstahl- und Eisenwerke, einen erst im Krieg zusammengebrachten Komplex, erworben, und vor allem sich zu stark zersplittert. Nicht weniger als sechs der zehn Hochöfen — Bremen und Aplerbeck — waren ohne Verarbeitungsbetriebe und arbeiteten teurer als die großen gemischten Betriebe. Langendreer und Gelsenkirchen waren in der Verarbeitung völlig unvollkommen ausgebaut. Dazu lagen die Werke — wenn auch fast alle im Ruhrgebiet — in kleinen Betriebskomplexen disloziert. Ein Weniger wäre mehr gewesen, denn dann hätten Werke wie Witten und Duisburg-Hochfeld organisch ergänzt werden können und auch eine Basis für die Fertigindustrie abgegeben. Der Konzern kam — auch hier von der Werft her — im Herbst 1925 in Schwierigkeiten, die eine Stützungsaktion mit 50 Mill. Mark erforderlich machten [63]).

Wie weit nach Beendigung der Sanierung ein organisches Gebilde übrigbleiben wird, ist schwer zu sagen [64]). Von den Kohlenzechen, die als Sicherheit verpfändet sind, und die unentbehrliche Objekte eines gesunden gemischten Konzernes darstellen, dürften wohl Teile verloren gehen, von den Stahlwerken könnte eine Abstoßung von Gelsenkirchen ebensowenig schaden wie eine Absplitterung in der Verfeinerung. Da der Konzern an sich mehr an Objekten zur Verfügung hat als Rombach und außerdem teilweise sich organisch ergänzende Anlagen besitzt. dürfte ein verkleinerter Komplex erhalten bleiben [64]).

---

[63]) Frankf. Ztg. v. 7. 10. 1925.

[64]) Die Eisenbetriebe im Ruhrrevier und bei Bremen sind während der Drucklegung größtenteils von dem Konsortium zum Aufkauf unrentabler Werke mit dem Ziel der Stillegung im Interesse der Rationalisierung unter Führung der V. St. A. G. erworben worden, und werden — wie Bremen — teils weiterbetrieben, teils allmählich völlig

Stinnes-Konzerne

Es erübrigt sich, in dieser Arbeit auf die Reorganisition des Stinnes-Konzerns einzugehen; das eigentliche Werk Stinnes, sein Reedereigeschäft einerseits, die S. R. S. U. andererseits, bleiben erhalten. Es sei im Anschluß an Rombach und Stumm nur darauf hingewiesen, daß die Sanierung sich da notwendig machte, wo das Maß der zulässigen Expansion überschritten wurde durch Angliederung von Betrieben, die technisch oder finanziell nicht zu halten waren oder in keinem organischen Zusammenhang zu den Stammwerken standen.

Buderus-Röchling

Die Gemeinschaft Buderus-Röchling, die 1920 zustande kam, und der anfangs auch Rombach angehörte, zerfällt in vier Teile, die Buderusschen Eisenwerke A.-G., Wetzlar, die Röchlingschen Eisen- und Stahlwerke G. m. b. H., Völklingen, die Maximilianshütte A.-G., Rosenberg, die Stahlwerke Buderus-Röchling A.-G., Wetzlar, als Tochtergesellschaft der ersten beiden Firmen. Die Wetzlarer Werke sind ein auf der Erzbasis errichtetes Hochofenwerk. 1911 waren sie durch Erwerb der Zeche Maßen dazu übergegangen, sich für den neuen Vertrag des R. W. K. S. die Hüttenzecheneigenschaft zu sichern, die ihnen 1916 zugestanden wurde. 1917 wurde das Martinwerk stark ausgebaut und ein Elektrostahlwerk errichtet; 1919 wurde das Eisenwerk Hirzenhain und das Westdeutsche Eisenwerk A.-G., Kray, zwei bedeutende Roheisenabnehmer, angegliedert; 1920 erfolgte die Abtrennung der Elektrostahlwerke, die an Buderus-Röchling übergingen. Die Wetzlarer Werke schlossen 1926 mit Harpen-Siebenplaneten den oben erwähnten Gemeinschaftsvertrag für die Kohlenversorgung, nachdem der Betrieb der Zeche Maßen wegen der großen damit verbundenen Verluste eingestellt worden war.

---

stillgelegt, so Niederrheinische Hütte, Menden und Schwerte, Langendreer. Siehe auch Anm. 41, S. 81 und Anm. 58, S. 91, ferner Frankf. Ztg. v. 27. 6. 1926.

Die Röchlingschen Eisen- und Stahlwerke, die im Saargebiet ein modernes Stahl- und Walzwerk mit großen Hochofenanlagen besitzen, konnten im Gegensatz zu Stumm in ihrer Unternehmung den deutschen Einfluß von Anfang an dadurch aufrechterhalten, daß nur eine Minoritätsbeteiligung an französische Interessenten überlassen wurde. Um aber nicht mit den unsicheren Verhältnissen im Saargebiet das Risiko einseitig zu fundieren, gründete Röchling, der schon in Völklingen ein besonderes Edelstahlverfahren ausgebildet hatte, zusammen mit Buderus 1920 die Stahlwerke Buderus-Röchling A.-G., die im Anschluß an die Wetzlarer Hochofenanlage ein modernes Martin- und Edelstahlwerk und einen Zweigbetrieb im Ruhrgebiet bei Dorsten errichteten.

Die Maximilianshütte endlich war vor der für 1915 zu erwartenden Erneuerung des R. W. K. S. an den Aufschluß ihrer westfälischen Berechtsame gegangen, um sich für das neue Syndikat die Hüttenzecheneigenschaft zu sichern. Sie hatte aber beim Ausbau der Zeche mit so großen Wasserschwierigkeiten zu kämpfen, daß man 1914 die Anlage ersaufen ließ. Die großen Hochofen-, Stahl- und Walzwerke in Rosenberg, Unterwellenborn und Zwickau entbehrten so auch weiterhin die Kohlenselbstversorgung. Erst als 1920 die Majorität an Röchling überging, der sich auch hier einen innerdeutschen Stützpunkt schuf, wurde die Zeche Mont Cenis erworben und gleichzeitig eine sächsische Braunkohlenberechtsame; Verarbeitungsfabriken wurden angegliedert.

Der Gesamtkonzern ist stark verstreut und die schmale Kohlenbasis Mont-Cenis—Maßen—Siebenplaneten läßt ihn am R. W. K. S. — zumal in der Zeit des Kohlenüberflusses — nur sekundäres Interesse haben.

de Wendel & Co.

Die Firma François de Wendel & Co., Hayingen, hat in Westfalen neben ihrer gleichnamigen Zeche noch Interesse an der Friedrich Heinrich A.-G., während das wirtschaftliche Schwergewicht in den Minettegruben und Hüttenwerken in Lothringen liegt. Hier allein ist noch die eine Seite des alten organischen Zusammenhanges zwischen Ruhr- und Minettegebiet derart erhalten, daß Ruhrkoks in der Minettehütte verbraucht wird. Die andere Seite, der Versand der Minette aus den eigenen Gruben nach der Ruhr, besteht — wie erwähnt — noch in geringem Maße zwischen den Luxemburger Berechtsamen der Gutehoffnungshütte und des Phönix und der Vertragsberechtigung von Deutsch-Lux. Auf Grund reiner Verkaufsverträge freilich sind die Lieferbeziehungen zahlreicher.

Ilseder Hütte

Die Ilseder Hütte, die auf einem der wertvollsten deutschen Erzvorkommen als Hochofen-, Stahl- und Walzwerk errichtet ist, und in Peine besonders schwere Produkte auswalzt, ging 1921 dazu über, sich eine Kohlenbasis zu schaffen. Vom Bochumer Verein, der nach Übergang an die S. R. S. U. im Kohlenbezug hinreichend gesichert war, wurde die Zeche Friedrich der Große erworben. Sie liegt zur Hütte frachtgünstig, da sie Anschluß an den Dortmund-Ems-Kanal, Ilsede an den Mittellandkanal besitzt. Eine eigene Reederei, Ad. Harloff G. m. b. H., Essen, fügt sich harmonisch ein.

Bergbau-A.-G. Lothringen

Die Bergbau-A.-G. Lothringen ist ein noch völlig im Ausbau begriffener gemischter Konzern. In der Gemeinschaft Henschel-Lothringen-Essener Steinkohle, die 1923 zerfiel, bestand bereits einmal ein großer Komplex, der aber, wenn auch von alten soliden Werken getragen, nichts Organisches an sich hatte, und lediglich als eine der vielen zerfallenen Inflationserscheinungen zu betrachten ist. Lothringen geht seit 1923/24 selbständig im Aufbau eines gemischten Konzernes vor. Zunächst ist eine breite Kohlenbasis in der modernen Zeche Lothringen und den angegliederten Gewerkschaften vorhanden[65]). Weiter hat die Gesell-

[65]) Freie Vogel und Unverhofft, Graf Schwerin, Glückaufsegen, Präsident, Ver. Schürbank und Charlottenburg, Herbeder Steinkohlenbergwerke.

schaft Beteiligungen an den Zechen Langenbrahm und König Ludwig.

Die Interessen in der Eisen- und Verarbeitungsindustrie sind aus der statistischen Übersicht nur zum geringsten Teil erkennbar, da sie teilweise auf anderem Gebiet liegen, teilweise die Werke noch im Bau sind. Die hauptsächlich vorhandenen Anlagen bestehen aus einem modernen Stahl- und Walzwerk in Bochum, das im Anschluß an die Zechen errichtet wird; ferner in der Beteiligung an der Maschinenfabrik Elsaß in Bochum und den Chemischen Werken Lothringen in Bochum. Bei Letmathe werden Eisensteingruben und eine Zinkhütte betrieben; bei Harzburg gehört dem Konzern die Mathildenhütte, in Blankenburg und Zorge i. H. Eisensteingruben und Eisengießereien. Die Harzwerke wurden 1924 stark ausgebaut.

In der Fertigindustrie ist Lothringen an verschiedenen Maschinenfabriken beteiligt, die sich der Konzern als künftige Abnehmer des Bochumer Stahlwerkes vor dessen Errichtung glaubte sichern zu sollen. Der Aufbau erfolgte so nicht wie regulär von unten nach oben oder umgekehrt, sondern von den Flügeln nach der Mitte. Diese durchaus richtige Idee kann für den Konzern eine Gefahr bedeuten, wenn die Mittel zum Ausbau der Zwischenstufe nicht ausreichen, eine Befürchtung, die bei Lothringen zeitweilig bestand und zur Abstoßung einiger Beteiligungen führte, die aber allem Anschein nach heute als überwunden gelten darf. Beteiligungen bestehen an der Hannoverschen Maschinenbau-A.-G., Hannoverschen Eisengießerei und Maschinenfabrik und der Ottowerft, Harburg.

Diverse Konzerne

Von den übrigen gemischten Zechen, deren Interessen fast ausschließlich auf anderem Gebiet als dem der Eisen- und Stahlindustrie liegen, seien die wichtigsten noch erwähnt.

Die Verbindung der I. G. Farbenindustrie A.-G., Frankfurt, mit der Zeche Auguste Viktoria trägt keinen produktionstechnischen Charakter, sondern ist lediglich zur Brennstoffversorgung der Interessengemeinschaft, genau wie deren neuere Beziehungen zu den Rheinischen Stahlwerken, bestimmt. Am Kohlensyndikat, an dessen Verkaufstätigkeit nur 10 Proz. der eigenen Gesamtbeteiligung teilnehmen, ist die Zeche kaum interessiert.

Die Zechen Graf Bismarck und Königsgrube wurden von der Deutschen Erdölaktiengesellschaft zu dem Zweck erworben, die Steinkohle chemotechnisch auszuwerten [66]). Das niedrige Verbrauchskontingent wird sich erhöhen, sobald erst die Versuche zur Gewinnung eines marktfähigen Produktes geführt haben werden. Wie gegensätzlich bereits die Einstellung zum Syndikat ist, geht daraus hervor, daß Graf Bismarck 1924 nur Zwangsmitglied der Ruhrkohle war und sich selbständig im Handel betätigte.

Die Stinnes-Zechen Friedrich Ernestine, Viktoria Mathias und Graf Beust stehen im Pachtverhältnis mit Erwerbsoption des Rheinisch-Westfälischen Elektrizitätswerkes, das mit seinem Essener Werk standortsverbunden errichtet, sich in den Zechen eine Rohstoffgrundlage gesichert hat, ähnlich wie das Verbandselektrizitätswerk Westfalen Ende 1925 die Zechen Gottessegen und Alte Haase als Rohstoffbasis erworben hat.

Die Verbindungen, die vorstehend zur chemischen- und Elektrizitätsgroßindustrie aufgezeigt sind, stellen nur geringe Beteiligungen im Syndikate dar, aber als Symptome einer Entwicklung derart, daß Großverbraucher sich Zechen angliedern, zumal wenn sich ihnen technische Vorteile bieten, sind sie um so mehr zu beachten, als sowohl die Großkraftversorgung mit Staubkohlenfeuerung wie auch die chemische Verwertung der Kohle in ihrer Auswertung noch keineswegs am Ende der Entwicklungsmöglichkeiten stehen.

Wie die reinen und gemischten Konzerne in und zum Syndikat und zu den akuten Organisationsfragen stehen, wird die weitere Darstellung erkennen lassen.

---

[66]) Festschrift Deutsche Erdöl-A.-G. 1899/1924.

Zweiter Abschnitt

Die Organisationsaufgaben des Kohlensyndikates

unter Berücksichtigung der Eisenindustrie

I. Der organisatorische Gegensatz der reinen und gemischten Zechen

a) Verbrauchsrecht und Entwicklung der Beteiligung

Die Hüttenzechen beeinflußten die Organisation des R. W. K. S., d. h. der reinen Zechen, schon bevor sie dem Syndikat angehörten. 1893 sah das R. W. K. S. von ihrer Einbeziehung ab in der Erwägung, daß ihre geringe Marktproduktion die Syndikatspolitik weniger störe als die Vorrechte, die man ihnen hätte gewähren müssen [1]). Aber schon 1894 und 1898 machten sich Preis- und Verkaufsvereinbarungen notwendig, die dem Syndikat die Preise und die Reibungslosigkeit der Vertriebspolitik sicherstellten, ohne die Position der Hüttenzechen zu beengen. Deren starke Expansion durch Erwerb der letzten reinen Außenseiter [2]), Aufschluß unverritzter Berechtsame [3]) und schließlich Ankauf von Syndikatszechen [4]), machte eine neue endgültige Verein-

[1]) Vgl. Pilz a. a. O. S. 6 ff., Wiedenfeld R. W. K. S. S. 44 ff., Götzke a. a. O. S. 99 ff., Sammelwerk Bd. 11, S. 254 ff.

[2]) 1897: Phönix-Zeche Westende, Dormunder Union-Zeche von Hansemann.

[3]) Stumm: Minister Achenbach 1900; Georgsmarienhütte: Zeche Werne 1901; de Wendel; Maximilianshütte.

[4]) 1899: Hösch-Westfalia, Krupp-Hannibal, Differdingen-Dannenbaum, Schalke-Pluto, Fentscher Hütte-Crone; 1900: Rheinstahl-Centrum, Aumetz Friede-General, Bochumer Verein-Carolinenglück.

barung notwendig. Diese kam ab 1. 1. 1904 durch den Beitritt sämtlicher Hüttenzechen zustande.

Mit der Aufnahme im Syndikat waren derart heterogene Elemente in einer gemeinsamen Organisation vereint, daß Sonderrechte und daraus resultierende Gegensätze unvermeidlich waren. Den Hüttenzechen wurden — wie allen bisherigen Außenseitern — besonders hohe Beteiligungen zugestanden, weiter wurde ihr Werksverbrauch außerhalb jeder syndikatlichen Regelung belassen, d. h. frei von Vertriebsanrechnung, Kontingentierung, Spezifikation in Kohle, Koks und Briketts und frei von der Umlagebelastung. Jedes dieser Sonderrechte hat eine Bedeutung erlangt, die eine gesonderte Betrachtung notwendig macht.

Die Hüttenzechen waren 1904 für das Syndikat nur zu gewinnen unter Zubilligung einer Verkaufsbeteiligung, die ihnen neben ihrem freien Selbstverbrauch eine unbeschränkte Entwicklung sicherstellte. Das geht aus der nachstehenden Zahlenreihe klar hervor; wir gehen dabei von den Beteiligungs-, Bemessungs- und Verbrauchsziffern aus und erhalten bei einer Bemessungszahl für 1904 von 22¼ Proz. und bei Annahme eines Zechenselbstverbrauchs von 7—8 Proz.:

	Syndikat	Hüttenzechen allein
Verkaufsbeteiligung	73,1	8,4 Mill. t
Verkaufsanrecht[5])	56,8	6,5 „ t
Förderung 1904	67,3	13,1 „ t
Theoretischer Hüttenverbrauch[6])	—	5,6 „ t

Auf die kontingentierte Gesamtbeteiligung bezogen, blieben also etwa 10 Proz. des Gesamtbedarfes und etwa 40 Proz. der Leistungsfähigkeit der Hüttenzechen von der syndikatlichen Regelung frei. Dieses Verhältnis verschob sich ständig zugunsten der Hüttenzechen, d. h. die syndikatsfreie Produktion wuchs nicht unbeträchtlich über die 10 Proz. hinaus, solange es nicht gelungen war, den Kreis der verbrauchsberechtigten Betriebe

[5]) Verkaufsanrecht = Verkaufsbeteiligung : Bemessungszahl.

[6]) Theoretischer Hüttenverbrauch = Förderung: Zechenverbrauch und Verkaufsanrecht.

absolut zu bestimmen, und solange die Hüttenzechen sich stark ausdehnten.

Es entsprach an sich der 1893 allgemein und von den Hüttenzechen auch weiter vertretenen Auffassung, daß das Syndikat sich auf die Regelung der Marktverhältnisse beschränken und jedes Eingriffes in die Individualsphäre enthalten müsse, und daß der Verbrauch der Hütten und der im Eigentum der Mitglieder stehenden Werke deshalb freizulassen seien. Um der dem Syndikatsbestand drohenden Gefahr vorzubeugen, wurde 1904 bestimmt, daß nur die Werke verbrauchsberechtigt sein sollten, die einer bei Abschluß der Vertrages anerkannten Hüttenzeche angehörten [7]). Als Deutsch-Lux. [8]) 1904/05 für neu erworbene Zechen und Hütten das Selbstverbrauchsrecht geltend machte und dieser Anspruch vom Syndikat als dem Wortlaut des Vertrages und dem Kontrahierungswillen der Mitglieder zuwider abschlägig beschieden wurde, entschied das Reichsgericht [9]) in beiden Fällen zugunsten von Deutsch-Lux. Es argumentierte: ein Vertrag von so hoher wirtschaftlicher Bedeutung wie der des R. W. K. S. müsse dem Vertragswillen klar Ausdruck geben, und der Richter habe sich bei der Urteilsfällung an den Buchstaben der Vereinbarung zu halten. Diese Entscheidung bedeutete eine Gefährdung des Syndikatsbestandes, denn damit war den Hüttenzechen das Selbstverbrauchsrecht fast uneingeschränkt zugestanden, im Ausmaß lediglich begrenzt durch die Zahl der angliederungsfähigen Werke und die Expansionsmöglichkeiten der eigenen Anlagen. Reine Hütten konnten als Abnehmer, reine Zechen als Lieferanten erworben und syndikatsfrei betrieben werden, soweit es im Rahmen des Selbstverbrauches irgend möglich war. Die Fusionen, deren bedeutendste die von Phönix-Nordstern 1907 war, schmälerten fortan den Einfluß und die Absatzmöglichkeiten der reinen Zechen. Verbraucher, die vordem auf Grund der Ver-

---

[7]) Siehe Syndikatsvertrag R. W. K. S. 1903, § 1, Ziff. 2.

[8]) Zeche Friedlicher Nachbar 1904, Friedrich Wilhelmshütte 1905; vgl. Ledermann, „Stinnes", S. 62 ff.

[9]) Entscheidungen des Reichsgerichts in Zivilsachen. — Siehe Denkschrift über das Kartellwesen Bd. III, Anlage 15/16, S. 256 ff.

kaufsbeteiligung vom Syndikat beliefert worden waren, wurden von den gemischten Werken im Selbstverbrauch versorgt, d. h. aber, die Beteiligung der übrigen Mitglieder wurde verwässert oder ihre Anpassung an den gesteigerten Bedarf zugunsten der Hüttenzechen künstlich hinausgeschoben. Die Vorteile der Hüttenzechen, die auch die nachstehende Übersicht veranschaulicht, waren in jeder Konjunkturlage gegeben.

Produktionsanteil (in 1000 t)

Jahr	in Kohle					in Koks[10]				
	Synd. Prod.	reine Zechen		Hüttenzechen		Synd.-Prod.	reine Zechen		Hüttenzechen	
	t	t	Proz.	t	Proz.	t	t	Proz.	t	Proz.
1904	67 496	54 381	80,6	13 115	19,4	10 932	8 263	75,6	2669	24,4
1905	65 593	51 433	78,4	14 160	21,6	11 618	8 642	74,4	2976	25,6
1906	76 948	60 167	78,2	16 781	21,8	14 949	10 884	72,8	4065	27,2
1907	80 126	60 818	75,9	19 308	24,1	16 462	12 092	73,5	4370	26,5
1908	81 996	60 555	73,9	21 441	26,1	15 359	10 509	68,4	4850	31,6
1909	80 916	57 340	70,9	23 576	29,1	14 728	9 271	62,9	5457	37,1
1910	83 821	59 087	70,5	24 734	29,5	16 236	9 811	60,4	6425	39,6
1911	87 082	60 176	69,1	26 906	30,9	17 083	9 813	57,4	7270	42,6
1912	94 286	65 531	69.5	28 755	30,5	19 833	11 559	58,3	8274	41,7
1913	101 652	71 610	70,4	30 042	29,6	21 166	12 317	58,2	8849	41,8

In der Baisse beanspruchten sie vom Syndikat die volle anteilmäßige Abnahme auf ihre Verkaufsbeteiligung, wogegen sie in der Hausse zunächst ihre Werke belieferten und mit ihren Verpflichtungen gegenüber dem Syndikat unter Zahlung der Minderlieferungsumlage oder unter Berufung auf Arbeiter- und Wagenmangel als höhere Gewalt im Rückstand blieben. Umgekehrt mußten die reinen Zechen in der Hausse unter Einsetzung ihrer vollen Leistungsfähigkeit in die Bresche springen, ihre Anlagen also leistungsfähig erhalten, wurden dagegen in der Depression gezwungen, relativ stärker einzuschränken und damit die Grundlage ihrer Nebenproduktenindustrie zu gefährden, da

[10]) Bis 1912 nach Glückauf 1913, S. 867, für 1913 lt. „Die Bergwerke und Salinen im niederrheinisch-westfälischen Steinkohlenbezirk 1913/24". Der Koksanteil ohne die Hüttenkokereien der Hüttenzechen und ohne die Kokerei von Gelsenkirchener Bergwerks-A.-G. außer Pluto.

ihnen ein Ausgleich durch ein Verbrauchsrecht fehlte. So sank bei gleichzeitig steigender Syndikatsproduktion ihre Produktion von 1907 auf 1908 von 60,8 Mill. Tonnen auf 60,5 Mill. Tonnen Kohle, ihr relativer Anteil von 1904 bis 1909 von 80,6 Proz. auf 70,9 Proz., um dann bis 1913 konstant zu bleiben.

Eine Revision der obenerwähnten vertraglichen Bestimmung war für die reinen Zechen und das Syndikat unumgänglich. Sie kam 1909 dahin zustande, daß für den Selbstverbrauch ein auf dem Verbrauch von 1907 — dem Hochkonjunkturjahr — aufgebautes absolutes Kontingent eingeführt wurde. Gleichzeitig wurde der Selbstverbrauchsbegriff dahin neu festgelegt, daß als verbrauchsberechtigt Werke galten, die sich im Eigentum der Zechen befanden oder an denen diese mit 99 Proz. bei inländischen, mit 75 Proz. bei ausländischen Unternehmungen beteiligt waren. Praktisch hatte sich — wie vorstehende Produktionstabelle besonders für Koks erkennen läßt — nichts geändert, da sich das Kontingent auf einer Grundlage aufbaute, in die es nur in außerordentlichen Perioden hineinwachsen konnte, d. h. es war der Konzentration noch ein weiter Spielraum belassen. Die Förderung der Hüttenzechen blieb 1909 hinter der Gesamtbeteiligung um 7½ Mill. Tonnen zurück, überschritt aber das Kontingent bei einer Verkaufsbeteiligung von 14,2 Mill. Tonnen und einer Bemessung von 20 Proz. nur um 6,6 Mill. Tonnen[11]), so daß für die Expansion noch 11,4 Mill. Tonnen (14,2 Mill. × 80 Proz.) minus 6,6 Mill. Tonnen = 4,8 Mill. Tonnen zur Verfügung standen. Es ist daher erklärlich, daß die Jahre bis zur Umgründung des Stahlwerksverbandes gekennzeichnet waren von einer Expansion der Hüttenanlagen und bis zur Erneuerung des R. W. K. S. von einer ganz allgemeinen Konzentrationsbewegung[12]), und daß man im Stahlwerksverband bestrebt war, sich die B-Produkte als freien Bereich der Produktionsausdehnung zum Nachteil der reinen Walzwerke und damit auch der reinen Zechen offen zu halten. So ist der Ausdehnungsdrang nicht allein als ein Rüsten

[11]) Jüngst, Entwicklungstendenzen, S. 29 und Glückauf, 1913, S. 868.

[12]) Siehe oben Erster Abschnitt IV.

für die Vertragserneuerung zu betrachten, sondern auch als Nachwirkung der Beteiligungsregelung der Hüttenzechen, denen es darauf ankam, ihr Kontingent, das lastenfrei gefördert werden konnte und das damit unmittelbar den Finanzstatus entlastete, voll in Anspruch zu nehmen. Ergänzt wurde die Expansion durch den Ankauf außersyndikalischer Zechen in der Absicht, sich für den Fall der Syndikatsauflösung eine breitere Basis zu schaffen, und den Erwerb von Außenseiterzechen seitens der Großverbraucher, die sich die Vorteile einer gemischten Zeche zu sichern suchten [13]).

Das Selbstverbrauchsrecht als solches blieb bei der Erneuerung 1916/17 unangetastet. Die Forderung der reinen Zechen, es für die Vertragsdauer absolut festzulegen, d. h. sämtliche Neuerwerbungen und Neuaufschlüsse der Hüttenzechen auf Verkaufsbeteiligung zu verrechnen, scheiterte. Eine derartige Regelung hätte einen Eingriff in vitale Belange der Hüttenzechen mit sich gebracht, denn sie hätte technisch — im Interesse rationeller Produktions- und Energiewirtschaft — gebotene Angliederungen hintangehalten bzw. die Förderung aus unwirtschaftlichen Anlagen begünstigt. Die Hüttenzechen wollten sich hier ebensowenig binden lassen wie etwa im R. E. V., wo sie lediglich ihren Verkauf in die Organisation stellten, oder wie 1914/15 durch die Eich-Müllerschen Vorschläge betreffs der B-Syndizierung und der Rohstahlbindung durch Kontingentierung oder Leistungs- und Bauquoten [14]). Die Entwicklung, die zum gemischten Betrieb immer größeren Ausmaßes tendierte und vom Energievorrat her statt des Halbzeugverkaufes den Vertrieb von B-Produkten erwirkt hatte, konnte durch derartige Forderungen nicht aufgehalten werden; die Erneuerung des Syndikates wurde lediglich gefährdet. Andererseits konnten die Hüttenzechen weder eine Lockerung des Selbstverbrauchsrechtes noch die Einführung gemischter Verkaufsvereine durchsetzen; an letzteren waren besonders auch die kleinen reinen Zechen interessiert, die nur so

[13]) Siehe oben Erster Abschnitt III.
[14]) Siehe unten Zweiter Abschnitt II.

die Stellung eines gemischten Werkes erreichen konnten. Die reinen Zechen befürchteten mit Recht, daß die Bildung solcher Vertriebsgemeinschaften ihren Einfluß noch weiter verringern würde. Andererseits hatte die Argumentation der Hüttenzechen etwas für sich, daß durch die Zulassung dieser Art Organisationen eine rationelle Verwertung der Brennstoffe gewährleistet und gleichzeitig einer unwirtschaftlichen Konzentration vorgebeugt werde.

Lediglich in der Grundlage des Selbstverbrauchsbegriffes fand eine Änderung statt durch Herabsetzung der Prozentzahlen, die eine Majoritätsbeteiligung im Sinne des Selbstverbrauches begründeten [15]). Diese Art Ausweitung blieb auch in der künftigen Entwicklung ein Hauptmittel der Ausdehnung der Hüttenzechen.

Schließlich traten in den Kreis der verbrauchsberechtigten Mitglieder eine Reihe neuer Unternehmungen ein, wobei das Sonderrecht des Fiskus und die Aufnahme von Großverbrauchern Wendepunkte bedeuten, denn damit hörte das Verbrauchsrecht auf, ein Privileg der großen Hüttenwerke zu sein. Die Anilingruppe und auch der Norddeutsche Lloyd waren nur gewillt, ihre Außenseiterposition aufzugeben, wenn ihnen für ihren Konsum die Selbstverbrauchsberechtigung zugestanden wurde. An technischen Gesichtspunkten konnten diese Firmen zur Begründung höchstens die Notwendigkeit einer Qualitätssicherung vorbringen. Unabhängigkeit von der Vertriebs- und Preispolitik des R. W. K. S., d. h. wirtschaftspolitische Momente, waren für sie die wesentlichen Motive.

Die Entwicklung im und nach dem Krieg beeinflußte die Gestaltung des Verbrauchsrechtes sehr stark. Um die Brennstoffversorgung sicherzustellen, sah sich der Reichskohlenkommissar bereits 1917 zu Eingriffen in das Kontingent der Hüttenzechen veranlaßt, und die Notwendigkeit derartiger Repartierungen verstärkte sich unter dem Druck der Reparationsanforderungen, da besonders für die Hüttenindustrie geeignete Sorten begehrt

---

[15]) Vgl. Syndikatsvertrag 1916.

wurden[16]). Der Verlust der Minette- und Saarwerke machte zwar gewisse Teile der für diese Hütten eingeräumten Kontingente frei, und weitere Mengen konnten da gewonnen werden, wo ein Übergang zur Braunkohlenverwertung eingesetzt hatte. Dennoch waren diese Mengen minimal, da der Krieg eine starke Ausweitung der Produktionsstätten mit sich gebracht hatte und die Südwestwerke zu Neuerwerbungen von Großverbrauchern übergingen. Die Verknappung des Brenn- und Rohstoffes, der Wunsch nach Sicherung der Qualität und Quantität führte zum Erwerb von reinen Zechen. Die Idee des vertikalen Aufbaus setzte sich bis etwa 1921 völlig durch. Der Vertrag von 1922 mußte daher den Verbrauchsbegriff neu gestalten. Der Selbstverbrauch, bis dahin noch ein Sonderrecht beim Vertragsschluß konzessionierter Werke, wurde generell eingeführt und damit jedes Vorzuges entkleidet. Bis zu 25 Proz. der Verkaufsbeteiligung war jedem Mitglied, das den vertraglichen Voraussetzungen genügte, ein Verbrauchsrecht einzuräumen.

In dieser Bestimmung kam vielleicht am deutlichsten die Tendenz zum Ausdruck, das Syndikat auszuschalten, um durch direkte Abnehmerbeziehungen den höchsten wirtschaftlichen Effekt zu erzielen[17]). Der Versuch, kartellfrei zu wirtschaften, scheiterte an dem Veto des Reichswirtschaftsministers gegen eine Bestimmung, die als verbrauchsberechtigt 15jährige Lieferverträge über 30 000 t pro Jahr anzuerkennen suchte. Im übrigen aber wurden die Voraussetzungen der Gewährung des Verbrauchsrechtes weitgehend gelockert. Der Entwicklung entsprechend wurden dem Eigentum langfristige Interessen- und Betriebsgemeinschaften gleichgestellt, die einer Eigentumsübertragung gleichkamen, gemeinsame Betriebspläne und eventuell auch Gewinnpoolung vorsahen. Als Majoritätsbeteiligung im Sinne der Berechtigung wurden angesehen: Beteiligung der Zeche am Verbraucher mit 81 Proz. und ausnahmsweise 50 Proz.

[16]) Die Ruhr lieferte vom September 1919 bis Dezember 1923 31,7 Millionen Tonnen Steinkohle und Briketts, das Reich 35,8 Millionen Tonnen; an Koks betragen die Zahlen 16,7 Millionen Tonnen bzw. 18,7.

[17]) Herbig in Glückauf 1922, S. 521.

im Inland, 50 Proz. generell im Ausland, Beteiligung des Verbrauchers an der Zeche mit generell 81 Proz. Letztere Bestimmung war eine Auswirkung der Tendenz zur Rohstoffsicherung. Die Senkung des Satzes auf 50 Proz. suchte den Kriegsfolgen Rechnung zu tragen, um den zerstörten Unternehmungsorganisationen den organischen Wiederaufbau zu erleichtern und es zu ermöglichen, ihre notgedrungen verkauften Werke — soweit sie an ihnen noch mit einer knappen Majorität beteiligt waren — auch weiter im Verbrauch zu bedienen. 1922 kam auch, dank des geminderten Interesses der reinen Zechen, der 1916 abgelehnte Antrag der Zulassung gemischter Verkaufsvereine zur Annahme, womit das Syndikat weniger die Verbrauchsmengen an sich vermehrte, als ihre rationelle Deckung gewährleistete. In der Frage der Verbrauchsberechtigung war so die letzte Kontroverse den reinen Zechen gegenüber beseitigt.

Die den ruhigeren wirtschaftlichen Ablauf hemmenden Erscheinungen 1923 bestärkten die Auflösungstendenzen im Syndikat. Der vorübergehende Eingriff der Micum [18]) in die Verbrauchsversorgung der außerhalb der Ruhr belegenen Werke durch die Bestimmung, daß diese auf die Mengen von 1923 beschränkt bleiben müßte — eine vom Interesse der französischen Eisenindustrie diktierte Forderung —, blieb auf die dauernde Gestaltung ohne Einfluß, zumal 1924 der Umschwung in der Konjunktur einsetzte und zahlreiche Betriebe an sich nicht arbeiten konnten oder erst allmählich wieder in Betrieb kamen.

Das Verbrauchsrecht erfuhr 1924 nochmals eine starke Ausdehnung. Die Beteiligungssätze wurden von 81 Proz. bzw. 50 Proz. auf 50 Proz. bzw. 35 Proz. gesenkt. Bei 35 Proz. Beteiligung sollte die Berechtigung nur eingeräumt werden bei Vorliegen volks- oder privatwirtschaftlich vertretbarer Beziehungen. Diese Fassung trug der betriebsorganisatorischen Entwicklung während der Ruhrbesetzung Rechnung, die zahlreiche Unternehmungen veranlaßt hatte, ihre besetzten Werke rechtlich zu verselbständigen, und gleichzeitig sollte die Bestimmung den kleineren

[18]) Micum-Abkommen vom 23. 11. 1923, Art. XVI.

Zechen die Erlangung der Verkaufsberechtigung ermöglichen. Sie sollte aber weiter auch die Aufnahme von Krediten [19]) gegen Hingabe von Beteiligungen sicherstellen, um die Wiederingangsetzung der Wirtschaft zu fördern. Tauschverträge von Kohle, Koks einerseits — Erz, Roheisen, Halbzeug andererseits — wurden als verbrauchsberechtigt anerkannt und erleichterten die Anknüpfung der alten Beziehungen zwischen Ruhr- und Minettegebiet.

An der Regelung für die gemischten Verkaufsvereine wurde im Prinzip nichts geändert, der Begriff aber sehr weitgehend ausgelegt und in einer Art angewendet, die weder in der ursprünglichen Absicht der Syndikatsmitglieder noch des Kartelles selbst lag. Der Anilin-Konzern — verbrauchsberechtigt für seine Zeche Auguste Viktoria — hatte für seine Minoritätsbeteiligung an Rheinstahl ein Verbrauchsrecht erhalten, obwohl vertraglich eine Beteiligung von 81 Proz. erforderlich gewesen wäre. Das Syndikat war seit seinem Bestehen nicht so machtlos gewesen wie um diese Zeit, es repräsentierte im Effekt nicht mehr als ein statistisches Bureau.

Der zweite Ruhrkohlenvertrag vom 16. 9. 1924 brachte in der Hüttenzechenfrage nur eine unwesentliche Änderung. Gegen die vorerwähnte Ausweitung des Begriffes der gemischten Verkaufsvereine wurde eine Klausel eingefügt, die den Verkaufsanspruch der einzelnen Mitglieder im Rahmen des Vereins auf die dem einzelnen Mitglied gewährten Mengen begrenzte.

Während beider Verträge hatte sich — der Erleichterung der Bestimmungen entsprechend — der Kreis der verbrauchsberechtigten Zechen wesentlich erweitert [20]). Hatten die Verträge von 1924 — bis zu einem gewissen Grad notgedrungen — die Bestimmungen betreffs der Verbrauchsberechtigung stark gelockert, so brachte die Umorganisation Anfang 1925 eine grundsätzliche Revision der Hüttenzechenfrage. Die Unterscheidung zwischen Zechen als aktiven oder passiven Gliedern der Gemeinschaft ist fast völlig fortgefallen und ist auch kaum berechtigt.

[19]) Wiedenfeld in D. K. Z. v. 24. 12. 1923.

[20]) Siehe oben Erster Abschnitt IV.

Denn es bleibt für den wirtschaftlichen Effekt gleich, ob ein begrenztes Verbrauchsrecht, d. h. eine Versorgung außerhalb des Syndikatsvertriebes, einem Werk zugestanden wird, das von einer Zeche oder von dem diese ihrerseits abhängig ist. Wenn man — bei Festsetzung der das Recht begründenden Beteiligung auf 51 Proz. — den Unterschied statuiert, daß bei Vorliegen von Miteigentum oder Sammelbeteiligung das Verbrauchsrecht Verbraucherwerken als Kopfgesellschaften nur zusteht bei gleichzeitigem Vorliegen einer alle Beteiligten umfassenden eigentumsähnlichen Interessengemeinschaft, so ändert das praktisch nichts. Denn wo 51 Proz. Beteiligung gegeben sind, wird stets ein Gemeinschaftsvertrag möglich sein, wenn es sich um eine dauernde Beteiligung handelt. Und daß Zufallsmajoritäten, die heute so, morgen anders sich bilden, das Verbrauchsrecht verweigert wird, ist nur selbstverständlich, will man den Begriff des Selbstverbrauches nicht ad absurdum führen.

Da 1925 Erz wieder in genügendem Umfang zu haben war und auch an sich freie Verträge zwischen Koksverbrauchern des Minettereviers und der Ruhr zustande kamen, konnte die Koks-Erztauschklausel beseitigt werden, zumal statt des Effektivtausches ein dem Termingeschäft im Börsenhandel etwa entsprechender einfacher Differenzhandel ohne Lieferung, ein offenbarer Mißstand, eingetreten war.

Eine Analyse der Beteiligungsliste [21]) läßt uns wesentliche Verschiebungen in den Verkaufsanrechten der einzelnen Mitglieder seit 1922 bzw. 1924 erkennen, wobei die Veränderungen sich im wesentlichen aus den zahlreichen Verschiebungen innerhalb der Konzerne erklären. Bedeutsamer als diese für das einzelne Mitglied wichtigen Tatsachen bleibt die Entwicklung der übrigen strittigen Punkte der Hüttenzechenfrage.

b) Koksgarantie und Verbrauchsbemessung

Im engsten Zusammenhang miteinander stehen die Fragen der Einschränkung des Verbrauchskontingentes und der Garantie

[21]) Vgl. die jährliche Beteiligungsstatistik des R. W. K. S., insbesondere die Beteiligungsliste der Verträge 1922 und 1924.

des Kohlenabsatzes. Der Grundgedanke, den hier die Hüttenzechen vertraten, wurde primär von technischen Gesichtspunkten bestimmt. Die vorerwähnten Momente eines kontinuierlichen Betriebes, der Qualitäts- und Quantitätssicherung, die Einrichtung automatischer Hochofenbegichtung direkt von der Kokerei aus u. a. m., veranlaßten die gemischten Werke, auf der uneingeschränkten Berechtigung, ihr Kontingent nach freier Wahl in Koks zu verwerten, zu bestehen. Mit der Lieferung fremden Kokses konnte ihnen nicht gedient sein, und noch weniger konnten sie ihre Hütten auf einer variablen, d. h. nach der allgemeinen Absatzlage einschränkbaren Verbrauchsbasis aufbauen. Waren sie der Minetteindustrie gegenüber schon dadurch benachteiligt, daß sie zur Erblasung einer Tonne Roheisen drei Tonnen Minette zur Ruhr, Lothringen aber nur eine Tonne Koks heranziehen mußte, so war die uneingeschränkte Verbrauchsbeteiligung eine Frage der Rentabilität der gemischten Ruhrhütten überhaupt. Der Gesichtspunkt allerdings, daß die Kokereigase zum Betrieb der Hütte notwendig seien, war mit zunehmender Verwertung der Gichtgase immer mehr hinfällig geworden. Die Koksabgase konnten vielmehr zur Grundlage einer Gas- und damit indirekt auch Elektrizitätsgroßversorgung gemacht werden, zumal sie ziemlich konstant anfielen und damit ein wesentliches Erfordernis jeder Licht- und Kraftversorgung erfüllt war.

Genau umgekehrt lagen zu deren Nachteil die Verhältnisse bei den reinen Zechen. Die scharfen Bemessungszahlen für die Koksproduktion gestalteten die Koksbasis stark variabel und machten sie ungeeignet, als Grundlage einer Großversorgung zu dienen. Ihre Nebenproduktenindustrie, die für sie die Hauptgewinnquelle darstellte und von vitalem Interesse war, wurde ihnen in vielfacher Hinsicht untergraben. Der Übergang der reinen Hütten an Zechen verengte den Koksmarkt, im Revier selbst war kaum noch ein Koksabsatz an Hütten möglich, das Minettegebiet wurde mehr und mehr ein Selbstverbrauchsgebiet der Ruhrhütten, die wenigen unabhängigen Großabnehmer, Burbach-Eich-Düdelingen und Siegerland, hatten die Außenseiter und der Fiskus sich zu sichern verstanden.

Die reinen Zechen verlangten deshalb Einschränkung des Hüttenzechenkontingentes oder Verpflichtung der Hüttenzechen zum Zukauf von Koks statt Kokskohle und zwecks Bemessung Aufteilung des Verbrauchskontingentes in Sonderabteilungen für Kohle, Koks und Briketts. Obige Produktionszahlen veranschaulichen charakteristisch die prekäre Lage der reinen Zechen gerade hinsichtlich der Koksproduktion [22]).

Wir erkennen, daß beiderseits wichtige Belange vertreten wurden, die einen Ausgleich kaum möglich erscheinen ließen, und es ist verständlich, daß mit dieser Frage 1914 die Verhandlungen abgebrochen wurden. Ein Verbot gegenüber den Hüttenzechen, Kokskohle vom Syndikat zuzukaufen, konnte nicht diskutiert werden, da dies eine Diskriminierung der Hüttenzechen gegenüber dem Markt, der Kokskohle nach Bedarf erhielt, bedeutete. So suchte man dem Problem vom Preise aus beizukommen. Der zweite Entwurf zum Syndikatsvertrag vom 11. 12. 1914 bestimmte bereits, daß der Richtpreis für Kokskohle mindestens 80 Proz. des Richtpreises für Hochofenkoks I. Klasse betragen müsse:

Datum	Kokskohle a	Großkoks I b	a = Proz. von b
1. 4. 1913	13,25	18,50	71,6
1. 4. 1914	12,25	17,—	72,1
1. 4 1915	13,—	15,50	83.9
1. 3. 1916	15,25	19.—	80,3

Das bedeutete gegen früher, wie die Preistafel erkennen läßt, eine nicht unbeträchtliche Preissteigerung für Kokskohle, d. h. aber, die Verkokung zugekaufter Kokskohle erschien weniger rentabel, so daß man, da die Qualität der gelieferten Kokskohle an sich mehr schwankte als die des Kokses, eher geneigt war, vom Syndikat Koks statt Kohle zur Deckung des Mehrbedarfes zu kaufen. Damit war — wenn auch die Zukaufsmengen gering waren — den reinen Zechen der Verkokungsstatus, der bei Vertragsschluß vorhanden war, in etwa sichergestellt; die Möglichkeit zu verkoken, beschränkte sich für die Hüttenzechen künftig

[22]) Vgl. Tabelle S. 102.

auf das Verbrauchskontingent zuzüglich der Koksverkaufsbeteiligung und des rentabel erscheinenden Kokskohlenzukaufes. Um die Regelung auch dem Einfluß der reinen Zechen zu unterwerfen, wurde die Änderung der Bestimmung abhängig gemacht von der Zustimmung einer Zweidrittelmajorität aller Stimmen.

Die Koksfrage war provisorisch gelöst, trat aber nur dank der Kriegsverhältnisse in den Hintergrund. Der hohe Nebenproduktenbedarf veranlaßte eine starke Koksproduktion, und erst mit dem Umschwung 1918 machte sich eine durch die Errichtung neuer Batterien einerseits, den Rückgang des Koksbedarfes besonders der Siemens-Martinwerke andererseits ausgelöste, verschärfte Bemessung erforderlich. Sie erreichte 1919 mit 50 Proz. eine Höhe, die nur in den ersten Kriegsmonaten übertroffen wurde. Wiederum verschlechterte sich die Situation der reinen Zechen mit der steigenden Bemessung und dem Anwachsen der Zahl der Verbrauchsberechtigten, und zwar nicht nur relativ, sondern in einer scharfen Progression. Nehmen wir als Bemessungszahlen 45 Proz. und 55 Proz. an und gehen von der Voraussetzung aus, daß 75 Proz. der Verbrauchsbeteiligung in Koks in Anspruch genommen werden, dann erhalten wir bei:

einer Verbrauchsbeteiligung am 1. 5. 1922	= 23,8 Mill. t Kohle
	= 18,6 „ t Koks
und einer Koksverkaufsbeteiligung der gemischten Zechen	= 10,4 Mill. t Koks
Koksverkaufsbeteiligung der interessenverb. Zechen	= 5,7 „ t „
Koksverkaufsbeteiligung der reinen Zechen . . .	= 9,2 „ t „
Summe	= 25,3 „ t „

eine Produktionsberechtigung von (in Mill. Tonnen):

	d. gem. Werke u. d. Fiskus		d. interessen-verb. Werke		d. reinen Zechen		insgesamt	
	45%	55%	45%	55%	45%	55%	45%	55%
Ohne Absatzgarantie	19,67	18,63	3,14	2,57	5,06	4,14	27.87	25.34
mit Absatzgarantie	19,67	17,99	3,14	2,85	5,06	4,06	27,87	25,34
bei gleicher allgem. Bemessung	29%	35%	29%	35%	29%	35%	29%	35%

Da die Preisklausel ihre Wirkung infolge der Inflation versagte, band das Syndikat die gemischten Zechen durch die Koksgarantie [23]), deren Ausmaß vorstehende Berechnung etwa erkennen läßt. Die verbrauchsberechtigten Mitglieder sagten durch das Syndikat als Treuhänder den reinen Zechen eine Koksproduktion von 50 Proz. der Verkaufsbeteiligung durch die Verpflichtung gut, eine eventuell dadurch entstehende Überproduktion vom Syndikat zu übernehmen [24]), soweit dadurch die eigene Beschäftigung in Koks auf Verkaufs- und Verbrauchsbeteiligung zusammen nicht unter 50 Proz. sinkt. Die Garantie bedeutete gleichzeitig erstmalig eine Einschränkung des Verbrauchskontingentes, das — soweit es in Koks nur verringert beansprucht werden konnte — effektiv unausgenutzt blieb. Die Wirkung war allerdings dank der starken Position der gemischten Zechen gering, zumal ein Teil der Garantie ihnen in ihren interessenverbundenen Zechen wieder zugute kam. So beträgt der Vorteil der reinen Zechen in obigem Beispiel nur etwa 10 Proz. bei 55 Proz. Kontingentierung, d. h. einer Garantieübernahme von 5 Proz., und die Benachteiligung der gemischten Zechen allein nur 3 Proz., in Verbindung mit ihren Gemeinschaftszechen sogar nur etwa 2 Proz. Aber als Fortschritt prinzipieller Art war die Neuerung bedeutsam, da sie eine Bresche schlug in das Kernrecht der gemischten Zechen, die Unantastbarkeit des Verbrauches hinsichtlich der Einschränkung und seines sortenmäßigen Aufbaues.

Die Verträge von 1924 ließen es bei der Regelung und suchten eine rationelle Koksproduktion weiter dadurch zu gewährleisten, daß sie bestimmten: die Verbrauchsbeteiligung ist aus der Verkaufsbeteiligung so auszusondern, daß bei der Verteilung auf Kohle, Koks und Briketts nicht nur auf die Art des Selbstverbrauches Rücksicht genommen, sondern auch eine unwirtschaftliche Verkokung und Brikettierung vermieden wird [25]).

1925 erfolgte eine Neugestaltung der ganzen Koks- und Einschränkungsfrage. Die Absatzkrisis hatte 1924 bei einer Bemessung von 60 Proz. die Koksgarantie akut gemacht. Das

[23]) § 20 Syndikatsvertrag R. W. K. S. v. 22. 4. 1922.

[24]) Die Verpflichtung erlischt durch Abandon der Inanspruchnahme der Verbrauchsbeteiligung in Koks.

[25]) Vertrag der Ruhrkohle § 14.

lockere Syndikatsgefüge aber und der komplizierte Aufbau der Regelung erschwerten die Durchführung und konnten ein starkes Anwachsen besonders der Kokshalden nicht hintanhalten. Zudem bedrückte die Verpflichtung die gemischten Zechen sehr stark, da die Eisenindustrie schlecht beschäftigt und der Verbrauch damit auch von dieser Seite her stark gemindert war. Wollten die gemischten Zechen ihre Energiewirtschaft und die Betriebskontinuität, die von den Kosten her dringender als vordem gefordert wurde, nicht ernstlich in Frage stellen, so konnten sie nur geringe Mengen Koks übernehmen. Die Kokshalden waren von Juni 1924 bis April 1925 von 740 000 t = 42 Proz. der Monatsproduktion auf $2^1/_2$ Mill. Tonnen = 125 Proz. der Monatsproduktion gestiegen, ungerechnet die Syndikatslagerbestände.[26]) Die Koksgarantie erwies sich als unhaltbar; irgendein Äquivalent mußte an ihre Stelle treten. Die Forderungen der reinen zielten auf Beseitigung des letzten Vorrechtes der gemischten Zechen ab, der Einschränkungsfreiheit des Kontingentes für alle Mitglieder, die nicht Volleigentümer waren. Sie unterschieden so zwischen den Hüttenzechen im engeren Sinn, dem Begriff von 1904 entsprechend, und den auf Grund von Majoritätsbeteiligungen und Interessengemeinschaften verbrauchsberechtigten Werken. Auf die Unhaltbarkeit der Forderung aus technisch-wirtschaftlichen Gründen braucht hier nicht eingegangen zu werden, dagegen verdient die Differenzierung, die der Verbrauchsbegriff erfahren sollte, Beachtung. Es steht außer Zweifel, daß Volleigentum an sich ein besseres Recht hätte beanspruchen können. Aber vom wirtschaftlichen Standpunkt war dem doch unbedingt das gleichzustellen, was eigentumsähnlich war, d. h. der betriebstechnischen und verwaltungsorganisatorischen Verfügungsgewalt unterstand, um so mehr, als besondere Umstände die Erlangung des Volleigentumes unmöglich gemacht hatten oder unzweckmäßig erscheinen ließen. Es ließe sich höchstens darüber diskutieren, ob auch solche Werke das Verkaufsrecht erhalten sollten, die keine technischen und wirtschaftlichen Argumente dafür geltend machen konnten. Die

---

[26]) Glückauf 1925, S. 512.

Entwicklungstendenz geht zur Annäherung von Produktion und Konsumtion und das Verbrauchsrecht ist einzuräumen, solange diese Konzentration wirtschaftlich erscheint und das Syndikat dadurch nicht unzweckmäßig beeinträchtigt wird. Nachdem es jeder Zeche freistand, sich zum gemischten Unternehmen auszubauen und unwirtschaftliche Vereinigungen im Markt kaum lebensfähig waren, waren die vorstehend als notwendig erkannten Bedingungen im allgemeinen gewährleistet.

Ein erster Vorschlag eines Teils der Hüttenzechen billigte den reinen Zechen ein festes Verkaufskontingent dadurch zu, daß die reinen Zechen einer Bemessung nur mit 75 Proz. ihrer Beteiligung unterworfen sein sollten, wobei statistisch nachgewiesen wurde, daß die Hüttenzechen mit 70 Proz. ihrer Gesamtbeteiligung der Einschränkung unterlagen. Der Vorschlag scheiterte am Widerstand der reinen Zechen gegen den „Vorzug" von 5 Proz. und an dem einiger gemischter Zechen, die aus sachlichen Erwägungen gegen diese Art der Differenzierung waren. Es ergab sich auch bei einer Nachprüfung, daß die Hüttenzechen mit relativ geringer Verbrauchsbeteiligung in Nachteil den reinen Zechen gegenüber gerieten.

Der Vertrag statuierte eine mittelbare Einschränkung des Werksverbrauches dadurch, daß bei einer Bemessung der Verkaufsbeteiligungen die der verbrauchsberechtigten Mitglieder stärker eingeschränkt werden als die der verkaufsberechtigten [27]). Die Art der Regelung wie ihre Wirkung veranschaulicht am besten ein Beispiel:

Die Gesamtverkaufsbeteiligung beträgt (in Mill. Tonnen)		130,0
15 Proz. bestrittene Beteiligung		19,5
unbestrittene Verkaufsbeteiligung		110,5
davon reine und interessenverbundene Zechen	59,5	
verbrauchsbeteiligte Zechen	51,0	
Verbrauchsbeteiligung	27,3	

[27]) Syndikatsvertrag R. W. K. S. von 1925, § 26.

Laut § 26 sind von der jeweiligen Bemessungszahl 35 Proz. aus der Verbrauchsbeteiligung zu errechnen. d. h. bei zur Zeit 55 Proz. 19¼ Proz. = 5,25 Mill. Tonnen.

Die Bemessung der Verkaufsbeteiligung ergibt:

55 Proz. der verbrauchsberechtigten Verkaufsbetlg.	22,95		
minus obige	5,25	=	17,7
55 Proz. der reinen Verkaufsbeteiligung			26,8
Das Verkaufsrecht ohne Sondereinschränkung beträgt			49,75

Die Verteilung der Sondereinschränkung auf die beiden Teile ergibt 17,7 : 26,8 = 2,1 : 3,15, bzw. es beträgt:

der Anteil der verbrauchsberechtigten Zechen	19,8
der Anteil der verkaufsberechtigten Zechen	29,95
am Verkauf, zusammen:	49,75

Die Sondereinschränkung der gemischten Zechen beträgt also 3,15 Mill. Tonnen, d. h. 11 Proz. der Verbrauchsbeteiligung und 4 Proz. der Gesamtbeteiligung der gemischten Zechen. Die Sonderbegünstigung der reinen Zechen beläuft sich auf etwa 6 Proz. ihrer Beteiligung. Bei steigender Bemessung verschiebt sich der Anteil zugunsten der reinen Zechen. Da nun aber die gemischten Zechen mit 47 Proz. aller verkaufsberechtigten Zechen interessenverbunden sind, ergibt sich, daß sich das Verhältnis für die Konzerne ungleich günstiger darstellt. Ihre Benachteiligung beträgt nur 1,65 Mill. Tonnen. Diese geringe Auswirkung der Klausel ist aber eine Erscheinung, der dank der Verflechtung beider Zechengruppen jede Maßnahme ausgesetzt ist, und die es auch erklärlich macht, daß überhaupt eine Einschränkung zustande gekommen ist. Von ihr werden natürlich die Zechen oder Konzerne am stärksten betroffen, die mit hohen Verbrauchsbeteiligungen arbeiten, ohne wesentliche Beziehungen zu reinen Zechen zu unterhalten.

Bei der Beurteilung der Einschränkungsfrage ist endlich noch zu beachten, daß wie allgemein auch die Verbrauchsbeteiligung als verwässert zu betrachten ist. Bei einer Verbrauchsbeteiligung von etwa 27 Mill. Tonnen betrug der Werksverbrauch 1925 etwa 21 Mill. Tonnen. Da er seinen Geltungsbereich infolge der Vertragsveränderung wandelte, und so von 2 Mill. Tonnen im März auf 1,7 Mill. Tonnen im April 1925 sank, beträgt die effektive Beanspruchung nur etwa 20 Mill. Tonnen. Nehmen wir als Folge der Krise einen Minderverbrauch von etwa 15 Proz. an, so würde er normal 23 Mill. Tonnen betragen und mit 15—20 Proz. als verwässert zu betrachten sein. Dadurch wird die Wirkung der Sondereinschränkung etwas verstärkt.

Von einem Vorrecht der Hüttenzechen kann in diesem Punkt nicht mehr gesprochen werden, aber die Frage scheint noch nicht endgültig bereinigt. Es hat den Anschein, als ob die gemischten Zechen ihr Stimmgewicht dafür einsetzen, eine Revision der Bestimmung zu erreichen. Die Anträge zur Anwendung des § 26 Ziffer 3 erscheinen auf der Tagesordnung fast jeder Zechenbesitzerversammlung. Es handelt sich bisher noch um „Einsprüche gegen die Handhabung", also offenbar um die Art der Berechnung der Sondereinschränkung. Diese ist zweifelsohne kompliziert und kann Differenzen auslösen. Aber es scheint doch vor allem auch ein Keim einer Revisionsmöglichkeit etwa im Sinne einer völligen Gleichstellung gegeben, nachdem die unabhängigen reinen Werke in der verschwindenden Minderheit gegenüber den gemischten Konzernen sind [28]).

c) Umlageregelung

So fiel 1925 praktisch die letzte Schranke des Gegensatzes zwischen den reinen und Hüttenzechen, da die Umlagefrage im wesentlichen schon vorher bereinigt worden war. Waren die Hüttenzechen überhaupt wirtschaftlich berechtigt, Umlagefreiheit

[28]) Lt. D. B. Z. v. 15. 1. 1926 wurde in der Zechenbesitzerversammlung vom 14. 1. die Möglichkeit eines Vergleiches zwischen den Standpunkten der gemischten und reinen Zechen gefunden. Die T. O. vom 30. 1. befaßte sich dann erneut mit der Angelegenheit und brachte einen Vergleich, dessen Inhalt mir allerdings noch nicht bekannt ist. Während die Arbeit noch im Druck ist, ist die 1925 eingeführte Sonderklausel für die Errechnung der Bemessung 1927 wieder sistiert und der frühere Zustand zunächst wieder hergestellt worden.

zu fordern? Die Umlage stellt den Anteil der Mitglieder an den Kosten ihrer Organisation dar, der sich nach dem Nutzen, den die einzelnen Zechengruppen vom Syndikat haben, richten sollte. Die Hauptaufgabe des R. W. K. S. ist der Verkauf der auf die Beteiligung zur Verfügung gestellten Mengen. Es ist unzweifelhaft berechtigt, mit den Verkaufskosten die Vertriebsmengen und nur diese zu belasten. Die Zugehörigkeit zum Syndikat bedeutet aber noch mehr. Sie entlastet alle Zechen von der Verkaufstätigkeit und macht die Unternehmer frei, sich der innerbetrieblichen Organisation zu widmen. Das kommt im erhöhten Maße den gemischten Zechen zugute, denn mit der Expansion der Unternehmungen und ihrem Übergreifen auf andere Produktionsgebiete wachsen die technischen und betriebsorganisatorischen Aufgaben. Das Syndikat sichert weiter die Verkaufspreise, die den Absatzmengen direkt, den Verbrauchsmengen durch die Garantie einer Differentialrente gegenüber den reinen Hütten mittelbar zugute kommen. Weiter wird den Hüttenzechen durch die Organisation ein höherer Anteil am unbestrittenen Absatz garantiert, da die Verbrauchsmengen die Hauptlieferungen im unbestrittenen Gebiet absorbieren und die reinen Zechen zur Ausweitung des bestrittenen Absatzes bei verringertem Erlös anhalten. Es ist zudem unbillig, daß die reinen Zechen wesentlich die Kosten allein tragen, die z. B. 1907 der Import englischer Kohle dem R. W. K. S. verursachte, obwohl diese Einfuhr durch Minderlieferung der gemischten Zechen, die ihr Verbrauchskontingent bedienten, entstanden war. Auch die Kosten, die der Konkurrenzkampf gegen die Außenseiter verursachte, kamen den gemischten Zechen zugute, da diese modernen, leistungsfähigen Anlagen als Lieferanten großer Hüttenwerke sehr wohl in Wettbewerb zu den Hüttenzechen treten konnten. Schließlich ist es völlig absurd, daß die reinen Zechen die Kosten für die Exportvergütungen an die Verarbeitungsindustrie aufbrachten [29]), die sowohl den Bedarf der Hüttenkunden ganz allgemein steigerten, als auch Verarbeitungsstätten der Hütten selbst Nutznießer der Exportprämien waren.

[29]) Wiedenfeld R. W. K. S. S. 61 ff.

Der Charakter eines Vertriebskostengegenwertes war der Umlage mehr und mehr verlorengegangen, und wenn wir die Ersparnisse betrachten, die die Hüttenzechen aus der Nichtzahlung von Umlage machten, so erscheint es nur berechtigt, daß die reinen Zechen auf einer grundlegenden Revision der Regelung bestanden. Nicht weniger als 90 Millionen Mark konnten die Hüttenzechen von 1904 bis 1913 an Umlage einsparen, 1911 und 1912 allein je 14 Millionen Mark, und die Mehrbelastung der reinen Zechen je Tonne Förderung war von 28 Pfennig im Jahre 1904 auf 57 Pfennig 1911, 49 Pfennig 1912 gestiegen[30]). Am drückendsten wurde die Umlage 1912 empfunden, wo sie bei einer Hochkonjunktur der Eisenindustrie eine starke Entlastung hätte bringen sollen, aber infolge der Außenseiterschwierigkeiten 12 Proz. betrug.

Die Regelung der Umlagefrage bereitete von allen Fragen des Gegensatzes zwischen reinen und Hüttenzechen die geringsten Schwierigkeiten, da die Belastung als Spese weder technische noch wirtschaftliche Organisationsprobleme berührte, sondern lediglich für die Kalkulation bedeutsam war. Für die reinen Zechen kam es, gerade unter dem Gesichtspunkt der Kalkulation gesehen, wie in der Preisfrage auf eine Stabilisierung der bis dahin stark schwankenden Umlage an, um den Kostenvorsprung der Hüttenzechen etwa berücksichtigen zu können. Die Umlageentwicklung ist aus nachstehender Tabelle ersichtlich:

Jahr	Umlage im Jahresdurchschnitt für						Jahr
	Kohle Proz.	Koks Proz.	Briketts Proz.	Kohle Proz.	Koks Proz.	Briketts Proz.	
1901	3 1/4	—	—	8 1/2	8	5	1909
1902	6	—	—	9 1/2	7	6 1/2	1910
1903	6	—	—	12	7	11	1911
1904	6	6 1/2	4 1/2	9 3/4	6 3/4	9 3/4	1912
1905	7	9 1/2	3 1/2	7	3 1/2	6	1913
1906	6,375	8 1/2	4	7	7	5 3/4	1914
1907	7	4 3/4	4	5 3/4	4	3 1/6	1915
1908	7	6	3 3/4	—	—	—	1916 bis Jan. 1924[31])

[30]) Jüngst, Gutachten a. a. O.

[31]) Die Umlage wurde von 1916 an aufgehoben, da Vertriebsunkosten im wesentlichen durch den Preis gedeckt werden konnten.

Nach der Neuregelung:

Febr. bis Sept. 1924	M. —.50 generell;	Sept. 1925	M. —.53;
Okt. 1924 bis Mai 1925	M. 1.20—1.40;	Okt. bis Nov. 1925	M. —.73;
Juni 1925	M. —.60	Dez. 1925 bis Febr. 1926	M. —.70;
Juli bis Aug. 1925	M. —.36.		

Die Umlage wurde 1916 auf Grund der beiderseitigen Erwägungen neu geregelt. Als Kostengegenwert des Vertriebes und der Absatzorganisation wurde sie auf 3 Proz. des Rechnungswertes begrenzt; der Fehlbetrag war durch eine gleichmäßige Tonnenumlage auf alle Fördermengen außer dem Zechenselbstverbrauch aufzubringen. Der Vorteil, der sich für die reinen Zechen ergeben hätte, wenn die Entwicklung wie vor dem Krieg weitergegangen und nicht ab 1916 eine völlige Aufhebung der Umlageerhebung erfolgt wäre, wird verständlich bei folgender Gegenüberstellung. Es betrug die Umlage pro Tonne umlagepflichtiger Förderung im Jahre 1904 für die reinen Zechen M. —.55, für die Hüttenzechen M. —.27, im Jahre 1912 M. 1.03 für die reinen Zechen und M. —.54 für die Hüttenzechen, d. h. die Mehrbelastung der reinen Zechen betrug M. —.28 bzw. M. —.49. Nehmen wir an, daß die 1916 getroffene Neuregelung für die betreffenden Jahre gegolten hätte, so senkt sich die Differenz auf M. —.14 bzw. M. —.16[32]), d. h. die Belastung war auf einen relativ fixen, kalkulierbaren Betrag reduziert.

1922 wurde dann jede Differenzierung in der Umlage aufgehoben, eine Maßnahme, die zunächst nur theoretischen Wert hatte, da damals umzulegende Syndikatskosten nicht entstanden. Erst 1924/25 wurde die Umlagefrage noch einmal akut. Die vorstehend gegebenen Zahlen können mit den für die Zeit vor 1916 gültigen nicht verglichen werden, da sich die Errechnungsgrundlage der Umlage nochmals änderte. Bis September 1924 — Vertrag der ersten Ruhrkohle — wurden die Exportsubventionen von den Exporteuren selbst getragen, so daß sich die Umlage auf nur M. —.50 belief, d. h. am Fettförderkohlenpreis gemessen 2½ bis 3½ Proz. Mit der Umorganisation im Oktober stieg die Um-

[32]) Jüngst, Gutachten a. a. O.

lage stark an auf M. 1.20 bis 1.40, d. h. 8—10 Proz. des Preises, da der Export wieder von der gesamten Förderung finanziert wurde. Die Höhe der Belastung war aber in diesem Ausmaß den gemischten Zechen bzw. ihrem Selbstverbrauch gegenüber unberechtigt und verschlechterte ihre ohnehin mißliche finanzielle Lage. Ab Juni 1925 wurde deshalb die Exportumlage im Zusammenhang mit der rechtlichen Verselbständigung des bestrittenen Gebietes wieder ausgeschieden, und lediglich Verwaltungskosten, Inlandsabsatz und Reparation belasten noch den Verbrauch; die Umlage schwankte seitdem zwischen M. —.36 und M. —.73, d. h. $2^1/_2$—5 Proz. des Grundpreises. In dieser Höhe, die an sich noch zu groß ist, ist sie — wie an anderer Stelle ausgeführt — wesentlich durch die Regelung der Reparationsfrage verursacht, und es ist billig, daß die Verpflichtungen aus dem Friedensvertrag von der Gesamtproduktion gleichmäßig getragen werden.

d) Beurteilung der Regelung

Können wir, wenn wir die gesamte heutige Regelung überschauen (allgemeines Verbrauchsrecht, mittelbare Kontingentierung des Verbrauches und gleiche Umläge im Inlandssyndikat) von einem Ausgleich der Gegensätze sprechen, so müssen wir uns die Frage vorlegen, wie sich etwa die Entwicklung gestalten wird. Sollte ein Syndikat Bestand haben, so möchte ich glauben, daß die Interessen der beiden Gruppen auch wieder Kontroversen in der Organisation schaffen werden. Der Augenblick hat durch das Schwinden der gegensätzlichen Triebkräfte in Kriegs- und Nachkriegszeit und durch den Zwang zum Syndikat eine Angleichung mit sich gebracht. Das Stimmgewicht läßt es aber erwarten, daß die Idee des vertikalen Aufbaues mit der chemotechnischen Intensitätssteigerung sich auch in der Organisation wieder mehr durchsetzen wird, vor allem wohl durch eine weitere Entlastung von den Vertriebskosten, wie sie die Revision der Umlageregelung 1925 andeutet, und eine andersartige Regelung der Beteiligungseinschränkung. Es hängt dabei allerdings viel von der Entwicklung in den Stahlverbänden ab. Bewährt sich die auf der ganzen Linie durchgeführte Kartellierung, was immerhin nach den Vorkriegserfahrungen und nach den Tendenzen, die sich bei den gemischten Großkonzernen zeigen, fraglich erscheinen kann, so wird auch das gemischte Werk sich leichter in die Fesseln des Kohlensyndikates schlagen lassen.

Da die Hüttenzechen in den Eisenverbänden die absolute Majorität innehaben:

	R. E. V. 1920	R. St. G. 1. 6. 1925
Gesamtbeteiligung	3 023 646	14 721 772
Ruhr- und interessenverbundene Werke .	2 257 791	13 193 031
	74,7 Proz.	89,0 Proz.

können sie in diesen die Gesichtspunkte durchsetzen, die ihnen von der Kohle her diktiert werden. Vor allem können sie — soweit der Absatz an Stahlprodukten es irgend zuläßt — evtl. auf Kosten einer für die Hüttenzechen noch eben angängigen, für die reinen Hütten aber unmöglichen Preisstellung — einer zu starken Kontingentierung ihres Kohlenverbrauches durch die Einschränkung im R. E. V. und in der R. St. G. entgegenwirken. In der Kontingentierung der Eisen- und Stahlproduktion aber finden andererseits auch die reinen Zechen das Mittel, das einer zu starken Ausnutzung des Werksverbrauches entgegenwirkt, da die Hüttenzechen die Majorität und damit die Möglichkeit einer nur noch geringen Expansion besitzen. Hier liegt gleichzeitig ein neues, dauernd wirksames Moment, im Stahlselbstverbrauch vorzudringen, d. h. in die Fertigfabrikation.

Aber man wird schließlich noch eines beachten müssen. Je weiter der Einfluß der gemischten Werke in den Eisenverbänden reicht, desto mehr vereinfachen sich die Gegensätze. Im R. E. V. bestehen sie kaum noch, da die Siegerländer Hütten heute fast ausschließlich den gemischten Werken interessenverbunden und die anderen Hochofenwerke von der Ruhr so disloziert sind, daß die Interessen sich kaum berühren. In der R. St. G. hätte die starke Ausdehnung des Organisationsrahmens sehr wohl einen Gegensatz hervorrufen können, und er besteht auch noch in der

Feinblechsyndizierung. Im übrigen hat man aber hier den Ausweg differenzierter Bemessung und weiter den gefunden, Produzenten von Spezialprodukten wohl in den betreffenden Unterverband, nicht aber in die Zentralgemeinschaft aufzunehmen, womit die starken Differenzen in die Unterverbände dezentralisiert werden, und die große Linie der Gemeinschaftspolitik, d. h. praktisch die der Hüttenzechen gewährleistet erscheint.

Man wird deshalb zusammenfassend feststellen können:

Die Eisenverbände werden so lange Bestand haben, als ein Neuaufkommen einer Konkurrenz in B-Produkten vom Inland, aber auch vom nahen Ausland hintangehalten werden kann, und so lange die Hüttenzechen-Konzerne nicht eine rationellere Organisationsform gefunden haben, für die die Anzeichen sich immerhin bemerkbar machen. Solange aber die Eisenverbände bestehen, scheint mir auch das R. W. K. S. gesichert, denn solange ist den Hütten die Expansion und freie Betätigung in Schranken gelegt, solange haben sie kein Interesse an einer — dank der den Bedarf überragenden Produktivität möglichen — Besserstellung der reinen Hütten und der ausländischen Eisenindustrie durch eine Preisgabe des R. W. K. S.

Das R. W. K. S. könnte weiter Bestand haben, wenn die Eisenverbände nicht oder nur teilweise vorhanden sind, sofern die Organisation an sich organisch erscheint. So lagen die Verhältnisse wiederholt vor dem Krieg, zuletzt seit 1912 hinsichtlich der B-Produkte. Aber damals machte Rheinstahl — wie schon 1904 beim R. E. V. — seinen Wiedereintritt ins R. W. K. S. von der Syndizierung der B-Produkte abhängig, eine Forderung, deren Erfüllung, nur durch den Krieg vereitelt, eine zweite Perspektive eröffnet, die mir für heute mehr Wirklichkeitswert zu haben scheint. Die gemischten Werke werden, wenn die Eisenverbände zerfallen — und sie können nur mit ihren Stimmen zerfallen — auch die absolute Freiheit im Selbstverbrauch der Kohle fordern, und — wie die Stellung in der Handelsfrage zeigt — auch in deren Vertrieb. Sie würden dank ihres Stimmgewichtes mit ihrer Forderung durchdringen, aber den ganzen

Gegensatz zu den reinen Zechen neu aufrollen mit der Folge, daß das R. W. K. S. zerfallen würde.

Die letzte Möglichkeit ist, daß das R. W. K. S. primär sich auflöst, was wieder nur der Ausdruck des Organisationswillens der gemischten Werke sein könnte. Sie würden dann auch hier ihr Ziel konsequent verfolgen und die volle Freiheit auch in den Eisenverbänden anstreben.

Wie stark die hier angedeuteten Kräfte sind, läßt die Konzernbildung erkennen. Für die leistungsfähigen reinen Zechen aber bedeutet eine Aussonderung der gemischten Werke an sich noch keinen Nachteil. Es ist durchaus denkbar, daß sich diese zu einem Verband der reinen Zechen zusammenschließen, wie er vor 1904 bestand, und als solcher wieder ein organisches Gebilde darstellen, wie es bis zu einem gewissen Grad der R. E. V. dadurch ist, daß er den Verbrauch nicht tangiert.

Ob die heutige Organisation organisch ist, muß bezweifelt werden, weil das Kohlenwirtschaftsgesetz das Syndikat als solches fordert, und ohne sein Bestehen sicherlich der Ausgleich nicht in dem Maß sich vollzogen hätte. Es ist anzunehmen, daß die Aufhebung des Kohlenwirtschaftsgesetzes einen Kampf um das Kartell oder um den Konzern bringen und daß sich dann entscheiden wird, ob die gemischten und reinen Zechen getrennt oder gemeinsam sich fortentwickeln.

II. Wesen und Organisation der Beteiligung

a) Der Begriff der Beteiligung

Die Bestrebungen, die Nachteile der freien Konkurrenz für seine Mitglieder hintanzuhalten, bestimmen die Marktpolitik des R. W. K. S. wie jeden Kartelles. Zwei Hauptmittel dienen der Erreichung dieses Zweckes, der Ausgleich von Angebot und Nachfrage und die Regelung der Preise und Lieferbedingungen. Die Beteiligung wird der eine Grundpfeiler der Marktorganisation.

Im Kartell ist die Konkurrenz nicht beseitigt, nur ihr marktwirtschaftlicher Charakter hat sich geändert. Das Kartell als

Organ steht mit eigener Zielsetzung geschlossen im Markt, die einzelnen Kartellmitglieder haben nur die Möglichkeit, durch Stärkung ihres aus ihrer Beteiligung sich ergebenden Stimmgewichtes die Marktpolitik zu beeinflussen. Die Konkurrenzbeziehung hat sich damit ins Kartell zurückgezogen, und zwar steht als Nachfrager das Kartell geschlossen nach innen der Vielheit der Anbieter, als Anbieter geschlossen nach außen der Vielheit der Nachfrager gegenüber. An die Stelle des Kampfes um den Abnehmer tritt für den Produzenten der Kampf um die Quote. Das Kartell, als Organ isoliert betrachtet, wird zum Brennpunkt der zwei Wirtschaftsstrahlungen, die Beteiligung stellt sich uns dar als eine Synthese zwischen Produktions- und Konsumtionskapazität:

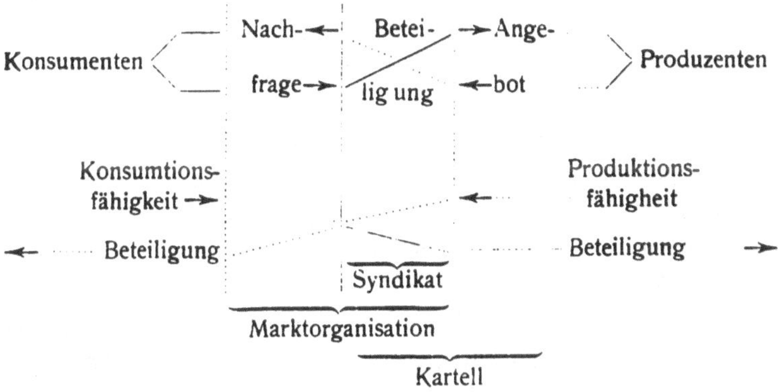

Nachfrage wie Angebot sind in der Entwicklung nicht einheitlich, und es ist Aufgabe des Kartelles, für das zahlenmäßig zu normierende Rechtsverhältnis einen anpassungsfähigen Ausdruck zu finden. Wir können zwei Systeme unterscheiden, die sich in der Kartellpraxis oft überdecken:

1. Das relative System, das die Nachfrage als starr gegeben annimmt und das Angebot ihr automatisch anpaßt. Die Gesamtbeteiligung besteht hier aus z. B. 100 Einheiten und eine Einheit ist der hundertste Teil der jeweils gegebenen Nachfrage. Die Einzelbeteiligungen aller Produzenten werden gegeneinander aus-

gewogen und ergeben addiert hundert Angebotseinheiten. Der prozentuale Anteil jedes Produzenten ist also konstant, während der absolute variabel ist. Diese Regelung gilt heute im bestrittenen Gebiet des R. W. K. S.

2. Das absolute System, das das Angebot als starr annimmt. Da hier einer Gesamtsumme von festen Beteiligungen eine bewegliche Nachfrage gegenübersteht, die außerhalb des Kartellrahmens, höchstens im Bereich der Marktorganisation liegt, ist ein Ausgleich unmöglich. Das System ist nur da brauchbar, wo eine Höchstgrenze für die Produktion festgelegt werden soll. Den Zweck, in dieser Weise prohibitiv zu wirken, verfolgte das Selbstverbrauchskontingent im R. W. K. S. bis 1925. Eine Abart dieses Systems ist wohl die häufigste Form der Beteiligungsorganisation in den großen Syndikaten. Die starre Angebotsbeteiligung wird durch Koeffizienten der Nachfrage angepaßt. Wir können dabei unterscheiden Anpassung durch Bemessungszahlen — generelle Kontingentierung — oder Leistungszahlen — individuelle Kontingentierung. Das R. W. K. S. bedient sich in unbestrittenem Gebiet heute im wesentlichen wie die R. St. G. der generellen Kontingentierung; die individuelle wird augenblicklich vom R. E. V. gehandhabt.

Das R. W. K. S. hat im Laufe der Entwicklung sämtliche möglichen Formen der Beteiligungsregelung angewendet. Die unbestrittene Verkaufsbeteiligung und etwa auch die Verbrauchsbeteiligung sind heute als absolute Beteiligungen mit genereller Kontingentierung aufgebaut, die bestrittene dagegen als in Sorten klassifizierte im Rahmen des relativen Systems. Diese Unterscheidung im systematischen Aufbau ist nicht allein in den Ursachen begründet, die die Trennung in bestrittenes und unbestrittenes Gebiet veranlaßt haben, eine Argumentation, die nur in gewissem Sinne richtig ist und aus der Gleichzeitigkeit der Maßnahmen nahegelegt wird. Die Schwierigkeiten einer Synthese zwischen dem Kartellprinzip gleicher Beschäftigung der Mitglieder und der Naturgegebenheit ungleichen Sortenanfalles sind vielmehr Ursachen einer differenzierten Beteiligungsorganisation und ihrerseits teilweise Anlaß der Gebietstrennung.

Das R. W. K. S. hat ziffernmäßig festgelegte Tonnenbeteiligungen im Gegensatz etwa zum Kalisyndikat gewählt, in der Erkenntnis, daß die große Zahl von Mitgliedern mit verschieden gelagerten Interessen an die Kuxbrüche mahnende Beteiligungsprozentzahlen ergeben hätte, die bei jeder Änderung umzurechnen gewesen wären. Das absolute System besitzt in dieser Hinsicht für ein Kartell mit einer großen Zahl verschiedener ineinander zu rechnender Sonderbeteiligungen, den täglichen Verkehr erleichternde Vorteile. Diesen steht allerdings der noch zu erörternde Nachteil der Verwässerung und Differenzierung gegenüber. Der zunehmende Umfang der Aufgaben hat dann aus einer anfangs einzigen Kategorie, der Beteiligung schlechthin, ein Beteiligungssystem entsehen lassen, dessen Verstrickung — wie aus der nachstehenden Beteiligungsstaffel sinnbildlich wird — uns einen Einblick in den Organismus ermöglicht.

System I, 1893—1903.

a) Beteiligung
 α) für Kohlen.

System II, 1904–1908.

a) Beteiligung
 α) Kohlenbeteiligung; c) Koksbeteiligung; d) Brikettbeteiligung;

System III, 1909–1915.

a) Beteiligung; b) Hüttenzechenverbrauchsziffer;
 α) Kohlenbeteiligung; c) Koksbeteiligung; d) Brikettbeteiligung;

System IV, 1916 bis 30. 4. 1922.

a) Beteiligung; b) Werkverbrauchsziffer:
 α) Kohlenbeteiligung; c) Koksbeteiligung; d) Brikettbeteiligung, e) Fiskalbeteiligung; f) Verbrauch.

System V, 1. 5. 1922—30. 4. 1925.

a) Verkaufsbeteiligung; b) Verbrauchsbeteiligung:
 α) Kohlenbeteiligung; c) Koksbeteiligung; d) Brikettbeteiligung.

Das System I ist der Ausdruck des in sich geschlossenen — reinen — Syndikates der Kohle. Im System II kommt die

System VI ab 1. 5. 1925.

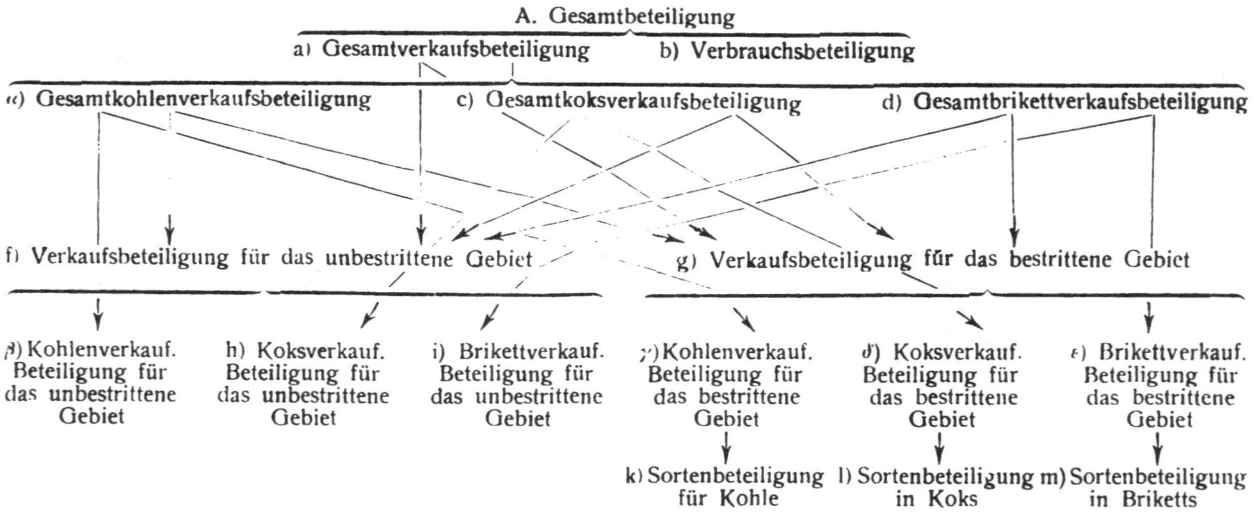

Anmerkung: Synonyme Begriffe sind, abgesehen vom Bedeutungswandel, mit gleichen Buchstaben versehen. Griechische Buchstaben zeigen an, daß nichtoffizielle Begriffe eingeschaltet sind, die das Bild klarer gestalten.

Vertikalentwicklung des Syndikates als Folge der Erweiterung seines Geschäftsumfanges zum Vorschein. Die Systeme III—V legen die Gegensätzlichkeit klar, die im System II latent vorhanden, in der Beteiligung noch keinen Niederschlag gefunden hat, die Herausbildung des oben klargelegten Sonderrechtes für Selbstverbraucherwerke. Das System VI führt die bisherige Entwicklung fort und zeigt erstmalig in der Beteiligung eine seit 1915 einsetzende Tendenz, die aus der Handels- und Umlagefrage erwachsende Kontroverse. Das Syndikat spaltet sich in zwei Untersyndikate, die, verschiedenartig aufgebaut, nur noch einen nominellen Zusammenhang haben und neben denen das Sonderrecht der Systeme III—V weiter bestehen bleibt. Das System VI, das, in seiner Zuordnung kompliziert, zum Verständnis der heutigen Organisation unerläßlich ist, ist noch näher darzulegen.

Die Gesamtbeteiligung [1]) (A) [2]) umfaßt den Syndikatsabsatz einschließlich der auf die Verkaufsbeteiligung in Anrechnung kommenden, vom Vertrieb durch das Syndikat aber ausgeschlossenen Mengen, die Gesamtverkaufsbeteiligung (a) einerseits und die Verbrauchsbeteiligung (b) andererseits. Außerhalb der Gesamtbeteiligung steht nur der Zechenselbstverbrauch [3]), der bis 1903 in der Beteiligung mit enthalten war, bei der Vertragserneuerung aber auf Wunsch der kleinen Zechen als Äquivalent für ihre Benachteiligung gegenüber den neuen Mitgliedern, vor allem den Hüttenzechen freigestellt wurde. Er bildet in erster Linie ein umlage- und einschränkungsfreies Förderanrecht, und ist variabel, wenn er sich auch in relativ engen Grenzen hält. Die Gesamtbeteiligung ist im letzten Vertrag als Begriff neu eingeführt, während sie theoretisch natürlich schon vordem bestand. Aus ihr errechnet sich das Delegationsrecht zu den wichtigsten Ausschüssen [4]).

---

[1]) Syndikatsvertrag R. W. K. S. v. 30. 4./10. 9. 1925, § 4.
[2]) Entsprechend den Buchstaben in der Tabelle S. 128.
[3]) Syndikatsvertrag R. W. K. S. v. 30. 4./10. 9. 1925, § 16 I.
[4]) Siehe oben Erster Abschnitt I b.

Die Gesamtverkaufsbeteiligung gliedert sich unter einem vertikalen und einem horizontalen Gesichtspunkt. Sie zerfällt vertikal in eine nicht ausdrücklich festgelegte, sondern nur rechnungsmäßig ermittelte Gesamtkohlenverkaufsbeteiligung (α), in die Gesamtkoksverkaufsbeteiligung (c) und die Gesamtbrikettverkaufsbeteiligung (d). Die Koksbeteiligung wird unter Zugrundelegung eines Ausbringens von 78 Proz., die Brikettbeteiligung unter Berücksichtigung eines Bindemittelzusatzes von 8 Proz. in die Gesamtverkaufsbeteiligung eingerechnet, und die Differenz ist die vorerwähnte Gesamtkohlenverkaufsbeteiligung. Die Anrechte bilden die Grundlage für die Bildung des Koks- und Brikettausschusses.

Von den begrifflich festgelegten Mengen weist die Beteiligungsliste aus: die Gesamtverkaufsbeteiligung, die Gesamtkoksverkaufsbeteiligung, die Gesamtbrikettverkaufsbeteiligung und die Verbrauchsbeteiligung — sämtlich im Gewicht des Fertigproduktes [5]).

Die horizontale Gliederung ist völlig neuartig. Es entstehen die Verkaufsbeteiligung für das unbestrittene (f) und das bestrittene (g) Gebiet, wobei die unbestrittene Beteiligung die Differenz zwischen Gesamtverkaufsbeteiligung und bestrittener Beteiligung ist. Als provisorische bestrittene Beteiligung wurden bei Vertragsschluß 1925 15 Proz. der Gesamtverkaufsbeteiligung abgezweigt. Regulär errechnet sie sich als die Summe des im vorgängigen Halbjahr erzielten bestrittenen Absatzes, hat also den Charakter individueller Kontingentierung bei relativem System. An der so ermittelten Gesamtverkaufsbeteiligung für das bestrittene Gebiet ist jedes Mitglied gemäß seinem prozentualen Anteil an der Gesamtverkaufsbeteiligung beteiligt, gleichgültig ob es im bestrittenen Absatz geliefert hat oder nicht. Eine Schiebungsmöglichkeit von bestrittener nach unbestrittener Beteiligung wird den Mitgliedern nicht eingeräumt, und der an sich zulässige Abandon [6]) wirkt nicht im Sinne einer erhöhten Teil-

---

[5]) Statist. Anhang Tabelle IV.

[6]) Syndikatsvertrag R. W. K. S. 1925, § 38.

nahme am unbestrittenen Absatz. Wäre das möglich, so wäre bei den meist schlechten Preisen im bestrittenen Absatz die Trennung kaum erfolgreich durchführbar. Die bestrittene Beteiligung bildet die Basis für die Bildung des Auslandsausschusses.

Die Verkaufsbeteiligung für das unbestrittene und das bestrittene Gebiet ist nicht nur ein Unterteil der Gesamtverkaufsbeteiligung, sondern je nach der eigenen Gliederung ergänzt sie sich auch zur Gesamtverkaufsbeteiligung der entsprechenden Sorte. Die Verkaufsbeteiligung für das unbestrittene Gebiet zerfällt analog der Beteiligung der Systeme II—V und der Gesamtverkaufsbeteiligung des Systems VI in eine:

Kohlenverkaufsbeteiligung für das unbestrittene Gebiet (ß)
Koksverkaufsbeteiligung für das unbestrittene Gebiet (h)
Brikettverkaufsbeteiligung für das unbestrittene Gebiet (i),

die vertikal unter Rückrechnung auf Kohle die Verkaufsbeteiligung für das unbestrittene Gebiet (f) ergeben, horizontal ohne Umrechnung Teile der Begriffe zu c und d darstellen, wobei die Sortenbeteiligungen des bestrittenen Gebietes (k—m) die horizontalen Komplementäre ergeben.

Die Verkaufsbeteiligungen für das bestrittene Gebiet gliedern sich theoretisch vertikal genau wie im unbestrittenen Gebiet (γ—ε) und zerfallen in die Sortenbeteiligungen, die sich vertragsrechtlich unmittelbar aus den entsprechenden Gesamtverkaufsbeteiligungen herleiten (α, c und d), der für Kohle (k), Koks (l) und Briketts (m) gebildeten Sorten. Sie ergeben sich aus der Sortenordnung jedes Mitgliedes und stellen als solche den Produktionsverhältnissen besser entsprechende Typen dar.

Zusammenfassend läßt sich feststellen, daß im Markt zwei Beteiligungsarten stehen, die geschlossenen Beteiligungen für Kohle, Koks und Briketts mit dem Zwang zur gleichmäßigen Beschäftigung im unbestrittenen Gebiet, die Mannigfaltigkeit der Sortenbeteiligungen mit der Möglichkeit differenzierter Beschäftigung im bestrittenen Gebiet. Daneben stehen außerhalb des

Marktes der freie Zechenverbrauch und die Verbrauchsbeteiligung [7]).

b) Bemessung und periodische Anpassung der Kernbeteiligung

Die Bemessung und Anpassung der Beteiligung war im Laufe der Entwicklung mannigfachen Änderungen unterworfen. Als Maßstab für die dauernde Anpassung [8]) und die primäre Bemessung sind theoretisch verschiedene Möglichkeiten gegeben: Festsetzung nach der technischen Leistungsfähigkeit, nach der wirtschaftlichen Lage des Unternehmens, nach der Effektivleistung einer gewissen Leistungsperiode, nach organisationspolitischen Gesichtspunkten [9]). Die Kernbeteiligung [10]) geht beim R. W. K. S. auf zwei Bemessungsgrundlagen zurück und verursacht damit schon aus der Bemessung sich herleitende, dauernd wirksame Reibungen. Den Zechen, die 1893 das Syndikat gründeten, wurde nach freier Wahl die Fördermenge der Jahre 1891 oder 1892 zuerkannt. Bei den später beigetretenen Mitgliedern, vor allem den Hüttenzechen 1904 und den potenten Außenseitern 1916, ist die Beteiligung ein vielgestaltiges Kompromiß, in seiner zahlenmäßigen Höhe teils bestimmt von der Effektivproduktion einer vorgängigen Periode, von der Leistungsfähigkeit, vom Status der Entwicklung der noch im Aufschluß befindlichen Anlagen, von erhandelten Konzessionen [11]). Es ist einfacher, die Kernbeteiligung für ein neues Syndikat als für neue Mitglieder einer bereits

[7]) Auch diese Regelung wurde während des Druckes der Arbeit wieder auf den Stand vor 1925 im wesentlichen zurückgebildet, was ich als Zeichen syndikatlicher Schwäche, nicht des Fortschritts, betrachten möchte.

[8]) Im Gegensatz zur Betriebsanpassung durch monatliche Bemessungszahlen.

[9]) Gewährung von Beteiligung für einen Goodwill, für einen gefürchteten Außenseiter usw.

[10]) Kernbeteiligung ist die Beteiligung einer Zeche bei ihrer Aufnahme in das Syndikat.

[11]) Solche spielten allerdings auch 1893 eine Rolle, wie sie überhaupt jede Kartellgründung kennzeichnen und erschweren.

bestehenden Organisation festzusetzen, da in letzterem Fall eine völlig gleichberechtigte Bemessung nur durchführbar ist, wenn auf beiden Seiten das Interesse am Syndikat gleich intensiv besteht und ein einfacher, zuverlässiger Bemessungsschlüssel gefunden werden kann. Ein solcher ist ermittelbar, wenn beide Parteien unter gleichen Bedingungen, also kartellfrei, gewirtschaftet haben und von Teilkrisen nicht betroffen wurden. Hat dagegen für den einen Kontrahenten der Syndikatszwang bereits bestanden, dann unterstand der Produktionsgang unterschiedlichen Einflüssen und das gegenseitige Organisationsinteresse ist differenziert. Ein Kompromiß, eine Benachteiligung irgendeiner Seite ist unumgänglich. Es bleibt lediglich die technische Leistungsfähigkeit, die sich zwar für beide auch unter verschiedenen Bedingungen entwickelt hat; das Haupthindernis aber ist in der Natur des Bergbaues begründet. Die erwähnten geologischen Verhältnisse lassen im Gegensatz zur Industrie [12]) die Zuverlässigkeit jeder errechneten Leistungszahl zumindest problematisch erscheinen. Das R. W. K. S. war bei jeder Neuaufnahme gezwungen, der Bemessung der Kernbeteiligung einen kombinierten Maßstab zugrunde zu legen, der der Leistungsfähigkeit der alten und neuen Mitglieder, den Einflüssen der vorgängigen Kartellmaßnahmen und dem Interesse, das Mitglied für die Organisation zu gewinnen, entsprach [13]).

Völlig konform in der leitenden Idee erfolgte die Festsetzung der Kernbeteiligung für Koks, Briketts und Selbstverbrauch. Bei der Fusion mit dem Kokssyndikat und dem Brikettverkaufsverein 1904 wurden für deren bisherige Mitglieder die Endbeteiligungen in den Vorverbänden übernommen und für neue Mitglieder je-

[12]) Eine Spinnerei z. B. kann relativ einfach an Hand der Spindeln die Spinn-Leistungsfähigkeit ermitteln. Auch eine Walzenstraße, ein Hochofen läßt eine Errechnung der Produktionsfähigkeit zu. An sich sind bei beiden Beispielen rein technische Größen für die Berechnung gegeben.

[13]) Vgl. die günstige Position, die die Hüttenzechen 1904, die Außenseiterzechen durch ihre Entwicklungsbeteiligungen 1916 erlangten. Vgl. auch die Stellung der gemischten Werke im Stahlwerksverband, in dem 1912 die Minettehütten Sonderbeteiligungen erlangten.

weils unter technischen Gesichtspunkten, die hier ja in den Ofenbatterien und Brikettpressen einwandfrei gegeben sind, festgesetzt [14]). Für die Verbrauchskontingente erfolgte die Ermittelung erstmalig auf der Basis von 1907. Für spätere Bewilligungen waren dann neben den für die Verkaufsbeteiligung erwähnten Grundsätzen im Effektivbedarf der Verbrauchswerke und deren Leistungsfähigkeit Bemessungsmaßstäbe gegeben.

Bedeutsamer als die Festlegung der Kernbeteiligung ist die Frage ihrer periodischen Anpassung an den Bedarf. Die Kernbeteiligung kann aus den dargelegten Entstehungsgründen nur mit Vorsicht als objektiver Maßstab verwendet werden, und verliert diese Eigenschaft vor allem, wenn in der originären Basis schon Differenzierungen zwischen den einzelnen Mitgliedern enthalten sind. Damit nun diese im Anfang stets minimalen, zumindest aber tragbar erscheinenden Differenzen — sie würden sonst wirtschaftlich betrachtet nicht eingeräumt werden können — sich nicht zu einem Zwiespalt im Syndikat auswachsen, der die ganze Geschäftspolitik stört, ist die Kernbeteiligung anpaßbar zu regeln. Und dieses Erfordernis wird noch von einer zweiten Seite her gestellt, von der, die nominell vorhandene innere Konkurrenz auch wirksam zu gestalten. Die Beteiligung muß daher so organisiert werden, daß für das einzelne Mitglied genügend Anreiz besteht, seine Anlagen technisch vollkommen und mit den Marktbedürfnissen im Einklang zu erhalten. Aber auch nur so weit ist die Anpassungsfähigkeit zu gewähren, da jedes Mehr den Kartellzweck ernstlich gefährden kann durch Anreiz zu unproduktiven Anlagen, wie es beim Kalisyndikat durch die staatliche Preispolitik und die Bestimmungen über Beteiligungsanrechte bewirkt wurde [15]).

Für die vorstehend herausgestellten Richtlinien ist die Entwicklung beim R. W. K. S. sehr instruktiv. Es entspricht den Schwierigkeiten, die ein neues Syndikat zu überwinden hat, wenn

---

[14]) Im Interesse einer rationellen Betriebsweise wurden hierbei als Minimalbeteiligungen festgelegt für Koks 100 000 t, für Briketts 72 000 t.

[15]) Wiedenfeld: Kaliindustrie a. a. O.

man 1893 die Beteiligungsentwicklung völlig ins Belieben der Mitglieder stellte, denn es war für damals schon ein Fortschritt, daß überhaupt eine ziffernmäßige Begrenzung der Förderung gelang. Der Vertrag von 1893 räumte alten Schächten bei Vorliegen der technischen Voraussetzungen, neuen generell eine feste Beteiligungserhöhung von 120 000 t ein. Die Folge war ein starkes Anwachsen der Beteiligungsberechtigung ohne ein entsprechendes der Leistungs- und Absatzmöglichkeiten, und damit eine Gefährdung der Syndikatspolitik [16]). Um die Erhöhung in irgendeinen Kausalzusammenhang zur Nachfrage zu bringen, wurde 1895 eine Neubewilligung für alte Schachtanlagen von der Marktlage abhängig gemacht und für neue nur eingeräumt bei Vorliegen der technischen Grundlagen. Aber der Zweck wurde nicht erreicht, denn zwischen Beteiligung und Förderung trat eine wachsende Divergenz ein, und diese erwies sich in der Zeit günstiger Absatzlage von 1897 bis 1900 als eine solche auch zwischen Beteiligung und Leistungsfähigkeit:

Jahr	In Millionen Tonnen		Divergenz
	Rechnungsmäßige Beteiligung	Förderung	Proz.
1893	35,37	33,54	5,1
1895	39,48	35,35	10,5
1897	46,11	42,20	8,5
1899	52,40	48,02	8,9
1901	57,17	50,41	11,8
1903	63,84	53,82	19,6

Die Beteiligungsjagd nach den Syndikatsschächten verwässerte erstmalig die Beteiligungsziffern und benachteiligte die Syndikatsmitglieder, die diese Kapitalvergeudung nicht mitmachen wollten oder aus technischen — zu kleine Berechtsame — oder wirtschaftlichen Gründen — zu hohe Kosten — nicht konnten. Es handelte sich um Anlagen, die nur um der Beteiligung willen errichtet wurden. Nach Genehmigung des Anspruches wurden sie teilweise stillgelegt und ihr Anteil auf die alten An-

[16]) G. B. R. W. K. S. 1894.

lagen mit übernommen. Teilweise erreichten sie nach Revision des Vertrages 1903 erst in der Hochkonjunktur — einige noch später — ihre Beteiligung, während andere vordem schon mit Feierschichten arbeiten mußten, da eine Förderfreigabe von den Besitzern einer verwässerten Beteiligung verhindert wurde. Dieser fast von Anbeginn an gegebene Gegensatz ist nicht mehr verschwunden.

Der Vertrag von 1904 brachte eine völlige Abkehr von der bisherigen Methode. Eine Beteiligungsanpassung wurde allgemein — für alte und neue Anlagen — von der Marktlage abhängig gemacht. Eine Erhöhung trat erst nach offizieller Förderfreigabe im Rahmen der Mehrleistung ein, während man von einer Senkung, dem notwendigen Korrelat, als undurchführbar absehen mußte, undurchführbar, weil außer entgegenstehenden psychologischen Hemmungen effektive Tatsachen — Bergschäden, Arbeiter- und Wagenmangel in Zeiten der Hochkonjunktur u. a. m. — eine objektive Beurteilung erschwerten. Die Argumentation auf diese Hindernisse war dabei — besonders bei den Hüttenzechen — ein nur zu willkommenes Auskunftsmittel, um die der Beteiligung gegenüber mangelhafte Leistungsfähigkeit zu vertuschen. Die Neuordnung bewirkte vor allem einen besseren Ausgleich zwischen rechnungsmäßiger Beteiligung und Förderung bzw. Absatzmöglichkeiten. Ein Vergleich der Zahlen wird dabei erschwert durch die Verschiebung der Anrechnung im Zechen- und Werksverbrauch, die 1904 eintrat. Immerhin ist eine Ausgleichtendenz innerhalb der Syndikatsperiode 1904/13 dahin erkennbar, daß die Beteiligung erst wächst, wenn sie von der anrechnungsberechtigten Förderung überholt wird. Auch konnten die Einschränkungszahlen — 1900/05 im Durchschnitt 14 Proz., 1906/12 10 Proz. — niedriger gehalten werden. Eine Anpassung erfolgte 1907 und im größeren Umfang 1913, da bis dahin fast alle Zechen in ihre Beteiligung hineingewachsen waren.

Die verschiedensten Ursachen des Krieges und der Nachkriegszeit — Arbeiter- und Wagenmangel; Arbeitszeitverkürzung; Unterernährung und damit Minderung der individuellen Leistungsfähigkeit, verstärkt noch durch die Einstellung ungeschulter Arbeitskräfte; mangelnde Vorrichtung untertage; starker Materialverschleiß — bewirkten, daß die Anpassungsbestimmungen nicht mehr wirksam werden konnten, und damit die rechnungsmäßige Beteiligung seit 1916 relativ bestehen blieb. Die Erhöhungen bis 1922 erklärten sich aus der Entwicklungsbeteiligung [17]) der neuen Mitglieder und der 1920 beigetretenen kleinen Zechen [18]). Es war dabei für die Organisation wichtig, den Begriff der Entwicklung genau im Vertrag festzulegen, vor allem eine unwirtschaftliche Ausdehnung der Entwicklungszeit zu verhindern. In normalen Zeiten dürfte es überhaupt ratsam sein, nur entwickelte Zechen aufzunehmen, da durch das Entwicklungsmoment eine zuverlässige Bemessung noch mehr erschwert wird. Die Gesamtverkaufsbeteiligung minderte sich gleichzeitig durch Schiebungen von Verkauf nach Verbrauch infolge der Expansion der Hüttenzechen und der Ausweitung des Verbrauchsbegriffes [19]).

Eine Erhöhung für gesteigerte Leistungsfähigkeit wäre in den Jahren nach 1914 wegen der Kohlennot erwünscht gewesen; die angeführten Ursachen aber verhinderten die Ausnützung der Förderfreigabe, die bis Ende 1923 herrschte, im Gegensatz zum Braunkohlenbergbau, der sich gewaltig entwickeln konnte [20]).

Da die alten Bestimmungen allein nicht mehr ausreichten, den erwünschten intermettierenden Ausgleich zu schaffen, erfolgte 1922 eine Neugestaltung der Anpassungsvorschriften. Als einmaligen Sonderausgleich erhielten die Zechen, die vom 1. 4. 1921 bis 30. 4. 1922 mehr als 80 Proz. ihrer Beteiligung geleistet hatten,

---

[17]) Die Entwicklungsbeteiligungen in Kohlen erhöhten sich jeweils per 1. April der Jahre 1918—1922 (in Mill. Tonnen) um: 2,86, 3,485, 1,575, 0,742, 0,215 = im ganzen 8,877. Dazu kommt noch die oben erwähnte Koksabnahmegarantie.

[18]) Es betrug die Beteiligung der kleinen Zechen in den

Jahren	1920/21	1921/22	1922/23	1923/24
in 1000 t	787	1125	1230	263

[19]) Siehe oben Zweiter Abschnitt I.

[20]) Die Produktionsentwicklung (in Mill. Tonnen) belief sich:

Jahr	Ruhr		Rhein. Braukohle		Mitteld. Braunkohle	
1913	114,2	100 Proz.	20,7	100 Proz.	38,6	100 Proz.
1924	94,1	82 „	29,9	144 „	55,3	143 „

diese Mehrleistung als dauernde Erhöhung ihres Anrechtes [21]). Die Unterscheidung zwischen alten und neuen Anlagen wurde wieder eingeführt, und für neue Anlagen, die die Förderung wesentlich erhöhten, eine entsprechende Mehrbeteiligung — für eine neue Doppelschachtanlage in einem selbständigen, also noch unverritzten Feld bis zu 1 Mill. Tonnen — zuerkannt.

1925 wurde diese Bestimmung modifiziert [22]). Eine Neubeteiligung bis zu 1 Mill. Tonnen steht danach nur einer Doppelschachtanlage zu, die in einem selbständigen Feld mit genügendem Kohlenreichtum niedergebracht wird, nicht dagegen jeder Neuanlage, die etwa die Leistungsfähigkeit bereits erschlossener Felder erhöht. Gleichzeitig wurde eine zweite außerordentliche Anpassung vorgenommen. Zechen, die in der Zeit von 1920 bis 1922 mehr als 90 Proz. ihrer Beteiligung drei Monate lang geleistet hatten [23]), erhielten eine entsprechende Erhöhung ihrer Quote.

Die seit 1904 gültige Regelung wurde 1922 dahin geändert, daß eine Erhöhung für Mehrleistung nicht erst nach Förderfreigabe eintritt, sondern sobald der Markt den Absatz der Mengen gestattet, die die Mitglieder zur Verfügung stellen. Der Eintritt dieses Zustandes muß offiziell — eventuell auf Antrag von nur 1 Proz. der Beteiligten — festgestellt werden. Die danach innerhalb von 6 und seit 1925 innerhalb von 3 Monaten erzielte Mehrleistung bedeutet dauernden Beteiligungsgewinn [24]).

Diese Tatsachen vorausgeschickt, wird eine Untersuchung der Ursachen und der Wirkungsmöglichkeiten der Neuregelung erforderlich. Es ist zunächst irrelevant, daß die Zeit für den Leistungsnachweis gesenkt wurde, da es im Falle eines die Beteiligung übersteigenden Bedarfes weniger darauf ankommt, ob die Förderfähigkeit 6 oder 3 Monate lang bewiesen wird. Es hat das vielmehr den Vorteil, daß eine eventuell notwendig werdende Wiedereinführung der Einschränkung schneller erfolgen kann.

---

[21]) Syndikatsvertrag 1922, § 13.

[22]) Syndikatsverträge 1922, § 13; 1924, § 14; 1925, § 6.

[23]) R. W. Z. v. 6. 5. 1925.

[24]) Syndikatsvertrag 1925, § 8.

Bedeutsam dagegen ist die Änderung in den Voraussetzungen der Förderfreigabe. Die Bindung an die volle Beteiligung mußte man, wenn man eine Anpassung überhaupt ermöglichen wollte, fallen lassen, da die Quoten so hoch liegen, daß man in Anbetracht der Weltkohlenlage daran zweifeln muß, diese absetzen zu können [25]. Abgesehen davon, darf man an einer der Beteiligungsziffer entsprechenden Leistungsfähigkeit berechtigte Zweifel hegen. Wollte man aber 1922 — vorher war es nicht möglich, da der Vertrag bis dahin lief — einen Anreiz zur Leistungserhöhung erreichen, und er wurde vom produktionswirtschaftlichen Standpunkt und der Marktlage aus geradezu diktiert, so durfte kein Mittel unversucht bleiben, das diesen Zweck erreichen konnte. Für heute gilt, daß die Leistungsfähigkeit die Nachfrage noch stark überragt, so daß die Bestimmung zunächst nicht praktisch werden wird. Es ist weiter zu beachten, daß seit langem die Beteiligung nur noch ein nomineller Ausdruck für die Leistungsfähigkeit ist, und es ist daher zu begrüßen, wenn irgendwelche Nachweise — hier Absatz des Angebotes — bewirken, daß die Relation Leistungsfähigkeit zu Beteiligung wieder in einen allgemein gültigen, festen Quotienten sich erfassen läßt, um die bestehenden Divergenzen auszugleichen.

Die vorerwähnten einmaligen Sonderregelungen von 1922 für die Zechen mit 80 Proz., 1925 mit 90 Proz. nachgewiesener Leistungsfähigkeit besitzen eine doppelte Verursachung und Rechtfertigung. Um die Kohlennot zu mildern, war es Aufgabe jeder Zeche, möglichst viel zu leisten. Die Förderung betrug prozentual zur Beteiligung 1919/23 im Durchschnitt 74 Proz., 1921 bis 1922 78 Proz., so daß 90 bzw. 80 Proz. — besonders erstere — eine überdurchschnittliche Mehrleistung darstellen. Die Mehrleistung wurde dabei 1921 fast ausschließlich von — damals noch — reinen Zechen erzielt [26], teils als eine Folge der herr-

---

[25]) Glückauf 1922, S. 521.

[26]) Glückauf 1922, S. 779. Danach leisteten 1921 mehr als 80 Proz.: Arenberg 87,6 Proz., König Wilhelm 90,4 Proz., Mont Cenis 88,5 Proz., Carolus Magnus 85,6 Proz., Consolidation 87,9 Proz., Konstantin der Große 82,3 Proz., Friedrich Ernestine 85,8 Proz., Graf Schwerin

schenden Depression am Eisenmarkt, die eine volle Ausnutzung des Verbrauchsrechtes verhinderte, für Deutschland aber doch weniger wirksam war; teils als eine Folge der durch die Kriegsfolgen an sich verwässerten Verbrauchskontingente. Es zeigt sich hier aber auch die Benachteiligung der reinen Zechen, bei denen Beteiligung und Leistungsfähigkeit sich besser entsprachen, d. h. weniger verwässert waren. Die Mehrleistungen sind nur teilweise natürlich bedingt — bessere, einen großzügigeren Ausbau gestattende Anlagen und Flözverhältnisse — zum größten Teil sind sie Folgen einer bewußten Produktionspolitik — Belegschaftsvermehrung, Anwendung der Mechanisierung, rechtzeitige Vorrichtung u. a. m. Das rechtfertigt eine Förderprämie in Form einer Beteiligungserhöhung.

Weiter ist die einmalige Anpassung darin begründet, daß die 1916 beigetretenen Mitglieder für ihre modernen Anlagen große Beteiligungen erhielten, ohne Gelegenheit zu haben, ihre Leistungsfähigkeit in Rivalität zu den alten Zechen unter Beweis stellen zu können. So mußte ein Behelfsmittel Platz greifen, um den Ausgleich gegenüber einer eventuellen Bevorzugung der neuen Mitglieder dadurch herbeizuführen, daß man die Beteiligung für die Mitglieder anpaßte, die erfahrungsgemäß ohne die hemmenden Einflüsse ihre Beteiligung — angesichts der starken Nachfrage — überschritten haben würden. Da scheint es doch symptomatisch, daß unter den Zechen, die 1921 eine erhöhte Leistung erzielten, durchweg alte Syndikatsmitglieder waren, d. h. die neuen hatten, zumindest soweit sie inzwischen voll ausgebaut waren, verwässerte Beteiligungen erhalten.

Die wichtigste und zugleich problematischste Neuerung ist die Wiedereinführung von Beteiligungsanrechten für neue Schachtanlagen. Es ergibt sich dabei für die Beurteilung notwendig eine verschiedene Einstellung für die Dauer der Verträge von 1922 einerseits, seit 1924 andererseits. Der Unternehmer, der im Interesse der Behebung der Kohlennot 1922 einen Schacht teufte,

---

83,5 Proz., Harpen 82,2 Proz., Helene und Amalie 90,8 Proz., Langenbrahm 85,2 Proz., Vereinigte Schürbank & Charlottenburg 91,5 Proz., Siebenplaneten 87,4 Proz., Zollverein 80,5 Proz.

mußte irgendeine Sicherheit haben, die ihm eine gewisse Rentabilität seines risikoreichen Unternehmens gewährleistete, denn die Versorgungsschwierigkeiten waren — bei Absatzmangel am Weltmarkt — anormaler Natur. 1924 schlug der Kohlenüberfluß auf Deutschland über. Soll man da für Neuaufschlüsse noch Beteiligungen gewähren, während Halden, Feierschichten und Stilllegungen Kennzeichen der Absatznot, des „Zuviel" an Produktionsanlagen sind? Und wenn man weiter der Ansicht ist, daß ein Kontraktionsprozeß unabwendbar ist, weil der Bedarf sich effektiv gemindert hat infolge technisch-wirtschaftlicher Umstellung und Fortschritte? Rein isoliert betrachtet muß man die Frage verneinen. Und doch liegen schwerwiegende Gründe vor, sie zu bejahen, sofern man nicht eine völlige Revision der Beteiligung vornimmt. Es kam bei der Krisis 1925 zunächst darauf an, die Produktion auf den rationellsten Anlagen zu konzentrieren und die Kontraktion auf die unwirtschaftlich arbeitenden Betriebe zu richten. Weiter ist ein Kartell eine Organisation gebundener Konkurrenz, ein Agens, das die Organisation lebensfähig erhält, ist unentbehrlich. Die Marktfreigabe versagte ihre Wirkung, so daß irgend anderswo das elastische Etwas einzuschalten war, denn trotz der Absatzkrisis bedeutete für das R. W. K. S. Stillstand, Rückschritt. Ein Kartell kann es nicht vor sich selbst und seinen Mitgliedern, noch weniger der Gesamtwirtschaft gegenüber verantworten, durch Kautelarbestimmungen wirtschaftliche Notwendigkeiten hintangehalten zu haben. Für Stillegung unwirtschaftlicher Betriebe einerseits und ihre Ersetzung durch moderne Neuanlagen muß das Kartell den Weg freihalten im Interesse einer nachhaltigen und rationellen Kohlenwirtschaft, um so mehr als ein Kohlenbedarf jahrelang vorher erfühlt werden muß, wenn er im Augenblick des Auftretens die Deckungsmöglichkeit haben soll; und weiter, weil die internationale Verflechtung des Kohlengeschäftes den höchsten Grad der Wirtschaftlichkeit erfordert. Es kommt nur darauf an, keine Prämie für unwirtschaftliche Aufschlüsse zu geben, wie es bei den Syndikatsschächten der Fall war. Dieser Forderung aber entspricht die heutige Regelung in mehrfacher Hinsicht. Voraussetzung der Zuerkennung einer Neubeteiligung ist ein selbständiges, unverritztes Feld mit genügendem Kohlenreichtum [27]). Weiter ist eine Beteiligung von 1 Mill. Tonnen, bei der derzeitigen Bemessung also ein Förderanrecht von etwa einer halben Million Tonnen, d. h. pro Tag etwa 1,650 t, für eine moderne Doppelschachttiefbauanlage mit ihrem hohen stehenden Kapital eine für die ersten Jahre höchstens die Amortisation gewährleistende Quote. Allerdings wird der Wert dieser Kapitalsinvestion durch die Kurzfristigkeit des Syndikates und das Erliegen alter Zechen gesteigert, da bei einer eventuellen Nichterneuerung die moderne Anlage mit ganz anderer Intensität in Wettbewerb treten kann.

Neben den grundsätzlichen Modifikationsmöglichkeiten der Beteiligung laufen die Sonderänderungen und die innersyndikatlichen Verschiebungen einher. Es wurde schon darauf hingewiesen, daß neue Mitglieder bei ihrer Aufnahme ihre Beteiligung vereinbaren — also ein Kompromiß schließen —, aber auch alte Mitglieder benutzen die Gelegenheit von Vertragserneuerungen, ihre Beteiligung zu bessern, sei es um eine tatsächliche Benachteiligung auszugleichen, sei es um sich eine höhere Quote zu erfeilschen. Diese Versuche tauchen auch während der Syndikatsdauer in den Kommissionen auf, und sie sind durchaus nicht als Nebenfragen — wie man es offiziell wohl hinstellt — zu betrachten. Sie sind oft berechtigt, noch mehr aber bilden sie eine Gefahr des Syndikatbestandes und die Ursache einer Außenseiterstellung. Auch bei der jüngsten Umgründung war dieses Problem eine „Nebenfrage", um die an sich schwierigen Erneuerungsverhandlungen nicht aussichtslos zu machen durch Aufrollung des schwierigsten Problems. Ob diese Erwägung richtig war, sei unten erörtert. Jedenfalls aber haben die Fragen eine bedeutsame Rolle gespielt und zu Sonderkonzessionen Anlaß gegeben, deren jeweilige Berechtigung heute kaum schon beurteilt werden kann [28]). Es

---

[27]) Syndikatsvertrag 1925, § 6.

[28]) Lt. D. B. Z. v. 2. 5. 1925 und R. W. Z. v. 6. 5. 1925 wurden folgende Sonderkonzessionen eingeräumt: 700 000 t Beteiligung zusammen an die Zechen Neumühl, Rheinpreußen, Sachsen, Karoline, Vereinigte Trappe, Mont Cenis, Königsgrube. 180 000 t Beteiligung an Friedrich

sind sicher teils gerechtfertigte Zugeständnisse, teils aber auch nur erhandelte. Auch Syndikatsgründungen sind letzten Endes ein wirtschaftlicher Akt und so für den einzelnen eine Frage der Rentabilität. Die Gefahren, die all diese Sonderkonzessionen in sich tragen, wurden unmittelbar evident bei der Zwangssyndizierung im September 1924[29]). Ein Vertragsentwurf der zwangsangeschlossenen Zechen und auch Äußerungen der Mehrheit bezeichnen die Beteiligungsfrage als die „offene Wunde" und das „dauernde, innere Reibungen verursachende Moment" [30]).

Soweit es sich nur um vom Markt her bestimmte Einflüsse handelt, gilt für die Beteiligungsregelung für Koks und Briketts im allgemeinen dasselbe. Bestehende Anlagen erhöhen ihre Beteiligung lediglich nach Maßgabe der Marktverhältnisse. Bei Neuanlagen sind Erst- und Zweitbeteiligungen zu unterscheiden. Anfangs bestand diese Trennung nicht. Vorhandensein der technischen Anlagen war die einzige Bedingung. Aus der starken Ausdehnung der Produktionsstätten, hauptsächlich veranlaßt durch das Streben der reinen Zechen, sich eine breite Basis zu schaffen, um die Beeinträchtigung durch die Hüttenzechen nicht so stark zu empfinden, entstand aber eine große Überproduktionsfähigkeit, die eine scharfe Kontingentierung erforderlich machte und damit die Rentabilität aller vorhandenen Anlagen gefährdete. 1916 wurde deshalb die Bestimmung eingeführt, daß Zweitbeteiligungen nur zu gewähren sind, wenn drei Monate lang vor Stellung des Gesuches mindestens 85 Proz. der Gesamtbeteiligung abgesetzt worden waren [31]). 1917 fiel diese Einschränkung wegen der im Krieg erwünschten Steigerung der Koksproduktion fort.

---

der Große, 120 000 t an Adler, 200 000 t an Dahlbusch, 400 000 t an de Wendel. Westfalen erhielt M. 400 000 Barentschädigung und die Kreditvermittlung von M. 3 Mill. für die Aufgabe seiner Handelsgesellschaft in Berlin.

[29]) Rheinpreußen forderte 1925 eine Beteiligungserhöhung, weil der Nachbar Friedrich Heinrich eine solche erhalten hatte.

[30]) Siehe unten S. 161, Anm. 54.

[31]) Schon im ersten Vertragsentwurf vom 20. 2. 1914 enthalten, wenn auch noch schärfer formuliert, indem statt 85 Proz., 100 Proz. gefordert waren.

Von da an wurden Beteiligungen provisorisch gewährt mit der Auflage, daß sie endgültig nur werden, soweit die erforderlichen Anlagen drei Jahre nach Friedensschluß errichtet sind, eine Frist, die mehrfach hinausgeschoben, zuletzt 1925 per 10. 1. 1927 begrenzt wurde. Mit Friedensschluß erlosch das starke Interesse an den Nebenprodukten, und es galt, die Koksanlagen möglichst auf dem bisherigen Stand zu halten, nachdem man von syndikatswegen nicht die Macht hatte, eine Kontraktion autoritativ zu veranlassen und einer generellen Beteiligungssenkung technische Schwierigkeiten entgegenstehen. Wie oben betont, ist eine Hüttenzeche und eine Energiefernversorgung auf eine konstante Verkokungsbasis angewiesen, und auch an sich ist eine Verkokung nur bei einem gewissen Mindestsatz betriebener Batterien rentabel. Die Trennung in Erst- und Zweibeteiligungen wurde daher 1922 wieder eingeführt und Zweitbeteiligungen nur bewilligt, wenn der Markt die von den Erstbeteiligungen zur Verfügung gestellten Mengen drei Monate lang restlos aufgenommen hatte.

1925 erfolgte dann eine völlige Neuorganisation, um den Absatzmöglichkeiten besser Rechnung tragen zu können. Die Befristung provisorischer Beteiligungen per 1927 beendet den durch die Kriegsverhältnisse bedingten Zustand, der zu der Absurdität geführt hatte, daß — ähnlich Stillegungsschächten — die Neuanlagen gar nicht fertiggestellt wurden, sondern die Beteiligung auf den alten mitgeleistet wurde. Wer nun 1927 die Anlagen nicht errichtet hat — und ob er sie jetzt noch errichtet, ist doch wesentlich eine Kalkulationsfrage, in der die Erwägung: Dauer, Art und Nutzen der Organisation des R. W. K. S., eine große Rolle spielt — verliert den Anspruch auf die Beteiligung, so daß immerhin die Möglichkeit der Ausscheidung gewisser unwirtschaftlicher Beteiligungen besteht.

Für Neuanlagen wird, abgesehen von den technischen Voraussetzungen, eine Beteiligung nur noch gewährt, wenn die Leistungsfähigkeit der Anlage die bisherige Beteiligung übersteigt oder überhaupt noch keine Beteiligung besteht, und wenn ein natürlicher Feinkohlenfall vorhanden ist. Dieser darf mit höchstens 50 Proz. der Gesamtbeteiligung — für Kohle und Briketts zusammengerechnet — berücksichtigt werden. Weiter wird jede Neubeteiligung zunächst nur mit 75 Proz. provisorisch und endgültig erst im Rahmen einer Zweimonatsleistung zuerkannt. Die komplizierte Regelung mag ein Beispiel veranschaulichen.

Voraussetzungen:	Gesamtförderung	1,2 Mill. Tonnen
	Gesamtbeteiligung	1,8 „ „

Beispiel I:	Feinkohlenfall	300 000 t = 25 Proz. der Förderung
„ II:	„	1 000 000 t = $83^1/_3$ „ „ „

Ermittlung:

Beispiel I:	Koksbeteiligung	200 000 t =	256 411 t Kohle
	Brikettbeteiligung	100 000 t =	92 000 t Kohle
			348 411 t
	./. Feinkohle		300 000 t
	ungedeckter Rest		48 411 t
Beispiel II:	Koksbeteiligung	800 000 t =	1 025 644 t Kohle
	Brikettbeteiligung	199 518 t =	174 356 t Kohle
			1 200 000 t
	./. Feinkohle		900 000 t
	ungedeckter Rest		300 000 t

dabei überschüssige Feinkohle 100 000 t, die nicht verkokt bzw. brikettiert werden kann, da die entsprechende Beteiligungsberechtigung fehlt.

Wirtschaftlicher wäre allerdings, den Fehlbetrag an Feinkohle des Beispieles I aus dem Überschuß von II zu decken, d. h. eine Beteiligungsschiebung wäre zu ermöglichen. Das R. W. K. S. kann indessen diese Regelung als Kartell nicht erzwingen, sondern muß die Herbeiführung des Ausgleiches in das Ermessen der Mitglieder stellen. Diese können ihn durch Beteiligungsfusion in einem Verkaufsverein oder einer Besitzgemeinschaft herbeiführen.

Der Feinkohlenabsatz ist eine der schwierigsten Fragen; an sich könnte man es verstehen, wenn man seine vollständige Brikettierung und Verkokung anstrebt. Das würde aber eine unwirtschaftliche Verkokung und Brikettierung hervorrufen, so daß man die generelle Berechtigung, Feinkohle zu verarbeiten, durch die Beschränkung des jedem gewährten Ausmaßes ermöglichen muß. Es ist auch hier wichtig, die Entwicklung nicht absolut zu fesseln. Ohne die Beschränkung der Feinkohlenanrechnung würden neben Mitgliedern, die Nebenprodukte im weitesten Sinne und größten Mengen produzieren können, solche stehen, denen es mangels genügenden Absatzes durch erstere unmöglich gemacht wird. Die Regelung trägt so natürlichen Gegebenheiten mit dem Ziel Rechnung, das Entstehen einer neuen bevorrechtigten Gruppe zu verhindern. Es besteht allerdings auch die Möglichkeit, daß sämtliche Verarbeitungsanlagen gering statt wenige vollbeschäftigt werden, ein Mangel, der im Prinzip gleicher Beschäftigung der Mitglieder seine Ursache hat, und solange dieses aufrechterhalten wird, kaum beseitigt werden kann.

Die Anpassung der Verbrauchsbeteiligung endlich erfolgt grundsätzlich analog der der Verkaufsbeteiligung. Auf Wunsch der Berechtigten sind indessen Erhöhungen der Verbrauchsbeteiligung in Verkaufsbeteiligung umzuwandeln. Durch diese Bestimmung erhalten die gemischten Zechen ein gewisses Vorrecht, da sie nicht gezwungen sind, aus der Konjunktur des Verbrauchswerkes erzielte Beteiligungserhöhungen bei Abflauen dieser Konjunktur weiter als Verbrauchsrecht unproduktiv bestehen zu lassen.

Der Anpassung durch Erhöhung entspricht die durch Einschränkung. Die absolute Einschränkung ist im Vertrag nur kurz geregelt und hat sich auch in der Entwicklung wenig gewandelt. Zunächst sind hier kaum Widerstände der anderen Mitglieder zu erwarten, und dann wurde der Fall bei der steigenden Tendenz der Entwicklung vor dem Krieg kaum akut. Daß dennoch der Wunsch zur Herabsetzung aufkommt, ist durch die Bestimmung verursacht, daß jedes Mitglied im Rahmen seiner Beteiligung zur Lieferung an das Syndikat verpflichtet ist und für verschuldete

Minderlieferungen eine Tonnenstrafe zu entrichten hat. Es ist deshalb verständlich, daß das Syndikat auf Antrag des Mitgliedes dessen Beteiligung zu senken hat. Die Herabsetzung ist endgültig, sofern nicht der Anlaß des Antrages eine Betriebsstörung war.

Das Syndikat kann weiter mit einzelnen Mitgliedern seit 1916 eine freiwillige Beteiligungsherabsetzung vereinbaren, um eine Anpassung unwirtschaftlicher Beteiligungen zu erreichen. Beteiligungen, die ihre Berechtigung verloren haben, oder die man nicht leisten kann, will man einfrieren lassen. Es kommt das besonders in Frage für stillgelegte Zechen eines größeren Konzernes oder überhaupt stillgelegte Mitglieder, die, sei es ihre Beteiligung, nicht verkaufen können oder wollen, sei es für die stillgelegte Sorte nirgends im Konzernbereich eine zweite Produktionsmöglichkeit besitzen. Besonders das letzte Motiv ist Anlaß der Vorschrift. Nicht absatzfähige Sorten scheiden endgültig aus und bedrücken die Bemessungspolitik nicht mehr. Es sei angenommen:

Sorte	A	B	C	D	E	Summe
Beteiligung . . .	150.000	170,000	126,000	54,000	40,000	540,000
Nachfrage . . .	100,000	140,000	70.000	—	50.000	360.000
Bemessungssoll (in Proz.)	33¹/₃	17²/₃	46,03	100	25	33¹/₃

Das Syndikat müßte dann auf 33¹/₃ Proz. bemessen und nach Möglichkeit Ersatzsorten liefern, z. B. Sorte C für B und D für E. Ist aber Sorte D völlig unkurant, so beeinträchtigt sie lediglich den Bemessungssatz, der nur etwa 26 Proz. zu betragen braucht, wenn D ganz ausfällt. Die gängigsten Sorten könnten dann besser beschäftigt und auch billiger gefördert werden, Ersatzlieferungen wären weniger erforderlich und eine Produktion unwirtschaftlicher Sorten würde vermieden. So kann die freiwillige Beteiligungsherabsetzung neben der Einführung der Sortenbeteiligungen im bestrittenen Gebiet die Rationalisierung der Produktion fördern. Es ist damit die Möglichkeit gegeben, auf Grund freier Vereinbarungen einen über den ursprünglichen Kartellrahmen hinausreichenden Einfluß auf die Produktion zu gewinnen, eine Möglichkeit, die sonst nur dem Trust offensteht.

Auch der Abandon im bestrittenen Absatz ist unter produktionswirtschaftlichen und absatzorganisatorischen Gesichtspunkten zu betrachten. Jedes sortenmäßig oder preislich mögliche Geschäft soll kontrahiert werden unbelastet von Beteiligungs- d. h. Kartellrücksichten.

Innersyndikatliche Veränderungen der Beteiligung können verschiedener Natur und damit auch Wirkung sein. Schiebungen in der Gesamtbeteiligung des einzelnen Mitgliedes sind in einer doppelten Hinsicht denkbar:

1. Veränderungen im Sortenverhältnis wirken sich unmittelbar in der Verkaufspolitik des Syndikates aus, und zwar nicht nur für das bestrittene Gebiet, sondern ganz allgemein, denn hier liegt eine der Ursachen der Haldung, Bemessung, Preisgebarung.

2. Veränderung in den Beteiligungsarten durch Schiebung von Kohle nach Koks und Briketts — in der Wirkung der Sortenänderung gleich — oder von Verkauf nach Verbrauch, Syndikatsvertrieb nach Eigenwerksbedarf und Landdebit, Tatsachen, die die Mengenseite des Syndikatsangebotes beeinflussen. Jede Schiebung nach Verbrauch beeinträchtigt die Verkaufsberechtigten und ist daher ein Punkt des Gegensatzes zwischen den reinen und gemischten Zechen [32]).

Mitgliedern im hier betrachteten Sinn sind gleichzuachten die Verkaufsvereine, bei denen die Ermöglichung der Schiebungen eine der wichtigsten Entstehungsursachen ist, und bei denen die Frage der Zulässigkeit gemischter Verkaufsvereine eine große Rolle gespielt hat. Die Verkaufsvereine sind eine Zwischenform zwischen dem Nebeneinander der Mitglieder und der Fusion.

Zwischen unverbundenen Syndikatsmitgliedern sind zwei Arten von Beteiligungsbeziehungen möglich, die sowohl Sorten- wie Vertriebszurechnung betreffen können, der Beteiligungstausch und der Beteiligungskauf. Ein Beteiligungstausch, der vordem beim R. W. K. S. nicht gegeben war im Gegensatz zu den Stahlverbänden, ist bei der Vereinbarung Harpen-Siebenplaneten-Buderus vorhanden. Hier erwirbt Harpen die Zeche Maßen mit

---

[32]) Siehe oben, Zweiter Abschnitt, I.

Verkaufs- und Verbrauchsbeteiligungen, aber unverwertbaren Sorten, Buderus dagegen die Verkaufsbeteiligung von Siebenplaneten, während der Effektivverbrauch des Stahlwerkes von Harpen als solchem gedeckt wird.

Der Beteiligungskauf ist ein Hauptkennzeichen der Stilllegungen. Ihm ähnlich ist die Beteiligungspacht [33]), bei der eine Beteiligung nur vorübergehend von einem anderen geleistet wird ohne eine Gegenleistung an Beteiligung, das Kriterium des Tausches, sondern gegen Pachtzins. Man verpachtet lediglich in der Hoffnung, momentane Produktionsschwierigkeiten — z. B. eine Kapitalklemme — überwinden und dann selbst wieder arbeiten zu können, was unmöglich wird, wenn die Beteiligung erst einmal verkauft, d. h. mit der des Käufers fusioniert ist.

Exkurs: Beteiligungswert

Wenn Transaktionen mit der Beteiligung als solcher möglich sind, so muß diese einen Wert besitzen; und worin ist dieser begründet? Der Wert entsteht durch die Tatsache des Syndikats als einer die wirtschaftliche Lage der Zechen beeinflussenden Organisation [34]), und ergibt sich in seiner Höhe aus der Gliederung der Beteiligung, der Dauer des Verbandes und dem Einfluß des Syndikates auf die Selbständigkeit seiner Mitglieder. Er ist ein rein subjektiver Wert, denn jede Beteiligung ist anders konstruiert, und seine Realisierbarkeit ist abhängig von der Wertschätzung, die Interessenten der Beteiligung beimessen [35]). Der Wert hat sich heute ganz allgemein gesenkt durch die Kürze der Vertragsdauer, die Unsicherheit des Weiterbestandes der Beteiligung und die zunehmende Differenzierung aller Beziehungen einerseits; andererseits durch die geringe Beschäftigung, d. h. starke Bemessung der Beteiligung. Solange allerdings das Kohlenwirt-

---

[33]) 1925 zwischen Admiral und Rheinstahl geschlossen, wobei Admiral offenbar vorläufig nicht fusionieren will, um sich eventuell einmal später wieder verselbständigen zu können.

[34]) Vgl. den Goodwill in kaufmännischen Bilanzen, besonders bei Fusionen.

[35]) Kreutz a. a. O. S. 16/17.

schaftsgesetz noch besteht, und Syndikate von Rechts wegen fordert, ist auch eine gewisse Festigung des Wertes gegeben.

An sich schwankt der Wert sehr stark, da er von der speziellen Leistungsfähigkeit des Beteiligten und des Kaufinteressenten sowie der Art der Syndikatsorganisation abhängt. Bedeutsam ist vor allem der Beteiligungsrückfall bei Stillegung der Hauptsache, wenn man etwa der Beteiligung Zubehöreigenschaft zuerkennen sollte, eine Idee, die schon ventiliert wurde, und jedenfalls Stillegungen um der Beteiligung willen verhindern könnte. Es kommt weiter in Frage die Konjunktur, die vorhandene oder mögliche Außenseiterkonkurrenz. Zeiten der Syndikatserneuerung oder ähnliche Ursachen der Syndikatspolitik steigern den Beteiligungswert, Förderfreigabe senkt ihn auf Null. Ein angemessener Preis für Zechenkäufe existiert so nicht, aber ein Marktpreis im speziellen Fall ist durchaus gegeben und wird auch heute noch bezahlt.

c) Laufende Bemessung der Beteiligung

Der Anlagebeteiligung steht die Betriebsbeteiligung [36]) gegenüber, das Ergebnis der Anpassung der absoluten Beteiligung an den jeweiligen Bedarf. Dabei ist von zwei kartellwirtschaftlichen Prinzipien auszugehen:

1. dem absatzpolitischen Prinzip des Marktausgleiches durch Anpassung der Produktion,
2. dem genossenschaftlichen Prinzip der Gleichberechtigung der Mitglieder.

Gesichtspunkte, die zu verknüpfen sind, deren Synthese aber nur bei Vorliegen ganz konkreter Verhältnisse gelingt. Es sind erforderlich eine amorphe Mitgliederschaft — einheitliches Produkt und einheitliches Verhältnis von Beteiligungsanrecht und Leistungsfähigkeit — und eine konstante, der Angebotsgliederung ent-

[36]) Anlagebeteiligung ist die aus der Kernbeteiligung und deren dauernden Anpassung errechnete absolute Beteiligung, Betriebsbeteiligung dagegen der jeweils gegebene Lieferanspruch.

sprechende Sortierung der Nachfrage. Es ist nebensächlich, ob es sich um ein oder mehrere Sorten, um verschiedene Beteiligungssonderarten, um effektive oder nominelle Beteiligungen handelt; wichtig ist nur, daß jedes Teilverhältnis bei jedem Mitglied absolut gleich ist oder die Gesamtrelation und Zuordnung der der Nachfrage entspricht. Aber dieser Idealzustand ist nicht gegeben. Da alles differenziert ist, heißt eine gleiche Bemessung eine Übertragung der Ungleichheit von der Anlage- in die Betriebsbeteiligung. Die Synthese aus der Differenzierung zu finden, ist die dauernde Schwierigkeit in der Beteiligungspolitik. Je einfacher und rechenhafter ein Industriezweig gelagert ist, desto einfacher ist natürlich auch der Ausgleich zu erzielen. Aber der Bergbau speziell und die Montanindustrie ganz allgemein verursachen — wie an anderer Stelle ausgeführt — die größten Hemmungen.

Die erste Schwierigkeit für das R. W. K. S. kommt von der Sorte her, die völlig ungleichartig auf die einzelnen Mitglieder verteilt ist, die aber neben dieser Verteilung an sich starke Schwankungen in der Zeit aufweist. Der Bergbau muß die Sorten fördern, wie sie im betriebenen Flöz fallen, er kann nicht nach höherer Zwecksetzung — der Nachfrage adäquat — bald diese, bald nur jene Sorte abbauen. Und auch die Ersatzmöglichkeiten der Sorten untereinander sind beschränkt, denn ein Hochofen braucht z. B. Koks bestimmter Güte, der Koks ist nur aus gut backender Fettkohle herzustellen; eine Kalkziegelei andererseits ist wesentlich auf Magerkohle angewiesen. Was für die Sorten an sich gilt, gilt in verstärktem Maße für die Parallelität der Kohlen-, Koks- und Brikettbeteiligung.

Die zweite Hemmung erwächst aus der Differenzierung im Beteiligungsaufbau jedes Mitgliedes und der verschieden starken Belastung, die eine gleichmäßige Kontingentierung auf große und kleine Beteiligungen ausübt. Letztere basieren meist auf einer Anlage, die bei einem Bemessungssatz von 50 Proz. nur mit zwei Drittel Leistungsfähigkeit[37]) und daher mit einem stark

[37]) Wenn man 25 Proz. Beteiligungsverwässerung annimmt.

gesteigerten Aufwand für die konstanten Kosten pro Tonne der betreffenden Anlage arbeitet. Eine große Beteiligung bietet dagegen die Möglichkeit, eine Anlage oder ein Flöz ganz stillzulegen und durch Konzentration der Förderung die Kosten zu senken, vor allem durch Ersparung der Seilführung, Wasserhaltung und des Zechenselbstverbrauches[38]. Die starken Spannungen in der Beteiligungsberechtigung der wirtschaftlichen Einheiten bestätigen diese Darlegungen[39].

Als letzte äußerst starke Hemmung kommt die Nachfrage, die weder in ihrer Relation an sich, noch in ihrer Gesamtheit der Beteiligung entspricht, sondern dieser jeweils ganz verschieden gegenübersteht, sei es nach Sorten, Gebieten, Industriezweigen, sei es unter dem Einfluß von Konjunktur und Konkurrenz, sei es endlich als Folge der Kriegszwangsverteilung. Erst allmählich bilden sich hier die natürlichen Beziehungen wieder heraus. In der Nachfrage ist das schwierigste Problem der laufenden Förderanpassung gegeben.

Es muß angesichts der mannigfachen Schwierigkeiten verwundern, daß das Syndikat bis in die jüngste Zeit mit einer einfachen rechtlichen Regelung arbeiten konnte und bis 1925 — wenn auch schon seit 1911/15 angestrebt — keine Möglichkeit einer Individualanpassung kannte. Erst der neue Vertrag scheidet zwischen bestrittenem und unbestrittenem Gebiet[40]. Im unbestrittenen Gebiet scheidet die Verbrauchsbeteiligung als Sonderzuordnung der gemischten Werke aus. Soweit das Syndikat zunächst seine Mitglieder nicht gleichmäßig beschäftigt, hat es einen Geldausgleich zu handhaben[41]. Die Anpassung selbst erfolgt durch eine anteilige Verringerung, die bis 1925 vollkommen gleich bemessen ist. Wegen der seitdem gehandhabten höheren Einschränkung der Verbrauchsbeteiligungen zugunsten der un-

---

[38]) Einer der Hauptnachteile der Südrandzechen.

[39]) Siehe Statist. Anhang, Beteiligungsstatistik, Tabelle IV.

[40]) Wobei „bestritten" und „unbestritten" nicht den effektiven Wettbewerbsverhältnissen entsprechen, so daß eine Differenzierung zwischen der Markt- und Syndikatsregelung bestehen bleibt.

[41]) Syndikatsvertrag 1925, § 27.

bestrittenen Verkaufsbeteiligungen kann auf obige Ausführungen [42]) verwiesen werden. Mit einzelnen Mitgliedern kann das Syndikat dann freiwillig höhere Betriebseinschränkungen vereinbaren, womit eine bessere Anpassung an den Markt — vor allem hinsichtlich der Sorten — erreicht wird [43]). Es würde jeder wirtschaftlichen Überlegung widersprechen, Fettkohle bei einer Nachfrage von 80 Proz. nur mit 70 Proz. zu beschäftigen, weil z. B. Magerkohle nur zu 50 Proz. gefragt ist, denn selbst eine Substitution ist hier in den meisten Fällen ausgeschlossen.

Aus der ursprünglich gleichen Beschäftigung haben die Verhältnisse im unbestrittenen Gebiet eine gewisse Differenzierung erwirkt, die unter Aufgabe des kartellpolitisch wichtigen Grundsatzes eine Regelung trifft, die den tatsächlichen Verhältnissen mehr entspricht.

Völlig frei gestaltet sich die Bemessung im bestrittenen Gebiet. Eine Abnahmeverpflichtung für die Beteiligung besteht nicht [44]). Nur soweit Absatz vorhanden ist, sollen die an der betreffenden Sorte beteiligten und lieferbereiten Mitglieder im Rahmen ihrer Beteiligung beschäftigt werden, sofern nicht besondere Gründe — Frachtlage, Billigkeit der Produktion, Lieferungsmöglichkeit u. a. m. — eine anderweite Auftragserteilung geboten erscheinen lassen. Dann allerdings hat eine entsprechende Mehrbeschäftigung im unbestrittenen Gebiet stattzufinden. Eine Festlegung von Bemessungszahlen erübrigt sich aber, da die Absatzmöglichkeit das Lieferanrecht bestimmt und das relative Beteiligungssystem die Verteilung unter den Mitgliedern vornimmt.

Mit dem Bedeutungswandel im Charakter der Beteiligung und der Änderung der für die Einschränkungspolitik maßgebenden Gesichtspunkte bekommen auch die Prozentzahlen einen anderen Charakter. Die Beteiligung ist nicht mehr Ausdruck der Leistungsfähigkeit, die durch Einschränkungszahlen der Auf-

---

[42]) Siehe oben, Zweiter Abschnitt, I.

[43]) Vgl. Tabelle S. 147.

[44]) Syndikatsvertrag 1925, § 38.

nahmefähigkeit des Marktes anzupassen ist, sondern sie ist Ausdruck einer Mannigfaltigkeit divergenter Kräfte, und die monatlichen Prozentzahlen des Lieferanrechtes sind nur noch Bemessungszahlen für die Anpassung einer nominellen Anrechtssumme. Es ist — so sophistisch diese Begriffsscheidung scheint — notwendig, das im Auge zu behalten, wenn man an Hand der Bemessungszahlen sich etwa ein Urteil über die Absatzlage und die Absatzpolitik bilden will. Es zeigt sich das schon bei der Kritik, die auf den ersten Blick einer gewissen Berechtigung nicht zu entbehren scheint, daß die Kontingentierung eine preispolitische Marktbeeinflussung bezwecke, eine Argumentation, die in dieser Verallgemeinerung nicht richtig ist. Sie trifft in gewissen Fällen zu und mag vom absatzpolitischen Standpunkt — Verknappung einer Sorte zugunsten einer nicht begehrten anderen — wohl auch hie und da berechtigt sein. Aber sie gilt eben dann nur für Einzelfälle und bedarf des Preiskorrelats und der Substitutionsmöglichkeit und weiter der Sicherung vor der Konkurrenz, heute vielleicht die wichtigste Ursache, die gegen eine generelle Verknappungspolitik spricht. Die Kritik aber, die aus der Unkenntnis der Verhältnisse heraus von denen geübt wird, die nur die Bemessungszahl 50 bis 65 Proz. sehen, kann dem Syndikat nicht gleichgültig sein; sie hat einen berechtigten Kern. Denn nicht gegen die Verknappung sollte sie gerichtet sein, sondern in erster Linie gegen die Beteiligungsverwässerung. Allein vom Oktober 1924 bis zum August 1925 ist die Verkaufsbeteiligung in Kohle von 115,8 auf 131,1 Mill. Tonnen, d. h. bei rückläufiger Konjunktur um mehr als 10 Proz. gestiegen ,ohne daß wesentliche Neuaufnahmen stattgefunden haben. Mag dabei auch der Wille, ältere Differenzen zu beseitigen, mitgesprochen haben, so wäre eine generelle Neufestsetzung angebrachter gewesen.

Und wie gestaltete sich die Bemessung im Laufe der Entwicklung? [45]) Aus der Übersicht der Bemessungszahlen fallen die Jahre ohne Bemessung auf. Auf die Verhältnisse der Vorkriegszeit braucht dabei nicht eingegangen zu werden; es

[45]) Statist. Anhang, Bemessungszahlen, Tabelle V.

herrschte damals effektive Freigabe dank günstiger Absatzlage. Anders war die Lage seit 1916. Damals wurde die Kontingentierung aus organisationspolitischen Gründen aufgegeben, um von Syndikats wegen jede Hemmung der Förderung aufzuheben und sich nicht dem Vorwurf auszusetzen, die Kohlennot künstlich aufrechterhalten zu haben. Dabei konnte die Freigabe unbesorgt um eine Gefährdung des Beteiligungsstatus erfolgen, denn die zitierten Folgen des Krieges verhinderten eine volle Leistung der Beteiligung, und andererseits war es auch fraglich, ob das Inland eine volle Produktion überhaupt hätte konsumieren können.

Anders ist die Frage seit 1918 zu beurteilen. Bereits 1919 wurde eine Kontingentierung in Koks wieder erforderlich, um einer zu starken Koks- und Nebenproduktenproduktion vorzubeugen. In Kohle und Briketts dagegen wurde die Förderfreigabe bewußt bis 1924 aufrechterhalten, um einen starken Anreiz zur Produktionssteigerung auszuüben. Das Agens gewann an Wirkung, besonders förderte es die Mechanisierung, und es schien möglich, durch verstärkte Belegschaft bei besonders günstigen Flözverhältnissen allmählich wieder über die Beteiligung hinauszuwachsen. Der Ruhrkrieg unterbrach die dahingehende Entwicklung.

Mit dem Marktumschwung 1924 wurde die Wiedereinführung der Bemessung allgemein erforderlich. Aber die Bedeutung der Ziffern hat sich für das einzelne Mitglied seit Inkrafttreten des neuen Vertrages geändert, da die offiziellen Bemessungszahlen erst die Basis sind für die sich unterschiedlich errechnenden tatsächlichen der reinen Zechen einerseits, der gemischten Zechen andererseits. Und dann ist das bestrittene Gebiet als die Bemessung bestimmender Faktor überhaupt ausgeschieden. So können die Zahlen der Bemessungstabellen nur voll gewertet werden in Relation zur jeweiligen Beteiligungsziffer, ihrer Verwässerung und der Gliederung der Mitglieder in reine und gemischte Zechen, der Scheidung der Beteiligung in bestrittene und unbestrittene.

d) Beurteilung der Regelung unter Berücksichtigung der Eisenverbände

Der gesamte Beteiligungskomplex muß also stets beachtet werden. Ein reiner Vergleich der Relationszahlen für heute und eine frühere Zeit kann kein zuverlässiges Urteil für die Marktlage, die Syndikatspolitik oder sonst eine Erscheinung ergeben. Lediglich innerhalb einer Vertragsperiode bei konstanter Mitgliederzahl bringen sie einen gewissen Vergleichsmaßstab und lassen den Schluß einer mehr oder minder starken Divergenz zwischen Angebotsanrecht und Bedarf zu. Angesichts der Bedeutung, die die Frage der Beteiligung im Gesamtkreis der Kartellorganisation einnimmt, sei der Versuch gemacht, auf Basis der Durchschnittsbemessung und der rechnungsmäßigen Gesamtbeteiligung die anrechnungsberechtigte der angerechneten Beteiligung gegenüberzustellen. Der Vergleich kann dabei in dieser Abhandlung leider nur bis Ende des Geschäftsjahres 1923/24 durchgeführt werden, so daß die Verschiebung, die durch die starke Beteiligungserhöhung 1925 hervorgerufen wurde, und die Differenzierung in der Bemessungspolitik nicht verdeutlicht und auch nicht beurteilt werden kann. Wir erhalten als Schema der Tabelle:

Schema der Tabelle

Förderung + ./. transitorische Lagerung	Gesamtberechtigung ./. Zechenverbrauch
Gesamtabsatz ./. Selbstverbrauch	rechnungsmäßige Gesamtbeteiligung ./. Verbrauchsbeteiligung
angerechneter Absatz	rechnungsmäßige Verkaufsbeteiligung ./. mal Bemessungszahl = anrechnungsberechtigte Beteiligung

+ ./. prozentualer Fehler
in Bemessung und Absatz =
Bemessungsdivergenz[46])

---

[46]) + bedeutet: der Absatz überragt das Beteiligungsanrecht, ./. bedeutet: der Absatz bleibt hinter dem Beteiligungsanrecht zurück.

Jahr	angerechneter Absatz 1000 t	Bemessungs-divergenz + ./. Proz.	anrechnungs-berechtigte Beteiligung 1000 t
1910	67 955	+ 2,7	66 146
1911	69 852	+ 1,8	68 606
1912	76 152	./. 1,3	77 183
1913	82 331	./. 0,6	82 888
1914	64 666	+ 3,2	62 628
1915	58 048	./. 8,1	63 200
1916	70 750	./. 18,9	87 023
1. Quartal 1917 . . .	15 631	./. 29,1	22 033
1917/18	74 983	./. 31,2	109 016
1918/19	66 324	./. 42,5	115 550
1919/20	52 736	./. 55,2	117 612
1920/21	70 428	./. 41,2	119 766
1921/22	71 525	./. 40,6	120 510
1922/23	60 276	./. 47,8	115 341
1923/24	23 550	./. 79,1	112 691

Erst der „prozentuale Fehler" ist ein Beurteilungsmaßstab für die Beteiligungspolitik. Bis 1914 besteht eine nahezu vollkommene Kongruenz zwischen Absatz- und Beteiligungsanrecht. Im Krieg steigt — verstärkt mit der offiziellen Förderfreigabe ab 1. 4. 1917 — die Divergenz aus den dargelegten Ursachen, und zwar bis Ende 1919, Anfang 1920. Von da an setzt sich mit der Steigerung der Förderung eine stete Besserung durch, die bis Ende 1922 angenommen werden kann. Man kann, da 1922 wieder die Förderung von 1912 überschritten war, eine Divergenz von 40 Proz. als Verwässerungskoeffizienten für die damalige Zeit annehmen. Diese Höhe ist aber noch anormal beeinflußt, da 1922 noch Kohlennot herrschte, d. h. noch eine Diskrepanz zwischen Bedarf und Leistungsfähigkeit. Das Jahr 1923 ist völlig anormal und muß aus jeder Betrachtung ausscheiden. Der Koeffizient für 1924 könnte etwa als zuverlässiger Maßstab gewertet werden, wenn wir einen Korrekturfaktor von schätzungsweise 15 Proz. dafür einsetzen, daß von April bis Oktober ein Teil Außenseiter bestanden und überhaupt die Marktverhältnisse noch völlig uneinheitlich waren und ferner, daß die offizielle Bemessungspolitik erst im August wieder einsetzte. Auch für 1925/26 hat sich die Diskrepanz noch etwas gebessert, da die Bemessungspolitik wieder schärfer gehandhabt wird; ab 1925 wird wahrscheinlich ein Ausgleich erreicht zwischen Förderung und Absatz. Man könnte nun glauben, daß das neue Syndikat die Diskrepanz beseitigt und demnach eine vollkommen erfolgreiche Beteiligungspolitik geführt hat. Rein mengenmäßig wurde der Ausgleich erreicht, weniger aber durch die Bemessungspolitik des Syndikates als durch die Stillegungspolitik seiner Mitglieder. Und vor allem besteht auch heute noch die Schwierigkeit fort, daß eine kurante Sorte einer Zeche A stärker als notwendig kontingentieren muß als eine unkurante der Zeche B. Und das ist unrationell, die Sorten, die nicht begehrt sind, haben eine unwirtschaftliche Beteiligung.

Bevor wir ein Endurteil über die Beteiligungspolitik des R. W. K. S. abgeben können, müssen wir kurz die Regelung bei den Eisenverbänden erörtern.

Relativ einfach konnte der R. E. V. die Beteiligung regeln, eine Möglichkeit, die für das Kohlensyndikat, solange es auch den Selbstverbrauch im Gegensatz zum R. E. V. erfaßt, nicht in Frage kommen kann. Aber wir stellten es bereits als möglich hin, daß sich einmal eine organisatorische Trennung der reinen Zechen vollzieht, und deshalb ist die Beteiligungsregelung im R. E. V. zweckmäßig darzustellen. Die aus einer Leistungsperiode 1911 als absolute, einschränkbare Verkaufsbeteiligung ermittelte Berechtigung ist bei sämtlichen Vertragserneuerungen unverändert geblieben und bildet seit 1921 das Höchstkontingent. Die Konzentration hat die Verkaufsbeteiligung dadurch verwässert, daß sämtliche Verbrauchsanrechte automatisch ausscheiden. Eine Neufestsetzung auf Leistungsbasis schien aber im Laufe der Zusammenschlußbewegung nach dem Krieg unzweckmäßig. Die Beteiligung wurde deshalb völlig der Leistung angepaßt dadurch, daß die Lieferung eines Vorquartals jeweils das Anrecht für das nächste begründet. Damit war jede Differenzierung vermieden. Ab 1927 dürfte sich — nach Stabilisierung der Verhältnisse — eine Rückbildung zum alten System — mit absoluten Beteiligungen — vollziehen, nachdem die Beteiligung für 1926 bereits durch ihre Errechnungsart stabilisiert ist[47]): Vier Siebentel der Produktion ·/· Selbstverbrauch der Zeit vom 1. 7. 1924 bis 31. 3. 1926.

Die Rohstahlgemeinschaft, die als Kontingentierungsgemeinschaft aufgebaut ist[48]), verdankt ihre organische Struktur dem Grundsatz, vor jeder Verhandlung über Verkaufsverbände die Beteiligungsfrage allgemein und mit einem gleichen Schlüssel zu regeln. Aus dieser Rohstahlgesamtbeteiligung errechnen sich die Beteiligungen in den Unterverbänden durch Umrechnung mit festen Einsatzgewichten[49]). Die Beteiligung beruht auf einer kurz zurückliegenden Leistungszeit[50]). Sie ist als absolute Beteiligung aufgebaut und wird durch Kontingentierungszahlen der Aufnahmefähigkeit des Marktes angepaßt. Dabei sind zwei Abweichungen von Bedeutung.

1. Für Selbstverbraucher wird bei einer Einschränkung über 25 Proz. der Eigen- und Konzernbedarf[51]) geringer eingeschränkt als der Verkauf, d. h. es findet bis 25 Proz. eine völlig gleichmäßige Einschränkung statt, und erst ab 25 Proz. entsteht ein gewisses Sonderrecht der gemischten Werke. Diese Lösung, die einfacher ist als beim R. W. K. S., war dadurch möglich, daß die Mehrzahl der Mitglieder gleichzeitig Selbstverbraucher ist.

2. Weiter können die Unterverbände ermächtigt werden, differenziert von der Einschränkung der Gemeinschaft die Produktion zu bemessen. Es war diese Bestimmung unbedingt nötig, da die Absatzlage der einzelnen Walzprodukte sehr oft ganz verschieden ist. Die Regelung war allerdings einfacher als bei der Kohle durchführbar, weil ein „Sortenanfall" nicht existiert und weil der Beteiligungstausch verschiedener Werke untereinander zwecks rationeller Konzentration der Produktion eingeführt ist.

[47]) Lt. persönlicher Mitteilung.

[48]) Stahl und Eisen 1915, S. 152; Köln. Ztg. v. 28. 6. 1914.

[49]) § 17, Ziff. 2, Syndikatsvertrag d. R. St. G.

[50]) Grundzeit: 1. 1. 1922 bis 31. 10. 1924.

[51]) 50 Proz. Beteiligung an einem Verbraucherwerk begründet das Recht des Selbstverbrauchers.

Die Scheidung der heutigen Organisation des R. W. K. S. in bestrittene und unbestrittene zeigt nun, daß auch hier eine Differenzierung notwendig wird. Die starken inneren Gegensätze und die äußeren Verhältnisse vereiteln eine einheitliche Regelung, und ich glaube, daß die Art der Regelung, wie sie für das bestrittene Gebiet getroffen worden ist, in der Richtung der endgültigen und auch der wünschenswerten Entwicklung liegt. Dabei sind allerdings die ungeheuren Schwierigkeiten allgemeiner Sortenbeteiligungen nicht zu verkennen. Die Konzentration indessen und die Ausweitung des Selbstverbrauches verringern die Gegensätze, vermindern den Marktumfang und die Fortschritte der Aufbereitungs- und Verkokungstechnik und -chemie einerseits, der Energiekonsumapparate andererseits wirken auf Sortenangebot und -nachfrage typisierend. Dabei können Beteiligungstausch und geldlicher Ausgleich die Kontraktion auf gängige Sorten fördern. Mit der Aufteilung in Sortenbeteiligungen wird aber das R. W. K. S. zu einem Mantelverband von Unterverbänden werden, ähnlich der R. St. G. [52]). Daß eine solche Entwicklung durchaus im Bereich des Möglichen liegt, dafür bringt der Vertragsentwurf der Zwangszechen [53]) den Nachweis, der in einer Denkschrift eingehend die Notwendigkeit von generellen Sortenbeteiligungen betont, die — wie bei der R. St. G. in den Unterverbänden — jede für sich zu kontingentieren und zu verrechnen sind.

Wie der R. St. G. trotzdem die generelle Kontingentierung vorbehalten blieb, so wird sie auch das R. W. K. S. behalten. Will das Syndikat aber ohne den Zwang des Kohlenwirtschaftsgesetzes seine Existenz erhalten, so wird es selbst bzw. seine eventuellen Untersyndikate in der Beteiligungsanlagepolitik den inneren Gegensätzen und den äußeren Bedingungen individuell nachgehen müssen. Und dazu ist eine differenzierte Beteiligungsbetriebspolitik erforderlich, so lange die Unterlagen differenziert sind. Eine solche ist aber mit der Idee des Kartelles unvereinbar.

---

[52]) Vgl. die Beteiligungsstaffel S. 128, System VI, wobei die Gesamtbeteiligung heute schon den Mantel andeutet.

[53]) R. W. Z. v. 19. 3. 1925 wörtlich abgedruckt.

es sei denn, daß gleichzeitig ein geldlicher Ausgleich der Unterschiede stattfindet. Bedient man sich nicht letzterer Möglichkeit, so bleibt nur die Wahl zwischen zwei Mitteln: Zerfall des Kartelles oder Revision der Beteiligung und deren gleichmäßige Refundierung. Die Notwendigkeit einer Revision wird in Syndikatskreisen selbst eingesehen und wurde besonders im Oktober 1924 — also nach Abschluß des Zwangssyndikates — öffentlich vertreten[54]).

Man konnte im Krieg die Beteiligungsfrage zurückstellen hinter dem Gebot, eine Organisation überhaupt zustandezubringen, die für die Durchführung der Kriegswirtschaft in Kohle einen sicheren Rückhalt bot; man konnte die Frage umgehen zur

[54]) In der Köln. Ztg. vom 8. 11. 1924 äußert sich zu dieser Frage ein Zwangsmitglied wie folgt:

„Die im bisherigen Syndikatsvertrag festgesetzten starren Beteiligungsquoten sind das Ergebnis einer Entwicklung, in der vielfach nicht die tatsächliche Leistungsfähigkeit der einzelnen Zeche für die Festsetzung entscheidend war, sondern der Wunsch, widerstrebende Mitglieder durch Heraufsetzung ihrer Quoten sicherzustellen. Fast alle diese Beteiligungsziffern sind infolge des Kampfes um die Quote nach dem gegenwärtigen Stand zu hoch, und zwar in einem durchaus ungleichmäßigem Verhältnis, was eine verschiedenartige Behandlung der Mitglieder zur Folge hat."

Ein freiwilliges Mitglied äußert sich ebenda:

„Die Beteiligungsfrage ist eine offene Wunde, die erst zur Heilung gebracht werden muß, wenn das ganze Gebilde gesunden soll. Man hat es peinlich vermieden, an die Lösung dieser Frage heranzugehen, und damit dem neuen Zusammenschluß einen Sprengstoff einverleibt, der ihn über kurz oder lang wieder auseinandertreiben muß. Es sind mehrere Gründe — und schematisch sind diese auch nicht heilbar — die das Mißverhältnis zwischen Beteiligung und Förderfähigkeit hervorriefen: 1. Außenseiter kaufte man für das Syndikat durch hohe Beteiligungen; 2. Aufkauf von stillzulegenden Zechen. Beide Gruppen wehren sich ängstlich gegen eine Aufrollung der Beteiligungsfrage. 3. Ganz anders sind die relativ hohen Beteiligungen zu betrachten, die den im Ausbau begriffenen nördlichen und östlichen Zechen eingeräumt sind. Hier liegt eine wirtschaftliche Notwendigkeit zugrunde. So sieht man, daß man nicht alles über einen Kamm scheren kann, aber die Beteiligungsfrage muß gelöst werden, um ein gesundes Syndikat zu ermöglichen."

Zeit der Kohlennot, da die Aufgabe damals nicht Beteiligungsbemessung, sondern Fördersteigerung war. Die heutige völlig andersartige Absatzlage verlangt eine straffe Produktionspolitik und damit eine ebenso straffe Beteiligungspolitik. Das Syndikat ist über 30 Jahre alt und so lange schon bestehen — wie die Ausführungen gezeigt haben — Differenzen; vor mehr als 10 Jahren erfolgte im Gegensatz zu den gegenwartsnahen Anpassungen im R. E. V. und der R. St. G. der letzte Marktausgleich; die Konkurrenz hat die Absatzverhältnisse verschoben, die Technik stellt an das Material heute andere Bedingungen. Eine Refundierung ist dringend, denn auch da gilt: „Gutta cavat lapidem."

Ob allerdings diese notwendige Bereinigung in einem Syndikat möglich ist, das mittelbar unter dem Druck des Kohlenwirtschaftsgesetzes steht, und das zudem von starken inneren Gegensätzen unterhöhlt ist, will mir mehr als problematisch erscheinen. Als freiwilliges Syndikat im Rahmen des Kohlenwirtschaftsgesetzes dürfte es kaum gelingen, und als Zwangssyndikat ist die Lösung völlig unwahrscheinlich. Es bliebe dann nur die Möglichkeit, den Selbstverbrauch noch stärker auszudehnen und alles — wie im R. E. V. — auf Leistungsbeteiligung abzustellen, eine Möglichkeit, die sich in der Zeit der Absatznot für das R. W. K. S. als Kartell allerdings verbietet und, wie dargelegt, ja auch im R. E. V. in der Rückbildung begriffen ist.

So bleibt nur übrig: Aufhebung der Zwangswirtschaft in Kohle, Zerfall des Syndikates und eine Zeit freier Konkurrenz. Sie würde die Basis schaffen, auf der nach kürzerer oder längerer Zeit ein einheitlicher, eventuell ganz neuartiger Organismus entstehen kann, wenn es zweckmäßig erscheint, diesen zu errichten.

III. Die Preispolitik

a) Die Preisarten und die Preisbestimmung

Der Eingriff des Syndikates in die Preisgebarung bildet die notwendige Ergänzung der Bemessungspolitik, da nur beide vereint eine Stabilisierung der Marktverhältnisse erreichen können.

Bei freier Preisbildung würde die durch die Bemessungspolitik einseitig gefesselte Konkurrenz zu einer unwirtschaftlichen Verteilung der Produkte und einer unnatürlichen Entwicklung der Preise führen, Gefahren, die durch eine zentrale Kartellpolitik allerdings auch nur vermieden werden, wenn diese sich ihrer wirtschaftlichen Aufgaben bewußt ist und der Verband seine monopolistische Position nicht zum Nachteil der Konsumenten ausnutzt. Die Folgen einer andersartigen Handhabung wären um so nachteiliger, da es sich bei Kohle um ein Schlüsselprodukt handelt, dessen wirtschaftliche Verteilung und stete Preisgebarung von größter Bedeutung ist.

Rein technisch unterscheidet das R. W. K. S. drei Preisarten:

1. Die Richtpreise werden für längere Zeit für jede Grundsorte festgestellt und dienen als Grundlage der Verkaufsabschlüsse. Sie sind ein Mittel zwischen Kosten- und Marktpreis, da sie sich auf den Selbstkostenerrechnungen der Syndikatsmitglieder und den Erwägungen über die Marktlage aufbauen. Durch ihre zentrale und langfristige Festsetzung erwirken sie eine Vereinfachung und Stabilisierung der Preisbildung. Als zentraler Richtpreis wird der der Fettförderkohle betrachtet. Die einzelnen Sorten sind ihm gegenüber — ihrer Qualität und der Nachfrage entsprechend — abgestuft.

2. Die Verkaufspreise sind die bei jedem Kontrakt erzielten Erlöse, die je nach der Konjunktur schwanken, im unbestrittenen Gebiet indessen die Tendenz haben, sich den Richtpreisen anzupassen. Im bestrittenen Gebiet sind die Verkaufspreise dagegen in aller Regel nicht an die Richtpreise gebunden, sondern völlig von der Marktpreisbildung abhängig. Dennoch ist auch hier eine Stabilisierungstendenz im allgemeinen erkennbar.

3. Die Verrechnungspreise endlich stehen in keinem Zusammenhang mit dem Markt; sie sind rein syndikatsintern. Sie werden für jede einzelne Sorte jeder Zeche festgesetzt und dieser, unabhängig von der endgültigen Abrechnung, gutgeschrieben.

Im unbestrittenen Gebiet erhält jedes Mitglied den Verkaufs-, mindestens aber den Verrechnungspreis, und ein eventueller Mindererlös wird durch die Umlage gedeckt, wodurch ein Mindestpreis garantiert wird. Im bestrittenen Gebiet erhielt das Mitglied bis 1925 nur genau den Verrechnungspreis, so daß eventuelle Mehrerlöse der Gemeinschaft zugute kamen, wie Mindererlöse von ihr getragen wurden. Da letzteres die Regel bildete und die Lasten des bestrittenen Absatzes die Umlage derart steigerten, daß die Rentabilität mancher Zeche in Frage gestellt war; da weiter das Interesse der Mitglieder am bestrittenen Absatz sehr unterschiedlich war, wurde die Bestimmung 1925 geändert. Es werden jetzt (1925) monatlich besondere Richtpreise für das bestrittene Gebiet festgestellt, die den erzielbaren Marktpreisen entsprechen, auf die Selbstkosten aber keine Rücksicht nehmen. Es steht jedem Mitglied frei, zu diesen Preisen zu kontrahieren oder auf die Beteiligung am Absatz zu verzichten. Verkaufs- und Verrechnungspreise sind im bestrittenen Gebiet identisch, die Durchschnittserlöse, auf die die Lieferzechen Anspruch haben.

Bei der Beurteilung der Preispolitik des R. W. K. S. ist es wichtig, diese Preisarten zu beachten und vor allem die Unterschiede, die zwischen den einzelnen Gebieten bestehen. Es ist weiter bedeutsam, daß die Preispolitik zeitweilig von staatlichen Organen geführt bzw. beeinflußt wurde. Schon 1912 hatte sich der Fiskus ein Einspruchsrecht vorbehalten, und wegen Differenzen in der Preispolitik erfolgte damals die Kündigung des Abkommens. Bei seinem Eintritt ins Syndikat wurden ihm 1916 wiederum Sonderrechte zugebilligt[1]), die aber nur nominelle Bedeutung erlangten, da im Krieg auch für Kohle staatlich festgesetzte Höchstpreise galten. Im Kohlenwirtschaftsgesetz wurde dann dem Reichswirtschaftsminister das Preisveto eingeräumt, das die Fiskalrechte ablöste. Die Preisfestsetzung wurde dem Reichskohlenverband übertragen, der sie in Verbindung mit dem „Großen Ausschuß" des Reichskohlenrates handhabte. Wiederholt aber erfolgte die tatsächliche Preisfestsetzung durch den Reichswirtschaftsminister, der von 1919 bis

---

[1]) Preisentscheid, wenn 30 Proz. aller übrigen Stimmen gegen eine Erhöhung oder für eine Herabsetzung der Preise sich einsetzten. Syndikatsverträge 1916/17, § 42, Ziff. 2.

1923 von seinem Vetorecht weitgehend Gebrauch machte, oft — wie aus der Preisentwicklung ersichtlich wird — in krassem Widerspruch zur valutarischen Entwicklung. Seit 1919 hatte das R. W. K. S. offiziell lediglich ein Preisvorschlagsrecht, mittelbar aber ein gewisses Mitbestimmungsrecht durch sein Stimmgewicht im Reichskohlenverband[2]). Die Preise dieser Periode sind reine Monopolpreise, wobei es an sich irrelevant ist, ob diese sich dem Markt oder anderen Beziehungen anpaßten.

In unmittelbarem Zusammenhang mit der Aufgabe des passiven Widerstandes und der Stabilisierung wurde dem R. W. K. S. wie dem Rheinischen Braunkohlensyndikat — im Gegensatz zu den übrigen Kohlensyndikaten — die Befugnis der Preisbestimmung delegiert. Die Publikationspflicht und das Preisveto des Reichswirtschaftsministers, das seitdem aber nicht mehr gehandhabt wurde, blieben bestehen. So wurde praktisch der Zustand der Zeit vor 1916 wieder hergestellt in der Erwägung, daß nur die privatwirtschaftlichen Interessen die Folgen des Ruhrkampfes überwinden könnten und deshalb in ihrer Betätigung in jeder Hinsicht freizustellen seien.

Die Entwicklung läßt uns drei Perioden in der Preispolitik des R. W. K. S. unterscheiden[3]): 1893/1915—1916/1923—1924 ff. Da nun weder die Verkaufspreise veröffentlicht sind, noch die Dividenden- und Ausbeutestatistik der letzten Jahre den Charakter eines Maßstabes hat, ist nur eine Beurteilung auf Basis der Richtpreise möglich. Vergleichsweise habe ich die Jahresdurchschnittsverkaufspreise von Gießerei-Roheisen III und Stabeisen mit herangezogen; Roheisen war von 1908 bis 1910, Stabeisen vor dem Krieg fast ununterbrochen syndikatsfrei. Im Krieg galten auch hierfür Höchstpreise und von 1920 bis 1923

---

[2]) Ursprünglich war nur der Reichskohlenverband Preisbestimmungsorgan, so daß die öffentliche Preisgebarung — vom Preisveto abgesehen — eine solche der Syndikate war. Erst später schaltete der Reichskohlenrat durch seinen großen Ausschuß die Mitwirkung der Händler und Selbstverbraucher ein.

[3]) Statist. Anhang, Tabelle VI, und Graph. Anhang, Tabellen I/II. — Vgl. für die folgenden Ausführungen: Wiedenfeld, R. W. K. S. Graph. Tabelle II.

wirkte offiziell die Preispolitik des Eisenwirtschaftsbundes, die sich aber nur sehr kurze Zeit durchzusetzen vermochte [4]).

b) Die Preisgebarung bis zur Stabilisierung

1. 1893 bis 1914

In den Kurven der Zeit von 1893 bis etwa 1914/15 kommen zwei Erscheinungen zum Ausdruck, eine steigende Tendenz der Preise und eine Nivellierung der Konjunkturwellen [5]). Besonders charakteristisch wird das bei einem Vergleich mit den oben gegebenen Zahlen der vorsyndikatlichen Zeit [6]). Diese Entwicklung erzielte das Syndikat durch die Einführung von Jahreskontrakten zu festen Preisen, durch das Übergreifen in die Marktorganisation und durch die Unterhaltung von Syndikatslagern, Maßnahmen, die in die Preisbildung ein elastisches Moment einschalteten. Die Stabilität der Preisgebarung kam nicht nur den Kartellmitgliedern zugute, sondern ermöglichte auch der Verarbeitungsindustrie, mit festen Sätzen zu rechnen, sicherte deren Preise und festigte damit die ganzen wirtschaftlichen Beziehungen. Das prägte sich selbst in den Preisen des syndikatsfreien Stabeisens aus, in denen die Auswirkungen der Konjunktur sich zwar schärfer spiegelten und die eine mehr fallende Tendenz zeigten, dennoch aber eine gewisse Parallelität zur Kohle bewahrten. Noch mehr zeigte sich das seit 1910 bei Roheisen dank der Tatsache, daß dieses syndiziert war und daß dem Koks hier Rohstoffeigenschaft — was sein Gewicht als Kostenfaktor verstärkt — zukommt.

Das privatwirtschaftliche Streben der Kartelle geht notwendig nach höchster Rentabilität ihrer Mitglieder, und die Steigerung der Preise, die mit der Syndikatspolitik natürlich verbunden ist, liegt in der Tendenz der wirtschaftlichen Entwicklung der letzten Jahrzehnte überhaupt. Die Korrelation, die dabei zwischen Lohn- und Warenpreis zu beobachten ist, beruht in gewissem Umfang

---

[4]) Siehe Bruns a. a. O.

[5]) Ich folge hier im wesentlichen Wiedenfeld R. W. K. S. S. 113 ff. und Tabelle II.

[6]) Siehe oben S. 17.

auf einem Kausalzusammenhang. Die Steigerung, die für die damalige Periode zu beobachten ist, war indessen keine reine Kartell- und Lohnwirkung, sondern sehr stark auch von technischen und natürlichen Momenten bedingt. Erst gesicherte und höhere Preise schafften die Voraussetzung dafür, daß der Bergbau die modernen Nord- und Ostzechen ausbauen konnte; die verfeinerten Sortenansprüche verteuerten durch die erforderlichen Aufbereitungs- und Nebenproduktenanlagen die Produktion, wobei allerdings die Mehrgewinne aus den Nebenprodukten die erhöhten Kosten überkompensierten; die mit der steigenden Förderung notwendige Ausweitung des Marktes erhöhte die Vertriebs- und Kampfkosten. Die Ansiedelung großer Bergarbeiterkolonien, die sozialen Lasten der Arbeitergroßstädte wirkten preissteigernd.

Es war zweifellos ein Verdienst des Syndikates, daß es all diese Kräfte in die evolutionäre — und wie die Stabeisenkurve besonders für 1900/01 und 1907/09 zeigt — ruhigere Richtung drängte. Daß dabei Fehler vorkamen, ist verständlich, da jede Vorausfestsetzung der Preise einer solchen Gefahr ausgesetzt ist. Es wird deshalb stets Streitfrage bleiben, ob z. B. die Preiserhöhung von 1913 von M. 11.25 auf M. 12.— für Fettförderkohle, von M. 17.50 auf M. 18.50 für Magernußkohle (Hausbrand), an der der Fiskus Anstand nahm, wirtschaftlich berechtigt war oder nicht. Die Preisschere, die sich hier zwischen Kohle und Eisen für 1912/13 bildete, zeigte allerdings, daß die Konjunktur der Preisbildung für Kohle entgegen sich entwickelt hatte, und daß es vielleicht zweckmäßiger gewesen wäre, wenigstens von einer Preiserhöhung und damit einer Verschärfung der Diskrepanz Abstand zu nehmen. Gegen offensichtliche Fehler wie die Fusionsverträge des Kokssyndikates 1899/1901, die — wie ebenfalls aus der Kurve ersichtlich — die Kokspreise stark überhöhten, und die Preisausschreitungen der Syndikatshändler in der gleichen Zeit hat das R. W. K. S., wenn auch teils unter dem Druck der öffentlichen Meinung [7]), Stellung genommen, oder wo es, wie

[7]) Wiedenfeld in D. K. Z. 1925, S. 834.

beim Handel in seiner Macht lag, organisatorisch eingegriffen [8]).

Im Kurvenbild kommt neben diesen einheitlichen Erscheinungen noch ein Gegensätzliches zum Ausdruck, das auf die Markteinflüsse zurückzuführen ist: die unterschiedliche Preisentwicklung der einzelnen Sorten. Der Hausbrandbedarf ist relativ konstant und wenig von der Konjunktur beeinflußt, so daß die entsprechende Sorte — Magernuß I — eine gleichmäßig steigende Entwicklung nimmt. Hochofenkoks, Kokskohle und Fettförderkohle sind ausgesprochene Industrieprodukte und in ihrer Preisbildung spiegelt sich die Wirtschaftslage wider, besonders scharf in Hochofenkoks, der sich an nur einen Industriezweig — die Hüttenindustrie — wendet und so auch eine Parallelität zu den Eisenpreisen aufweist. Die Gasflammstückkohle wird aus ihrer Stellung im Siemens-Martin-Prozeß [9]) verdrängt durch die Braunkohle, so daß sie, weniger gefragt, im Preis zurückbleibt.

Eine preispolitische Beeinflussung des Sortenabsatzes, die sich hier ausprägt, erscheint so lange gerechtfertigt, als es sich um Sorten handelt, die abgesetzt werden müssen, weil sie bei der Förderung natürlich mit anfallen. Sorten, die auf Zechen dagegen anfallen, die an sich zur Bedarfsdeckung nicht notwendig sind, sind unwirtschaftlich gewonnen und verdanken ihren Absatz lediglich dem Bestand des Syndikates, eine Maßnahme, die nur dann gerechtfertigt ist, wenn der restlose Abbau des Flözes volkswirtschaftlich geboten erscheint, d. h. wenn der Schaden der Preissteigerung geringer ist als der dauernde Verlust von Naturprodukten.

Wenn man unter der gleichen Argumentation im allgemeinen die Richtpreise nach den Kosten des teuersten Betriebes bestimmte und nicht etwa eine mittlere Basis mit Ausgleichskasse wählte, so scheint die getroffene Regelung im Interesse des Agens der Differenzialrente in normalen Zeiten für ein Kartell

---

[8]) Einführung des Handelskammerparagraphen und Errichtung der Kleinverkaufsstelle Düsseldorf.

[9]) Wiedenfeld R. W. K. S. S. 86 ff. und G. B. Rheinisches Braunkohlensyndikat 1905 ff.

wertvoll [10]), mit der Einschränkung, den Begriff „teuersten“ nicht wörtlich zu nehmen, sondern für einen Betrieb, dessen Kosten den Durchschnitt so weit überschreiten, wie Zechen zur Bedarfsdeckung noch herangezogen werden müssen. Die Differenzialrente erhält dem Kartell die innere Konkurrenz, das elastische Differenzierungsmoment, das nicht entbehrt werden kann, solange man in die Produktionsverhältnisse selbst nicht eingreifen kann. Und daß vor dem Krieg unwirtschaftliche Zechen nicht mit durchgehalten wurden, dafür waren die Hochkonjunkturen 1907 und 1912/13 Beweis, in denen die Förderung den Bedarf nicht decken konnte. Gewiß haben dabei Erscheinungen wie Wagen- und Arbeitermangel mitgewirkt, und der eine oder andere Zechenbesitzer hat sich durch die gesicherten Preise in seiner Unternehmertätigkeit, d. h. dem Ausbau seiner Anlagen und damit dem Streben nach höherem Gewinn lähmen lassen — doch das sind Ausnahmeerscheinungen um so mehr, als viele Zechen tatsächlich in ihre Beteiligung noch nicht hineingewachsen, vom Syndikat also in ihrer Expansion nicht gehemmt waren, und weil weiter durchaus die Möglichkeit bestand, Außenseiterzechen zu gründen. Die Klagen der kleinen Zechen und ihr Streben nach Preissteigerung, die Politik der großen Zechen als Mäßigkeitsapostel im Interesse einer steten Preisgebarung und einer nachhaltigen Konjunktur bewirkten schließlich, daß, wo eine überteuerte Produktion bestand, diese zum Erliegen kam oder auf den Weg technischer Verbesserungen gedrängt wurde.

Jede monopolistische Preisbildung wurde schließlich dadurch hintangehalten, daß im bestrittenen Gebiet weitgehend Preisnachlässe eingeräumt werden mußten und nur Sondertarife eine Ausweitung des Absatzgebietes ermöglichten. Weiter war das unbestrittene Gebiet dauernd der Konkurrenz der Außenseiter und der anderer Reviere ausgesetzt. Endlich zeigt das Ausmaß der erhobenen Umlagen, daß dem Richtpreis ein nicht unerheblicher Mindererlös gegenüberstand, teilweise verursacht durch die vom Weltmarkt abhängigen Exportpreise [11]).

---

[10]) Wiedenfeld D. K. Z. 1925, S. 835.

[11]) Siehe diesen Abschnitt c, S. 188.

2. 1915 bis 1923

Mit dem Krieg änderten sich die Voraussetzungen der Preispolitik. Ein Vergleich wird dabei dadurch erschwert, daß die Preise in Mark ausgedrückt eine unterschiedliche Kaufkraft darstellten und, auf Goldmark zurückgerechnet, keine einheitliche Tendenz zeigen. Die Kurve des reinen Richtpreises [12], in Gold ausgedrückt, entwickelte sich im Krieg relativ ruhig mit steigender Tendenz — ähnlich den Preisen der Stahlwerksprodukte [13]) — und erreichte mit Goldmark 10.95 am 1. 3. 1916 ihren Tiefpunkt, mit Goldmark 14.34 am 1. 9. 1918 ihren Höhepunkt. Sehr scharf waren die Preisausschläge 1919 bis 1922 und besonders 1923. Die Kohlenpreise verloren für 1920/22 jeden Zusammenhang mit den Eisenpreisen, da die Kohlenkonjunktur im besonderen Maße anormal war und das Preisveto des Reichswirtschaftsministers dauernd Monopolpreise diktierte, während der Eisenwirtschaftsbund — dank des stärkeren Einflusses des Weltmarktes und dank der Konkurrenz der Einfuhrkontingente, weiter infolge der Zollbresche durch das „Loch im Westen" — seine Preispolitik nicht durchsetzen konnte. Die Preisausschläge für Kohle stellen sich:

Jahr	(in Goldmark) Tiefpunkt	Höhepunkt	Spannung
1919	7,49	17,55	10,06
1920	5,81	11,75	5,94
1921	7,72	12,98	5.26
1922	2,67	9,04	6.37
1923	3,61	37,14	33,53

Ein Vergleich mit den Eisenpreisen ist im einzelnen nicht möglich, da ein Durchschnittsgoldpreis für Kohle nicht ermittelt worden ist, so daß nur die allgemeine Tendenz der Kurven die Diskrepanz der Entwicklung aufzeigen kann. Eine Synthese zwischen Währungszerfall, innerer Kaufkraft der Mark und Kohlenpreis war organisatorisch nicht zu erzielen [14]). Das Preis-

[12]) Ohne Kohlen- und Umsatzsteuer und Soziallasten.

[13]) Durchschnittsgoldpreise sind hier ermittelt.

[14]) Technik und Wirtschaft 1925, S. 175, Tab. 5.

bild änderte sich erst mit dem Übergang zur effektiven Goldrechnung im September 1923, um von da an eine unverkennbar fallende Tendenz zum Ausdruck zu bringen.

Eine Beurteilung der vorgängigen Entwicklung ist nur möglich im Vergleich mit der Preisbildung am Weltmarkt. Die Preiskurve Englands, des maßgebenden Konkurrenten der Ruhr, zeigte einen viel schärferen Preisausschlag [15], der den Preis von etwa M. 14.— im Jahre 1914 auf M. 60.— 1920 steigerte, um von da bis 1922 auf M. 21.— zu fallen. Muß schon eine derart scharfe Preisbewegung für Kohle an sich eine äußerst ungünstige wirtschaftliche Wirkung haben, so wäre sie im Krieg und unter den Schwierigkeiten der Übergangszeit vor allem unerträglich gewesen. Man muß es begrüßen, daß die zentrale Festsetzung der Preise deren Überhöhung vermieden hat, denn ohne diese wären die Preise auch in Deutschland trotz des Valutaschutzzolls bis 1921 noch schärfer gestiegen, um später ebenso jäh zu fallen. Es fragt sich aber, ob nach 1921 noch die Berechtigung für eine staatliche Preisregelung gegeben war. Daß eine stabile Preisbildung nicht erreicht wurde, kann den staatlichen Organen kaum zum Vorwurf gemacht werden, da dieser Mangel durch die Inflation verschleiert wurde. Verfehlt aber waren die Versuche, aus Produktionskostenberechnungen einen „angemessenen Preis" zu ermitteln [16]. Als Notbehelf konnte man im Krieg so zu verfahren suchen, da damals ein isolierter Markt bestand und der Kohlenpreis tatsächlich jede Beziehung zum Bedarf verloren hatte. Mit Beendigung der Kohlennot und der Wiederherstellung internationaler Austauschbeziehungen aber mußte auch die Preisbildung wieder die Marktbeziehungen herstellen. Und das wurde von den staatlichen Organen lange verkannt und dadurch die Kohlennot über Gebühr lang erhalten. Denn in der Inflation wäre eine Preissteigerung wenig drückend empfunden worden. Erst 1923 erfolgte durch eine scharfe Preissteigerung eine bewußte Anpassung an das Welt-

[15]) Siehe Anm. 3, S. 14.

[16]) Wiedenfeld, Staatliche Preisfestsetzung und Handwörterbuch d. Staatswissensch. IV. Aufl. VI, S. 1017 ff.

marktpreisniveau. Ab 1924 wurde der Markt wieder das preisbildende Element.

In der Preiskurve ist der Einfluß der Kohlen- und Umsatzsteuer und der Soziallasten für Lebensmittel- und Heimstättenbeschaffung [17]) eliminiert, Kosten, die ich als vorübergehende Belastungen des Kohlenpreises für den Vergleich um so eher außer acht lassen konnte, als sie weder für die Preispolitik bestimmend waren, noch dem Bergbau zugute kamen. Den Konsum belasteten sie allerdings sehr stark in einer Höhe, die zeitweilig bis 50 Proz. des Nettopreises betrug und ohne Beeinträchtigung des Absatzes nur getragen werden konnte, weil die Entwertung einerseits jeden Maßstab beseitigte und andererseits gleichzeitig eine Importkonkurrenz verhinderte. Mit der Stabilisierung mußten diese Lasten fortfallen, sollte der Bergbau nicht konkurrenzunfähig gemacht werden. Sie wurden deshalb 1923/24 aufgehoben.

Da seit 1914 nur noch staats-, sozial- und wirtschaftspolitische Gesichtspunkte maßgebend waren, die den valutarischen Einflüssen nicht begegnen konnten, wird das zweite Gebiet der Preispolitik von Bedeutung, das der Sortenpreise. Sie werden im Diagramm II (Anhang) veranschaulicht, wobei ich den Fettförderkohlenpreis als Ordinate 100 gewählt und diesem die anderen Sorten zugeordnet habe. Die graphische Darstellung scheidet drei Abschnitte, von 1914/19, 1920/23 und ab 1924. Dem für die Preispolitik statuierten Prinzip getreu, einmal für eine bestimmte Zeit festgesetzte Preise beizubehalten, zeigte sich der Einfluß des Kriegsausbruches erst am 1. 4. 1915 in einer Anpassung, die eine erstmalige Kontraktion der Preise darstellt. Die im Diagramm erfaßten Preise bewegen sich um die Ordinate:

Am	von ./.	bis +	in einer Spannung von
1. 4. 1914 . . .	23	80	103
1. 4. 1915 . . .	20	54	74
1. 4. 1916 . . .	20	65	85
1. 5. 1917 . . .	20	50	70
1. 9. 1918 . . .	15	49	64
1.10. 1919 . . .	5	59	64

[17]) G. B. R. W. K. S. 1922/24, Zahlentafel 20.

Die Annäherung der Preise, die diese Zahlen veranschaulichen, hat zwei Ursachen: Sie war zunächst eine Folge des Kriegsausbruches; in der Befürchtung, Spezialsorten nicht absetzen zu können, wurden — wie unten näher dargelegt — deren Preise gesenkt. Weiter aber war sie darin begründet, daß die Preisanpassung an die Entwertung nicht prozentual erfolgte, sondern — wie vor dem Krieg — durch im allgemeinen gleiche, absolute Zuschläge, so daß sich die Erhöhung in den billigen Sorten stärker auswirken mußte.

Die Überschneidungen der Kurven der einzelnen Sorten verdeutlichen eine bewußte preispolitische Beeinflussung der Absatzgestaltung. In den Hausbrandsorten — Mager-, Eß- und Eßfeinkohle als Vorprodukt des Briketts — zeigt sich nur die Tendenz der Annäherung aller Preise, da einerseits der Bedarf dauernd auf das Angebot drückte und andererseits die Höchstpreispolitik eine Überteuerung des Konsums verhinderte, die Ablenkung von den Steinkohlensorten zur Verfeuerung von Koks und Braunkohle und die Surrogatverwendung von Holz einer Preissteigerung entgegenwirkten. Nur das Zusammentreffen all dieser Kräfte konnte eine schärfere Preissteigerung der Hausbrandsorten verhindern, die dank der Konstanz in der Nachfrage und der verschärften Verknappung im Angebot durch Entzug der Mengen zugunsten der Industrie sonst unvermeidbar gewesen wäre. Der Brikettpreis blieb proportional zum Grundpreis fest — er bewegte sich leicht um 120 Proz. — da in ihm die Überteuerung durch den Bindemittelzusatz einer Senkung entgegenwirkte.

Der allgemeinen Entwicklung folgten auch die Preise für Fett-, Gas- und Gasflammförderkohle, wobei wieder mitspricht, daß sie die ganze Breite der Wirtschaft als Abnehmer haben und so nur von den allgemeinen Kriegseinflüssen betroffen wurden. Eigenartig dagegen ist die Kurve der Kokskohle und ihrer Derivate, des Brech- und Hochofenkokses, der Energie- und Rohstoffprodukte der eisenschaffenden und der Nebenproduktenindustrie, d. h. der Kriegsschwerindustrie. Es prägt sich hier nicht nur die Bedarfslage für Koks allein aus, sondern es zeigt sich auch die Preisbildung in Relation zum Bedarf an Nebenprodukten.

1915 fiel der Preis der Kokskohle unter den für Fettförderkohle und parallel verlief die Preisbildung des Kokses. Die Verkokung sollte damals im Interesse einer verstärkten Nebenproduktengewinnung gehoben werden. Um den Koks nicht halden zu müssen, suchte man seinen Absatz durch eine scharfe Preissenkung zu beleben. Der Bedarf an Hochofenkoks bewirkte dann bereits 1915 und im Gegensatz zur Allgemeinentwicklung 1916/17 — unter dem Einfluß des Hindenburg-Programmes — eine starke Preissteigerung, die den Preis vorübergehend über den von Brechkoks und 1917 über den der teueren Hausbrandsorten brachte. Die Entwicklung der Kokskohlenkurve ist bis 1916 entsprechend und biegt erst dann in die allgemeine Preissenkung ein. Der Brechkoks setzte unter absatzpolitischen Gesichtspunkten den Preisfall bis 1916 fort; erst mit der verschärften Kohlennot stand sein Vertrieb nicht mehr in Frage, und konnte er einen Preisanstieg durchführen, der ihn 1917 wieder zum Spitzenpreis machte.

Das Jahr 1919 verschärfte für fast alle Sorten die bisherigen Wirkungen. Die Revolution wirkte wie der Kriegsausbruch in Form einer Verringerung der Spannungen zwischen den einzelnen Sorten — außer Koks — die sich am 1. 10. 1919 auf 40 Punkte verdichtete. Doch waren die Ursachen hier lediglich im Währungszerfall und in der Handhabung gleicher Zuschläge zu suchen. Eine Differenzierung nach der Qualität, die angesichts der Kohlennot durchaus möglich gewesen wäre, lag kaum noch vor. Die Kokssorten konnten dank der für sie zur Verhütung unwirtschaftlicher Verkokung und Nebenproduktengewinnung — die umgekehrte Entwicklung wie bei Kriegsausbruch — gehandhabten Kontingentierung ihre Preissteigerung fortsetzen. Es sprach dabei aber auch mit, daß für ihre Hauptabnehmer — die Hochofenindustrie — eine Substitution durch Braunkohle nicht in Frage stand. Der Brikettpreis begann unter dem Einfluß seiner Produktionskosten eine Sonderbewegung.

Das Preisbild 1920 bis September 1923 ist in seiner Zuordnung relativ konstant; völlig abwegig entwickelte sich nur der Brikettpreis. Die bereits im Krieg einsetzende Ursache kam unter valutarischen Einflüssen voll zum Durchbruch, da er nur mit 92 Proz. seines Materialgewichtes die Markentwertung mitmachte, mit 8 Proz. — und am Wert gemessen weit mehr — aber Weltmarktpreise enthielt. Er erwarb so in den Zeiten eine überhöhte Kurve, in denen der Goldpreis der Kohle besonders tief stand. Dem jähen Preisanstieg bis 1920 entsprach der Sturz des Fettförderkohlenpreises bis Februar 1920; dem zweiten Anstieg Ende 1922 der Abfall Ende 1922; dem Höchststand bis Mitte 1923 mit der Senkung im April der Tiefstand des Fettförderkohlenpreises mit dem Gipfel im April. Der Brikettpreis war von der allgemeinen Gebarung so lange losgelöst, als innere und äußere Kaufkraft der Mark divergierten, und die Preise allgemein in der inneren Kaufkraft verwurzelt waren.

Die Industrie- und Hausbrandsorten zeigten in ihrer Zuordnung zu den Grundsorten eine Entwicklung, die bis Mitte 1922 den früheren Differenzierungsstand wieder vorbereitete. Die Hausbrandsorten waren 1919 stark gefallen, so daß ihre Spannung zur Ordinate von 40 auf 20 sank; sie erholten sich bis 1921 auf 50. Der Überfluß am Weltmarkt wirkte in der Zeit der vorübergehenden Stabilisierung 1920/21 erstmalig auf Deutschland zurück und löste erhöhte Qualitätsansprüche der deutschen Abnehmer aus. Zur Hebung der Sorgfalt im Abbau und in der Aufbereitung und Separation und zwecks Konzentration der Förderung auf die qualitativ hochstehenden Sorten wurden die Preise erhöht.

Es bahnte sich so bereits 1922 eine Entwicklung an, die erst nach Abbruch des passiven Widerstandes und Rückkehr zur Goldrechnung Ende 1923 sich voll durchsetzte. Der passive Widerstand selbst kam in der Sortenpreisbildung nicht zum Ausdruck, da die Preise für Ruhrkohle nur nominelle Bedeutung hatten, und es daher möglich war, das bisherige Zuordnungsverhältnis aufrechtzuerhalten.

Seit dem Krieg — läßt sich zusammenfassend feststellen — hat auf Kosten der Qualität und unter dem Einfluß staatlicher Preisfestsetzung und der Inflation eine Zerstörung der Goldbasis einerseits, eine Kontraktion in der Zuordnung der Preise andererseits stattgefunden. Letztere war unter dem in der Kohlennot herrschenden Quantitätsprinzip erträglich, konnte aber den

Einwirkungen einer scharfen Konkurrenz nicht begegnen. Eine besser differenzierte Preisstaffel hätte in der Inflation niemand als drückend empfunden, und sie wäre geeignet und deshalb auch wünschenswert gewesen, qualitativen Erfordernissen Rechnung zu tragen und damit dem Syndikat manchen Abnehmer zu erhalten, der um der Sorte willen lieber teure englische Kohle importierte oder sich der rheinischen Braunkohle zuwendete. Denn die Abkehr von den Ruhrsorten war nicht eine lediglich durch die Verteilungsmaßnahmen des Reichskohlenkommissars bewirkte Tatsache, sondern sie fand auch freiwillig statt. Dies ist aber eine Tatsache, die man weniger dem Syndikat als dem Reichswirtschaftsminister als Preisdiktator zum Vorwurf machen muß [18]).

Es bleibt noch die Frage offen, welche Wirkung die Preisbildung — besonders im Verhältnis zu den Eisenpreisen und denen der Verarbeitungsprodukte — auf die industrielle Organisation hatte. Zunächst wirken die Preisschwankungen — das gilt auch für die Zeit vor dem Kriege — fördernd auf die Konzentration, da die Großkonsumenten diesen unsicheren Faktor aus ihrer Kalkulation zu eliminieren suchen. Die Fusionen mit Zechen wurden im Krieg aber weiter begünstigt durch die Überhöhung der Marktkohlenpreise durch die Kohlensteuer und ab 1919 durch die Soziallasten, Kosten, die ein gemischtes Werk ersparen konnte; weiter entstand aus der für die einzelnen Wirtschaftszweige differenzierten Höchstpreispolitik eine Vereinigungstendenz. Nachdem in Kohle und auch in Eisen nach dem Kriege die staatliche Preispolitik besonders lang fortbestand, war hier ein Agens gegeben, nach der Verfeinerung hin sich zu entwickeln, um da die Marktpreise erzielen und die Rentabilität frei gestalten zu können.

Es ist so auch in der Rückkehr zur freien Preisbildung in Kohle mit eine Ursache zum Abstoppen der Konzentrationsbewegung zu suchen.

---

[18]) G. B. R. W. K. S. 1921/22 betont, daß die Preisfrage besonders kritisch, da die staatlichen Stellen auf die berechtigten Wünsche der Industrie keine Rücksicht nähmen.

c) Die Preisgebarung seit der Stabilisierung und ihre wirtschaftliche Beurteilung

Mit der Stabilisierung wurde die Preispolitik wieder Sache des R. W. K. S. Bei der Beurteilung müssen wir auch hier zwischen den Preisen in ihrer Höhe als solcher und ihrer Zuordnung untereinander unterscheiden. Nehmen wir letzteres als die einfachere und weniger umstrittene Materie voraus.

Die Differenzierung der Sortenpreise setzte sich 1924/25 mit voller Kraft durch. Ende 1923 waren die Preise der im Diagramm berücksichtigten Sorten in zwei Polen konzentriert:

Eßfein-, Fettförder-, Koks- und Gasflammförderkohle, die Grundsorten, bewegten sich in einer Spannung von neun Punkten um hundert.

Briketts, Hochofenkoks, Magernußkohle westliches Revier, Eßnuß- und Magernußkohle östliches Revier, in einer Spannung von sechs Punkten um 150.

Fett- und Gasflammnußkohle lagen vereinzelt bei 135 und Brechkoks bei 175.

Die Gesamtspannung von 79 Punkten hatte sich am 1. 6. 1924 bereits auf 120, am 1. 4. 1925 auf 154 und am 1. 1. 1926 auf 197 erweitert. Das strahlenförmig gelöste Kurvenbündel ist ein sichtbarer Ausdruck der unterschiedlichen Absatzmöglichkeiten der einzelnen Sorten. Sehen wir von der exzeptionellen Bewegung für Anthrazit zunächst ab, so mindert sich die Spannung auf 116 gegenüber 103 am 1. 4. 1914, d. h. die Differenzierung hat ihren früheren Stand im allgemeinen wieder erreicht, wenn auch einige unwesentliche Umlagerungen unter den einzelnen Sorten stattgefunden haben.

Eine detaillierte Betrachtung läßt die Zusammenhänge zwischen Preis- und Absatzpolitik noch besser hervortreten. Eine leichte Nachfrage nach Ruhrkoks in Verbindung mit den Micum-Verpflichtungen und der Inbetriebsetzung der stillgelegten Werke bewirkte anfangs 1924 eine Preissteigerung, die mit Einsetzen der wirtschaftlichen Depression einer Preissenkung Platz machte. Der Rückgang des Bedarfes der Eisenindustrie kam in den

Preisen für Hochofenkoks und Kokskohle zum Ausdruck. Brechkoks machte als Hausbrandmarke die Bewegung der Sommerpreis-Sorten mit. Abgesehen von dieser 1925 erstmalig wieder für den Hausbrand — wenn auch mit geringem Absatzerfolg — gehandhabten Anpassung konnten Mager- und Eßkohle starke Preissteigerungen durchführen mit Rücksicht darauf, daß die Nachfrage nach diesen qualitativ sehr hoch stehenden Sorten gut ist und der Bedarf von der Konjunktur wenig berührt wird. Es zeigte sich hier, daß Aufwand für Energiebedarf am Preis nicht zu scheitern pflegt. In der Rückbildung des Preises für Eßfeinkohle auf den Vorkriegsstand kommt die schlechte Absatzlage der Feinkohle wie auch in gewissem Grade der Briketts zum Ausdruck.

Die Differenzierung, die in der Beteiligungspolitik heute gehandhabt wird, setzt sich so in der Preispolitik etwa dahingehend durch, daß die Sorten, in denen die Kosten scheinbar getragen werden können, im Preise überhöht werden, und daß man gleichzeitig versucht, durch hohe Preise den Bedarf von den wenig vorhandenen Produkten zu den ungängigen Sorten abzulenken. Solange der Bedarf dadurch nicht auf Produkte anderer Provenienzen, z. B. englischen Anthrazit, abgelenkt und ein der Förderung besser entsprechender Sortenabsatz erreicht wird, entspricht diese Art der Preisbildung dem Interesse des Syndikates und dem der Wirtschaft dann, wenn die in ihrem Absatz künstlich geförderten Sorten auch technisch als vollwertiger Ersatz betrachtet werden können. Eine absatzpolitisch bestimmte Preisdifferenzierung wäre dagegen unwirtschaftlich, wenn sie den Vertrieb von Sorten ermöglichte, die als unwirtschaftlich gefördert zu betrachten sind (siehe nebenstehende Tabelle).

Die starken Preisspannungen in den einzelnen Sortengruppen verdeutlichen die Schwierigkeiten, mit denen die Preispolitik von der Sorte her zu rechnen hat. Das günstigste Spannungsverhältnis hat die Fettkohle, äußerst ungünstig stellt es sich für Magerkohle. Mit besten Sorten fallen hier gleichzeitig die minderwertigsten an. Ihr Absatz bestimmt die Fördermöglichkeit der guten Sorten und der Bedarf an letzteren führt zur

Sortengruppe	Sorte		Preis d. Sorte		Spannung	
	teuerste	billigste	teuerste Mk.	billigste Mk.	Mk.	zirka Proz.
Fettkohle . . .	gew. Nuß	Fördergrus	20.50	13.75	6.75	30
Gas-u.Gasflamm	I/II	Nußgrus	20.50	10.50	10.—	50
Eßkohle . . .	Nuß I/II	Feinkohle	26.50	10.—	16.50	60
Magerkohle östliches Revier	gewaschene Nuß I/III	ungewaschene Feinkohle	28.—	8.50	19.50	70
Magerkohle westlichesRevier	Anthrazit Nuß II	ungewaschene Feinkohle	45.—	7.—	38.—	85

preispolitischen Beeinflussung des Absatzes der Sorte an sich und der bei der Förderung mit anfallenden. Das Absatzproblem bestimmt die Sortenpreispolitik auch im unbestrittenen Gebiet und vermag allein die starke Divergenz in den Preisen, die nicht allein qualitativ bestimmt ist, zu erklären. Die Richtpreise werden nicht mehr gleichzeitig und vor allem nicht mehr gleichartig für alle Sorten festgesetzt, sondern jeweils den Erfordernissen des Marktes entsprechend. Es ist wirtschaftlich bedeutsam, daß das R. W. K. S. von seinem früheren Prinzip der nur jährlichen Preisanpassung noch nicht wieder Gebrauch gemacht hat. Eine Stetigkeit der Preisbildung bleibt zwar auch heute erstrebenswertes Ziel, höher aber steht das Erfordernis, auf die Absatzmöglichkeiten Rücksicht zu nehmen. Solange die Marktverhältnisse noch nicht konsolidiert sind und durch preispolitische Maßnahmen nicht konsolidiert werden können, muß das Syndikat in den Preisen selbst beweglich bleiben. Es erscheint weiter wertvoll, daß die differenzierte Preispolitik die Möglichkeit gibt, wirtschaftlich geförderten, aber an sich ungängigen Sorten Absatz zu erschließen.

Wichtiger als die Zuordnung der Preise der einzelnen Sorten wird für die Wirtschaft die Festsetzung und Höhe des Preisniveaus. Ein Vergleich der Richtpreise 1913 und 1925 und der Preisverschiebungen anderer Produkte führt zu der Feststellung, daß die Preissteigerung im Ruhrgebiet sich in den normalen Grenzen hielt. Sie blieb in ihrem Ausmaß sogar hinter England und Amerika zurück, und wenn sie über die Erhöhung der Eisenpreise hinausging, so ist das darauf zurückzuführen, daß letztere in schärfster verlustreicher Konkurrenz gegenüber den Minettewerken stehen und in höherem Maß preissenkende technische Verbesserungen durchführen konnten. Es kommt hinzu, daß die Eisenpreise im Augenblick des Abschlusses vorliegender Untersuchung eine steigende Tendenz besitzen und sich besonders seit Verabschiedung der Zollvorlage im Herbst 1925 erhöht haben, so daß die Spannung sich inzwischen ausgeglichen haben dürfte.

Preiserhöhungen[19])

	1913	1. 1. 1925	Proz.
Ruhrkohle	Mk. 12.—	Mk. 15.—	25
oberschlesische Kohle	Mk. 13.80	Mk. 16.60	21
englische Kohle	Sh. 11,—	Sh. 16,6	50
englische Kohle fob Hamburg	Sh. 14,—	Sh. 20,—	45
U. S. A.-Kohle	$ —.80	$ 1.50	87
Gießereiroheisen III	Mk. 74 50	Mk. 86.—	ca. 20
Träger	Mk. 113.75	Mk. 133.50	ca. 20
Reichsindex	100	138	38
Index Frankf. Ztg.	100	137	37

Mit der Feststellung, daß sich die Erhöhung im Ruhrgebiet am 1. Januar 1925 im allgemeinen Rahmen hielt, ist aber weder die Preispolitik des R. W. K. S. noch die allgemeine als richtig anerkannt. Zunächst hat sich der Einfluß der Wirtschaftskrisis in den Preisen noch kaum ausgeprägt, wie sowohl aus der Stabilität der Kohlenpreise als auch aus den Indizes der Frankfurter Zeitung und des Berliner Tageblattes hervorgeht im Gegensatz zum Index des Statistischen Reichsamtes[20]), dessen Revision — wegen der Unzulänglichkeit seines Aufbaues für die Beurteilung der Konjunkturlage — bevorsteht, und der deshalb als wenig charakteristisch für die Erkenntnis der hier in Frage stehenden Probleme bezeichnet werden darf. Ein Vergleich der Preise für Ruhr- und englische Kohle[21]) und der Indizes läßt die verschiedene Wirkung der Konjunktur auf die Preise erkennen:

[19]) R. K. V. 1924/25, Statist. Anhang, S. 5 und Stahl und Eisen 1925.
[20]) Frankf. Ztg. v. 30. 12. 1925.
[21]) Deutsche Bergwerkszeitung v. 24. 1. 1926.

1925 Monat	Ruhrfettförderk. Mk.	engl. Kohle fob Hamburg Sh.	Index (1913 = 100) d Frkft. Ztg.	B. T.	Stat. Reichsamt
Januar		18/—	147.1	141.2	138.2
Februar . . .		17/3	146.3	142.3	136.5
März		17/4	144.3	142.7	134.4
April		16/8	142.3	141.4	131.0
Mai	15.—	15/11	140.6	140.5	131.9
Juni		15/8	142.6	141.6	133.8
Juli		15/5	143.3	142.8	134.8
August . . .		15/2	144.3	143.5	131.7
September . .		14/7	144.5	144.6	125.9
Oktober . . .	14.92	14/6	144.0	143.3	123.7
November[22]) . .		14/5	144.7	141.8	121.1

Nehmen wir zur besseren Klarstellung des Problems zunächst an, daß der Richtpreis eine zuverlässige Beurteilungsbasis für die Preispolitik darstellt, so ist die Frage aufzuwerfen, worin die Hemmungen zu suchen sind, die einer Auswirkung der Krisis auf die Preise entgegenstehen. Es ist diese Frage um so bedeutsamer, da eine Überwindung der Absatzschwierigkeiten, die nicht als dauernd zu betrachten sind, wesentlich von einer nachhaltigen Preissenkung abhängig ist. Ganz allgemein könnten billigere Kohlenpreise weniger zunächst den Kohlenabsatz als den Vertrieb der verarbeiteten Industrieprodukte und damit mittelbar den eigenen fördern.

Die Syndikatspreise beruhen — wie dargelegt — im Prinzip auf den Produktionskosten der am teuersten arbeitenden Betriebe. Es ergibt sich mit Rücksicht auf die Preishöhe daraus die doppelte Frage: Sind die Produktionskosten eine an sich zuverlässige Basis und enthalten sie Verbilligungsmöglichkeiten? Ist die Art der Preisbildung wirtschaftlich?

Die Feststellung eines angemessenen Preises auf der Basis der Produktionskosten begegnet, wie betont, den größten Schwierigkeiten. Mehr als in jedem anderen Zweig der Wirtschaft spielen bei der Aufstellung der Bergbaustatistik unberechenbare Größen eine Rolle. Es ist kaum möglich, die Förderung aller Zechen auf einen Nenner zu bringen; so wird

[22]) Senkung der Umsatzsteuer von $1^1/_2$ auf 1 Proz.

z. B. die Kokskohlenproduktion zurückgerechnet aus der Menge Koks, obwohl das Ausbringen stark verschieden ist; ähnlich liegen die Verhältnisse für Feinkohle und Briketts; der Förderanteil je Schicht und Mann, die Zurechnung der unproduktiven Arbeit, die Verteilung der Kosten auf Haupt- und Nebenprodukte — überall bilden sich Schwierigkeiten, die eine brauchbare Berechnung der Produktionskosten fast unmöglich machen. Wie problematisch jede Selbstkostenstatistik ist, erhellt aus der Gegenüberstellung der beiden im Gutachten über die „Preiselemente der Ruhrkohle" angewendeten Methoden, die im Ergebnis eine starke Divergenz ausweisen [23]):

Methode	I Mk.	II Mk.
Löhne	8.19	8.19
Gehälter	—.88	—.88
Sozialversicherung	—.98	—.98
Materialien	3.20	3.77
Steuern	—.62	—.93
Sonstige Unkosten	—.42	—.42
Abschreibungen	1.25	1.52
Kosten	15.54	16.69
Erlös	15.30	14.91
Verlust	—.24	1.78

Ist man sich der Problematik der Produktionskostenstatistik aber bewußt, so kann vorstehende Tabelle doch als Basis gewählt werden zur Beantwortung der Frage, ob eine Kostensenkung mit dem Ziel einer Preisermäßigung möglich ist.

Die Aufstellung, die nach Ansicht von Sachverständigen in den Steuern, Materialkosten, sonstigen Unkosten und Abschreibungen mit zu geringen Beträgen rechnet, zeigt, daß der Erlös hinter den Kosten zurückbleibt und ebenso auch der Richtpreis.

Die Steuern, die nach einer neueren Berechnung Mk. 1.13 bis Mk. 1.32 ausmachen [24]), und die Beiträge zur Sozialversicherung sind öffentliche Lasten, auf die die Wirtschaft keinen Einfluß hat. Eine Belastung von 10—15 Proz. durch diese Kosten

[23]) Reichskohlenrat, Gutachten a. a. O.

[24]) Jüngst in D. B. Z. v. 26. 1. 1926.

ist auf die Dauer untragbar, eine Erkenntnis, die sich heute allgemein durchsetzt. Die Senkung der Umsatzsteuer vermag allerdings nur wenig praktischen Erfolg zu erzielen, wie die erstmalige Senkung des Kohlenpreises im Oktober 1925 um 8 Pfg. gezeigt hat, zumal die Ermäßigung unzulänglich ist. Dennoch ist sie zu begrüßen, da die Steuer an sich eine starke Verteuerung der Produktion hervorruft. Ihre weitere Senkung wie eine allgemeine Entlastung von den öffentlichen Abgaben bleibt notwendig. Endgültiges kann nur eine grundsätzliche Reform — vor allem auch der Kommunallasten — leisten.

Die Abschreibungen sind mit 10 Proz. nicht zu hoch gegriffen. Im Interesse der Konkurrenzfähigkeit ist es erforderlich, die Zechen modern zu erhalten und deshalb dauernd genügend abzuschreiben und Erneuerungsreserven zu stellen. Zur Überwindung einer momentanen Krisis könnte hier wie auch an den allgemeinen Kosten wohl etwas eingespart werden, aber nur in geringem Umfange und nur auf Kosten einer künftigen Mehrbelastung.

Einsparungen am Material sind nur soweit angängig, als sie die Betriebssicherheit nicht gefährden und die Produktion nicht hemmen. Sie sind daher nur nach Pfennigen möglich [25]). In Zukunft wird sich allerdings die Belastung je Absatztonne durch die im Voranschreiten begriffene Intensivierung des Bergbaues senken lassen. In welchem Ausmaße das möglich ist, läßt sich erst nach Erprobung der einzelnen Rationalisierungsmaßnahmen ermitteln. Die Fortschritte durch den den Feinkohlenfall senkenden Schrägbau, die Anwendung von Abbaumaschinen u. a. m., dürften sich aber erkennbar im Preise und in der Rentabilität auswirken.

Es bleibt als letzter und größter Faktor der Posten Löhne und Gehälter. Die Frage der Senkung der Gehaltskosten ist stark umstritten; sie wird von den Bergarbeiterverbänden für möglich gehalten, da der Beamtenapparat noch stark aufgebläht sei. Das technische Personal sei von 1913 bis Juni 1925 um 56 Proz., das

---

[25]) Jüngst in D. B. Z. v. 26. 1. 1926.

kaufmännische um 169 Proz. gewachsen[26]). Die Prozentsätze sind aber nur bedingt richtig, da sie die Umklassierung von Arbeitergruppen in die Beamtenstaffel unberücksichtigt lassen[27]). Davon abgesehen müßte aber der Beamtenstab als zu groß bezeichnet werden, wenn nicht seit Juni 1925 ein starker Abbau eingesetzt hätte. Die Ersparnisse, die dabei erzielt wurden, sind teilweise durch die Mindererlöse infolge der weiteren Verschlechterung der Absatzlage absorbiert, teilweise zur Abdeckung der Verluste verwertet worden. So dürften sich kaum mehr als 20 Pfennig je Tonne einsparen lassen[28]).

Das Lohneinkommen kann, wie allgemein anerkannt wird, nicht weiter gesenkt werden. Bedeutsamer als das Realeinkommen ist aber für die Preisbildung die Belastung je Absatztonne, die sich auf Grund der Schichtleistung verschiebt. Der Schichtförderanteil stieg von 901 kg im Januar 1925 auf 1022 kg im November und die Lohnbelastung sank infolgedessen um Mk. 1.21 je Schicht. Dieser Betrag wurde durch eine Lohnerhöhung von 80 Pfennig je Schicht und eine Mehrbelastung für soziale Beiträge von 38 Pfennig je Schicht wieder kompensiert[29]). So konnte die Leistungssteigerung eine Preiswirkung noch nicht erzielen. Der Fördereffekt zeigt aber weiter eine steigende Tendenz und wird sich durch die Rationalisierung noch erhöhen lassen[30]). Die Kostenersparnisse, die sich hier künftig ergeben werden, beheben oder vermindern wenigstens den Verlustsaldo und erleichtern den Absatz im bestrittenen Gebiet. Eine Verzinsung des Anlagekapitales, die schon im Interesse der Kreditfähigkeit, eine der Voraussetzungen der Rationalisierungsmaßnahmen, angestrebt werden muß, ist aber sicherlich noch nicht gewährleistet.

Es bleibt endlich noch die Frage der mittelbaren Beeinflussung der Kosten durch Erhöhung der Arbeitszeit zu beant-

---

[26]) Denkschrift Bergarbeiterverband a. a. O. S. 4/5.
[27]) Jüngst in D. B. Z. v. 26. 1. 1926.
[28]) Jüngst in D. B. Z. v. 26. 1. 1926.
[29]) Jüngst in Frankf. Ztg. v. 6. 2. 1926.
[30]) Jüngst in D. B. Z. v. 26. 1. 1926.

worten. Die sozialpolitische Seite des Problems sei hier nicht näher erörtert, zumal die diesbezüglichen Bedenken zurücktreten müssen hinter dem Erfordernis, alle Mittel anzuwenden, die die Krisis überwinden helfen. Aber auch rein wirtschaftlich ist die Frage nur schwer zu entscheiden. Eine Verlängerung der Arbeitszeit bedeutet eine Steigerung der Schichtleistung, da m. E. die Grenze noch nicht erreicht ist, von der an die Gesamtleistung trotz Verlängerung der Arbeitszeit zu sinken beginnt. Damit ermäßigt sich die Lohnbelastung je Absatztonne. Angesichts des verringerten Bedarfes aber machen sich Entlassungen erforderlich. Letztere sind tragbar, solange die Arbeiter anderweit angelegt werden können. Fallen sie aber der Erwerbslosenfürsorge zur Last, und das muß man angesichts der allgemeinen Wirtschaftskrisis und der überall gehandhabten Mechanisierung annehmen, so wird die Frage einer Verlängerung der Arbeitszeit stark problematisch. Was für die Volkswirtschaft — und ihre Belange allein dürfen den Ausschlag geben — ökonomischer ist, ist keineswegs erwiesen. Ich bin der Ansicht, daß derzeitig, 1925, — angesichts der Notwendigkeit, mit Feierschichten zu arbeiten und auch heute schon Arbeiter zu entlassen, die der Erwerbslosenfürsorge zur Last fallen, weiter Zechen aus Absatzmangel stillzulegen — eine Verlängerung der Arbeitszeit wegen der damit verbundenen Produktionssteigerung oder der Verschärfung der vorstehenden Maßnahmen nicht wünschenswert ist. Ich möchte aber dabei Wert auf das „derzeit“ legen, da ich mit den vorstehenden Ausführungen lediglich den jeweiligen Optimalarbeitstag, nicht den schematischen Normalarbeitstag als das wirtschaftlich Zweckmäßige befürworte.

Die erste Frage führt so zu einem im wesentlichen negativen Resultat. In den Produktionskosten als solchen ist zur Zeit kaum die Möglichkeit einer Preissenkung gegeben. Und wie steht es mit der Organisation der Preisermittlung?

Wir betonten oben, daß diese sich im Prinzip auf den Kosten der teuersten Zechen aufbaut, und hielten diesen Grundsatz für die Vorkriegsverhältnisse mit der Einschränkung für zweckmäßig, daß nur die zur Bedarfsdeckung erforderlichen Anlagen in Betracht gezogen werden. Von der Durchführung des vorerwähnten Grundsatzes ist man — wirtschaftlichen Notwendigkeiten Rechnung tragend [31]) — unter dem Druck der Kohlenwirtschaftsorgane insofern abgekommen, daß heute mehr Durchschnittsergebnisse verwertet werden. Doch wird auch dieses Prinzip nicht streng gehandhabt, da es sich als Hemmung des technischen Fortschrittes infolge der Beseitigung jeder Differentialrente auswirken würde [32]). Man wird aber fordern müssen, daß unter dem Gesichtspunkt der Differentialrente die Preise nicht ungesund hoch gehalten werden, da sie die Notwendigkeit der Betriebsauslese hemmen würden. Die Peispolitik muß — zumindest bis zur Wiederherstellung einer von leistungsunfähigen Betrieben unbelasteten, rationellen Produktionsbasis — so geführt werden, daß die Raitonalisierung und Kontraktion durch sie gefördert wird. Dieser Notwendigkeit entspricht die heutige Handhabung noch nicht. Es ist unwirtschaftlich, durch Preise Zechen zu erhalten, die mit hohen Produktionskosten arbeiten und eine Mechanisierung aus geologischen Verhältnissen heraus nicht zulassen, wenn moderne Anlagen bei voller Inanspruchnahme rationeller arbeiten und den Bedarf einschließlich der notwendigen Reserve decken können. Mag man die oben gegebene Feststellung einer Unmöglichkeit der Preissenkung vom Standpunkt des den Produktionskosten angepaßten Preises betonen, so möchte ich das Ziel der Rationalisierung zwecks Überwindung der Krisis, das ohne Kontraktion nicht erreichbar ist, höherstellen. Und dazu ist eine von der Bindung an die Produktionskosten gelöste Preisbildung erforderlich. Organisatorische Hemmungen verhindern es, die in der Art des Kartelles als einer genossenschaftlichen Einrichtung ihre Erklärung finden. Daraus ergibt sich aber die Forderung, den Markt als Preisbildungsorgan einzuschalten.

Bis zu einem gewissen Grade trägt das R. W. K. S. diesem Erfordernis heute schon Rechnung. Der Richtpreis, von dessen

---

[31]) Reichsverband der Deutschen Industrie, Denkschrift a. a. O. S. 64.

[32]) Wiedenfeld, D. K. Z. 1925, S. 835.

Maßstabeigenschaft wir vorstehend ausgingen, hat diese heute verloren. Sein Verhältnis zum Erlös hat sich gegen früher grundsätzlich verschoben. Zunächst sind im bestrittenen Gebiet ausschließlich die Wettbewerbsverhältnisse maßgebend. Über diese Tatsache darf auch der Umstand nicht hinwegtäuschen, daß mit dem Ablauf der Vorverträge die Preise die Tendenz zur Stabilisierung tragen [33]), denn das bestätigt nur eine alte theoretische Erfahrung [34]). Bedeutsam für die Preisbildung wird aber vor allem der Einfluß des Reparationsproblemes. Die Bestimmung, daß der Preis für Reparationskohle soviel wie der deutsche Kohlenpreis frei Grube, höchstens soviel wie der englische Ausfuhrpreis frei Grube betragen soll [35]), macht es erforderlich, bei jedem Verkauf zu Marktpreisen die Rückwirkungsmöglichlichkeiten auf die Reparationslieferungen in Erwägung zu ziehen [36]). Von größter Bedeutung sind so die englischen Kohlensubventionen wie überhaupt die Preisbildung der englischen Kohle [37]). Der Fob-Preis senkte sich seit Oktober 1924 — Sh. 19/0 — bis Ende 1925 — Sh. 14/0 — um 25 Proz., seit August 1925 — Sh. 15/2 — nach Einsetzen der Subventionen um 10 Proz., der Wert der Subventionen stieg von Sh. 2/6 auf Sh. 3/0, während der Richtpreis der Ruhrkohle seit Oktober 1924 stabil blieb. Aus der vorerwähnten Bestimmung wird die Rückwirkung auf die Reparationserlöse ohne weiteres klar, und es zeigt sich, daß dem Richtpreis ein nicht unerheblicher Mindererlös gegenübersteht, der durch die Umlage gedeckt werden muß. Es wird auch verständlich, daß das Syndikat mit Rücksicht auf die Wirkungen auf die gesamten Reparationsaufträge nicht jeden Exportauftrag kontrahieren kann [36]).

---

[33]) D. B. Z. v. 31. 1. 1926.

[34]) Handwörterb. d. Staatswissensch. IV. Aufl. VI, S. 1017.

[35]) Friedensvertrag, Anlage V, § 6.

[36]) Das R. W. K. S. lehnte aus solcher Erwägung einen Abschlußvorschlag von Graf Bismarck mit Luxemburger Werken für 75 000 t Lagerkoks zu Mk. 19.20 per Tonne ab bei einem Richtpreis von Mk. 24.— für Hochofenkoks, der qualitativ, da nicht gehaldet, höher steht. Köln. Ztg. v. 6. 5. 1925.

[37]) Siehe oben Tabelle S. 181.

Die Umlage, die nach der Reorganisation des R. W. K. S. und der Verselbständigung des Exportes von Mk. —.60 = 4 Proz. des Fettförderkohlenpreises im Juni 1925 auf Mk. —.36 = 2,4 Proz. im Juli/August gesenkt werden konnte, stieg unter dem Einflusse der Subventionen auf Mk. —.73 im Oktober/November und beträgt seit Dezember Mk. —.70 = 4,7 Proz. Mehr als 2 Proz. beträgt damit die Sonderbelastung der Ruhrkohle durch die Klausel, die den Reparationspreis an den der englischen Kohle bindet. Die „Royal Commission" hat sich in richtiger Erkenntnis der wirtschaftlichen Notwendigkeiten prinzipiell gegen eine Verlängerung der Subventionen als unwirtschaftliche und die Rationalisierung hemmende Maßnahme gewendet [38]. Die englische Regierung scheint aber eine verschleierte Subventionspolitik durch Kreditgewährung zu planen, so daß der Ruhrbergbau auch weiterhin unter der scharfen Konkurrenz leiden dürfte [39].

Auch im unbestrittenen Gebiet zeigen sich die Wirkungen der Konkurrenz. Nur die wenigsten Reviermonopolgesellschaften sind in der Lage, die Richtpreise des R. W. K. S. restlos durchzuholen. Die Einräumung von Sonderpreisen bildet in den Grenzgebieten der Reviere Hannover, Brandenburg, Süddeutschland eine Regelerscheinung [40].

Von einer monopolistischen Preisbildung kann so heute keine Rede sein. Friedensvertrag und Markt gewinnen auf die Preisbildung einen starken Einfluß und verursachen eine größere Divergenz zwischen Richt- und Verkaufspreisen. Soll man da aber überhaupt noch Richtpreise festsetzen oder soll man den Markt voll einschalten?

Man hat angesichts der Tatsache, daß die Verkaufspreise in aller Regel unter den Richtpreisen liegen, und zwar die einzelnen Sorten stark differenziert, von „umgekehrten Schleichhandelspreisen" gesprochen [41]. Es ist sicher, daß die Absicht, allen einen

[38]) Frankf. Ztg. v. 18. 3. 1926.

[39]) Der lang anhaltende Kohlenstreik in England 1926 — er dauerte bei Drucklegung dieser Arbeit bereits ½ Jahr — hat das Konkurrenzproblem vorübergehend ausgeschaltet.

[40]) Persönliche Informationen.

[41]) Pinner im B. T. v. 14. 3. 1926.

festen Preismaßstab in den Richtpreisen an die Hand zu geben, und damit eine Stabilität der Preisgebarung der Verarbeitungsindustrie zu erzielen, verhindert, vielmehr eine starke Differenzierung und daraus entstehend eine Rentenbildung erzielt wird. Der verhandlungsschwache Kontrahent wird, im Glauben an die Unabdingbarkeit des Richtpreises, benachteiligt. Von der Konkurrenz ziehen so nur Teile Nutzen, anstatt daß die Preise sich — wie bei wirklichem Wettbewerb — allgemein auf ein tieferes Niveau zurückbilden. Der Preisabbau, der im Unterschreiten der Richtpreise stattfindet, kommt im Endprodukt nicht oder nur minimal zur Realisierung. Denn die Kalkulation des Verarbeiters rechnet mit dem Richtpreis — wie auch die Indizes ihn einsetzen und so einen überhöhten Preisspiegel vortäuschen — solange nicht der Wettbewerb im Fertigprodukt die Differentialrente herauspreßt. Die Festsetzung nur nomineller Richtpreise ist deshalb unwirtschaftlich.

Um den Preisabbau bis zur Grenze durchzuführen, die mit der Rationalisierung des Bergbaues — wie auch der Eisenindustrie, für die diese Ausführungen im wesentlichen auch gelten — vereinbart ist, wird die Einschaltung des freien Wettbewerbes unumgänglich. Aber auch hier ist der Organisationszwang im Bergbau, die Kontingent- und Zollpolitik im Bergbau und in der Eisenindustrie die vom Staat errichtete Schranke gegen eine organische Entwicklung. Das sollte um so weniger verkannt werden, als die Notwendigkeit des Preisabbaues von Regierungsseite wiederholt und eindringlich betont und die Mitarbeit der Regierung, d. h. irgendein preispolitisch staatlicher Zwang angedroht wurde. In richtiger Erkenntnis hat man mit der Stabilisierung 1924 die staatliche Preisfestsetzung auf ein Minimum, das formale Preisveto, eingeschränkt. Eine Ausdehnung dieser Maßnahme auf die anderen staatlichen Fesseln der Organisation ist allein richtig, nicht der Rückschritt zu Maßnahmen merkantiler Wirtschaftspolitik, die nur im Krieg und in der Inflation notwendig waren und einigermaßen schadlos durchgeführt werden konnten. Der Weltmarkt sträubt sich gegen staatliche Preisbildung und gegen eine den Konkurrenzverhältnissen gegensätzliche der Kartelle.

Es ist nun unzweifelhaft, daß die Überproduktionsfähigkeit für den Fall einer Einschaltung des Marktes in die Preisbildung letztere stark beunruhigen wird. Aber diese Erscheinung ist vorübergehender Art. Sobald die Kontraktion und Rationalisierung durchgeführt ist, wird sich auch das Preisniveau wieder befestigen. Die Tendenz der Preise, sich den Reproduktionskosten anzupassen, bleibt bei freiem Marktverkehr dauernd wirksam.

Exkurs: Die Exportprämien

Im engsten Zusammenhang mit der Preispolitik steht die Frage der Exportvergütungen als Äquivalent dafür, daß im bestrittenen und Exportabsatz Preise genommen werden, die in aller Regel unter dem Inlandspreisniveau liegen und damit der ausländischen Verarbeitungsindustrie einen teilweise ausschlaggebenden Wettbewerbvorsprung gewähren. Zwischen dem R. W. K. S., dem R. E. V. und dem Stahlwerksverband bestand vor dem Kriege ein Gemeinschaftsabkommen zur Gewährung von Exportvergütungen an die eisenverarbeitende Industrie [42]). Dieses Abkommen wurde durch den Krieg aufgelöst, da an Stelle einer Exportförderung eine Ausfuhrkontingentierung sich erforderlich machte. Die Inflation begünstigte durch die Diskrepanz zwischen innerer und äußerer Kaufkraft der Mark den Export. Erst mit der Stabilisierung erschwerten sich die Ausfuhrmöglichkeiten und eine Intensivierung der Ausfuhr im Interesse einer Entlastung des Inlandmarktes machte sich erforderlich. Durch die Wiedereinführung der Roheisenzölle begünstigt, kam mit Rückwirkung ab 1. März 1925 im Juli ein Exportvergütungsabkommen zustande zwischen der R. St. G. und der „Arbeitsgemeinschaft der eisenverarbeitenden Industrie (Avi) beim Reichsverband der Deutschen Industrie“ [43]). Dem Abkommen schloß sich der R. E. V. für Gießereiroheisen an [44]). Eine Einbeziehung des R. W. K. S. ist

---

[42]) Abrechnungsstelle Düsseldorf, gegr. 1902; vgl. Morgenroth a. a. O. S. 51.

[43]) D. B. Z. v. 26. 7. 1925.

[44]) Frankf. Ztg. v. 30. 1. 1926.

vorläufig unmöglich, da die Preisklausel des Friedensvertrages sofort derart wirksam werden würde, daß die an die Avi gewährten Vergütungen auch im Reparationspreis der Ruhrkohle zu gewähren wären. Dennoch ist das Abkommen hier zu erwähnen, da ohne die Klausel, für deren Beseitigung wirtschaftliche Gründe verschiedener Art — vor allem die Ermöglichung einer natürlichen Preisbildung — sprechen, das R. W. K. S. wahrscheinlich daran teilnehmen würde, und da weiter eine durch das Abkommen erwirkte Exportsteigerung auch dem Kohlenabsatz zugute kommt. Zudem ist die Regelung für die gemischten Werke von Bedeutung.

Die wirtschaftliche Beurteilung der Ausfuhrvergütungen ist stark umstritten[45]). Da sie heute mit der Avi abgeschlossen worden sind und so der gesamten eisenverarbeitenden Industrie zugute kommen, ist die früher als schädlich betrachtete Wirkung, daß sie zwischen kartellierten und freien Verarbeitern unterscheiden, behoben. Problematisch aber bleibt, ob man einerseits das inländische Preisniveau durch Zölle überhöhen soll, um andererseits die daraus erzielten Gewinne zur Forcierung des Exportes zu verwenden. Eine Exportförderung durch Ausfuhrprämien ist ebenso schädlich wie ein Valutadumping. Beide verfolgen das Ziel, einen die normale Konkurrenzfähigkeit überragenden Anteil an der Weltmarktversorgung zu erlangen, und ihre nachteilige Wirkung beruht besonders darauf, daß sie Repressivmaßnahmen auslösen. Sie sind wie die englische Subventionspolitik auf die Dauer unhaltbar.

IV. Die Organisation des Handels

(unter besonderer Berücksichtigung des Kohlenkontores und der Verhältnisse im Eisenhandel)

a) Die Entstehung des Reviermonopolhandels

Zur Sicherung der Bemessungs- und Preispolitik dient die Marktorganisation des R. W. K. S. Der Markt, das eigentliche Betätigungsfeld der Händler, bildet wegen der dadurch bedingten

---

45) Siehe Morgenroth a. a. O.

spekulativen Einflüsse eine Hemmung für die Durchführung der Kartellpolitik, die zweckgesetzte Ziele verfolgt und so etwas Planmäßiges an sich hat.

Der Ausgleich dieses natürlichen Gegensatzes hat sich in den verschiedenen Gebieten und Wirtschaftszweigen unterschiedlich vollzogen. In Oberschlesien waren die Händler Mitglieder der Konvention; im Mitteldeutschen Braunkohlensyndikat ist der Händler als Besitzer der mächtigsten Bergwerksgesellschaften der Beherrscher der Organisation; das Rheinische Braunkohlensyndikat hat es verstanden, sich einen Einfluß auf die Händler zu sichern und doch deren Unabhängigkeit fast völlig zu wahren.

Die Entwicklung beim R. W. K. S. war nicht einheitlich. Die Handelsfrage hat sich allmählich zu einem der schwierigsten der Organisationsprobleme herausgebildet. Ähnlich der Stellungnahme zu den Hüttenzechen griff das R. W. K. S. 1893 auch kaum in die Marktorganisation ein in der Überlegung, daß ein Produzentenkartell der Mitarbeit des mit den Absatzverhältnissen vertrauten Handels nicht entraten kann. Die erste Maßnahme bildete die Aufteilung des natürlichen Absatzbereiches in kleinere Reviere [1]), für die jeweils nur eine bestimmte Anzahl von Syndikatshändlern für gewisse Produkte zugelassen wurden. Damit wurde der Nachfragekomplex scharf gegliedert und übersichtlicher gestaltet. Durch die Konzentrierung des Wirkungskreises der Händler wurde eine unnötige Lagerhaltung vermieden und einer starken Reservenachfrage vorgebeugt. Der Produktionsplan wurde stetiger, unterstützt durch die Verpflichtung zu Jahresabschlüssen und gleichmäßigen Abruf. Durch eine zentrale Preisfestsetzung und das Verbot der Umkartierung der Zechenlieferungen wurde die Rayonnierung gesichert und verhindert, daß ein ungesunder Unterbietungswettbewerb der Händler stattfindet [2]).

Um den Wettbewerb in den einzelnen Revieren selbst auszuschalten, Lagerkosten zu sparen und ihre Position gegenseitig

---

[1]) 29 Inlandsreviere ursprünglich, heute nur noch 28 infolge Fortfalls von Elsaß-Lothringen.

[2]) H. Bonikowsky a. a. O. S. 149 ff.

den Außerverbandshändlern gegenüber zu stärken[3]), schlossen sich die Händler der einzelnen Gebiete bald zu Verbänden zusammen[4]). Diese in der Linie der Kartellpolitik liegende Entwicklung wurde vom Syndikat unterstützt und führte unter dessen Beteiligung bis 1907 zu einer völligen Organisation der bestrittenen Hauptabsatzgebiete im Inland und angrenzenden Ausland. Nur die Kernreviere und die Ferngebiete blieben zunächst frei.

Die Händlerverbände verengten den Kreis der Syndikatshändler[5]) und sicherten durch Vortragen der Preise und Bedingungen des Syndikates dessen Marktpolitik. Unter den Handelsgesellschaften nahmen einige eine Sonderstellung ein.

Das Deutsche Kohlendepot Hamburg ist eine Exportorganisation von Kohlenhändlern schlechthin, nicht allein der Ruhrproduktenhändler, und das R. W. K. S. ist hier nur mit den Händlern gleichberechtigt beteiligt. Glückauf Kassel hat neben dem Vertriebsrecht für Ruhrkohle das der hessischen Braunkohle, an deren Vorkommen das R. W. K. S. maßgebend beteiligt ist. Die Steenkole Utrecht, ursprünglich Monopolorganisation für Holland, blieb das nach Gründung des Kohlenkontores nur im per Achse transportierten Absatz, während die per Kahn ausgeführten Aufträge, die größere Mehrheit, Sache des Kontores wurden.

Eine überragende Bedeutung hatte das Kohlenkontor, dessen Revier und dessen Umschlag so groß war, wie der der anderen Handelsgesellschaften zusammen[6]). Es entstand vornehmlich auf Betreiben einiger großer Reederzechen[7]), die 1904 von seiner

---

[3]) Das R. W. K. S. schrieb wohl die Verkaufspreise vor, gewährleistete aber im Gegensatz zum Rhein. Braunkohlensyndikat den Händlern keine Mindestpreise. Vgl. Kontradikt. Verh. Bd. I, S. 224, und Burger a. a. O. S. 96.

[4]) Statist. Anhang Tabelle VII.

[5]) Nur ein gewisser Mindestumsatz — schwankend zwischen 10 000 und 50 000 t Jahresumsatz — berechtigt zur Mitgliedschaft.

[6]) Vgl. Tabelle lt. Anm. 4.

[7]) Gründung am 13. 9. 1903 von den Reederzechen Mathias Stinnes, Hugo Stinnes, Kannengießer und Haniel, zusammen mit dem R. W. K. S.

Gründung ihren Beitritt zum R. W. K. S. abhängig machten, und denen es darauf ankam, durch organisatorische Erfassung der Frachtbildung Stabilität im süddeutschen Markt zu erreichen. Außer Süddeutschland wurden die ab Mannheimer Umschlag bedienten Auslandsgebiete [8]) und der Wasserverkehr nach Holland angegliedert. Die Preis- und Absatzpolitik entsprach der des R. W. K. S. Die Frachtenfrage wurde durch die Verpflichtung jedes Mitgliedes, eine bestimmte Menge zu festen Sätzen zu transportieren, geregelt. Außerdem hatte das Kontor das Recht, wo es frachtlich geboten erschien, den direkten Bahnversand zu wählen, so daß dessen Kosten die obere Grenze für die Festsetzung der Frachten bildeten. Das Reviermonopol wurde durch ein Abnehmermonopol ergänzt. Das R. W. K. S. erhielt als Höchstbeteiligter [9]) vom Kontor neben der hohen Tonnendividende [10]) eine Vorzugsdividende von 5 Proz.

Im Kohlenkontor, dem nach vollzogener Gründung 44 Mitglieder mit 9,2 Millionen Tonnen Beteiligung, am 1. 4. 1915 nur noch 32 Mitglieder mit 14,8 Millionen Tonnen Beteiligung, angehörten [11]), bildeten sich ähnliche Gegensätze wie im R. W. K. S. heraus, die der reinen und gemischten Reeder. Bei der Begründung bestanden nur vier Reederzechen [7]), allerdings neben dem R. W. K. S. die größten Mitglieder, die mit 2,6 Millionen Tonnen etwa 30 Proz. der Beteiligung, zusammen mit dem Syndikat 4 Millionen Tonnen = 44 Proz. beherrschten. Durch Aufkauf kleiner reiner Reeder verstärkten sie ihren Einfluß. Bereits 1904/05 gingen dann die führenden Zechengesellschaften dazu über, sich einen unmittelbaren Einfluß auf die Handelsorganisation durch Erwerb reiner Reedereien zu sichern [12]); 1913/14 wurden nicht weniger als zwölf reine Reedereien von zehn Zechen über-

[8]) Departement Doubs, Haute-Saône, Belfort, die Schweiz, Vorarlberg und Tirol.

[9]) Es übernahm auch hier alle Kleinhändler unter 50 000 t.

[10]) Im Durchschnitt 1906/07 bis 1917/18 jährlich Mk. —,62½ pro Tonne.

[11]) Statist. Anhang Tabelle VIII.

[12]) Harpen-Kannengießer 1904, Gelsenkirchener Bergwerks-A.-G.-Raab, Karcher & Co. 1905, Deutscher Kaiser-D. Mack G. m. b. H. 1911.

nommen [13]). Das Beteiligungsverhältnis der Gruppen im Kontor war 1914:

Gruppe	Zahl	Beteiligung t	Proz.	
Syndikat	1	2,291.000	16	84
gemischte Reeder	16	10,048,000	68	
reine Reeder	13	2.442.000	16	

so daß das Syndikat und die Reederzechen zusammen die absolute Majorität hatten.

Die starke Konzentration wurde einmal verursacht durch die Erneuerungsverhandlungen des R. W. K. S. und weiter verschärft durch deren Abbruch wegen der Hüttenzechenfrage im Februar 1914. Da besonders die Fusionen von 1913/15 sich ausschließlich auf reine Zechen beschränken, die weit mehr auf den Absatz angewiesen waren als die Hüttenzechen, wird klar, daß Sicherung von Absatzbeziehungen für eine syndikatslose Zeit die Ursache der Entwicklung war [14]). Hinzu kam noch, daß die meisten der Mitgliedszechen eigene Häfen im Betrieb oder Ausbau hatten [15]), die sie erst in Verbindung mit einer eigenen Reederei voll ausnutzen konnten, und daß sie durch die Angliederungen auch ihre Position für den Fall einer Vertragserneuerung stärkten.

Ähnlich hatte bereits 1912 der Fiskus durch Majoritätsbeteiligung an der Rhein- und Seeschiffahrtsgesellschaft Reederbeziehungen aufgenommen. Und auch die Außenseiter bauten ihre Vertriebsorganisationen aus oder schlossen Vorverträge mit syndikatsfreien Händlern ab [16]). Die Syndikatsmitglieder endlich, die einer Verlängerung der Sperrfrist für Vorverkäufe

[13]) Statist. Anhang Tabelle VIII.

[14]) Kempkens, Fusionierung a. a. O. S. 608 ff.; ferner G. B. G. B. der in Statist. Anhang Tabelle VIII angeführten Gesellschaften 1913 ff.

[15]) Statist. Anhang Tabelle VIII.

[16]) „Belgisch-Holländisches Kohlenkontor G. m. b. H.“ Lintfort für Friedrich Heinrich 1913, „Niederrheinische Kohlenhandels-G. m. b. H.“ für Wilhemine Mevissen 1914, „Welheim Kohlenhandels-G. m. b. H.“ Essen 1915 für die gleichnamige Zeche u. a. m.

1915 widersprochen hatten, gingen entsprechend vor [17]). Einzelne Zechen hatten sich außerdem an den Revierhandelsorganisationen durch Ankauf von Platzhändlern beteiligt.

b) Syndikatsfilial- und -monopolhandel

Bestanden so 1915 die mannigfachsten Beziehungen zum Handel, so wird verständlich, wie schwierig die Fragen zu lösen waren, die von den Interessenten aufgeworfen wurden. Gegen die bisherige Marktorganisation der Monopolhandelsgesellschaften wurden Klagen über ihr rücksichtsloses Vorgehen in Qualitäts- und Preisfragen laut [18]). Es wurde betont, das Syndikat könne nur durch die Wiedereinschaltung der Händlertätigkeit — der Händler war ja in den Revierorganisationen nur noch Agent des Syndikates — eine erfolgreiche Absatzpolitik betreiben. Aus der Erwägung, die Agenteneigenschaft mache den Handel überflüssig, strebten dagegen die Zechen dessen völlige Ausschaltung an, um den Zwischengewinn selbst zu vereinnahmen. Um gleichzeitig den Gegensatz zu den mit Händlern und Reedern verbundenen Zechen zu beseitigen, forderten die reinen Zechen Monopolisierung des Handels durch das Syndikat oder stärkere Gewinnbeteiligung des Kartelles an den Revierorganisationen [19]).

Diesen Forderungen standen gegenüber die der reinen Handelsreedereien, die sich in ihrer Existenz gefährdet sahen, ferner der gemischten Reedereien, die die hohen Erwerbskosten in der Hoffnung auf freien Wettbewerb oder doch auf eine die

---

[17]) „Nordstern Kohlenhandelsgesellschaft m. b. H." Mannheim für Zeche Nordstern 1913, „Vulcan Kohlenmij." Rotterdam 1913 für Thyssen, „Langenbrahm Kohlenhandels-G. m. b. H." Essen für Langenbrahm, „Wanner Kohlenhandels-G. m. b. H." Wanne für Unser Fritz 1915 u. a. m. Vgl. D. K. Z. 1913 ff.

[18]) Frankf. Ztg. v. 30. 4. 1916.

[19]) Vorschlag Haßlacher (Rheinstahl), Köln. Volksztg. v. 26. 9. 1915, wünscht für das Kohlenkontor: a) 5 Proz. Verzinsung der Einlage; b) feste Tonnendividende; c) Supergewinn mit 75 Proz. an das R. W. K. S., mit 25 Proz. an die Reeder.

Amortisation gewährleistende Dividende gemacht hatten und schließlich der Außenseiter, die eine Eingliederung ihrer Absatzorganisationen oder deren Beschäftigung im bisherigen Rahmen verlangten und die — wie die Händler der Mitgliedszechen [20]) — auf Anerkennung ihrer Vorverträge beharrten. Ein Vorschlag eines Teiles der Zechen [21]), ihre Vorverträge selbst außerhalb des Syndikates unter voller Tragung der Syndikatslasten abzuwickeln, konnte vom Kartell nicht eingeräumt werden, wenn dieses seine Organisation nicht untergraben wollte.

Die Lösung der Gegensätze wurde durch den Kriegsausbruch und weiter durch die Bundesratsverordnung erschwert, um so mehr als keine Zeche ihre Handelsorganisation für ein kurzfristiges Übergangssyndikat opfern wollte. Die durch das Reichskohlenkommissariat herbeigeführte amtliche Kohlenverteilung gab dann den Strömungen Rückhalt, die ein Handelsmonopol anstrebten. Für die noch freien Kernreviere wurden neue Handelsgesellschaften errichtet, so daß der Ring dieser sich über das ganze Absatzgebiet mit Ausnahme der Ferngebiete erstreckte [22]).

Die Händler wurden bis auf je zwei bis drei, die als Komplementare in die umgegründeten Organisationen eintraten, abgefunden. Der Handel war ein reiner Filialapparat des Syndikates geworden, seine ehemaligen Träger Rentner oder Händler zweiter Hand. Die Vorverträge mit Händlern, deren Abwicklung bereits das Übergangssyndikat übernommen hatte, gingen an das Kartell über, während die Erledigung der mit Verbrauchern geschlossenen den Zechen überlassen wurde.

Auch im Bereich des Kohlenkontores vollzog sich eine Wandlung. Die neuen Syndikatsmitglieder, die Handels- und Reedereibeziehungen unterhielten [23]), traten bei. Dann wurde die Tonnenbeteiligung in eine Kahn- und Schleppbeteiligung mit 7,3 Millionen Tonnen bzw. 8,6 Millionen PS umgeordnet. Das Syndikat gab

---

[20]) Vor allem Thyssen, der mit seinen Handelsorganisationen langfristige Verträge laufen hatte.

[21]) Frankf. Ztg. v. 7. 8. 1915, Wulff-Konzern, Langenbrahm, Brassert.

[22]) Stat. Anhang Tabelle VII.

[23]) D. K. Z. 1916, S. 134: Fiskus Stromeyer, Diergardt, Thyssen.

seine Beteiligung zugunsten einer Kommanditstellung auf. Das Verhältnis zur Steenkole wurde — um die Versorgung Hollands zu Wasser und zu Lande zentral regeln zu können — reduziert auf einen rein geldmäßigen Gewinnanteil ohne Lieferanrecht.

So waren scheinbar 1917 alle Gegensätze durch eine straffe, zentralisierte Syndikatsorganisation behoben worden. Dieses zentralistische Sytem konnte aber nur der Absatzverteilung, nicht dem Absatzwettbewerb gerecht werden. 1922 vermochten sich zwar die 1917 vorbereiteten Maßnahmen dank der Kohlennot und der Inflation, die besonders dem Handelsstand zugesetzt hatte, voll durchzusetzen durch Abfindung auch der letzten Großhändler. Der Versuch, das Handelsmonopol zu durchbrechen durch die Einräumung eines Selbstverbrauchsrechtes für langfristige Lieferverträge, scheiterte am Veto des Reichskohlenrates, zeigt aber die Entwicklungstendenz, die eine völlige Revision bewirkte.

c) Die Entstehung des Nebeneinander von Zechen- und Monopolhandel

Da die Syndikatsorganisation die Möglichkeit, direkte Kundenbeziehungen zu unterhalten, unterbunden hatte, gingen die Zechen von der Nachfrageseite aus vor, hierin unterstützt durch die Preisklauseln des Kohlenwirtschaftsgesetzes [24]). Diese beschränkten den Handelsgewinn durch Festsetzung der Richtpreise als Kleinverkaufspreise auf 4 Proz. und später 6 Proz., ein Satz, der für stabile Geldverhältnisse durchaus ausreichend schien. In der Inflation mußte die Gewinnquote — da unzulänglich, die Wertschwankungen zu tragen — zur Vernichtung des Handels und zu dem Streben der Zechen führen, ihre eigene finanzielle Lage durch die Vereinnahmung dieses Rabattes zu verbessern. So entstand die Ausschaltung des Zwischenhandels und die Vereinigung der Zechen mit dem Platzhandel. Damit wurde aber gleichzeitig wieder die Kundenfühlung aufgenommen [25]), die besonders für

[24]) D. K. Z. 1924, S. 564, G. B. d. Zentralverbandes der Kohlengroßhändler 1923/24.

[25]) Francken a. a. O. S. 73 ff.

eine künftige syndikatslose Zeit wertvoll erschien. Das Interesse der Zechen am Handel steigerte sich in dem Maße, in dem es am Syndikat erlahmte. Dabei war es wirtschaftlich vorzusorgen, daß im Augenblick der Wiederherstellung der Konkurrenz im Markt auch ein Handelsapparat vorhanden war [26]), und sich an diesem zu beteiligen.

Die Ruhrbesetzung durchbrach in doppelter Hinsicht das Vertriebsmonopol. Den Zechen mußten größere Freiheiten im Handel eingeräumt werden, der Weg zum Kunden war vom Kartell freizugeben. Um die inländische Kohlenversorgung sicherzustellen, kam es darauf an, Kohlen jeder Provenienz abzusetzen, so daß die Ausschließlichkeitsklausel fallen mußte. Besonders im Import englischer Kohle fand sich ein weites Betätigungsfeld für den freien, die Lieferquellen suchenden Händler. Und diese Tätigkeit war gleichzeitig rentabel, da für Importware von reichswegen der Gewinn nicht so scharf beschränkt werden konnte, solange eine Einfuhr zur Bedarfsdeckung notwendig war. Das Schwergewicht der Handelstätigkeit verlegte sich so 1923 nach Hamburg und Holland, wo neue Händlerfirmen der Ruhrzechen gegründet wurden [27]).

In Verbindung mit der Überleitung der Kohlenzwangswirtschaft Ende 1923 in den freien Absatz und der Neugründung des Syndikates wurde auch das Handelsproblem wieder akut. Es fragte sich, ob eine — notwendig — bureaukratische Monopolorganisation den Wettbewerbsschwierigkeiten gewachsen war, ob sie die verlorenen Absatzbeziehungen wieder gewinnen konnte und unter den Abnehmern das Vertrauen besaß, das dazu nötig war.

Die Zechen, die sich eine eigene Handelsorganisation geschaffen hatten, verlangten — unter Führung von Thyssen, der davon seine Mitgliedschaft im Syndikat abhänig machte — das Recht freier Betätigung und die Rückkehr zum Großhandelsprinzip. Andere fürchteten von einer Freistellung des Handels

---

[26]) D. K. Z. 1921, S. 537.

[27]) Siehe unten Anm. 33, S. 202.

in Verbindung mit den allgemein syndikatsfeindlichen Tendenzen eine Unterminierung der Kartellorganisation, während sie für die Absatzkrisis ein festes Kartell für erforderlich hielten. Auch die Vorverträge widerstrebten einer syndikatlichen Erfassung.

Die Lösung bedeutete — wie in anderen Fragen — eine Lockerung des Syndikatsgefüges. Außerhalb jeder syndikatlichen Regelung wurden den Zechen 50 Proz. ihres Holland- und Überseeabsatzes belassen [28]). Der Rest des Exportes wurde von den Mitgliedern ohne Vermittlung des Kartelles abgewickelt, aber auf die Beteiligung angerechnet. Der leitende Gedanke für die Einführung der Bestimmung war, die verlorenen Absatzmärkte zurückzugewinnen, wozu man im Wettbewerb mit dem Weltmarkt des Handels nicht entraten konnte. Im Inlandsabsatz wurde den Zechen das Recht einer Beteiligung am Vertrieb erster Hand durch Zechenhandelsgesellschaften neben den Syndikatshandelsgesellschaften eingeräumt. Es war von vornherein zu erwarten, daß die Zechenhandelsgesellschaften erfolgreicher arbeiten würden, denn sie waren beweglicher und nicht vorbelastet mit der Verpflichtung, allen Sorten Absatz zu verschaffen. Die Syndikatshandelsgesellschaften lösten sich daher am 1. 2. 1924 auf. Sie wurden von den Zechen, die von ihrem Eigenvertriebsrecht keinen Gebrauch machten und die ganze Lösung für den Bestand des Kartelles für gefährlich hielten, im Inlandblock neu gegründet. Für Holland und Übersee errichtete dieselbe Gruppe den Hollandblock, der sich organisatorisch um die ehemalige Steenkole zentralisierte. Diesem Rumpfsyndikat mit etwa 85 Proz. der Gesamtbeteiligung standen gegenüber die Zechenhandelsgesellschaften von Thyssen, Rheinische Stahlwerke, Rombacher Hüttenwerke, Gewerkschaft Ewald und die Außenseiter des Syndikates.

Die Gegensätze waren mit dieser Umgründung nicht behoben, verschärften sich vielmehr dadurch, daß die Zechen mit

---

[28]) Vgl. dazu die Regelung im Oberschlesischen Steinkohlensyndikat, wo der Absatz ins Freiland — Gebiete außerhalb Deutschlands — völlig frei von der Anrechnung behandelt wird. Syndikatsvertrag von 1925, § 14.

eigener Handelsorganisation erfolgreich arbeiteten, große Abnehmer wiedergewannen und mit Überschichten fahren mußten, während die anderen unter der Absatznot, Feierschichten und dem Anwachsen der Halden litten. Es war absurd, daß in einer Gemeinschaft Mitglieder verbunden waren, die sich an der ersten Etappe im Markt schärfste Konkurrenz bereiteten. Ende Juli 1924 wurde so von einer Zechenbesitzerversammlung die Preisbildung den Zechen völlig freigegeben und damit ein wesentliches Mittel der Syndikatspolitik den einzelnen Mitgliedern überantwortet [29]). Preisunterbietungen waren die Regel; das Syndikat hatte nicht die Möglichkeit, seine Maßnahmen im Markt durchzusetzen. Zudem scheiterten Einigungsversuche zwischen den beiden Gruppen am Widerstand der Blockzechen, die den Zechenhandel um jeden Preis niederringen wollten [30]), ein von vornherein aussichtsloses Beginnen, nachdem gerade die Träger des Zechenhandels leistungsfähige Unternehmungen waren.

Schließlich führte die Kündigung des Vertrages durch die Blockzechen im August 1924 zu einem neuen Kompromiß, nachdem bereits vorher von allen Seiten neue Handelsbeziehungen aufgenommen oder bestehende gefestigt worden waren [31]). Das Syndikat wurde in ein bestrittenes [32]) und unbestrittenes aufgeteilt. Im ersteren stand es den Zechen frei, sich eigener Organisationen zu bedienen, im unbestrittenen Gebiet wurden von den Zechen als Trägern Reviermonopolgesellschaften gegründet. Im Gebiet des Kohlenkontores wurde dem Zechenhandel gleichzeitig ein beschränkter Absatz eingeräumt. Die Regelung stieß auf den Widerstand der Zechen, die ihre Handelsorganisationen erst neu aufgebaut hatten, um so mehr als man Thyssen für das Syndikat nur durch Sonderkonzessionen in der Handelsfrage gewonnen hatte. Die Folge war der bereits erwähnte Zwangsanschluß.

---

[29]) G. B. Zeche Ewald 1924.

[30]) Francken a. a. O. S. 78.

[31]) Hansen, Neuerburg & Co. — Mannesmann, Adler, Köln-Neuessen, Friedrich der Große; Gewerkschaft Westfalen — v. Giesche's Erben; Phönix Kohlenhandelsgesellschaft m. b. H. Köln-Bremen.

[32]) Ausland, Ostelbien, Berlin, Hamburg, Bremen.

Während der Folgezeit, in der das Syndikat in der Schwebe war, wurden die Handelsorganisationen besonders im bestrittenen Gebiet [33]), aber auch anderwärts allgemein stark erweitert. Der Gegensatz zwischen Monopol- und Zechenhandel verschärfte sich damit naturgemäß, und eine Lösung wurde kompliziert dadurch, daß die Handels- mit der Einschränkungsfrage verquickt wurde. Ein Teil der Hüttenzechen war in der Frage der Einschränkung nur zu gewinnen durch eine Erweiterung der Rechte des Zechenhandels. Mit jeder Modifikation eines Problems verschob sich die Majoritätslage für das andere, und lediglich die Notwendigkeit, ein Syndikat zu gründen und eine Organisation zu schaffen, die die Absatzaufgaben erfüllen konnte, dürfte auch hier die Einigung erzielt haben. Es bestand natürlich die Möglichkeit, den Handel freizugeben, und das hätte vielleicht am besten die Absatzschwierigkeiten und die der Organisation überwunden, aber das Kartell, das vom Gesetz gefordert wurde, wäre in seiner Leistungsfähigkeit doch wesentlich behindert worden. Die Ansichten über die Art der Organisation standen sich in den Verhandlungen in zwei großen Gruppen gegenüber:

Die Verfechter des Kartellgedankens [34]) forderten nach wie vor einen rein monopolistischen Syndikatsfilialhandel, und die Verweisung des Zechenhandels in die Position eines Zwischenhändlers. Nur ein straffer Aufbau könne die Absatz- und Preispolitik sichern. Es sei weiter für kleine Zechen oder solche mit nur einer Sorte geradezu unmöglich, eine eigene Absatzorganisation aufzubauen, da man den spezifischen Wünschen der Abnehmer nicht entsprechen könne und ungängige Sorten halden müsse. Außerdem verursache die Ausbildung eines allseitigen Zechen-

---

[33]) Archiv D. B. Z. Oktober 1924: Es hatten Händler für die Reviere Berlin, Bremen, Hamburg, Holland: Stinnes-Konzern, Ewald, S. R. S. U., Thyssen, Rheinstahl, Rombach, Mathias Stinnes, Graf Bismarck, Westfalen, de Wendel, Mont Cenis, Heinrich, Haniel-Gutehoffnungshütte, Krupp, Langenbrahm, Klöckner, Friedrich Heinrich.

[34]) Vgl. zu folgenden Ausführungen: Denkschrift des Syndikatsvorstandes zur Handelsfrage, abgedruckt R. W. Z. 12. 3. 1925; Denkschrift der Zwangszechen zur Erneuerung, abgedruckt R. W. Z. 19. 3. 1925, ferner R. W. Z. v. 9. 9. 1924.

handels hohe Kosten, ohne daß ein entsprechender Erfolg garantiert erscheine. Ein vereinzelter Zechenhandel in Konkurrenz zum übrigen Syndikatsvertrieb widerspreche dem Gemeinschaftsgedanken der Kartelle und differenziere die Gewinnmöglichkeiten. Es sei auch ein Unterschied, ob Zechenhändler nur vereinzelt als Zwischenhändler bestehen oder eine so große Macht besitzen, daß sie ihre Handelsinteressen im Kartell durchzusetzen suchen. Ebenso gefährlich sei der Aufbau der Reviergesellschaften als Organisationen aller Zechen, da daraus eine Interessenkollision für den Syndikatsvorstand entstehe derart, daß die Zechen in der Handelsgesellschaft anders als im Kartell abstimmen und das Syndikat zwischen den zwei Steinen zermahlen könnten. Es sei dem Syndikat unmöglich, neben der Garantie der gleichmäßigen Beschäftigung der Zechen auch noch die der Handelsorganisationen zu übernehmen, wenn man bedenke, wie verschieden allein die Sortenanforderungen jedes Gebietes seien. Der Beweis endlich, die Monopolgesellschaften hätten versagt, sei nicht erbracht und auch gar nicht erbringbar gewesen, da bis 1923 die Zwangsverteilung geherrscht habe und 1924 völlig ungeordnete Marktverhältnisse vorlagen.

Diesen Hauptgesichtspunkten gegenüber forderten die Verfechter des Konzerngedankens [35]) die Beseitigung des Handelsmonopoles im R. W. K. S. Die Zechenhandelsgesellschaften seien eine organische Erscheinung, würden von der Marktlage her geradezu gefordert und hätten sich ähnlich im Stahlwerksverband als Werkshändler auch jederzeit bewährt. Sie konnten auf ihre Erfolge verweisen, die sie 1923 im Einkauf ausländischer Brennstoffe, 1924 in der Rückeroberung verlorener Gebiete erzielt hatten. Schließlich sei das, was vor dem Krieg bis zu einem gewissen Grade richtig gewesen sei, damit als notwendig unter den gänzlich geänderten Verhältnissen noch nicht erwiesen. Die Erhaltung eines freien Handels sei um so dringender, als nur dieser die eigentlichen Händlerfunktionen erfüllen und erfolgreich der scharfen Konkurrenz begegnen könne. Der Zechenhandel sei besser in

[35]) Siehe Anm. 34, S. 202.

der Lage, Qualitätsansprüchen der Abnehmer gerecht zu werden, da er eine höhere Garantie biete durch die Möglichkeit, aus eigener Förderung zu liefern. So werde der ganze Absatz von der neuen Organisation Gewinn ziehen. In der Kreditgewähr sei der Zechenhandel wie jeder freie Handel viel leistungsfähiger, während das Syndikat ein untragbares Risiko auf sich nehme. Es sei unhaltbar, etwas zu verneinen, weil erst eine Minderheit es als richtig erkannt habe, und unlogisch, im Stahlwerksverband für eine Organisation einzutreten, gegen die man sich im R. W. K. S. auflehne [36]). Das Monopol könne mit dem Argument der Tradition an sich nicht gerechtfertigt werden, da es erst seit 1917 durchgeführt sei. Ein Monopol sei endlich von Natur schwerfällig, während für das R. W. K. S. Nutzbarmachung aller individuellen Kräfte erforderlich sei.

Die Einigung kam auf mittlerer Basis zustande nach den Vorschlägen, die der Reichswirtschaftsminister [37]) zur Vermeidung eines Zwangskartelles und die Fritz Thyssen [38]), der Vorkämpfer der Idee des Zechenhandels, machten. In Fortführung tes Gedankens, der der zweiten Ruhrkohle zugrunde lag, wurde das Syndikat in zwei selbständig organisierte Teile zerlegt (siehe nebenstehendes Schema) [39]).

Träger des Handels im unbestrittenen Gebiet [40]) sind Reviermonopolgesellschaften, die von den Zechen gebildet, gewissermaßen Untersyndikate darstellen. Das Kartell steht zu ihnen nur noch im reinen Lieferungsverhältnis; gewinnberechtigt sind die Zechen nach Maßgabe ihrer Beteiligung unter Ausschluß aller Vorrechte. Die Einreihung der stark umstrittenen Gebiete Berlin und Bremen 1925 in diese Gruppe beruht auf einem Entgegenkommen des Zechenhandels [41]). Berlin konnte dabei erst nach

---

[36]) Z. B. war die Gelsenkirchener Bergwerks-A.-G. Gegner des Zechenhandels, wohl aber Mitglied des Werkshandels.

[37]) Köln. Ztg. v. 14. 3. 1925: Im bestrittenen Gebiet freier Zechenhandel, im unbestrittenen Gebiet Syndikatshandel.

[38]) Köln. Ztg. v. 20. 3. 1925.

[39]) Syndikatsvertrag 1925, § 3.

[40]) Deutschland ohne Ostelbien und Hamburg.

[41]) Siehe unten Zweiter Abschnitt V b, besonders S. 232.

Heutige Marktorganisation[42][43]

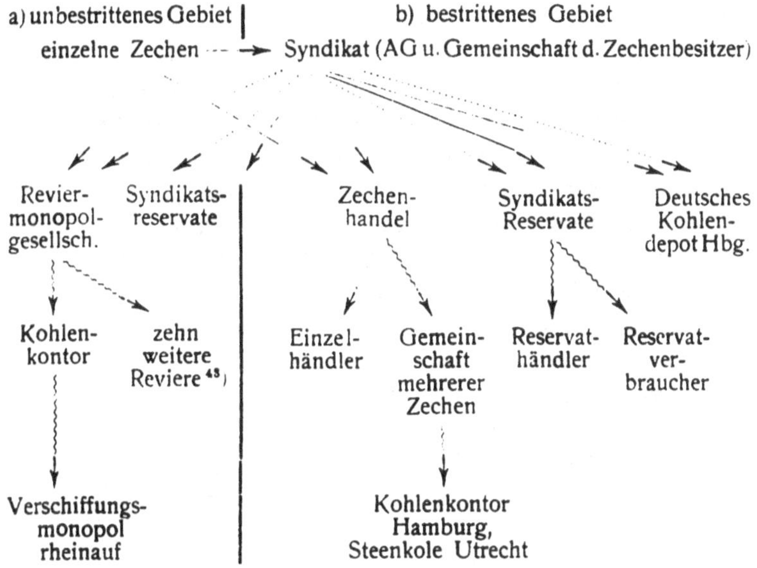

Fällung eines Schiedsspruches [44]) als unbestritten erklärt werden. Eingeengt wurde das Gesamtgebiet durch die Abtrennung der Auslandsreviere des Kohlenkontores [45]); der Zechenhandel wurde in die Stellung eines Händlers zweiter Hand verwiesen [46]).

Im bestrittenen Gebiet, für dessen Umgrenzung mehr absatzpolitische, als tatsächlich marktmäßige Gesichtspunkte den Ausschlag gaben, wurde der freie Handel Träger der Marktorganisation. In den Absatz teilen sich, von Reservaten abgesehen [46]), der

[42]) Punktierte Linie bedeutet Lieferantenverhältnis, volle Linie Mitgliedschaft oder Beteiligung nach dem Stand vom März 1926, Wellenlinie bedeutet lediglich Unterteilung.

[43]) Siehe Stat. Anhang Tabelle VII.

[44]) Köln. Ztg. v. 6. 5. 1925 wegen des Widerspruches der Gewerkschaft Westfalen, der erst nach deren Abfindung aufgegeben wurde.

[45]) Als Reservate der zweiten Hand waren vorgeschlagen: Allgemein bis 600 t, für Berlin 1200 t, für das Kohlenkontor 1800 t. Letztere wurden auf 2400 t erhöht Vgl. R. W. Z. v. 3. 4. 1925.

[46]) Vor allem Hütten, Eisenbahnen, Reedereien, Gasanstalten, Elektrizitätswerke, Bergwerke; in Hamburg speziell die Hapag, Reichskanalamt, Reichsmarineamt, ferner einige Großhändler. Auch

freie und der Zechenhandel, wobei letzterer einen gewissen Kundenschutz vom Syndikat eingeräumt erhielt [47]). In Hamburg und Holland hat sich der Zechenhandel größtenteils der alten Syndikatsorganisation bedient [48]), die nicht mehr Monopolgesellschaften sind, sondern in Konkurrenz mit anderen Vertriebsorganen stehen. In den übrigen Gebieten arbeiten die Zechen teils mit eigenen Organisationen, teils mit Großhändlern.

Das Kohlenkontor wurde völlig reorganisiert. Sein Sitz wurde 1926 nach Mannheim verlegt, um am Bedarfszentrum das Gebiet besser bearbeiten zu können. Die Auslandsgebiete wurden, wie erwähnt, verselbständigt; ausschlaggebend war dabei die Argumentation, daß Monopolorganisationen im bestrittenen Absatz versagt hätten. Da der Aufbau eines selbständigen Handels in diesen Grenzrevieren sehr kostspielig ist und eine Erfassung im Kontor naheliegt, nachdem der Rheintransport ausschließlich in Kontorregie erfolgt [49]), macht sich schon heute (1926) die Tendenz bemerkbar, zu den früheren Verhältnissen zurückzukehren. Der Tätigkeitsbereich des Kohlenkontores wird noch in einer zweiten Hinsicht eingeengt durch Heraufsetzung der Grenze ausschließlichen Belieferungsrechtes von 1800 auf 2400 t Steinkohle jeglicher Art [50]). Bis zu dieser Grenze liefern der Zechen- und der freie Handel. Die Modifikation bildet ein Entgegenkommen an den von jeher in Süddeutschland sehr einflußreichen Großhandel.

Das Absatzgebiet selbst wurde in zwei Teile getrennt [51]), in

---

Hugo Stinnes hat einige Reservate aus seiner alt eingeführten Exportorganisation. Vgl. D. B. Z. v. 28. 4. 1925.

[47]) In Revieren, in denen der Zechenhandel eine genügende Organisation besitzt, dürfen nur alte Kunden des R. W. K. S. bedient werden. R. W. Z. v. 6. 5. 1925.

[48]) Lt. persönlicher Mitteilung umfaßt die Steenkole alle Syndikatsmitglieder bis auf zwei bis drei, in Hamburg bestehen etwa 12 Außenseiter.

[49]) Syndikatsvertrag 1925, § 39.

[50]) Lieferbedingungen für Händler v. 1.6.1925 u. R. W. Z. v. 5.3.1925.

[51]) Durch eine Linie: Coburg-Bamberg-Nürnberg-Treuchtlingen-Ingolstadt-München-Grafing-Rosenheim-Kufstein, die vorher — bis September 1925 — bis München weiter östlich: Eger-Weiden-Schwandorf-Regensburg-Landshut-Freising-München, verlief.

ein westliches Monopol- und ein östliches Konkurrenzgebiet. Grundsätzlich ist den Händlerabnehmern nur der Vertrieb an Ruhrsteinkohle gestattet. Um aber den natürlichen Marktbeziehungen Rechnung zu tragen und sich nicht zu schädigen, ist im Konkurrenzgebiet ein Mitvertrieb von schlesischer Kohle in dem Umfang zulässig, in dem er vor dem Krieg proportional zum Gesamtvertrieb bestand. Selbstverbraucher dürfen Kohlen jeder Art beziehen [52]). Englische und Saarkohlen dürfen nicht geführt werden, obwohl die Saar wie vor allem auch englischer Anthrazit hier seit Jahren natürliche Absatzbeziehungen haben, und gerade in Anthrazit die Ruhr wenig leistungsfähig ist.

Mitglieder des Kontores sind die Zechen; die Reederbeziehungen sind organisatorisch völlig ausgesondert und durch die Transportbeteiligung rein vertragsmäßig geregelt [53]). Die Kosten des Transportes werden zu Lasten der Gemeinschaft zu Tages- oder Vertragssätzen vergütet.

Die Kontorreedereien bestehen heute aus drei Gruppen, den reinen Reedern, den Zechenreedern und deren holländischen Gemeinschaftsreedereien [54]). Dem Kontor stehen sie, da Transport- und Lieferantenverhältnis organisatorisch getrennt geregelt sind, als einheitliche Gruppe gegenüber. Ihre Beteiligung zerfällt in eine Kahnbeteiligung in Tonnen und eine Schleppbeteiligung in PS. Die Vorrechte der Reederzechen sind theoretisch somit im Kohlenkontor beseitigt, wenn auch die Zeche, die noch den Transportrückhalt hat, stets als die einflußreichere sich erweisen wird. Im allgemeinen ist auch das Kohlenkontor heute beweglicher aufgebaut.

Einschränkend zu obiger Skizze (s. S. 205) und den Ausführungen ist zu betonen, daß Lieferanten der Handelsgesellschaften grundsätzlich, da das Syndikat liefert, alle Zechen sind, Träger und damit Gewinnberechtigte für jedes Revier mit Aus-

[52]) Lieferbedingungen für Händler und Werke Abschn. 7.

[53]) Siehe Stat. Anhang Tabelle VIII.

[54]) Diese entstanden besonders 1923/24 und dienen jetzt als Stützen der holländischen Zechenhandelsgesellschaften.

nahme des vorerwähnten Kohlenkontores, an dem alle Zechen beteiligt sind, jedoch nur eine gewisse Anzahl der Zechen, die von der Zechengemeinschaft — ihrer Syndikatsbeteiligung entsprechend — schlüsselmäßig nach der Menge und den im Revier begehrten Sorten auf die einzelnen Handelsgesellschaften verteilt sind. Dieses Prinzip vermeidet, daß gegensatzreiche, unwirtschaftlich große Gremien entstehen.

Die Vorverträge endlich wurden, den gänzlich verschieden gelagerten Verhältnissen entsprechend, individuell geregelt. Die Tendenz geht dabei dahin, daß die Vorverträge mit Händlern generell an das Syndikat ohne Anrecht auf Lieferung spezieller Sorten übergehen, und daß auch die mit Verbrauchern nach einer gewissen Übergangszeit vom Kartell unter Aufrechterhaltung des speziellen Sortenanspruches abgewickelt werden. Das allmähliche Verschwinden der Vorverträge ist aus der nachstehenden Statistik, die den Absatz auf die Vor- und Gegenseitigkeitsverträge für 1925 ausweist, ersichtlich:

Monat	1000 t	Monat	1000 t	Monat	1000 t
Januar . . .	528	Mai	141	September .	94
Februar . .	426	Juni	113	Oktober . .	87
März . . .	471	Juli	83	November .	81
April . . .	496	August . .	87	Dezember .	72

d) Die Beurteilung der heutigen Regelung (1926)

Und wie wird die Vertriebspolitik gehandhabt, wie stellt sich die wirtschaftliche Beurteilung? Es widerspricht der Stellung als Vertriebsorganisationen der Ruhrzechen an sich, Kohle anderer Provenienz zu führen. Dieser Standpunkt kann aber den Handelsgesellschaften und dem Syndikat schaden durch Abkehr solcher Abnehmer, die Steinkohle verschiedener Herkunft oder auch nur andere Sorten benötigen, und sich deshalb anderen Lieferanten zuwenden. In dieser Erkenntnis räumt das R. W. K. S. in neuerer Zeit seinen Handelsgesellschaften das Recht ein, bei Vorliegen wichtiger Gründe Steinkohle auch anderer Gebiete mit zu vertreiben. Es hängt von den örtlichen Konkurrenzverhältnissen ab, ob eine Handelsgesellschaft von diesem Recht Gebrauch macht[55]). Diese Stellungnahme der Konkurrenzkohle gegenüber ist das wirtschaftlich Gebotene, denn sie trägt den natürlichen Wettbewerbsverhältnissen und dem eigenen Besten des Kartells Rechnung. Tendenzen, die in jüngster Zeit eine Abkehr von diesem Grundsatz der englischen Kohle gegenüber durchzusetzen versuchten, hatten keinen Erfolg. Sie scheiterten am Widerstand der am Importgeschäft stark interessierten Handelsgesellschaften, an denen Ruhrzechen teilweise maßgebend beteiligt sind.

Der Braunkohle gegenüber ist man völlig vom Ausschließlichkeitsprinzip abgekommen. Wohl ist auch hier verständlicherweise das Streben der Händler vornehmlich auf den Absatz der Ruhrkohle gerichtet und in einigen Revieren wird dieser Grundsatz auch restlos durchgeführt; letztere betrachten Braunkohle als Konkurrenzprodukt. Die stark umstrittenen Gebiete dagegen gestatten in ihren Lieferbedingungen stillschweigend oder ausdrücklich den Mitvertrieb von Braunkohlen. Damit ist ein Mißstand durch die Kriegsfolgen beseitigt worden, der früher vielfach eine Abkehr vom Syndikat deshalb auslöste, weil man die Braunkohle technisch benötigte, von den Syndikatshändlern aber nicht geliefert erhalten konnte. Die heutige Politik entspricht den technischen Erfordernissen, die Verwendung der wirtschaftlichsten Sorten verlangen, und damit auch den wirtschaftlichen Notwendigkeiten. Denn angesichts des Syndikatszwanges und der dadurch verursachten Unterbindung eines Außenseiterwettbewerbes könnten — bei Handhabung des Grundsatzes der Ausschließlichkeit — von Händlern in Ruhrkohle nur Syndikatsprodukte vertrieben werden, und es bestände nicht die Möglichkeit, alle denkbaren und vom Bedarf verlangten Sorten zu führen. Die Abhängigkeit des Handels und der Konsumenten vom Syndikat würde sich wirtschaftlich nachteilig bemerkbar machen.

---

[55]) Lt. persönlicher Mitteilung beschränkten sich Anfang 1926 die Handelsgesellschaften Dortmund, Düsseldorf, Magdeburg auf Ruhrsteinkohle; Hannover vertrieb außerdem niedersächsische, englische und schlesische Kohle. Andere Reviergesellschaften gaben darüber keine Auskunft.

Den wirtschaftlichen Interessen widerspricht das Streben einiger Reviergesellschaften, den Zwischenhandel auszuschalten und ihn nur da zu beliefern, wo es sich um alte Absatzbeziehungen handelt. Die Legitimität des Handels wird nicht durch das Alter bewiesen [56]), im Gegenteil sprechen gute Gründe dafür, eine solche Sinekure [57]) zu vermeiden und einer natürlichen Auslese dadurch Spielraum zu lassen, daß auch neue Kräfte hochkommen können. Ein beweglicher Zwischenhandel macht sich als elastisches Moment zwischen Nachfrage und Reviermonopolhandel erforderlich. Ich möchte annehmen, daß im effektiv bestrittenen Gebiet auch so gehandelt wird, nachdem man das Prinzip der Elastizität und Anpaßbarkeit bei anderen Aufgaben der Syndikatspolitik heute sehr scharf betont.

Die Handelsgesellschaften suchen nach Möglichkeit die Syndikatsrichtpreise durchzusetzen und durch Verpflichtungsklauseln auch ihren Unterabnehmern deren Einhaltung aufzuerlegen. Vom Syndikatsstandpunkt aus erscheint das berechtigt; die wirtschaftlichen Interessen dagegen müssen dem Prinzip der Syndikatspreise das der Marktpreise entgegensetzen, zumindest die Forderung, die Preise so zu stellen, daß nicht aus preislichen Rücksichten eine Umschichtung des Bedarfes stattfindet. Auch das hat heute das Syndikat — wie oben dargelegt — erkannt und gewährt deshalb den Handelsgesellschaften das Recht, in Konkurrenzpreise einzutreten.

So wirken sich im allgemeinen die Marktbedingungen in der Handelsorganisation aus. Es fragt sich nur noch, ob der Zechen- oder der Monopolhandel die bessere Organisationsform für das bestrittene Gebiet darstellt. Für das unbestrittene genügt m. E. ein vom Syndikat unabhängiger, von den Zechen oder besser noch von selbständigen Händlern getragener Reviermonopolhandel, wenn er in Verbindung mit einem freien Zwischenhandel arbeitet. Die heutige Organisation entspricht diesem Erfordernis

---

[56]) Wiedenfeld D. K. Z. 1925, S. 834.

[57]) Auch wenn diese augenblicklich dank des Überangebotes nicht vorhanden zu sein scheint.

nicht ganz, da sie nur von Zechen getragen wird und teilweise auch den Zwischenhandel beengt.

Im bestrittenen Gebiet nehmen Hamburg, Holland und die Auslandsgebiete des Kohlenkontores eine Sonderstellung ein. Dank der größeren Absatzmengen, die nach hier gelangen, dürfte sich die Errichtung selbständiger Zechenhandelsgesellschaften neben Gemeinschaftsorganisationen der Zechenmehrheit rentieren. Ein freier Handel dürfte aber — wie in den Ferngebieten — besser den Marktverhältnissen entsprechen als eine mit Rücksicht auf ihre Zeche belastete Zechenhandelsgesellschaft oder gar eine Monopolgesellschaft. Der freie Handel ist anpassungsfähiger, und das ist da, wo an sich die Voraussetzungen für stabile Marktverhältnisse fehlen, die erste Bedingung. Eine zentrale Syndikatspolitik mit dem Zwang zur Abnahme bestimmter Sorten, zum Mitbezug anderer und zu festen Preisen ist undurchführbar. Eine Rückbildung zu Reviermonopolgesellschaften, die teils als wahrscheinlich angenommen wird, will mir weder wünschenswert noch als in der Logik der Entwicklung begründet erscheinen [58]). Vollends ist natürlich in den Ferngebieten, in die nur geringe Mengen abgesetzt werden, ein freier Handel geboten, und der Verkehr hierhin wickelt sich von jeher auch durch Korrespondenthändler des Syndikates — ähnlich dem R. E. V. — ab. Dabei mag es vorkommen und auch zweckmäßig erscheinen, da Zechenhändler einzuschalten, wo sie Zweigstellen einer größeren Konzernorganisation, evtl. die Abteilung einer Eisenwerkshandelsfirma sind.

Im allgemeinen hat die Umbildung, wenn wir an die Gegensätze, die die Organisation beeinflußten, denken, ein annehmbares Kompromiß gebracht. Das Syndikat hat im unbestrittenen Gebiet die Marktorganisation wieder straff in der Hand und damit das Mittel, seine marktpolitischen Bestrebungen zu sichern. Die befürchteten Interessenkollisionen zwischen von den Einzelzechen getragenen Handelsgesellschaften und von den Einzelzechen

[58]) Wiedenfeld D. K. Z. 1925, S. 529/30, betont speziell für Hamburg die Notwendigkeit eines freien Handels im bestrittenen Gebiet.

beauftragtem Syndikatsvorstand dürften aus zwei Momenten heraus kaum akut werden. Erstens ist das Interesse der Zechen an der Produktion auch ein gleichartiges am Absatz und zweitens sind die Syndikatsmitglieder auf die einzelnen Untergesellschaften verschieden stark verteilt, so daß sich sehr leicht ausgleichende Majoritäten ergeben können. Letztlich könnte eine solche innere Reibung im beschränkten Umfange nichts schaden, denn wäre sie nicht vorhanden, so müßte sie erzeugt werden, um den großen Apparat nicht mehr zur Behörde werden zu lassen, als er es wegen seiner Größe an sich wird.

Wirtschaftlich nützlich erscheint mir die ungebundene Organisation im unbestrittenen Gebiet und die Einschaltung des freien Handels. Diesen sollte man, mindestens als Zwischenhändler, auch in den Monopolrevieren zulassen, und weiter den Vertrieb solcher Produkte nicht hemmen, die natürlich zugeordnet erscheinen. Das allein kann eine erfolgreiche Marktpolitik auf die Dauer gewährleisten, da auch in den Monopolgebieten nur steter Wettbewerb das wirtschaftlich Zweckmäßige erzielt.

Exkurs: Die Regelung in den Eisenverbänden

Die Regelung in den Eisenverbänden, auf die wiederholt Bezug genommen wurde, ist für beide Hauptgruppen etwas verschieden; gemeinsam aber ist ihnen, daß sich die Organisationen für beide Gruppen stets in dem von Anbeginn an gewählten Rahmen gehalten haben, ein Zeichen wohl dafür, daß sie den wirtschaftlichen Anforderungen gerecht wurden.

Der Vertrieb ist beim R. E. V. im Export wenigen Korrespondenten überlassen. Im Inlandsmarkt besitzt das Syndikat das ausschließliche Vertriebsrecht für Stahleisen, da für dieses Produkt nur wenig Abnehmer in Frage kommen. Mit Ausnahme einiger Reservate erfolgt der übrige Absatz durch fünf Reviermonopolgesellschaften, an denen der R. E. V. und etwa dreißig im Roheisengeschäft von jeher tätige Großhändler beteiligt sind. Der R. E. V. hat das absolute Bestimmungsrecht in den Handelsgesellschaften, die — wenn auch rechtlich selbständig — nichts anderes als Verbandsfilialen darstellen. Die Organisation entspricht in etwa dem beim R. W. K. S. im Krieg eingeführten und für dieses unzulänglichen Filialprinzip. Letzteres konnte sich beim R. E. V. nur bewähren, weil die Abnehmer eine kleine Zahl, meist sachkundige Großverbraucher sind — Gießereien vor allem — und es sich im Absatz nur um wenig Sorten handelt. Das Prinzip konnte sich weiter durchsetzen, weil der R. E. V. im Inland nahezu ein Monopol besitzt, das nur von der Importkonkurrenz bedroht wird; würde letztere nicht bestehen, so dürften allerdings die Gefahren des Monopols nicht unterschätzt werden.

Die Handelsorganisation für die Stahlprodukte ist besser geeignet, für das R. W. K. S. als Vergleich zu dienen, da diese mehrere Sorten verschiedener Güte — Thomas-, Siemens-Martin- und andere Stahlsorten — umfassen und verschiedene Abnehmerkreise in Frage kommen. Das wichtigste Kennzeichen ist die Unabhängigkeit der Händlerverbände, die unter einheitlicher Leitung für fast alle Walzprodukte bestehen, vom Produzentenkartell. Die Organisation der Produktion ist hier stark von der der sehr einflußreichen Handelskreise abhängig. Die Händlerverbände sind teilweise zentralisiert für das ganze Reich — bei den schweren Produkten mit engem und spezialisiertem Abnehmerkreis [59]) —, teils dezentralisiert nach Absatzrevieren aufgebaut [60]). In den Verbänden haben die Werkshändler [61]) das Übergewicht. Letztere besitzen nördlich der Main-Linie das absolute Monopol im Absatz erster Hand, südlich teilen sie sich in dieses gemeinsam mit sogenannten bonifizierten Händlern. Dank der Aufteilung nach Sorten und der Bildung

---

[59]) Für Halbzeug, Grubenschienen.

[60]) Für Formeisen, Stabeisen usw.

[61]) Werkshändler sind: Heinrich Aug. Schulte für S. R. S. U.; Klöckner & Co. für Klöckner-Konzern; Karl Späfer für Rombach; Krupp Eisenhandel G. m. b. H. und Gg. v. Cölln für Krupp-Konzern; Thyssenhandel für Thyssen-Konzern; Gutehoffnung Eisenhandel G. m. b. H. für Gutehoffnungshütte; Otto Wolff für Phönix, v. d. Zypen, Rheinstahl (Export); Rheinstahlhandels-G. m. b. H. für Rheinstahl (Inland); Saarmontan G. m. b. H. für Stumm-Konzern; usw. Vgl. Gemeinfaßliche Darstellung des Eisenhüttenwesens S. 455. Die Umorganisation in der Stahlgemeinschaft ist vorstehend noch unberücksichtigt.

großer Absatzgebiete für diese — es bestehen bei den dezentralisierten Verbänden jeweils fünf im Reich — haben sie sich als Vertriebsorgane bewährt. Es lag daher, besonders für die gemischten Werke, die ja Mitglieder dieser Organisationen durch ihre Werkshändler sind, nahe, auch im R. W. K. S. den Aufbau im Sinne eines selbständigen Zechenhandels anzustreben.

V. Die Absatzpolitik des Syndikates

a) Die Absatzgliederung und das Problem der Haldung

Die Absatzgestaltung hängt vom Bedarf einerseits, vom Wettbewerb, dem das Syndikat ausgesetzt ist, andererseits ab. Beide sind für die Absatzpolitik zu beachten. Die Beurteilung wird erschwert, da eine einheitliche statistische Grundlage nicht gegeben ist. Nachdem aber eine Diskrepanz zwischen Absatz und Förderung im wesentlichen nur von Juli 1924 bis Juni 1925 bestanden hat, seitdem und vor dem Kriege aber beide sich in etwa entsprachen, kann die Produktionsstatistik als einigermaßen zuverlässiger Maßstab verwertet werden. Zur Ergänzung wurden bei der nachstehenden Betrachtung die Transport- und Haldenstatistik mit berücksichtigt [1]).

Die Förderung, die sich 1913 in der Spannung zwischen 9 und 10 Mill. Tonnen, 1924 zwischen 8½ und 9½ Mill. Tonnen, seit April 1925 zwischen 8 und 9 Mill. Tonnen pro Monat bewegt, ist um etwa 10 Proz. zurückgegangen. Sie konnte 1924 in einer höheren Lage nur auf Kosten der Lagerung überförderter Mengen gehalten werden, wie deutlich aus der Entwicklung des theoretischen Absatzes hervorgeht, der seit der Stabilisierung relativ konstant zwischen 8 und 9 Mill. Tonnen schwankte. Diese Feststellung wird auch bestätigt durch die Transportstatistik. Die monatliche Abfuhr von den Rhein-Ruhrhäfen blieb gegenüber 1913 unverändert. Die Verschiffung von den Kanalhäfen aus ist infolge der Eröffnung des Rhein-Herne-Kanals gestiegen von

[1]) Vgl. zu den folgenden Ausführungen Stat. Anhang Tab. IX/X und Graph. Anhang Tab. III.

1913 1.64 Mill. Tonnen auf 1924 9.08 Mill. Tonnen. Diese Transporterhöhung vermag aber den Ausfall in der Wagengestellung von etwa 200 000 Stück per Monat, d. h. 24 Mill. Tonnen Abfuhr per Jahr bei weitem nicht zu kompensieren. Die Doppelzählung als Wagen- und Schiffsabfuhr der umgeschlagenen Mengen kann man unberücksichtigt lassen, da sie dauernd wirksam ist. Es bleibt somit ein scharfer Absatzrückgang bestehen, der sich — wie der Ausfall in der Wagengestellung bestätigt — seit Anfang 1924 bemerkbar macht. Auf die Ursachen dieser Entwicklung braucht hier nicht noch einmal eingegangen zu werden. Bis zu welchem Grade aber die Bedarfsminderung als dauernd zu betrachten ist, läßt sich schwer feststellen; die anhaltende Verschlechterung des Vertriebes [2]) ist teilweise durch die vorübergehenden Erscheinungen der Wirtschaftskrisis bedingt; es ist indessen anzunehmen und wird durch die Verlautbarungen aller interessierten Kreise bestätigt [3]), daß ein großer Teil des Bedarfsrückganges — bis mindestens 10 Proz. der Vorkriegsmengen — als dauernde Verbrauchsminderung bestehen bleibt [4]).

Den Einfluß, den das Syndikat in der Absatzpolitik besitzt, läßt einerseits die Haldenstatistik, andererseits die Gliederung des Absatzes nach seiner syndikatlichen Zurechnung erkennen [5]). Für die Vorkriegszeit zeigt das Verhältnis zwischen Förderung und Absatz — 1913 im Monatsdurchschnitt (alles in 1000 t) 8471 Förderung und 8492 Absatz — daß das Syndikat das quantitative und qualitative Ausgleichsproblem gelöst hat. Anders stellt sich ein Vergleich für die Zeit seit der Stabilisierung. Zwecks Rückgewinnung der verlorenen Märkte hatte man 1924 — wie erwähnt — durch Freistellung des Exportes, Einschaltung

---

[2]) Berichte des R. W. K. S. auf der Februar- und März-Versammlung 1926.

[3]) Vgl. Denkschriften d. Bergbauvereins, Bergarbeiterverbandes, Reichsverbandes der Deutschen Industrie, Royal Commission (Frankf. Ztg. v. 18. und 30. 3. 1926).

[4]) Die starke Förder- und Absatzerhöhung seit April/Mai 1926 ist eine Folge des englischen Streikes, die — mögen auch neue Dauerbeziehungen angeknüpft werden — mehr oder minder temporär ist.

[5]) Siehe Anm. 1, S. 214.

des Zechenhandels, Lockerung der Beteiligungspolitik u. a. m. der Produktion der Mitglieder einen starken Auftrieb gegeben. Die unsichere Basis, auf der das Syndikat stand, veranlaßte die Unternehmer zur vollen Entfaltung ihrer Produktionskraft, um im Falle einer Beteiligungsrevision den Leistungsnachweis erbracht zu haben oder für eine Zeit freier Konkurrenz gerüstet zu sein. Wird es so vom Standpunkt der Zechen aus verständlich, daß eine freiwillige Förderbeschränkung unterblieb, so wurde andererseits eine Bemessung seitens des Syndikates aus verschiedenen Gründen nicht gehandhabt. Die nach Überwindung der Anlaufsschwierigkeiten der Wiederinbetriebnahme der Zechen einsetzende Absatzstockung hielt man zunächst für eine vorübergehende Erscheinung. Das Syndikat unterließ es daher — teils auch aus Mangel an Autorität seinen Mitgliedern gegenüber — eine straffe Bemessungspolitik zu handhaben, die bei Einsetzen der Krisis eine Produktionsanpassung noch hätte erwirken können. Die Verpflichtung weiter, alle Mitglieder gleichmäßig zu beschäftigen, verhinderte die Erzielung eines Ausgleiches zwischen Produktion und Bedarf auch dann noch, als man die wahren Ursachen der Krisis und damit die Notwendigkeit einer scharfen Kontingentierung erkannt hatte. Man hatte kein Mittel, die Förderung unkuranter Sorten zu vereiteln. Die Zechen hatten nur ihr privatwirtschaftliches Interesse im Auge, solange der Bestand des Syndikates nicht gesichert war; die verhängnisvollen volkswirtschaftlichen Folgen einer unzulänglichen Wirtschaftsorganisation zeigten sich; es ist stets besser, nicht, statt unzureichend in den Wirtschaftsprozeß organisatorisch einzugreifen. Die Diskrepanz zwischen Förderung und Absatz wuchs und die Halden häuften sich als sichtbare Zeichen der verfehlten Absatzpolitik.

Die Entwicklung der Halden wird aus der im Anhang gegebenen Statistik ersichtlich. Mengenmäßig waren die Kohlenbestände in den Monaten Januar bis April 1924 mit etwa $2^1/_2$ Mill. Tonnen gegenüber 1,2 bis 1,6 Millionen Tonnen 1913 nur unwesentlich erhöht, wenn wir bedenken, daß die ersten Monate 1924 noch als Anlaufsmonate nach der Ruhrbesetzung zu betrachten sind und von dieser her Lagervorräte übernommen hatten. Außerdem mußten die Absatzbeziehungen erst erneuert, der Werksbedarf wieder akut werden. Seit Juni 1924 stiegen dagegen die Lagervorräte gewaltig an, und erst mit der Reorganisation des Syndikates im April 1925 hörte das Auflagerfördern auf. Die Möglichkeit differenzierter Bemessung und die scharfe Handhabung der Einschränkungspolitik— in Verbindung mit der Restitution des Syndikates an sich — bewirkten die Abkehr von der Haldenpolitik und den Übergang zur Rationalisierung. Diese Tatsache zeigte aber, daß nicht so sehr die Unkenntnis über den Charakter der Krisis als die Spekulation auf den Syndikatszerfall der Anlaß der verfehlten Förderpolitik war.

Der Druck, der von den Halden aus auf den Zechen und ihrer Rentabilität lastet, erschwert das Absatzproblem äußerst. Die Entlastung durch Abstoßung von Beständen, die seit Juni 1925 vorgenommen wird, ist nur minimal [6]). Über 150 Mill. Mark, d. h. etwa 10 Proz. des Wertes einer Jahresförderung, liegen fest und heischen Verzinsung und eine gewisse Amortisation. Denn je länger die Kohle lagert, um so mehr mindert sich ihre Qualität und Absatzfähigkeit. Und das naheliegende Mittel, die Förderung vorübergehend rigoros einzuschränken, um die Lagerbestände abstoßen zu können, ist kaum durchführbar, da die gehaldeten Mengen meist wenig gangbare Sorten sind, die nur allmählich zusammen mit frischer Förderung abgesetzt werden können. Zudem verfeinern sich in der Absatznot die Qualitätsansprüche der Abnehmer und setzen sich in aller Regel auch durch. Da es aber unmöglich ist, im Abbau der Halden weiter so langsam wie bisher vorzugehen — man würde dann mehr als fünf Jahre brauchen, um die Lagervorräte auf den Vorkriegsstand zurückzuführen —,

[6]) Erst die anormale Erscheinung des englischen Kohlenstreikes beseitigte 1926 den größten Teil der Halden und schuf damit allerdings die eigenartige Wirtschaftserscheinung, daß England, das von der Ruhrbesetzung profitierte — einer Zeit der Haldung —, durch den Streik auch das Mittel zur zunächst vorübergehenden Abstoßung der Halden gab. Ob Halden beim jetzigen Stand der Förderkapazität, die mit der Rationalisierung wächst, dauernd vermieden bleiben, ist m. E. leider problematisch. (Während des Druckes der Arbeit angefügt.)

bleibt es trotz der erwähnten Hemmungen Aufgabe der Zechen wie des Syndikates, sich der Läger eventuell unter starken Verlusten zu entledigen. Eine syndikatsfreie Zeit würde eine absolute Entwertung des größten Teiles bewirken, so daß ein forcierter Absatz immer noch als das kleinere Übel erscheint.

Der Vertriebspolitik des R. W. K. S. untersteht nun nur ein Teil der Produktion. Um einen Überblick über die Entwicklung zu gewinnen, ist die Verwendung aller produzierten Mengen zu beachten. Die im Anhang gegebene Tabelle gliedert den Absatz in den Werks- und Zechenverbrauch und die auf die Verkaufsbeteiligung verrechneten Mengen [7]). Letztere zerfallen in den eigentlichen Syndikatsvertrieb; den Landdebit-, den Deputat- und Vorvertragsverkauf; den Verbrauch eigener Werke. Der Verbrauch eigener Werke wird mit durchschnittlich 99 Proz. zur Koks- und Briketterzeugung verwertet; diese Mengen verteilen sich wieder auf die vorerwähnten drei Gruppen — Werks- und Zechenverbrauch, Syndikatsabsatz, Landdebit. Es wäre wünschenswert gewesen, die Aufteilung in diese Untergruppen vornehmen zu können, da der prozentuale Anteil der einzelnen Gruppen für Koks und Briketts anders als für Kohle liegt. Die Gliederung konnte aber nicht durchgeführt werden; es muß die Feststellung genügen, daß bei Koks der Werksverbrauch, bei Briketts der Syndikatsabsatz ein größeres Gewicht als bei Kohle besitzt. Diese Gesichtspunkte vorausgeschickt, ergeben sich für die allgemeinen Tendenzen aus der Aufstellung die nachstehenden Schlüsse:

Die Vorverträge, das labile Moment innerhalb der Spalte 4 [7]) nahmen von 1916 bis April 1925 einen breiten Rahmen ein. Ihr Anteil ist seitdem stark zurückgegangen und spielt heute, wie erwähnt, nur noch eine untergeordnete Rolle.

Der Werksverbrauch, das labile Moment der Spalte 2, stieg — den Zechenverbrauch mit 10 Proz. als konstant angenommen — wie uns die Expansion des Verbrauchsrechtes schon erkennen ließ, von 9,2 Proz. 1913 bis auf 47,2 Proz. 1923, um mit der Reorganisation des R. W. K. S. und der damit verbundenen Einschrän-

[7]) Stat. Anhang Tabelle X.

kung der Verbrauchsberechtigung, weiter mit der wirtschaftlichen Depression auf 17,3 Proz. im Durchschnitt der Monate Mai bis Dezember 1925 zu sinken; in dieser Höhe aber bleibt er fast 100 Proz. über dem Friedensstand, ein Zeichen, wie stark die gemischten Werke die Kartellpolitik ausgeschaltet haben.

Die im Krieg forcierte Verkokung steigerte den Verbrauch eigener Werke bis zu 28,2 Proz. 1916. Da in der Zeit der Kohlennot jede Sorte Brennstoff genommen wurde, war es rentabler, auch weiterhin die Verkokung stark zu betreiben. Erst 1923 bildete sie sich auf eine Basis zurück, die mit 16,9 Proz. unter dem Stand von 1913 liegt. Es wurde das veranlaßt durch die Krisis in der Eisenindustrie, die den Koksabsatz besonders trifft, und die Maßnahmen, die einer unwirtschaftlichen Verkokung vorzubeugen suchten, um zur Haldung nicht gezwungen zu sein.

Die übrigen Mengen unterliegen der Absatzpolitik des Syndikates im eigentlichen Sinne, wenn wir vom Verbrauch eigener Werke absehen. Der Syndikatsvertrieb machte 1913 mit 56,4 Proz. gegenüber 19,2 Proz. Werks- und Zechenverbrauch und 2,6 Proz. Landdebit mehr als 70 Proz. des Gesamtvertriebes aus. Unter dem Einfluß der Expansion der gemischten Werke und der Vorverträge und infolge der Freistellung des Exportes 1924 sank der Anteil des Syndikatsvertriebes wie folgt:

1921/22: 42,2 Proz. Synd.-Vertrieb gegen 24,5 Proz. Werks- und Zechenverbrauch + 5,9 Proz. Landdebit = etwa 60 Proz. Anteil.

1922/23: 37,2 Proz. Synd.-Vertrieb gegen 30,7 Proz. Werks- und Zechenverbrauch + 6,3 Proz. Landdebit = etwa 50 Proz. Anteil.

1923/24: 23,8 Proz. Synd.-Vertrieb gegen 57,2 Proz. Werks- und Zechenverbrauch + 7,7 Proz. Landdebit = etwa 27 Proz. Anteil.

Auch hier brachte der neue Vertrag eine Umkehr, die den Einflußbereich der syndikatlichen Absatzpolitik wieder ausdehnt. Im Durchschnitt der Monate Mai bis Dezember 1925 stellte sich die Relation auf 52 Proz. Syndikatsvertrieb gegen 27,3 Proz. Werks- und Zechenverbrauch + 3,8 Proz. Landdebit, d. h. der alte Einfluß des Syndikates wurde mit 65 Proz. fast völlig wieder hergestellt. Ein gewisser Rückgang zugunsten der Konzerne blieb bestehen.

Der Einfluß des Syndikates auf den Absatz war so rein mengenmäßig — von den organisatorischen Hemmungen infolge der wachsenden Macht der Mitglieder abgesehen — sehr starken Schwankungen unterworfen. Erst seit der Reorganisation 1925 besitzt das Kartell wieder einen Anteil am Vertrieb, der eine zielbewußte Absatzpolitik sichert. Mit welchem Erfolg das Syndikat diese Position ausgewertet hat, das wird die Betrachtung der Konkurrenzlage des R. W. K. S. erkennen lassen.

b) Der Wettbewerb des Syndikates seit 1913

1. Im Inland

Auf Grund der Wettbewerbsstatistik [8]) fasse ich die Absatzgebiete für 1913 wie folgt zusammen:

1. Inland:
   a) Die Kernreviere mit über 70 Proz. Ruhrkohlenempfang 1913 — Ruhrgebiet, Provinz Westfalen (ohne Ruhrgebiet) — Lippe — Waldeck (ohne Pyrmont), Rheinprovinz rechts (ohne Ruhrgebiet, Rheinhäfen und Wetzlar), Hannover — Braunschweig — Oldenburg — Schaumburg — Pyrmont — Schaumburg-Lippe, Verkehrsbezirk Mannheim — Ludwigshafen — Rheinau, Rheinprovinz links (ohne Saargebiet) — Birkenfeld, Provinz Hessen — Oberhessen — Kreis Wetzlar, Unterweser — Bremen.
   b) Süddeutschland ohne Mannheim.
   c) Küstengebiet, Mittel- und Norddeutschland ohne die Gebiete zu a), mit vor allem Provinz Sachsen — Anhalt — Hamburg — Lübeck — Schleswig-Holstein, Berlin — Brandenburg.
2. Ausland:
   a) die Kerngebiete des heute freien Exportes: Schweiz, Holland, Skandinavien.
   b) die heutigen Reparationsstaaten: Italien, Frankreich einschließlich Elsaß-Lothringen, Belgien einschließlich des zollverbundenen Luxemburg.

---

[8]) Stat. Anhang Tabelle XI.

Entsprechend dieser Einteilung werden nachstehend die Wettbewerbsbeziehungen behandelt.

Der Anteil der Ruhr an der inländischen Versorgung ist gegenüber der Vorkriegszeit dauernd gestiegen, von 51 Proz. 1913 auf 55 Proz. 1925. Diese Erhöhung ist außer den Gebietsverlusten vor allem dem Importrückgang zu verdanken. Bedeutsam ist dabei, daß die Kohlenbilanz, die 1923 passiv war, 1924 und noch mehr 1925 wieder stark aktiv geworden ist trotz des Fortfalles des Exportgebietes Oberschlesiens. Am Export ist die Ruhr — wie unten näher festzustellen — viel stärker als 1913 beteiligt.

Kohlenbilanz (in 1000 t)[9])

	1913	1922	1924	1925
Produktion	209 494	160 426	146 464	163 750
Einfuhr	16 099	15 474	14 911	9 400
	225 593	175 900	161 375	173 150
Ausfuhr	46 065	25 336	26 664	34 650
Inlandsverbrauch	179 528	150 564	134 711	138 500
Davon Ruhr:				
Produktion	114 200	95 900	94 072	104 107
Ausfuhr	22 757	17 875	22 950	27 963
Inlandsverbrauch	91 443	78 025	71 122	76 144
Ruhr = Proz. vom Reich	51	52	53	55

Die innerdeutsche Produktion hat sich — vor allem infolge der Gebietsverluste und der Expansion der Braunkohle — wesentlich verschoben. Für die Produktionsstatistik erhalten wir folgende Übersicht (in 1000 t):

[9]) G. B. Reichskohlenverband 1924/25 für die Jahre bis 1924, für das Jahr 1925 Bericht des Reichskohlenrates auf der Jahresversammlung lt. B. T. v. 13. 3. 1926. Für 1913 ist bei der Ruhrausfuhr nur die des Syndikates berücksichtigt, so daß der Anteil der Ruhr an der Inlandsversorgung etwas niedriger sich stellt. Der Dezember 1925 ist für das Ruhrgebiet geschätzt auf Grund der Relation für 1924.

Revier [10]	1913	1922	1924	1925
Ruhrgebiet	114 200	95 900	94 072	104 228
Oberschlesien	43 435	19 671	10 900	14 273
Sachsen-Niederschlesien . . .	10 973	9 682	9 375	8 486
Niedersachsen-Aachen . . .	4 505	3 867	4 278	4 441
Saar-Pfalz-Lothringen . . .	17 013	—	—	—
Bayern.	1 972	2 733	2 488	2 214
Rheinische Braunkohle . . .	20 746	38 325	29 881	40 039
Mitteldeutsche Braunkohle. .	38 635	59 074	55 294	97 580
Ostelbische Braunkohle . . .	25 846	36 699	36 411	

In Steinkohle kommen als Konkurrenten Aachen-Niedersachsen, Saargebiet und in den mitteldeutschen und süddeutschen Ferngebieten Schlesien in Frage. Der Anteil Aachen-Niedersachsen ist etwa konstant geblieben, die Saar stellt heute eine noch kontingentierte Importkonkurrenz dar und ist als solche gesondert zu betrachten. Niederschlesien-Sachsen haben etwa ihren alten Anteil bewahrt, der im wesentlichen unbestritten von der Ruhr vertrieben wird. Die Verhältnisse in Oberschlesien sind wegen der Gebietsverluste nur im Zusammenhang mit dem ostoberschlesischen Import zu verstehen. Die Konkurrenz gegen die Braunkohle hat sich — auch wenn man ihren geringeren Heizwert und damit kleineren Aktionsradius berücksichtigt — stark verschärft, besonders gegenüber dem Rheinland, das in die Kernreviere der Ruhr liefert, und in den östlichen Randgebieten gegenüber Mitteldeutschland und Ostelbien.

Die Einfuhrkonkurrenz war im Zusammenhang mit den valutarischen und wirtschaftspolitischen Verhältnissen, weiter dem Krieg und der Ruhrbesetzung sehr verschieden (siehe nebenstehende Tabelle).

Wenn wir bedenken, daß die Einfuhr der Saar, Ostoberschlesiens und auch Frankreichs teilweise aus früheren deutschen Gebieten stammt, so können wir einen starken Importrückgang gegenüber 1913 feststellen. Während der Inflation wurde die Einfuhr durch die Entwertung ferngehalten [11]. 1922 setzte sie

[10]) G. B. R. K. V. 1924/25 und Jahresbericht des Reichskohlenrates auf der Jahresversammlung 1926; vgl. Anm. 9, S. 221/22.

[11]) Die Steinkohleneinfuhr 1921 betrug nur 932 000 t.

Einfuhrstatistik (in 1000 t)[12])

Einfuhrland	1913	1922	1923	1924	1925
Steinkohle:					
England	9229	7934	16501	5673	3492
Holland	545	295	102	56	203
Belgien	847	3	—	3	8
Frankreich	17	236	—	65	145
Saargebiet	—	1161	104	291	1092
Ostoberschlesien	—	4174	8354	7017	2639
Österreich	517	—	—	—	—
Tschechoslowakei	—	106	946	246	135
diverse Staaten	7	94	734	5	17
	11162	14013	26741	13356	7731
Braunkohle:					
Tschechoslowakei	7108	2045	1487	2077	2435
diverse Staaten	—	2	—	87	12
	7108	2047	1487	2174	2447

erstmalig wieder stärker ein und wurde 1923 unter großen Geldopfern forciert. 1924 und besonders 1925 wirken verschiedene Gründe zusammen, die Einfuhr zurückzudrängen. Die Leistungsfähigkeit der Produktionsgebiete — Westobereschlesiens infolge der Neuaufschlüsse von Bergwerken, der Ruhr nach Erneuerung des Syndikates — stieg; die Wiedereinführung der Ausnahmetarife weitete den Aktionsradius der einheimischen Produkte. Die mißliche Absatzlage weckte eine sorgfältige Bearbeitung sämtlicher Absatzgebiete. Am 16. 6. 1925 erledigte sich das polnische Einfuhrkontingent, und der Zollkrieg hielt zeitweilig jede Einfuhr fern. Der Import wurde durch eine staatliche Kontingentpolitik verknappt. Ein Neuaufleben einer stärkeren ostoberschlesischen Konkurrenz ist vorderhand nicht zu fürchten, da es dem Revier gelungen ist, anderweit Absatz zu finden und Polen sich an einer Einfuhr nach Deutschland desinteressiert zeigt [13]).

Die Konkurrenz seitens der Saar ist ganz außerordentlich ge-

[12]) G. B. R. K. V. 1924/25 und Glückauf 1926 Nr. 7, für 1922 beginnt die ostoberschlesische Einfuhr seit Juni, Frankreich ist für 1913 ohne Elsaß-Lothringen angegeben.

[13]) Bericht des Reichskohlenrates auf der Jahresversammlung 1926.

sunken. Sie wurde seit 1919 nach Frankreich abgelenkt und erst seit 1925 macht sie sich im deutschen Markt wieder bemerkbar. Sie ist in ihrer Stoßkraft dabei benachteiligt durch die verfehlte Preispolitik der französischen Bergverwaltung. Außerdem ist die Einfuhr noch kontingentiert auf monatlich 115 000 t, wovon 15 000 bis 30 000 t für das unbesetzte, der Rest für das besetzte Gebiet bestimmt sind.

Der belgisch-französische Importwettbewerb ist minimal. Erst seit 1925 setzt er, begünstigt durch die Inflation dieser Länder und den Umschwung in ihrer Kohlenwirtschaft, wieder etwas stärker ein.

Die Einfuhr von Holland ist stark zurückgegangen. Ihre Erhöhung scheiterte noch an der Kontingentfrage. Ein Antrag auf eine Jahresmenge von 500 000 t, den die Ruhr im eigenen Interesse bewilligt hätte, scheiterte am Widerstand des Aachener Revieres.

Der englische Import war bis 1923 stark angewachsen, sank aber 1924 und noch mehr 1925 sehr schroff ab. Es ist das wiederum teilweise auf die Kontingentierung, die im deutsch-englischen Handelsvertrag vorgesehen geblieben ist, zurückzuführen. Das Kontingent betrug für 1924 500 000 t pro Monat, für 1925 350 000 t [14]). Wie aber die Importzahlen für 1924, die hinter dieser Berechtigung zurückbleiben, beweisen, ist der Rückgang nicht nur durch die Kontingentierung bedingt. Der deutsche Wettbewerb und vor allem der Zechenhandel der Ruhr haben es verstanden, ihre alten Absatzbeziehungen wieder anzuknüpfen und darüber hinaus die englische Konkurrenz zurückzudrängen. Erst die Subventionspolitik leitete einen geringen Importanstieg wieder ein [15]).

Gegenüber der tschechischen Braunkohle ist der Wettbewerb durch ein Abkommen bereits seit 1924 geregelt [16]). Er hat gegen 1913 stark abgenommen.

[14]) Hager a. a. O. S. 116.

[15]) Glückauf 1926, S. 89, monatliche Einfuhr Englands in 1000 lg-t. 1913 im Durchschnitt: 746, 1922 im Durchschnitt: 695, 1923 im Durchschnitt 1234, 1924 im Durchschnitt: 569, Jan./Nov. 1925: 282, 313, 336, 338, 343, 224, 282, 237, 378, 556, 487.

[16]) G. B. Rhein. Braunkohlenindustrieverein 1924, S. 10.

Es besteht so im allgemeinen eine Konkurrenzentlastung infolge Sinkens der Einfuhr in Kohle, in Braunkohle eine Erschwerung infolge der Produktionssteigerung. Eine Beurteilung der durch den Krieg verursachten Verschiebungen im Absatz und des Erfolges der Absatzpolitik des Syndikates nach Aufhebung der Kohlenverteilung Ende 1923 aber ist nur an Hand einer Betrachtung der Verhältnisse in den einzelnen Revieren möglich. Die Güterverkehrsstatistik, von der dabei für 1913 und 1922 auszugehen ist[17]), enthält einige Fehlerquellen:

1. ist der Innergebietsverkehr der Kohlenproduktionsgebiete, den man für 1922 mit 48 Mill. Tonnen Steinkohle und 110 Mill. Tonnen Braunkohle etwa veranschlagen muß, wenn man annimmt, daß die Gesamtförderung abgesetzt wurde, nicht erfaßt;
2. sind Steinkohle, Koks, Braunkohle, Briketts rein tonnenmäßig addiert, so daß ihr Heizwert nicht berücksichtigt ist;
3. würde ein Diagramm zu einem Trugschluß verleiten, wenn man die den Relationszahlen zugrunde liegenden Mengen nicht beachtet, da die starken prozentualen Steigerungen 1922 der Gebiete 1 — 12 — 13 — 18[17]) sich auf nur minimale Mengen beziehen.

Wir erhalten dann für die einzelnen Reviere:

Im Ruhrgebiet selbst und in der Provinz Westfalen herrschte 1913 praktisch kein Wettbewerb. Die geringen Mengen Steinkohlen stammten aus Holland, England; Braunkohle wurde dank ihrer besonderen Eigenschaften im Generatorbetrieb und in Gießereien verwendet[18]). Bis 1922 konnte sie ihren Absatz im Ruhrgebiet infolge der stärkeren Anwendung des Siemens-Martin-Verfahrens vervierfachen. Ihre Konkurrenz ist empfindlich gewachsen und verschärft sich durch die — als revierintern zahlenmäßig nicht erfaßte — Verschiebung im Brennstoffverbrauch der Elektrizitätswerke. Die starke Steigerung der Stromabgabe des Rheinisch-Westfälischen Elektrizitätswerkes[19]) ist

---

[17]) Stat. Anhang Tabelle XI.

[18]) G. B. Rhein. Braunkohlensyndikat 1907/08.

[19]) Stromabgabe 1912/13 236 Mill., 1921/22 957 Mill., 1924/25 1100 Mill. kWh.

fast ausschließlich der rheinischen Braunkohle im Goldenbergwerk zugute gekommen. An Steinkohle konnte infolge der Kohlennot vor allem die englische ins Revier gelangen.

In der Rheinprovinz rechts des Rheines begegnete die Ruhr 1913 der Konkurrenz der rheinischen Braunkohle, weiter der Aachener und Saarsteinkohle und dem holländisch-belgisch-englischen Import. Der Aachener Anteil ist als revierintern nicht erfaßt. Er stellte wie der Belgiens keine eigentliche Konkurrenz dar, da zwischen dem R. W. K. S. und diesen Produktionsgebieten ein Kartellabkommen für die Absatzgestaltung bestand [20]. Der Absatz an Steinkohle ist zugunsten des Importes 1922 stark zurückgegangen, veranlaßt mit durch die Maßnahmen des Reichskohlenkommissars und der Besatzung.

In der Rheinprovinz links des Rheines konnte die Ruhr ihren Anteil im wesentlichen halten. Sie steht — neben kleinen Mengen anderer Gebiete — in Konkurrenz mit der rheinischen Braun- und englischen Steinkohle. Ähnlich liegen die Verhältnisse in Hessen-Nassau und Hessen, wobei der Rückgang des Anteiles der Ruhr am Gesamtkohlenempfang der verstärkten Konkurrenz der rheinischen Braunkohle im Westen, der mitteldeutschen im Kasseler Gebiet zuzurechnen ist. Das wird auch bestätigt durch den Absatzrückgang, den die Syndikatshandelsgesellschaft Glückauf, Kassel, von 1913/14 auf 1920/21 mit 1 943 000 t auf 973 000 t, d. h. um 50 Proz., zu verzeichnen hatte [21].

Im Mannheimer Hafengebiet, das dank seiner Bedeutung als Reservelager und Umschlag für Süddeutschland ein Absatzgebiet für sich bildet, ist der Anteil der Ruhr am Steinkohlenempfang relativ stärker gefallen als der anderer Lieferanten, trotz einer mengenmäßigen Erhöhung der Lieferungen. Während die Saarkonkurrenz 1922 zurückgegangen ist, ist der englische Importanteil gewachsen.

In den norddeutschen Kerngebieten stand die Ruhr 1913 an Steinkohle im Wettbewerb mit England; an Braunkohle gelangten in das Bremer Gebiet geringe, nach Hannover größere Mengen

---

[20]) Wiedenfeld R. W. K. S., S. 80.

[21]) Richtsteig a. a. O. Stat. Anhang.

aus dem Rheinland und Mitteldeutschland. Außerdem kamen im Hannoveraner Revier niedersächsische Steinkohlen hinzu, deren Mitvertrieb der Syndikatshandelsgesellschaft gestattet war. Der Anteil der Ruhr ging in diesen Gebieten bis 1922 sehr stark zurück. An der Küste fand englische Kohle erhöhten Absatz, in der östlichen Hälfte des Bezirkes Hannover drang oberschlesische Steinkohle — durch die Frachtgestaltung begünstigt und von den amtlichen Stellen eingeführt — vor. Die mitteldeutsche und rheinische Braunkohle konnten ihren Vertrieb steigern.

In Süddeutschland ohne Mannheim hatte die Ruhr 1913 zu konkurrieren mit dem Saargebiet, der englischen Steinkohle, im Südosten vor allem mit oberschlesischer und sächsischer Steinkohle. Außer Lothringen, das dank seinem hohen Koksbedarf und der wirtschaftlichen Verbundenheit der Hauptabnehmer große Mengen Ruhrkohle verwendete, blieb der Anteil der Ruhr am Fremdbezug von Steinkohle überall unter 50 Proz.; doch ist hier eine Korrektur nötig, da der Prozentsatz sich um einen Teil der Lieferungen ab Mannheim, die in großen Mengen Ruhrsorten darstellen, erhöht. Der Wettbewerb der rheinischen, der böhmischen Braunkohle und der revierständigen Pechkohlen in Bayern war sehr beträchtlich. In Süddeutschland haben sich gegen 1913 starke Verschiebungen vollzogen. Der Absatz nach Elsaß Lothringen erfolgt im Wege der Reparation; der relative Anteil der Ruhr am Kohlenempfang kann nicht festgestellt werden, rein quantitativ ging die Belieferung auf zwei Drittel des Vorkriegsstandes zurück. Die Versandzahlen des Saargebietes konnten für 1922 nicht detailliert ermittelt werden. Es ist aber anzunehmen, daß die Saareinfuhr vor allem in der südlichen Rheinprovinz, in der Pfalz, in Baden und Württemberg Absatz fand. Die Ruhr konnte, wenn es sich auch um geringe Mengen an sich handelte, relativ und absolut ihren Anteil infolge des Ausfalles seitens der Saar steigern. Die Erhöhung ist allerdings teilweise nur fiktiv; die Detarifierung und das Fehlen des A. T. 6u lenkte zahlreiche Transporte von Mannheim — dem gebrochenen Weg — auf die Strecke ab. Die Braunkohle konnte ihren süddeutschen Absatz vor allem auf Kosten der böhmischen Einfuhr steigern. Mengenmäßig ging der süddeutsche Bedarf infolge der Installierung der weißen Kohle stärker als in anderen Gebieten zurück.

Unter den übrigen Revieren nimmt die Provinz Sachsen mit Anhalt über 50 Proz. Ruhrkohle ab. Hier fand 1913 außerdem englische und schlesische Steinkohle und große Mengen mitteldeutscher Braunkohle Absatz. Der Rückgang bis 1923 war durch den frachtlich begünstigten schlesischen Wettbewerb verursacht. England hatte bis 1921 Gebiet verloren, das der Syndikatshandelsgesellschaft Magdeburg zugute kam, deren Absatz von 1913/14 bis 1920/21 von 486 000 t auf 900 000 t stieg [22]).

In den übrigen norddeutschen Gebieten stand die Ruhr 1913 in scharfem Wettbewerb. Im Freistaat Sachsen, der mengenmäßig für die Ruhr wenig Bedeutung besitzt, konnte diese quantitativ ihren Absatz bewahren, verlor dagegen prozentual infolge stärkeren Verbrauches an schlesischen Sorten. In Berlin-Brandenburg bestand, wie auch nachstehende Statistik des Kohlenempfanges von Großberlin erkennen läßt [23]), ein scharfer Wettbewerb gegenüber Oberschlesien und England, die frachtlich zugeordnet lagen, und weiter gegenüber der beliebten in der Nähe gewonnenen Braunkohle. Die durch den Krieg unterbrochene englische Zufuhr, die 1922 erstmalig wieder einsetzte, brachte der Ruhr einen beträchtlichen Absatzgewinn, der teilweise mit auf die Verteilungsmaßnahmen des Reichskohlenkommissares zurückzuführen ist:

Kohlenempfang von Groß-Berlin (in 1000 t)

Liefergebiet	1913	1922	1924	1925
Steinkohle:				
Westfalen	530	1294	632	963
Oberschlesien (deutsch u. poln.)	1982	2201	2640	1977
Niederschlesien u. Sachsen	392	449	329	369
Großbritannien	1654	295	353	599
Braunkohle	2191	2759	2206	2460

Der Verbrauch im Hamburger Gebiet, das außer von der Ruhr von England und in Braunkohle vom Rheinland und Mittel-

[22]) Richtsteig a. a. O. Stat. Anhang.

[23]) Bericht des Bergbauvereins Essen 1913 und 1925.

deutschland beliefert wird, sank infolge des verminderten Bedarfes der Schiffahrt. Der Anteil der Ruhr ging bis 1922 relativ stärker als der anderer Gebiete zurück, da die Ausnahmetarife in Fortfall gekommen waren und Verteilungsmaßnahmen des Reichskohlenkommissars zu Lasten der Ruhr einsetzten. Besonders scharf war der Umschlag gegenüber der Zeit von 1914/1921, während der der Steinkohlenbedarf des Hamburger Marktes fast ausschließlich vom Ruhrgebiet gedeckt werden mußte.

Trotzdem der Anteil des R. W. K. S. an der Inlandversorgung, wie oben erwähnt, sich etwas gehoben hat, vermochte dieses bis 1922 in den Gebieten, in denen eine Entlastung gegenüber der Einfuhr eingetreten war, nur wenig an Boden zu gewinnen. Durch die starke Heranziehung für die Reparation und die Verteilungsmaßnahmen der amtlichen Stellen vollzog sich eine Verschiebung der innerdeutschen Absatzgebiete. Das Jahr 1923 vernichtete alle natürlichen Absatzbeziehungen. Es erübrigt sich, mit an sich lückenhaftem Zahlenmaterial die Tatsachen einzeln nachzuweisen, da die Ruhr allmählich fast völlig von der Versorgung des Inlandmarktes ausgeschlossen wurde. Nur noch 16 Proz. der Vorjahresmengen gelangten von der Ruhr aus auf den Markt. Den Ausfall mußte neben der Braunkohle, deren Liefermöglichkeit durch den Ausfall der rheinischen stark gemindert war, die englische Steinkohle im Westen, Norden und Süden, die schlesische im Osten, Süden und in der Mitte des Reiches übernehmen. Deutlich kommt das Eingreifen der englischen Kohle in den Zahlen des Kohlenempfanges [24]) für Hamburg und Bremen zum Ausdruck, die trotz Rückganges der Ruhrlieferungen auf 17 bzw. 14 Proz. des Jahres 1922 einen Steinkohlenempfang von 122 bzw. 144 Proz. gegenüber 1922 aufweisen. Die Aushilfelieferungen in Braunkohle werden erkennbar in den Gebieten Magdeburg (Empfang 1923 gegenüber 1922 123 Proz.), Westfalen (146 Proz.), Württemberg (115 Proz.), der Ausfall der rheinischen Braunkohle im niedrigen Versorgungsstand von Hessen (48 Proz.) und Mannheim (24 Proz.).

[24]) Errechnet auf Basis der Güterverkehrsstatistik 1922 und 1923, s. Glückauf 1925, S. 1344/45.

Im unmittelbaren Zusammenhang mit der Aufgabe des passiven Widerstandes und der Stabilisierung wurden am 1. 12. 1923 mit Wirkung ab 1. 1. 1924 die amtlichen Kohlenverteilungsstellen aufgelöst und die Tätigkeit des Reichskohlenkommissars auf die Kontrolle der Ein- und Ausfuhr beschränkt. Der Markt wurde wieder dem freien Wettbewerb überantwortet. Das Syndikat mußte sein Gebiet neu aufbauen im Kampf mit den fast gleichzeitig einsetzenden Absatzschwierigkeiten und den Nachwirkungen des Verteilungssystems. Der Anteil am Gesamtversorgungsstand des Inlandes konnte — wie dargelegt — etwas erhöht werden. Wie weit der reviermäßige Wiederaufbau gelungen ist, eine Feststellung, die besonders für die Rentabilität — bestrittene und unbestrittene Preise — wichtig wird, ist statistisch im einzelnen noch nicht nachweisbar. Es kann allgemein nur festgestellt werden, daß der Absatz in großem Umfang wieder in die alten natürlichen Kanäle geleitet wurde und die Folgen der Ruhrbesetzung, soweit sie nicht eine dauernde Abkehr zur Braunkohle ausgelöst haben, 1925/26 überwunden wurden. Ein starker Rückgang des Inlandabsatzes im Vergleich zum Gesamtabsatz bleibt aber bestehen.

Der Anteil im Sieggebiet dürfte nach Einführung des A. T. 6a gegenüber dem Rückgang von 1922 wieder gestiegen sein. Hannover dagegen bleibt, benachteiligt durch die hohen Kanalgebühren, die Detarifierung zugunsten Oberschlesiens bis Mitte 1925 und die englische Subventionspolitik, noch stark umstritten. Die Konkurrenz kann nur durch Sonderpreise erfolgreich bekämpft werden. In den übrigen Kernrevieren hat die Ruhr einen gewissen Fortschritt gegenüber 1922 zu verzeichnen, zumindest gelang es, den damaligen Stand wieder zu erlangen.

Auch in Norddeutschland hat der Absatz mit der englischen Konkurrenz im wesentlichen zu kämpfen und Ausnahmepreise bilden die Regel. Nach Hamburg-Bremen ist ein Erfolg für die Ruhr dauernd nur zu erzielen, wenn genügend Mengen zum Seehafentarif verschlossen werden[25]) und wenn die englische

[25]) Der Tarif gilt nur bei einem monatlichen Versand von 481 000 t, eine Menge, deren Erreichung problematisch ist, da ja ein

Subventionspolitik aufhört. In Bremen, das 1913 zu den Kernrevieren zählte, scheint das Vordringen der Ruhr von größerem Erfolg gewesen zu sein, wenn man aus der Umorganisation des Gebiets zum unbestrittenen einen Schluß dieser Art ziehen darf. In Hamburg hat die Ruhr mit einem starken Wettbewerb zu rechnen. Der Kohlenempfang Hamburgs gliederte sich[26]):

Lieferant	1913	1924	1925
		(in 1000 t)	
Ruhrgebiet	3718	.	3029
England	4949	3367	2099

Bei der Beurteilung dieser Zahlen ist zu beachten, daß ein großer Teil des englischen Importes nicht in Hamburg bleibt, sondern im Elbehinterland verbraucht wird. 1925 hat die Ruhr — unterstützt von der Kontingentpolitik des Reiches — erhebliche Fortschritte erzielen können. Der Empfang verteilte sich in den einzelnen Monaten 1925 auf:

Monat	Ruhr	England	Monat	Ruhr	England
	(in 1000 t)			(in 1000 t)	
Januar	208	197	Juli	197	123
Februar	167	177	August	349	131
März	203	197	September	325	169
April	163	169	Oktober	292	234
Mai	173	189	November	310	214
Juni	304	119	Dezember	333	173

Ein Erfolg der Absatzpolitik des Syndikates, besonders seit der Reorganisation, ist unverkennbar.

Die Versorgung Groß-Berlins, die auch für Brandenburg als Maßstab dienen kann, ist aus den oben gegebenen Zahlen ersichtlich. Der Stand von 1922 konnte zwar nicht behauptet

Teil auch per Dampfer versendet wird; z. B. verteilte sich der Eingang von Westfalen in Hamburg-Altona 1924 mit 593 000 t per Wasser und 490 000 t per Achse, wobei letztere Menge allerdings nach Einführung des Tarifes steigen würde. Die Ruhr zahlt auch heute noch Mk. 8.20 gegenüber Mk. 5.20 Fracht 1913, während England im November 1925 Sh. 3/11 fob Hbg. zahlte.

[26]) G. B. des Bergbauvereines 1925, vgl. Frankf. Ztg. v. 31. 3. 1926.

werden, aber seit 1924 zeigt die Belieferung seitens der Ruhr eine steigende Tendenz. In den einzelnen Monaten 1925 verteilte sich der Empfang an Steinkohlen auf die einzelnen Liefergebiete:

Kohlenempfang Groß-Berlins 1925 (in 1000 t)[27])

Monat	Westfalen	Deutsch- Oberschlesien	Polnisch- Oberschlesien	Nieder-schlesien	England
Januar	62	159	73	17	4
Februar	56	96	60	25	6
März	72	154	53	42	59
April	61	137	56	38	76
Mai	47	140	43	37	43
Juni	42	68	18	22	44
Juli	69	219	17	31	3
August	84	125	—	27	3
September	91	147	—	32	21
Oktober	110	95	—	34	124
November	109	192	—	31	174
Dezember	154	117	—	27	35
1925 } Im Monats-	963	1655	322	369	599
1913 } durchschnitt	530	1982		347	1654

Die Ruhr konnte so ihre Verkäufe, besonders seit Herbst 1925, dauernd erhöhen. Die Lieferungen sind dabei vor allem auf Kosten Ostoberschlesiens, dessen Ausfall seitens der westoberschlesischen Gesellschaften nicht wettgemacht werden konnte, gewachsen. Außerdem handelt es sich — wie in allen bestrittenen Gebieten — um die Deckung von Qualitätsbedarf oder um Absatz zu Kampfpreisen.

Im Magdeburger Revier ging ein Teil des zwangswirtschaftlichen Absatzgewinnes der Jahre bis 1921 wieder verloren. Dennoch vermochte die Ruhr sich einen höheren Status als 1913 zu sichern, begünstigt durch die geminderte Konkurrenzkraft der mitteldeutschen Rohbraunkohle, die besonders 1925 unter Absatzmangel infolge Auftarifierung der Nahentfernungen litt[28]), und des Rückganges des oberschlesischen Konkurrenzdruckes.

---

27) G. B. Bergbauverein 1925, vgl. Frankf. Ztg. v. 31. 3. 1926. Die Einfuhr von Poln.-Oberschlesien wird durch die Zollkrise im Juli 1925 unterbunden.

28) Denkschrift Deutscher Braunkohlenindustrieverein, S. 3.

Im süddeutschen Markt blieb die rheinische Braunkohle erfolgreich [29]). Weiter spielt im süddeutschen Geschäft die Sortenfrage eine ausschlaggebende Rolle. Der Hausbrand ist auf Anthrazit eingestellt, der stark konkurriert wird und den die Ruhr nur unzureichend liefern kann [30]). In den östlichen Gebieten hat die oberschlesische Konkurrenz infolge des Zollkrieges an Intensität verloren, aber unterstützt durch die gesteigerte Eigenproduktion ist sie ernstlich bemüht, sich jeden irgend möglichen Abschluß zu sichern, um sich ein Ventil offenzuhalten für den Fall, daß der Absatz nach Ferngebieten einmal wieder notwendig werden sollte. Der Wettbewerb des Saargebietes, das noch auf sein Kontingent angewiesen ist, ist sehr stark gewachsen; das Kontingent wird mit 30 000 t für das unbesetzte Gebiet, mit dem Rest in der Pfalz und im Rheinland abgesetzt. Dabei war die Ruhr bis Mitte 1925 im Vorteil, da sie einerseits qualitativ bessere Produkte liefert, andererseits die französische Bergverwaltung in ihrer Preispolitik den Marktnotwendigkeiten nicht Rechnung trug [31]). Englische Kohle macht sich seit Herbst 1925 wieder verstärkt im Markt bemerkbar, begünstigt durch die Lieferunfähigkeit der Ruhr für Anthrazit. England dürfte sich einen gewissen Abnehmerkreis dauernd sichern, wenn es dem R. W. K. S. nicht gelingt, die Sortenschwierigkeiten zu lösen.

2. Im Export

Der Exportabsatz des Syndikates ist — wie aus der im Anhang gegebenen Absatzgliederung hervorgeht [32]) — stärker als der Inlandsabsatz gestiegen und gewinnt für die Vertriebspolitik eine überragende Bedeutung. Der Anteil am Gesamtabsatz hat sich von 1913 bis 1925 von 24,3 Proz. auf 28,9 Proz. erhöht,

---

[29]) Sie mußte 1925 zur Deckung des Bedarfes Aushilfelieferungen Mitteldeutschlands heranziehen.

[30]) Ob der neuerdings als Ersatz angebotene Schwelkoks Erfolg haben wird, wird vom Vertrauen der Abnehmer und seinen qualitativen Eigenschaften als Brennstoff abhängen.

[31]) Burgers a. a. O. S. 86.

[32]) Stat. Anhang Tabelle X.

am Syndikatsvertrieb infolge der Beschränkung von dessen Wirkungsbereich sogar von 43 Proz. auf 55,3 Proz. Besonders hoch ist der Anteil von Koks und Briketts an der Ausfuhr; vom Gesamtabsatz des Syndikates gingen im Dezember 1925 26½ Proz. Kohle, 32 Proz. Koks und 33,2 Proz. Briketts ins bestrittene Gebiet, d. h. Ausland und inländische Freigebiete. Um den Wert, den diese Steigerung für die Wettbewerbsgestaltung hat, erkennen zu können, müssen wir die Gliederung des Absatzes nach sachlichen und regionalen Gesichtspunkten betrachten:

Monatlicher Export (in Millionen Tonnen)[33])

Jahr und Monat	freier Export	Reparations-Export	Gesamt-Export
1913 Im Monatsdurchschnitt	2.06	—	2,06
1922 Im Monatsdurchschnitt	0,19	1,30	1,49
1924 Im Monatsdurchschnitt	0,59	1,32	1,91
1925:			
Januar	0.95	1,17	2,12
Februar	0,72	1,11	1,83
März	0.91	1,08	1,99
April	1,06	0,98	2,04
Mai	1.34	1.02	2,36
Juni	1,15	0.95	2,10
Juli	1,55	1,06	2,61
August	1,50	1,14	2,64
September	1,40	1,18	2.58
Oktober	1,39	1,19	2.58
November	1,25	1,12	2.37
Dezember	1,26	1,26	2,52

Der monatliche Export hat — wenn wir den Verlust von Lothringen berücksichtigen — dank der Wandlung in der Absatzpolitik besonders seit Mitte 1925 den Stand von 1913 wieder erreicht. Die Jahre 1922 und teilweise auch noch 1924 sind

[33]) 1913 und 1924 nach D. B. Z. v. 13. 1. 1926, 1922 nach Glückauf und R. W. K. S. G. B. 1922/24 Tabelle IV, wobei als Reparationsexport für 1922 der des Jahres 1921/22 gewählt wurde, was zulässig schien, da die Zahlen von 1920 bis April 1922 relativ konstant waren. Es ist anzunehmen, daß die Zahlen damit etwas zu hoch gegriffen sind, doch ist die Differenz minimal. Für 1925 wurde der G. B. des Bergbauvereines zugrunde gelegt, vgl. Frankf. Ztg. v. 31. 3. 1926.

anormal, da der Reichskohlenkommissar den Export noch durch Restriktionsmaßnahmen hemmte. Und auch beim heutigen Export handelt es sich noch um 50 Proz. Zwangsausfuhr zur Abdeckung der Reparationsverpflichtungen. Wenn auch die Empfangsländer der Reparation — vor allem Lothringen-Frankreich — natürliche Absatzgebiete der Ruhr darstellen, so ist der Sondercharakter dieses Teiles der Ausfuhr doch zu beachten. Trotz dieser Einschränkung stellt die starke Steigerung des freien Exportes 1925 einen vollen Erfolg des Syndikates und seiner Vertriebsorganisationen, d. h. hier im bestrittenen Gebiet des Zechen- und freien Handels, dar, besonders dann, wenn wir die fast völlige Ausschaltung der Ruhr im Export 1923 berücksichtigen. So betrug die Gesamtausfuhr des Syndikates 1923 nur 3,42 Mill. Tonnen = 0,28 Mill. Tonnen pro Monat, die, wie unten zu zeigen, aus besonderen Umständen heraus nach Holland und Italien gingen[34]). Der Aufschwung des Exportes des R. W. K. S. ist bis Juli ungebrochen und erst seitdem durch die englische Subventionspolitik zurückgedrängt und weiter durch das französische und belgische Importverbot, Maßnahmen, die eine unliebsame Parallele zu unserer eigenen vorerwähnten Kontingentpolitik darstellen. In all diesen Fragen kann nur ein internationaler Ausgleich Abhilfe schaffen. Es ist durchaus wünschenswert, daß die Entwicklung, die zugunsten eines freien Exportes sich 1925 anbahnte, ungehemmt vor sich gehen kann, um neben der Reparation allmählich wieder natürliche Absatzbeziehungen aufzubauen. Die Exportgebarung nach den einzelnen Ländern war sehr unterschiedlich (s. Tabelle auf S. 236).

In der Schweiz konkurrierten 1913 mit der Ruhr, die mehr als 25 Proz. der Gesamteinfuhr lieferte, das Saargebiet und die

---

[34]) Die Ausschaltung der Ruhr im Ausland 1923 wird mittelbar schlüssig aus den Lieferungen des Hauptkonkurrenten England nach den Konkurrenzgebieten. 1922 bzw. 1923: Frankreich 13,8 bzw. 19,1 Mill. Tonnen; Belgien 3,5 bzw. 6,6; Holland 6,2 bzw. 6,9; Italien 6,4 bzw. 7,7; Skandinavien 7,1 bzw. 8,1. Gleichzeitig erhöhte Holland seine Produktion und Amerika importierte 2 273 000 t 1923 statt 141 000 t 1922 nach Europa.

Ausfuhrstatistik (in 1000 t)[35]

Empfangsland	1913	Proz.	1922	Proz.	1924	Proz.	1925	Proz.
Freier Export:								
Schweiz	831	3.6	150	0,9	250	1,0	575	2.1
Holland	7018	30.8	1142	6,4	5426	23,2	7065	25,2
Skandinavien . .	795	3,5	9	.	490	2,0	1091	3,9
Österreich-Ungarn Tschechoslowakei	555	2,4	258	1,4	147	0.6	196	0,7
Diverse Länder . .	2455	10,8	417	2,3	720	3,0	2661	9,5
Reparationsländer:								
Frankreich . . .	5295	23.3	9710	54.3	**Reparation:**			
Belgien	4679	20,6	2890	16,2	15804	68.4	13565	47,4
Luxemburg . . .	.	.	1443	8,1	**Freier Export:**			
Italien	1129	5,0	1857	10,4	413	2,0	2845	11.2
	22757	100	17876	100	22950	100	28002	100[36]

rheinische Braunkohle und mit noch nicht 10 Proz. der Gesamteinfuhr Frankreich-Belgien-England. Bis 1922 verschob sich — wie allgemein im freien Export — die Wettbewerbslage. Das R. W. K. S. deckte nur noch 10 Proz. der Einfuhr, das Reich 15 Proz. gegen 1913 90 Proz. und der französische Anteil stieg auf 40 Proz. Weitere Mengen wurden von der Saar und von England geliefert. Das R. W. K. S. hatte infolge seiner Ablenkung zur Reparation effektiv an Boden verloren. Die Rückgewinnung des Schweizer Marktes, dessen Bedarf gegen 1913 infolge des Ausbaues der Wasserkräfte gesunken ist[37]), ist im scharfen Wettbewerb mit Holland-Frankreich-Saargebiet in etwa gelungen. Ob dabei das Verdienst dem Zechenhandel oder der günstigen Transportverbindung und dem guten Vorkriegsruf wesentlich zuzuschreiben ist, d. h. ob das Kohlenkontor, das hier ausgeschaltet wurde, nicht einen gleichen Erfolg erzielt hätte, kann zweifelhaft erscheinen. Die Entwicklung in Süddeutschland deutet jedenfalls darauf hin, daß die Vielseitigkeit der Organisation in der Schweiz nicht unbedingt notwendig gewesen wäre,

---

35) G. B. Bergbauverein 1925, vgl. Frankf. Ztg. v. 31. 3. 1926.

36) Dazu noch 798 000 t Export im Werksverbrauch 1925.

37) Die Einfuhr der Schweiz an Kohle sank von 1913 bis 1924 von 1,97 Mill. Tonnen auf 1,69 Mill. Tonnen, an Briketts von 0,97 auf 0,43, an Koks blieb sie mit 0,44 Mill. Tonnen konstant. Vgl. G. B. Reichskohlenverband 1924/25 Statistischer Anhang.

wenn auch eine bestrittene Preisbildung der scharfen Konkurrenz gegenüber eine wesentliche Vorbedingung des Erfolges bildete.

Die Ausfuhr nach Österreich-Ungarn-Tschechoslowakei ist gegen 1913 sehr stark zurückgegangen. Der Export nach Ungarn ist völlig fortgefallen [38]) und der nach Österreich, der im wesentlichen in die Alpenländer ging, minderte sich — abgesehen von der schlechten Lage der Industrie — infolge der Abtrennung Südtirols, das jetzt statistisch und wirtschaftlich als italienischer Empfang rechnet.

Die Ausfuhr nach Holland seitens des Deutschen Reiches wurde in Steinkohlen 1913 fast ausschließlich von der Ruhr, in Braunkohlen vom Rheinland bestritten. Beide Gebiete profitierten von der günstigen Lage zum Rhein, die es ihnen erlaubte, so zu verladen, daß die Verteilung im holländischen Kanalnetz ohne Umschlag erfolgen konnte, während der Hauptkonkurrent — England — seine Lieferungen umladen mußte. Die holländischen Gruben liegen im Südosten des Landes und damit eher für Belgien-Westdeutschland transportgünstig [39]). Die Verschiebungen in der Versorgung Hollands lassen nachstehende Zahlen erkennen:

	1913	1922	1924 [40])
		(in 1000 t)	
Produktion	1873	4576	6203
Einfuhr	14108	6824	7824
	15981	11400	14027
Ausfuhr	5106	1783	4237
Verbrauch	10875	9617	9790
Deutsche Einfuhr	7930	1221	5610
Englische Einfuhr	2050	6165	2788

Bis 1922 verlor die Ruhr wesentlich an Boden gegenüber England und gegenüber der durch eine staatliche Subventionspolitik bewirkten starken Erhöhung der inländischen Produktion. 1923 konnte die Ausfuhr nach Holland auf 1 427 000 t gesteigert

[38]) G. B. Bergbauverein 1925 Exportstatistik.

[39]) Wiedenfeld R. W. K. S., S. 84.

[40]) G. B. Reichskohlenverband 1924/25, S. 42.

werden, da die Besatzung sich hütete, in die internationalen Verträge der Gutehoffnungshütte einzugreifen. Die Produktionssteigerung Hollands selbst hält weiter an, vermag aber den Frachtvorsprung der Ruhr zunächst nicht zu überwinden, so daß das R. W. K. S. 1924/25 mengenmäßig seinen alten Lieferanteil wieder erlangen konnte. England wurde unter den Stand von 1913 zurückgedrängt. Es bleibt aber zu beachten, daß die Konkurrenz gegen die holländische Eigenproduktion sich verschärfen wird, sobald die Kanalbauten vom Limburger Revier zum Rhein vollendet sind. Die holländischen Gruben sind dann nur noch mit 30 km Streckenvorfracht belastet. Der Wettbewerb hat sich für die Ruhr neuerdings weiter dadurch erschwert, daß die holländischen Bahnen per 1. 7. 1925 ihre Tarife stark gesenkt haben [41]). Aus diesem Anlaß war die Einführung eines deutschen Ausnahmetarifes erforderlich; wegen der hohen an diesen geknüpften Auflagen wird er allerdings kaum voll praktisch werden; da der Hauptversand zu Wasser erfolgt, erscheinen die Mindestmengen für ein Inkrafttreten der Vergünstigungen zu hoch [42]).

Im Export nach Skandinavien, der 1922 fast völlig erlegen war, konnte die Ruhr 1925 wesentliche Fortschritte verzeichnen. Die Belieferung übersteigt den Stand von 1913. Es handelt sich auch hier um einen Gewinn England gegenüber, das in 1000 lg. t in je elf Monaten 1913/1922/1924/1925 folgenden Versand hatte [43]): 9020 — 6450 — 8198 — 5545.

Der freie Export in diverse Gebiete sank infolge des Ausfalles von Rußland und der allgemeinen Ablenkung von der Ausfuhr bis 1922, verschwand 1923 völlig und steigt infolge der Wandlung der Exportpolitik seit 1924 stark an. So erhöhte sich die Ausfuhr in je elf Monaten von 1924 auf 1925 (in 1000 t) nach Nordamerika von 3,8 auf 73,5 — begünstigt durch den amerikanischen Kohlenstreik —, nach Südamerika von 38,3 auf 321,3,

[41]) D. B. Z. v. 19. 1. 26, Ermäßigung bis zur Küste für die Privatgruben Fl. 1.35, für die Staatsgruben Fl. 0.35 pro Tonne.

[42]) Bei monatlichem Bahnversand von 95 000 t 3 Proz. Ermäßigung, steigend bis 29 Proz. bei 160 000 t lt. D. B. Z. v. 25. 11. 1925.

[43]) G. B. Reichskohlenverband 1924/25 und Glückauf 1926, S. 89.

nach Afrika von 68,1 auf 294,8, nach Spanien von 8,6 auf 89,3, nach dem Balkan von 11,6 auf 84,3, nach Portugal von 0,0 auf 61,2. Gesunken ist nur die Ausfuhr nach Rußland, die 1913 773 000 t betrug und 1925 nach dem Baltikum nur etwa 170 000 t ausmachte [44]).

Besonders stark waren die Verschiebungen in der Ausfuhr nach den Reparationsländern. Der deutsche Steinkohlenexport nach Italien stammte 1913 fast ausschließlich von der Ruhr und machte im Import Italiens etwa 12 Proz. aus, während der Hauptanteil dank der billigen Wasserfracht England zufiel. Bis 1922 sank die englische Einfuhr nach Italien von 9,8 Mill. Tonnen auf 6,4 Mill. Tonnen, während die der Ruhr von 1,1 Mill. Tonnen auf 1,9 Mill. Tonnen anstieg. Auch 1923 konnte sich — wie in Holland — der Ruhrexport relativ hoch — auf 1,4 Mill. Tonnen — halten, da die Reparationslieferungen nach Italien nicht unterbrochen wurden. Hier ist das einzige Exportgebiet, in dem die Ruhr bis 1922 einen effektiven Absatzgewinn hatte.

Da für 1924/25 nur Gesamtzahlen für die Reparationslieferungen für alle berechtigten Länder seitens der Ruhr vorliegen, wird ein Vergleich erschwert. Die Reichslieferungen entsprechen aber in etwa denen der Ruhr, und eine Aufteilung nach dem Verhältnis der Reichszahlen kann deshalb vorgenommen werden, ohne die Genauigkeit wesentlich zu beeinträchtigen. Der Reichsanteil ist für 1924 für Frankreich 53,4 Proz., Belgien und Italien je 23,3 Proz. Die deutsche Ausfuhr nach Italien hat sich gegen 1913 bis 1924 verdreifacht und die der Ruhr betrug 1924 3,7 Mill. Tonnen, 1925 in elf Monaten 3,2 Mill. Tonnen. Demgegenüber blieb der englische Anteil weiter gegen 1913 verdrängt auf in je elf Monaten 1924 6,1 Mill. lg. Tonnen, 1925 6,2 Mill. lg. Tonnen. Diese Benachteiligung dürfte, so lange Italien billige Reparationskohlen erhält, auch bestehen bleiben. Da es sich für Deutschland im wesentlichen um Zwangslieferungen handelt, ist es bedeutsam, daß 1925 bereits wieder 459 000 t von der Ruhr im freien Vertrag geliefert wurden, d. h. ein Drittel der Vorkriegsmengen.

---

[44]) D. B. Z. v. 13. 1. 1926.

In Frankreich-Belgien, 1913 neben Holland die bedeutendsten Abnehmer der Ruhr, hatte diese mit einer starken bodenständigen Produktion und mit der Saar-Aachener Stein- und der rheinischen Braunkohle zu konkurrieren. Endlich hatte England ein bedeutendes, frachtlich zugeordnetes Absatzgebiet. Hauptkonsumenten waren die Hütten, die den westfälischen Koks qualitativ bevorzugten, und die Bahnen und Gasanstalten, letztere vor allem in Nordfrankreich. Dazu kam, daß die an das Elsaß angrenzenden Departements durch die Burgunder Pforte — Rhein-Rhône-Kanal — von der Rheinstraße profitierten und so eine der Schweiz ähnliche Stellung einnahmen. Nach Belgien bildete die Rhein-Schelde-Straße eine Parallele dieser Erscheinung. An der Gesamteinfuhr war das R. W. K. S. — infolge der vorhandenen Außenseiter die Ruhr noch mehr — nach Frankreich mit 5,3 Mill. Tonnen gleich 25 Proz., nach Belgien mit 4,7 Mill. Tonnen gleich 45 Proz. beteiligt.

Die Belieferung Frankreichs stieg bis 1922 — auch wenn wir den Gebietszuwachs durch Elsaß-Lothringen berücksichtigen — ohne die englische Einfuhr zu verdrängen, die sich mit (in 1000 lg. t) 1913 12,981, 1922 13,797 dank des erhöhten Bedarfes der französischen Eisenindustrie und der Minderproduktion der Wiederaufbaugruben behaupten konnte; die belgische Einfuhr nach Frankreich ging zurück. In Belgien verlor das R. W. K. S. gleichzeitig 1922 im Rahmen der Reparationslieferungen Boden an England, dessen Import (in 1000 lg. t) von 1913 2,064 auf 1922 3,545 anstieg. 1924/25 ging die Einfuhr der Ruhr nach Frankreich scheinbar zurück, da sie — bei Anwendung obigen Schlüssels — 1924 8,8 Mill. Tonnen, 1925 8,5 Mill. Tonnen betrug. Hier ist aber eine Korrektur nötig, da nach der Reichsstatistik die Lieferungen 1922 8,5 Mill. Tonnen, 1924 9,2 Mill. Tonnen ausmachten, also eher eine steigende Tendenz, die fast allein von der Ruhr herkommen kann, zeigten. Die englisch-belgische Konkurrenz hat nachgelassen. Der englische Import ging von 1922 11 Mill. lg. Tonnen auf 9,5 Mill. lg. Tonnen 1925 (je elf Monate gerechnet) zurück, der belgische von 3,6 Mill. Tonnen 1922 auf 2,5 Mill. Tonnen 1924. Gleichzeitig ist die französische Eigenproduktion gestiegen, so daß der Wettbewerb sich verschärft hat. Ein Kohlenüberfluß machte sich aber erst Mitte 1925 in Verbindung mit einem Konjunkturumschwung in Frankreich bemerkbar. Infolge dieser Änderung im Kohlenmarkt erließ Frankreich ein Einfuhrverbot gegen freie deutsche Lieferungen, die 1925 bereits wieder 1,16 Mill. Tonnen = etwa 25 Proz. der Friedensmengen ausmachten. Ohne dieses wäre der Anteil der Ruhr um mindestens eine halbe Million Tonnen größer gewesen. Wie betont, ist erst von einer gegenseitigen Regelung, die vor allem auch die Saareinfuhr nach Deutschland freistellt, eine Wandlung in der Sachlage zu erwarten.

Mit Luxemburg erfolgten die Lieferungen seit 1924 im wesentlichen wieder im freien Vertrag; der Bedarf hängt ganz von der Konjunktur der Eisenindustrie ab. Die Ruhr hat hier mit belgischer und Aachener Konkurrenz zu rechnen.

Der Rückgang der Einfuhr nach Belgien konnte 1924/25 bis zu einem gewissen Grade ausgeglichen werden. Die Einfuhr der Ruhr belief sich für 1924 auf 3,68 Mill. Tonnen, 1925 auf 4,31 Mill. Tonnen. Gleichzeitig stieg die Produktion des Landes von:

	1913	bis	1924	
	(in Millionen Tonnen)			
Steinkohle . . .	22,8	auf	23,4	
Koks	3,5	„	4,2	
Einfuhr	10,7	„	12,3,	während der
Export . . von	7,1	„	3,8	sank.

An der Einfuhrsteigerung sind England, Frankreich und Holland beteiligt. Die Ruhr, die ihren freien Import 1925 auf etwa 25 Proz. der Vorkriegsmengen — 1,2 Mill. Tonnen — steigern konnte, steht im scharfen Wettbewerb und das um so mehr, als Belgien den gewaltig gewachsenen inländischen Versorgungsstand nicht mehr verwerten kann und im Export überall auf Schwierigkeiten stößt[45]). An sich sind daher Entlastungsmaßnahmen vom belgischen Standpunkt aus verständlich, aber gegen Deutschland scheinen sie insofern unberechtigt, als die deutsche Gesamteinfuhr heute noch unter dem Stand von 1913 liegt im

[45]) D. B. Z. v. 23. 10. 1925.

Gegensatz zu der anderer Länder. Auch hier hat die Ruhr, wenn nicht eine freie Vereinbarung — vielleicht ähnlich der vor dem Krieg bestehenden — zwischen dem R. W. K. S. und einem Teil der belgischen Kohlenindustrie gelingt, mit einem erschwerten und geschmälerten Absatz zu rechnen.

c) Beurteilung der Absatzpolitik

In der Absatzpolitik ist dem Syndikat die schwierigste Aufgabe gestellt, da hier eine Gestaltung von Beziehungen zu bewirken ist, die nur mittelbar vom Kartell selbst beeinflußt werden können. Der Bedarf ist schwankend und der Wettbewerb ist — besonders heute — in jedem Gebiet und in jedem Einzelfalle anders gelagert. Die Hemmungen, denen sich das R. W. K. S. hier gegenübersah, wurden in der Darstellung erkennbar: Der Einfluß der Mitglieder war stark gewachsen und bleibt es auch. Die Subventionspolitik erschwerte, die Kontingentpolitik erleichterte den Wettbewerb. Der Einfluß der Tarife beengte die Wettbewerbsfähigkeit des Ruhrgebietes; ihre Reform zeigt aber die Tendenz, die Verhältnisse zu bessern. Die Nachwirkungen der Kohlenverteilung einerseits, der Zerstörung der Exportbeziehungen andererseits, der Einfluß des Reparationsproblemes — alles Hemmungen, die zu überwinden waren.

Bedenken wir die Schwierigkeiten und suchen ihnen gegenüber die Entwicklung zu beurteilen, so wird man einen Erfolg der Vertriebspolitik des R. W. K. S. und seiner Mitglieder feststellen können. Durch die organisatorische Neugliederung in ein bestrittenes und unbestrittenes Gebiet, unterstützt von einer zweckentsprechenden Handhabung der Preispolitik und der Lieferbedingungen, ist es gelungen, im scharfen Wettbewerb einen großen Teil der alten Absatzmärkte wieder zu gewinnen. Die Flüssigkeit im Kohlenmarkte aber wird vorläufig den Abnehmerkreis hinsichtlich seiner regionalen wie auch sorten- und gewerbsmäßigen Zuordnung dauernd beeinflussen. Es ist deshalb für das Syndikat wichtig, in der Vertriebspolitik anpassungsfähig zu bleiben, d. h. in der Handelsorganisation die wesentliche Eigenschaft des Handels, seine Beweglichkeit, zu erhalten und jede bureaukratische Zentralisation zu vermeiden. Daß ein freier Handel erfolgreich zu wirken vermag, dafür sind die Ergebnisse im Exportabsatz bei schwierigsten Wettbewerbsverhältnissen Beweis. Die ganze Absatzlage zwingt das Syndikat, die organischen Kräfte des Marktes als Richtschnur der eigenen Politik zu wählen, da es sonst im Wettbewerb unterliegt. Im Absatz ist effektiv der Markt der Führer der Politik und das Syndikat nur sein Mittler. Es wirkt erfolgreich als solcher, wenn es die Marktnotwendigkeiten zu erkennen und zu verwirklichen versteht. Gegen den Absatzrückgang dauernder Art dagegen vermag kein Mittel der Vertriebspolitik etwas auszurichten. Es ist lediglich das Ziel der syndikatlichen Maßnahmen, die Grenze des dauernden Rückganges zu erreichen, d. h. den latenten Bedarf noch zu wecken und dem Kartell zu sichern. Zur Verwirklichung dieses Zweckes müssen alle Kräfte der Organisation wie der Mitglieder eingeschaltet werden.

VI. Das Problem der internationalen Vereinbarungen

Die Wirtschaftskrisis ganz allgemein wie besonders die des Kohlenbergbaues trägt internationalen Charakter[1]. Von ihr werden vor allem die Kohlenausfuhrländer betroffen, d. h. außer Amerika, dessen Lage dank der dortigen allgemeinen Verhältnisse exzeptionell ist, Großbritannien und Deutschland. Der Absatzrückgang des R. W. K. S. wurde vorstehend dargelegt und es wurde darauf hingewiesen, daß der Export sich nur dank der Reparation einerseits, auf Kosten hoher Verluste oder unzulänglicher Preise im freien Export in scharfer Konkurrenz gegen England und dessen Subventionspolitik andererseits halten konnte. Und auch im Inland vermag lediglich die Kontingentpolitik und ein scharfer Preiskampf den Versorgungsstand zu sichern. So betragen die Preiseinbußen der Ruhr durch die englische Subven-

---

[1] Vgl. Denkschriften des Bergbauvereins, Bergarbeiterverbands, Reichsverbands der Deutschen Industrie a. a. O., ferner Bericht der Royal Commission on the Coal-Industry, im Auszug s. Frankf. Ztg. v. 18. 3. und 30. 3. 1926.

tionspolitik monatlich etwa 3 Millionen Mark [2]). Auf der anderen Seite steht ein Rückgang des englischen Exportes von 88,3 Mill. Tonnen im Durchschnitt der Jahre 1909/13 auf 68,9 Mill. Tonnen 1925 [3]) und eine anhaltende Verlustwirtschaft der Zechen; diese konnten nur durch die staatlichen Subventionen von 25 Millionen in den Monaten August 1925 bis April 1926 in Betrieb gehalten werden, ohne daß eine Besserung der wirtschaftlichen Lage der Werke eingetreten wäre, denn der Zuschuß stieg von Sh. 2/6 auf Sh. 3/0 je Tonne.

Sucht man seit 1925 dem Absatzproblem in richtiger Erkenntnis der wirtschaftlichen Notwendigkeiten durch Kontraktion [4]) und Rationalisierung beizukommen, so wurde eine ähnliche, nur in höherem Grade notwendige Reform in England durch die Prämienpolitik verzögert. Es kommt hinzu, daß die zu behebenden Mängel im englischen Bergbau viel tiefer verwurzelt sind und eine Konzentration zu größeren Betriebseinheiten fast völlig fehlt, eine Voraussetzung für jede weitsichtige Betriebspolitik. Der Bericht der Royal Commission [3]) fordert deshalb eine starke Konzentration des zerplitterten Besitzes und damit Schaffung einer Basis für Verkaufsverbände. Er erkennt die Lage des Bergbaues klar, wenn er betont, daß „ein Aufhören der Subsidie ohne radikale Änderungen der bisherigen Organisation in kürzester Zeit zum völligen Zusammenbruch der Bergbauindustrie führen müsse. In der nahen Zukunft könne das finanzielle Loch nicht anders ausgefüllt werden als durch ein plötzliches Zusammenziehen der Industrie auf viel schmalere Dimensionen, durch eine Preissteigerung oder durch sofortige Senkung der Produktionskosten. Ein gewisses Zusammenschrumpfen der Industrie ist wahrscheinlich unvermeidlich und, soweit es auf das Schließen von nicht leistungsfähigen Gruben beschränkt bleibt, ist es trotz der Not, die es mit sich bringen muß, wünschenswert. Der zweite Weg — Preissteigerung oder Produktionskostensenkung — ist

---

[2]) Jahresber. Reichskohlenrat auf Vollvers. v. 18. 3. 1926.

[3]) Bericht der Royal Commission. Im Auszug vgl. Frankf. Ztg. v. 18. 3. 1926.

[4]) Siehe unten Dritter Abschnitt Ib.

unvermeidbar: wir kommen widerstrebend, aber ohne zu zögern zum Schluß, daß die Produktionskosten bei den heutigen Arbeitsstunden und Löhnen größer sind, als die Industrie sie tragen kann" [5]).

Wird somit in England und Deutschland als den hauptsächlich für das europäische Kohlenproblem in Frage kommenden Staaten die Ursache der Krisis und der Weg zu ihrer Überwindung klar erkannt, so liegt es nahe, daß auch Bestrebungen zu einer internationalen Vereinbarung vorhanden sind, um neben der Kontraktionspolitik den Wettbewerb zu mildern und durch Stabilisierung der Preise die Rentabilität wieder herzustellen. Wie aber stellen sich die Durchführungsmöglichkeiten der Pläne?

Internationale Syndikate, Preisvereinbarungen oder auch nur „Gentlemen 'sagreements" sind keine neuartigen Erscheinungen im Wirtschaftsleben. In der Kaliindustrie, deren Weltmonopol durch den Kriegsausgang infolge der Abtretung des Elsaß und durch Neuaufschlüsse in verschiedenen Staaten durchbrochen wurde, besteht eine deutsch-französische Vereinbarung. In der chemischen und Sprengstoffindustrie sind ähnliche Bestrebungen im Gange. Vor allem aber stellen sie in der Eisenindustrie eine schon vor dem Krieg gebrauchte Organisationsform dar. Das Internationale Schienenkartell als eine der ältesten Konventionen dieser Art dürfte im Frühjahr 1926 zwischen Deutschland-Frankreich-Luxemburg-Belgien und England wieder hergestellt werden [6]). Der 1925 erneuerte Röhrenverband erstreckt sich auf Deutschland, Tschechoslowakei, Polen und seine Ausdehnung auf die übrigen europäischen Produktionsgebiete wird geplant. Die Organisation einer internationalen, zumindest europäischen Rohstahlgemeinschaft, d. h. einer Vereinbarung, die den Produktionsanteil jedes Landes an der Welterzeugung normieren würde, wird ernsthaft erwogen [7]) [8]). Werden so in den ver-

[5]) Bericht der Royal Commission, s. Frankf. Ztg. v. 30. 3. 1926.

[6]) Frankf. Ztg. v. 13. 3. 1926.

[7]) Reichert in D. B. Z. v. 17. 3. 1926.

[8]) Während des Druckes der Arbeit ist sie mit Wirkung ab 1. 10. 1926 zwischen Deutschland und Frankreich-Belgien-Luxemburg zustande gekommen.

schiedensten Wirtschaftszweigen internationale Vereinbarungen geplant und auch durchgeführt, so sollte man annehmen, daß eine deutsch-englische Kohlenverständigung durchführbar wäre.

Aber die Schwierigkeiten sind doch ungleich größer als in den anderen Produktionszweigen. Rein organisatorisch sind zunächst die Voraussetzungen verschieden. In den bisher abgeschlossenen Vereinbarungen hat Deutschland allein oder in Verbindung mit Frankreich und Belgien die Initiative ergriffen und besitzt die rein quantitative Überlegenheit. Das ist bedeutsam, da es sich bei den vorerwähnten Staaten um kontinentale Wirtschaftsstaaten mit seit Jahren gefestigten industriellen Gemeinschaftsorganisationen handelt. Der Anilin-Trust, das Kali-Syndikat, die Rohstahl-Gemeinschaft und das Comité des Forges — alles Organismen, in England dagegen wirtschaftliche Zerplitterung. Bei Kohle würde England die quantitative Vormacht haben, und es entbehrt, wie dargelegt, noch der Zentralorganisation, die mit dem R. W. K. S. oder den großen Bergbaukonzernen kontrahieren könnte. Dieser Mangel wird auch nicht dadurch behoben, daß das R. W. K. S. in seiner heutigen Form keineswegs als das Ideal einer Organisation — besonders als Grundlage internationaler Verbände — anzusehen ist. Der Vorsprung in der Organisation und Organisationserfahrung, den die Ruhr hat, ist kaum wettzumachen, da selbst bei Durchführung der Vorschläge der Royal Commission deren praktisches Inkrafttreten erst nach Jahren erfolgen könnte [9]).

Die zweite Schwierigkeit bietet die Beteiligungsfrage, deren Lösung, wie in der Arbeit dargelegt wurde, auf sachlicher Grundlage bei Kohle den größten Hemmungen begegnet. Zunächst taucht da wieder das Sortenproblem, welches selbst im R. W. K. S. noch nicht gelöst ist, in seiner ganzen Mannigfaltigkeit auf. Ein Quotenkampf weiter, den vielleicht die englische Subventionspolitik mit beabsichtigt hatte, der im großen und ganzen

---

[9]) Als Symptom der Schwierigkeiten gerade der englischen Art industrieller Organisationen gegenüber ist doch immerhin zu beachten, daß auch die neue europäische Rohstahlgemeinschaft zunächst ohne England, also rein kontinental, zustande gekommen ist.

allerdings gescheitert ist, würde äußerst verlustreich werden, und es steht dahin, ob er das Ziel — eine gemeinsame Vereinbarung — jemals erreichen würde. Rein technisch brauchte ihn das R. W. K. S. wohl kaum zu befürchten, ob er aber finanziell durchgehalten werden könnte, ist für beide Seiten problematisch.

Es kommt hinzu, daß — wie erwähnt — der Grad der Modernisierung in den verschiedenen Gebieten unterschiedlich ist, eine Divergenz, die vor dem Abschluß jeder Vereinbarung behoben sein muß, wenn diese nicht mit unwirtschaftlichen Erscheinungen vorbelastet sein soll.

Eine Skepsis der Durchführungsmöglichkeit eines deutsch-englischen Kohlenkartells gegenüber bleibt so berechtigt, und es ist nur verständlich, wenn das Interesse an einer Verständigung bei den verschiedenen Parteien und in deren Kreisen selbst unterschiedlich ist. Während Frank Hodges das besondere Interesse Englands an einem internationalen Kartell betonte [10]), bezweifelt Berghauptmann Bennhold die Zweckmäßigkeit einer solchen Vereinbarung für Deutschland und hält ihre Durchführung einstweilen für aussichtslos [11]). Die Royal Commission stellt sie als möglich hin, wenn die Reorganisation der englischen Kohlenindustrie vollzogen bzw. sobald Verkaufsverbände in den Exportdistrikten errichtet sind [12]), eine Möglichkeit, deren Verwirklichung immerhin noch längere Zeit dauern würde. Ich möchte mich nach den vorgängigen Ausführungen der Meinung Bennholds anschließen. Dagegen ist die Zweckmäßigkeitsfrage nicht so glatt zu beantworten. Eine internationale Verständigung über die zu fördernden Mengen oder die zu beliefernden Gebiete würde — wenn genügend Handhaben zur Verhütung einer preislichen Ausnutzung der Machtposition einer solchen Vereinigung geschaffen werden — einen wesentlichen Fortschritt zur Rationalisierung des Wirtschaftsprozesses darstellen und eine der Fesseln beseitigen, durch die die europäische Wirtschaft der

[10]) D. B. Z. v. 6. 9. 1925.

[11]) Jahresversammlung des Reichskohlenrates 1926, vgl. B. T. v. 18. 3. 1926.

[12]) Bericht der Royal Commission, vgl. Frankf. Ztg. v. 30. 3. 1926.

amerikanischen gegenüber benachteiligt ist. Die Vereinbarung würde die durch die staatlichen Grenzen zersplitterten wirtschaftlichen Kräfte zusammenführen und wäre deshalb zweckmäßig und wünschenswert. Die Idee einer europäischen Wirtschaftseinheit aber, die dadurch gefördert werden könnte, wäre in diesen Teilmaßnahmen wie im allumfassenden Rahmen nur durchführbar in Verbindung mit einer europäischen Wirtschaftsverständigung überhaupt. Die Verknüpfung der Verhandlungen über ein deutsch-französisches Eisenabkommen mit den Verhandlungen über einen deutsch-französischen Handelsvertrag zeigen diese Notwendigkeit, zeigen aber auch gleichzeitig die großen Schwierigkeiten, mit denen diese Probleme zu rechnen haben. Eine internationale Wirtschaftskonferenz [13]) ist m. E. die Voraussetzung für das Gelingen jeder dieser Vereinbarungen.

[13]) Die erste internationale Wirtschaftskonferenz hat 1927 (während des Druckes dieser Arbeit) auf Veranlassung des Völkerbundes und auf Anregung Loucheurs, also eines Eisenindustriellen und Franzosen, stattgefunden. Nicht die Kohle und nicht England, sondern das Eisen und der Kontinent, waren so auch hier die Triebkräfte.

Dritter Abschnitt

Die Rationalisierungspolitik der Unternehmungen

I. Die Rationalisierung im allgemeinen

Wiederholt war im Laufe der Darstellung darauf hinzuweisen, daß der Organisationsbereich des R. W. K. S. wie der der Kartelle im allgemeinen durch seine Eigenart als solches begrenzt ist. Maßnahmen produktionspolitischer Art bleiben — vor allem soweit sie dauernde Eingriffe in die Grundlagen der Wirtschaftsführung darstellen — den Unternehmungen selbst vorbehalten. Diese waren von jeher die Träger des technischen und betriebsorganisatorischen Fortschrittes. „Die Rationalisierungspolitik ist fast ausschließlich ihre Aufgabe, d. h. die Anwendung aller technischen und betriebsorganisatorischen Mittel zur Steigerung der Wirtschaftlichkeit des ökonomischen Prozesses [1]). Die Mittel zur Erreichung dieses Zweckes sind verschiedener Art, aber sie besitzen ein gemeinsames Ziel, da sie mehr oder minder zu erreichen geeignet erscheinen: Überwindung der Krisis durch Schaffung einer neuen Wirtschaftsbasis.

Wir können zwei Gruppen von Maßnahmen unterscheiden:

a) Die Mechanisierung zwecks Verbilligung der Produktion durch Kostensenkung und Erhöhung des Leistungseffektes mit dem Ziel, dadurch den quantitativen Absatz zu vergrößern.

b) Die Kontraktion zwecks Verknappung der Produktion zur Anpassung an den quantitativ verminderten und qualitativ

---

[1]) Denkschrift des Reichsverbandes der Deutschen Industrie über Deutsche Wirtschafts- und Finanzpolitik, S. 59.

in irgendeiner Zuordnung gegebenen Bedarf. Gleichzeitig verfolgt sie das Ziel einer Konzentration der Produktivkräfte auf wenig Produktionsstätten zur Steigerung von deren Wirtschaftlichkeit und erreicht damit eine der Mechanisierung ähnliche Wirkung.

a) Die Mechanisierung

Die Mechanisierung begegnet im Ruhrbergbau — und da besonders auf den Südrandzechen — vor Ort den größten Schwierigkeiten, da die Flöze schmal sind und starke Schichtverwerfungen aufweisen. Für die Südzechen gilt — wie erwähnt — weiter, daß sie die Amortisation und Rentabilität einer großen Maschinenanlage wegen ihrer kleinen Berechtsame, ihrer teilweise wenig gefragten und daher in nur geringen Einheiten geförderten Sorten kaum gewährleisten. Die Maschinenverwendung unter Tage blieb deshalb bis zum Kriege im wesentlichen auf die Transportmittel und die unumgänglichen Hilfsanlagen — wie etwa das Pumpwerk — beschränkt. Erst der Druck der Kohlennot, die quantitativ und durch Einstellung ungeschulter Kräfte auch qualitativ geminderte Belegschaft und andere Erscheinungen der Kriegs- und Nachkriegszeit ließen die Hemmungen überwinden, die einer Einführung von Maschinen in der eigentlichen Kohlengewinnung entgegenstanden. Es gelang der Technik, die maschinellen Einrichtungen den spezifischen Verhältnissen im Ruhrbergbau anzupassen und Maschinen zu konstruieren, die relativ preiswert und vor allem auch für schwierige Flözverhältnisse geeignet sind. Die Entwicklung wird aus der nachstehenden Aufstellung, die sich auf ein Drittel der Revierproduktion bezieht, ersichtlich (siehe nächste Seite). Neben den Bohrhämmern und Säulenschrämmaschinen, die 1914 bereits weitgehend angewendet wurden, haben die Abbauhämmer und Preßlufthacken sowie die Großstangenschrämmaschinen eine große Bedeutung erlangt, und die Kleinstangenschrämmaschinen sind völlig neu eingeführt worden. Die Investierung von Maschinen, die einen hohen Kapitalaufwand erfordert und nach der Stabilisierung wesentlich durch den Geldmangel gehemmt war, hat seit Aufstellung der Statistik noch weitere Fortschritte gemacht und ist noch keineswegs abgeschlossen. Welche Wirkungen die Mechanisierung im einzelnen erzielen werden, läßt sich heute nur ganz allgemein feststellen. Zunächst werden die eigentlichen Gewinnungskosten gesenkt, die Arbeitskräfte erspart und ein höherer Abbaueffekt — quantitativ und durch Minderung des Feinkohlenanfalles auch qualitativ — erzielt. Der Erfolg der Mechanisierung ist auf die Dauer aber nur gewährleistet, wenn der betreffenden Zeche eine Beteiligung zur Verfügung steht, die ihr die Ausnutzung ihrer erhöhten Leistungsfähigkeit gestattet, denn nur dann wird sich der Aufwand in einer Verbilligung der Produktion auswirken können. Da aber die Modernisierung der Zechen eine Voraussetzung ihrer Rentabilität ist, eine Tatsache, die durch die mißliche Lage im englischen Bergbau zur Genüge dokumentiert wird — ist eine entsprechende Beteiligungsregelung bzw. Kontraktion der Produktion erforderlich.

Maschinenstatistik[2])

Art der Maschine	Zahl der angelegten Maschinen	
	April 1914	Juni 1925
Bohrhämmer	5126	14 848
Abbauhämmer und Preßlufthacken	111	10 525
Säulenschrämmaschinen	145	303
Großstangenschrämmaschinen	7	299
Kleinstangenschrämmaschinen	--	87

Ein weiteres Mittel zur Steigerung der Wirtschaftlichkeit der Produktion ist eine sorgfältige Auswahl der Abbaumethoden. Der Übergang vom unrationellen Pfeilerbau zum Abbau mit Bergeversatz ist heute wohl allgemein vollzogen. Dazu kommt aber, daß die Abbautechnik verschiedene Arten kennt, deren Verwertung für jedes Flöz andere Resultate erzielt. So konnten z. B. die Zechen von Deutsch-Luxemburg und Lothringen Bergbau A.-G. durch Übergang zum Schrägbau eine Senkung des

---

[2]) Denkschrift Zechenverband.

Feinkohlenanfalles um 20 Proz. erreichen, ein Erfolg, der besonders in der Zeit der Absatznot für Feinkohle bedeutsam wird [3]).

Die Konzentration der Produktion auf die besten Flöze erleichtert einerseits die Mechanisierung und ermöglicht andererseits einen besseren Ausgleich zwischen Sortenbedarf und sortenmäßigem Anfall. Der planmäßige Abbau ermöglicht gleichzeitig eine Verbilligung der Produktion. Durch Einführung einer straffen Betriebsordnung kann die unproduktive Schichtzeit, die mehr als 10 Proz. der bezahlten ausmacht, ohne Benachteiligung der Belegschaft vermindert werden. Die planmäßige Seilförderung, die zur Zeit vielfach eingerichtet wird, mindert die Wartezeit der Kohlenwagen am Füllort und steigert so den Nutzeffekt der Schichtarbeit. Bestrebungen zur Anwendung normalisierter, auf psychotechnischer Basis aufgebauter Betriebs- und Arbeitsmethoden stoßen infolge der Dezentralisation im Untertagebau auf Schwierigkeiten, die aber keineswegs unüberwindbar sind [4]); nur darf man sich gerade davon an unmittelbaren Erfolgen nicht zu viel versprechen.

Die Ergebnisse, die durch all diese — teilweise erst geplanten — Rationalisierungsmaßnahmen im Untertagebetrieb erzielt worden sind bzw. erzielbar erscheinen, werden angedeutet durch die Entwicklung, die die Schichtförderleistung genommen hat. Die starke Erhöhung der Schichtproduktion, die aus der Tabelle (s. S. 253) ersichtlich wird, kann nur teilweise auf eine Steigerung der physischen Leistungsfähigkeit der Belegschaft zurückgeführt werden; der Hauptanteil des Erfolges ist den technischen und betriebsorganisatorischen Verbesserungen zuzurechnen. Diese Mutmaßung wird nicht allein durch die Erhöhung der Leistung an sich bestätigt, sondern vor allem durch die differenzierte Entwicklung der Schichtleistung der bergmännischen Belegschaft und der eigentlich produktiven Hauer. Durch Stillegungen mit hohem Arbeitsaufwand betriebener An-

---

[3]) Glückauf 1926, S. 165.

[4]) Wirtschaftliche Nachrichten a. a. O., 28. 5. 1924.

lagen einerseits, durch Verplanung des Untertagebetriebes andererseits konnte die „unproduktive" Belegschaft relativ vermindert werden, ihre Schichtleistung stieg deshalb mehr als die der „produktiven".

Entwicklung des Schichtförderanteils je angelegten Arbeiters (Januar 1925 = 100)

Monat	Kohlen- und Gesteinshauer kg	Kohlen- und Gesteinshauer Index	bergmännische Belegschaft kg	bergmännische Belegschaft Index
1913 } Im Monatsdurchschnitt	.	.	934	103,6
1924 }	1907	94,1	857	95,1
1925:				
Januar	2027	100	901	100
Februar	2040	100,6	901	100
März	2036	100,4	902	100
April	2026	100	895	99,3
Mai	2052	101,2	908	100,8
Juni	2064	101,8	922	102,3
Juli	2097	103,4	944	104,8
August	2133	105,2	971	107,8
September	2161	107,1	993	110,2
Oktober	2168	107,4	1000	110,9
November	2209	109	1022	113,4

Parallel der Mechanisierung und Organisation des Untertagebetriebes erfolgt die der Übertageanlagen, wobei die Maßnahmen — durch Naturbedingungen nicht gehemmt — einfacher durchzuführen sind. Die Aufbereitungstechnik hat erhebliche Fortschritte gemacht und erzielt eine Vereinfachung des Ausgleichsproblemes zwischen Sortenangebot und -nachfrage. Die Verschwelung der Gasförderkohle mit gleichzeitiger Gewinnung wertvoller Nebenprodukte, die Brikettierung von Gasfeinkohle und anderes mehr, erleichtern den Absatz der Förderprodukte und steigern die Rentabilität. Der Staubkohlenfeuerung wie den Experimenten über die Verflüssigung der Kohle und ihre chemotechnische Auswertung wird eine intensive wissenschaftliche Tätigkeit gewidmet. All diese Probleme sind erst teilweise technisch, noch weniger wirtschaftlich gelöst, und große Fortschritte sind noch auf dem Gebiet der Mechanisierung im Kohlenbergbau und der chemischen Auswertung der Kohle zu erwarten.

Ähnlich dem Kohlenbergbau hat auch in der Hüttenindustrie die Mechanisierung, die leichter durchführbar ist, große Fortschritte erzielt. Es mag genügen, auf die Darstellung der Stahlgemeinschaft einerseits zu verweisen [5]) und andererseits einige Beispiele schlagwortartig anzudeuten: mechanische Hochofenbegichtung, wärmetechnische Ausnutzung aller Abfallenergien, Übergang von der Minette- zur Importerz- und Schrottverhüttung, Errichtung kontinuierlicher Walzenstraßen. Die Senkung der Kosten, die durch die Mechanisierung angestrebt wird, ist ein Mittel, das gegenüber den Erscheinungen der Krisis nur so weit wirksam wird, als dadurch ein Bedarf geweckt werden kann. Eine Mechanisierung ist deshalb da verfehlt, wo ihr die Ausnutzungsmöglichkeit fehlt, und die Macht, sich gegenüber leistungsschwächeren, für die Versorgung entbehrlichen Anlagen durchzusetzen.

b) Die Kontraktionspolitik

1. Feierschichten und Belegschaftsabbau

Die Mechanisierung muß so notwendig durch Maßnahmen ergänzt werden, die eine Anpassung der Leistungsfähigkeit an den dauernd gegebenen Bedarf herbeiführen. Die Mittel, die die Unternehmungen zur Erreichung dieses Zweckes seit 1924 angewendet haben, stehen in einem Kausalzusammenhang. Ich muß einen Vergleich auf die Ergebnisse des Jahres 1925 beschränken, da mir für die vorgängigen Jahre einheitliche Zahlenangaben nicht zur Verfügung stehen. Wir erhalten für 1925 folgende Entwicklungsreihen (siehe nächste Seite):

Nehmen wir den Januar als Normalbasis an, so ergibt sich, daß bei fallender Produktion und steigender Schichtleistung die Belegschaft schärfer als die Produktion abnimmt bzw. die Feierschichtenzahl wächst, denn die Ursachen — Produktionsrückgang und Steigerung der Schichtleistung — wirken in gleicher Richtung. Deutlich wird das z. B. im Februar erkennbar, wo der Produktionsrückgang von den Feierschichten allein getragen

[5]) Siehe unten Dritter Abschnitt II.

Monat (Index: Januar)	Produktion		Belegschaft		Feierschichten wegen Absatzmangel		Schichtleistung	
	1000 t	Index	Zahl	Index	Zahl	Index	kg	Index
Januar . . .	9560	100	472 605	100	182 674	100	901	100
Februar . .	8397	87,8	472 181	100	660 950	361	901	100
März . . .	9047	94,6	467 993	99	614 221	336	902	100
April . . .	8300	86,7	460 185	97	375 926	206	895	99.3
Mai	8404	87,9	449 805	95	354 880	194	908	100,8
Juni . . .	7882	82.4	436 493	93	341 477	193	922	102,3
Juli	8811	92,2	423 440	90	443 886	243	944	104,8
August . .	8591	89.9	408 233	86	278 850	153	971	107,8
September .	8733	91.3	403 047	85	216 365	116	993	110,2
Oktober . .	9170	95.9	401 815	85	236 254	129	1000	110.9
November .	8530	89.2	400 490	85	179 790	98	1022	113,4
Dezember .	8678	90,8	396 008	84	165 167	91	.	.

wird, oder im April, wo der Förderrückgang gemeinsam von einer Belegschaftsverminderung und einer Senkung der Schichtleistung bei gleichzeitig entgegenwirkender Minderung der Feierschichtenzahl ausgeglichen wird. Wie sind aber die beiden Maßnahmen — Feierschichten und Belegschaftsabbau — im einzelnen zu beurteilen?

Die Kurzarbeit wegen Absatzmangel nimmt — wie ein Vergleich mit 1909/1913 zeigt (s. Tabelle S. 256) — heute einen bedeutend größeren Rahmen ein. Angesichts der schlechten Absatzlage ist das verständlich. Es fragt sich nur, ob die Feierschichten ein geeignetes Mittel zur Überwindung der Krisis darstellen und welche sozialen Folgen mit ihnen verknüpft sind. Die Feierschichten senken das Realeinkommen der Arbeiter, eine Tatsache, die sozial schädlich wirkt, wenn sie ein größeres Ausmaß annimmt und zur Regelerscheinung wird. Bei einer Normalschichtzahl von 25 Schichten pro Monat betrug die Zahl der Feierschichten im Durchschnitt der Monate August 1924 bis Juli 1925 0,87 = 3½ Proz., 1909/10 mit 0,40 nur etwa 1½ Proz., in der günstigen Konjunktur 1913 sogar nur ½ Proz. Die Erhöhung ist also beträchtlich, auch wenn wir bedenken, daß bei Berücksichtigung sämtlicher Fehlschichten die Relation sich günstiger stellt; wir erhalten dann 1924/25 etwa 13 Proz., 1909/10 und 1913 etwa 10 Proz. Dennoch scheint die Einkommensminderung von

$3^1/_2$ Proz. tragbar, wenn wir bedenken, daß eine Senkung des Satzes nur durch weitere Entlassungen erfolgen könnte, die die Erwerbslosenfürsorge belasten würden, und daß ein Satz von $1^1/_2$ Proz. etwa als Expansionsreserve der Belegschaft an sich notwendig wäre. Ein solches Minimum an Feierschichten ist der Förderanpassung wegen im Bergbau notwendig. Man kann unmöglich einem momentanen Auftragsmangel mit Entlassungen begegnen. Die Einlegung von Feierschichten ist das Primäre. Zudem zeigt der immer wieder einsetzende Rückgang der Feierschichtenzahl, daß die Belegschaft dauernd dem effektiven Bedarf angepaßt wird.

Feierschichten je Arbeiter pro Monat
(den Monat auf 25 Arbeitstage errechnet[6])

Monat	verfahrene Schichten	Feier-schichten	davon wegen Absatzmangel	Monat	verfahrene Schichten	Feier-schichten	davon wegen Absatzmangel
1909/10:				August	21,88	3,77	1,69
Sept./Febr.	23,90	2,26	0,40	September	22,86	2,81	0,71
1913:				Oktober	22,84	2,85	0,66
August/Okt.	26,61	2,42	0,11	November	23,23	2,71	0,59
				Dezember	23,41	2,60	0,24
1924:				1925:			
Januar	17,41	8,03	0,79	Januar	23,43	2,53	0,39
Februar	20,56	4,80	0,54	Februar	21,99	3,70	1,41
März	21,98	3,55	0,17	März	22,09	3,65	1,32
April	23,19	2,57	0,04	April	22,49	3,38	0,82
Mai	4,81	20,39	0,02	Mai	22,03	3,86	0,78
Juni	23,44	2,30	0,04	Juni	21,88	3,99	0,80
Juli	22,48	3,10	1,15	Juli	21,71	3,97	1,04

Der Ausgleich, der so laufend herbeigeführt wird, ist vor allem wirtschaftlich bedeutsam. Wie das sozialpolitische, so verbietet auch das wirtschaftliche Interesse eine Erhöhung der Feierschichtenzahl über ein gewisses Mindestmaß hinaus. Denn

[6]) Statistisches Heft des Bergbauvereins, ergänzt nach den Monatsberichten in Glückauf 1925. Die Monate Januar und Februar 1924 sind infolge der Nachwirkungen der Ruhrbesetzung, der Mai 1924 infolge des Bergarbeiterstreikes anormal.

je mehr Feierschichten jeglicher Art eingelegt werden, desto unrationeller arbeitet der Betrieb. Die Produktionsanlagen werden weniger intensiv ausgenutzt, und die stehenden Kosten belasten verstärkt die Erfolgsrechnung. Die Folge ist eine Verlustwirtschaft oder eine Preiserhöhung, die die Absatzmöglichkeiten lähmt, während die Entlassung von Arbeitskräften wie die Betriebsstillegung dem Unternehmen unproduktive Kosten erspart und absatzbelebend wirken kann. Es ist deshalb wirtschaftlich verfehlt, einen hohen Belegschaftsstand dadurch zu erhalten, daß dauernd kurz gearbeitet wird. Feierschichten wie vorübergehende Stillegungen, die besonders seitens der Hüttenwerke wiederholt gehandhabt wurden, sind nur zur Behebung momentaner Absatzschwierigkeiten geeignet oder als Spitzenausgleich berechtigt.

Die Entwicklung der Belegschaft trägt dagegen mehr den Dauererscheinungen im Wirtschaftsleben Rechnung. Die Belegschaftsentwicklung seit 1913 läßt nachstehende Aufstellung erkennen; dabei ist zu beachten, daß die Angaben für 1920/24 nur die Belegschaft ohne Nebenbetriebe betreffen, was aber den Wert der Aufstellung — Feststellung der Entwicklungstendenz — nicht beeinträchtigt.

Belegschaftsentwicklung (Index 1913 = 100)

Monat	Belegschaft Zahl	Index	Monat	Belegschaft Zahl	Index
1913 Im Monatsdurchschnitt	429 903	—	März	467 993	109
1920 Im Monatsdurchschnitt	453 343	—	April	460 185	107
1921 Im Monatsdurchschnitt	547 249	—	Mai	449 805	105
1922 Im Monatsdurchschnitt	553 027	—	Juni	436 493	102
1924:			Juli	423 440	99
Januar . . .	446 679	—	August . . .	408 233	95
April	444 880	—	September . .	403 047	94
Juli	449 124	—	Oktober . . .	401 815	93
Oktober . . .	453 473	—	November . .	400 490	93
			Dezember . .	396 008	92
1925:			1926:		
Januar . . .	472 605	110	Januar . . .	388 818	90
Februar . . .	472 181	110	Februar . . .	383 088	89

Kohlennot, Verkürzung der Arbeitszeit und Minderung der Schichtleistung veranlaßten nach dem Kriege eine starke Belegschaftsvermehrung; mit 550 000 Mann wurde 1921/22 der Höchststand erreicht; es waren damals etwa ein Drittel über den Friedensstand beschäftigt. Bei Wiederaufnahme der Arbeit 1924 hatte sich die Zahl wesentlich — auf etwa 470 000 Mann einschließlich der Nebenbetriebe, d. h. etwa 110 Proz. des Standes von 1913 — gesenkt. Dieser Stand blieb bis Februar/März 1925, trotz der Mitte 1924 einsetzenden Absatzkrisis, erhalten, da die Unkenntnis über den Charakter der Krisis einerseits, die Hoffnung auf den Syndikatszerfall andererseits, einer Anpassung an die geänderte Bedarfslage entgegenwirkten. Erst seitdem vollzieht sich eine dauernde Verminderung der Belegschaft, zeitlich und größtenteils auch ursächlich mit der Syndikatsrestitution beginnend. Im Juli 1925 wurde der Vorkriegsstand erreicht und im Januar 1926 waren nur noch etwa 90 Proz. des Standes von 1913 beschäftigt. Bedenken wir, daß der Bedarf für Kohle auch auf etwa 90 Proz. gesunken ist, so bedeutet die Belegschaftsminderung lediglich eine Anpassung an die Absatzmöglichkeiten und eine Rückbildung der durch anormale Erscheinungen verursachten Aufblähung der Jahre seit 1918. Die anhaltende Verschlechterung der Absatzlage, vor allem die Mechanisierung und die damit verbundene Erhöhung der Schichtleistung bewirken aber, daß die Belegschaft auch heute noch als zu groß zu betrachten ist. So war der Leistungsindex — Belegschaft mal Schichtleistung: 1913 = 100 — im Januar/Juli/November 1925 106,1 — 100,9 — 102,8; die Leistungsfähigkeit im Bergbau überstieg im November 1925 also noch die Friedensleistungsfähigkeit. Die seitdem vorgenommenen starken Entlassungen und die erneut erhöhte Zahl der Feierschichten — sie betrug im Februar 1926 579 000 — dürften erst einen besseren Ausgleich zwischen Absatz und Förderfähigkeit bewirkt haben. Im Interesse einer rationellen und konkurrenzfähigen Produktion ist dieser Ausgleich eine wirtschaftliche Notwendigkeit, da nur eine volle Ausnutzung der Arbeitskraft das wirtschaftlich wünschenswerte Resultat erzielt.

Soziale Schädigungen für die Arbeiter machten sich bei Beginn der Entlassungen 1925 — von der Entwurzelung bodenständiger Arbeiterfamilien abgesehen [7]) — nur wenig bemerkbar, da Abkehrmöglichkeiten nach anderen Bergrevieren und Beschäftigungen im Saisongewerbe vorhanden waren. Erst seit Spätherbst 1925 — einsetzend etwa mit dem Rückstrom der Saisonarbeiter — zeigte sich der Druck im Arbeitsmarkt in einer starken Erhöhung der Arbeitslosenziffer [8]). So schwerwiegend diese Erscheinung ist, so wird man deshalb doch die wirtschaftliche Berechtigung der Entlassungen nicht verneinen können. Es ist Aufgabe der Sozialpolitik, die sozialen Schäden zu beheben, Sache der Unternehmungen aber, den Produktionsprozeß weitgehend zu rationalisieren, um alle Voraussetzungen eines wirtschaftlichen Aufschwunges zu schaffen, der seinerseits die sozialen Fragen lösen helfen wird.

2. Das Stillegungsproblem

α) Im Bergbau

Dem Ziel der Rationalisierung dienen endlich auch die Stilllegungen von Produktionsanlagen. Sie bilden die einschneidendsten Maßnahmen zur Anpassung der Produktionsfähigkeit an den Bedarf und sind das wirtschafts- und sozialpolitisch schwierigste Problem. Mit der Stillegung jeder Art ist stets ein mehr oder minder großer Kapitalverlust verbunden. Es ist daher verständlich, daß die Unternehmer sich zu diesem Schritt erst entschließen, wenn andere Mittel ihre Wirkung versagen. Ob damit allerdings jeweils das privat- und volkswirtschaftlich Zweckmäßige erreicht wird, steht dahin. Es gibt Fälle, in denen eine vorzeitige Stillegung und die damit verknüpfte Einsparung von Zuschüssen für wirtschaftlich unrentable Betriebe zweckmäßiger erscheint als der restlose Abbau oder die Aufrechterhaltung einer unwirtschaftlichen Produktionsanlage [9]).

---

[7]) Infolge bevorzugter Stillegung der Südzechen wurden primär deren alte Belegschaft, die dort dauernd ansässig war, betroffen, weniger die neue, großenteils erst zugewanderte der anderen Reviere.

[8]) Vgl. Wochenberichte des Landesarbeitsamtes der Provinz Westfalen in Münster, veröffentlicht u. a. in der D. B. Z. Die Arbeitslosigkeit wurde erst 1926/27 annähernd überwunden.

[9]) Vgl. Denkschrift des Reichsverbandes der Deutschen Industrie über „Deutsche Wirtschafts- und Finanzpolitik“, S. 62.

Die Stillegung von Zechen geht auf verschiedene Ursachen zurück und ist in jedem Einzelfalle anders zu beurteilen [10]). Soweit es sich um Betriebe handelt, die als abgebaut zu betrachten sind, stellt die Stillegung eine mit dem Bergbau als Urproduktion natürlich verbundene Erscheinung dar. Da indessen im Untertagebau ein restloser Abbau der anstehenden Produkte zu keiner Zeit erfolgt, der Grad der Ausbeutung vielmehr sehr stark von den geologischen und jeweiligen technischen Umständen wie auch der Marktlage abhängt, läßt sich nur schwer feststellen, wann ein natürliches Erliegen, wann eine zweckbewußte Stillegung vorliegt. Schon der Einfluß, der vom Bergrecht her durch die Art der Felderteilung, vom Kartell her durch die Art der Preispolitik auf diesen Vorgang ausgeübt wird, ist keineswegs natürlich.

Die Absatz- und allgemeine Produktionspolitik bewirken vor allem aber auch Stillegungen von Zechen, die technisch noch durchaus abbauwürdig erscheinen. Hier wird die Beantwortung der Frage, was wirtschaftlich ist, schwierig. Auf der einen Seite steht die Tatsache, daß eine Preisgabe der Zeche, sofern ihre Wasserhaltung nicht aufrechterhalten wird — eine von kalkulatorischen Erwägungen wesentlich bestimmte Entscheidung — dem dauernden Verlust volkswirtschaftlichen Kapitals gleichzusetzen ist. Denn abgesehen von dem Verlust, der durch den Zerfall der Schachtanlage und des in den Untertageanlagen investierten Materiales entsteht, ist eine Wiederaufwältigung von Bergwerken mit Kosten verbunden, die eine Wiederaufnahme einmal stillgelegter Zechen wegen der geringen Erfolgsaussichten und der hohen damit verbundenen Kosten problematisch erscheinen läßt. Diesen Bedenken gegenüber sind die Gründe, die für eine Stillegung an sich betriebsfähiger Anlagen sprechen, nur teil- und zeitweise durchschlagend. Ist eine Sorte ungängig, so kann dieser Mangel durch Änderungen in der Feuerungs- und Aufbereitungstechnik eventuell in kurzer Zeit behoben werden; führt eine Zeche nur eine Sorte und ist ihr Betrieb daher zu

[10]) Siehe Statistischer Anhang Tabelle XII.

risikoreich, so kann eine Fusion mit anderen Zechen diesem Mangel abhelfen; ist der Abbau zu teuer, so ist es eine Frage des technischen und betriebsorganisatorischen Fortschrittes, diesem Nachteil zu begegnen; handelt es sich um Absatzschwierigkeiten vorübergehender Art, so werden Feierschichten und Teilstillegungen unter Aufrechterhaltung der Wasserführung u. a. m. die Spannung überwinden können. Endlich ist es nicht allein eine Frage der Kalkulation, ob man unverritzte Berechtsame, die anerkannt billiger arbeiten könnten, in Angriff nehmen soll, so lange die betriebenen Zechen den Bedarf decken können; in normalen Zeiten würde man zunächst für die möglichst restlose Ausnutzung der vorhandenen Anlagen sorgen müssen, ehe man neue in Aufschluß nimmt.

Trotz all dieser Bedenken ist die Stillegung technisch noch betriebsfähiger und vielfach auch noch leistungsfähiger Anlagen heute eine wirtschaftliche Notwendigkeit. Die Produktionsfähigkeit der vorhandenen Anlagen überragt den momentanen und den in absehbarer Zeit eintretenden Bedarf, und es ist müßig zu fragen, ob diese Erscheinung auf einer organischen Entwicklung beruht. Das Erfordernis, die Produktionskraft dem Bedarf anzupassen, erheischt eine Kontraktion der Anlagen zwecks Zusammenfassung der Förderung auf den wirtschaftlichsten Betrieben, die möglichst ohne Leerlauf in Anspruch zu nehmen sind, um so den Anteil der stehenden Kosten am Preis auf ein Minimum zu senken. Die Tatsache weiter, daß der Kohlenmarkt stark umstritten und die Notlage des englischen Bergbaues anerkanntermaßen zu einem großen Teil auf dessen technische Rückständigkeit zurückzuführen ist, zeigt, daß das Teufen von Schächten, die rein quantitativ zur Bedarfsdeckung nicht erforderlich gewesen wären, wirtschaftlich notwendig war, um mittels moderner Anlagen konkurrenzfähig zu bleiben. Es sei dabei nicht verkannt, daß diese weitschauende Produktionspolitik keineswegs immer in Voraussicht dieser Entwicklung erfolgte. Wiederholt waren spekulative Rücksichten und der Kampf um die Quote im Syndikat die Ursache, neue Zechen anzulegen. Und zu bedenken ist sicher auch weiterhin, daß mit der vorzeitigen Stillegung Urprodukte verlorengehen. Sie weiter fördern oder die Betriebe lange Jahre hindurch instandhalten, hieße aber, die Rentabilität und Konkurrenzfähigkeit des gesamten Bergbaues dauernd untergraben. Diese Tatsache zwingt heute zur Stillegung betriebsfähiger Zechen, wobei der Grundsatz nicht unbeachtet bleiben darf, jederzeit das für die Gesamtwirtschaft Zweckmäßige zu verwirklichen. Es drängt sich die Frage auf, ob man im Ruhrbergbau diesem Erfordernis entsprochen habe.

Vorauszuschicken ist zunächst, daß die Stillegungsperiode 1923/26 mit der ersten großen — 1904 ff. — nur teilweise verglichen werden kann. Seinerzeit kamen fast ausschließlich Südrandzechen auf natürlichem Wege zum Erliegen, Betriebe, die teilweise völlig abgebaut waren und nur dem Bestehen des Syndikates ihre Existenz noch verdankten. Auch die scheinbar spekulativen Stillegungen von Zechen, die um ihrer Beteiligung willen aufgekauft und deren Produktion dann eingestellt wurde, müssen als wirtschaftlich betrachtet werden, da es Anlagen waren, die mit Zuschüssen arbeiteten und in denen nur noch wenig Kohlenvorräte anstanden [11]). Die Tatsache aber, daß die Stillegungen innerhalb einer Zeitspanne von wenigen Jahren — 1904/06 — erfolgten, zeigt, daß organisatorische Fragen den Prozeß mit beeinflußt haben. Durch die Umgründung des R. W. K. S. war das Beteiligungssystem geändert worden; eine Erhöhung der Beteiligung konnte nur noch mit der Entwicklung der Absatzmöglichkeiten erfolgen. Gleichzeitig war durch die Zuerkennung von hohen Quoten an die neuen Syndikatsmitglieder eine Differenzierung zum Nachteil der alten erfolgt. Letztere gingen deshalb zum Erwerb unwirtschaftlicher Beteiligungen über, um diese auf ihren eigenen Anlagen unter deren verstärkter Ausnutzung rationeller leisten zu können. Da eine Amortisation der Neuerwerbungen aber bis zum Ablauf des Syndikatsvertrages erfolgen mußte — das spätere Schicksal und die Art der Organisation stand ja keineswegs fest — drängten sich die Aufkäufe auf die ersten Jahre zusammen.

---

[11]) Duncker a. a. O.

Die zweite Stillegungsperiode im Ruhrbergbau setzte nach Überwindung der Kohlennot während des passiven Widerstandes ein und zerfällt in zwei klar geschiedene, im wesentlichen auch zeitlich getrennte Teile: die natürlichen Stillegungen, die bis Januar 1925 vorherrschen, und die Stillegungen wegen Absatzmangels, die nach Restitution des R. W. K. S. im Mai 1925 im Vordergrund stehen. Der passive Widerstand war jedoch keine Ursache der Erscheinung, sondern er löste zum Zwecke seiner Durchführung Betriebseinstellungen ursprünglich vorübergehender Art aus, die erst durch die Absatzkrisis, die während der Wiederaufnahme der Arbeit einsetzte, teilweise zu dauernden Maßnahmen führten.

Aus der beigefügten Aufstellung über die bis Anfang 1926 stillgelegten Zechen mit Belegschaften über 100 Mann — zahlreiche kleinere Betriebe wurden außerdem eingestellt [12]) und die Stillegung weiterer Zechen ist in der Schwebe — geht die vorgenommene Scheidung klar hervor. Wir können aus der Tabelle gleichzeitig die einzelnen Ursachen der Stillegung erkennen und uns ein Gesamturteil über ihre Handhabung bilden. Bei den natürlich erlegenen Zechen handelt es sich vorwiegend um Einzelunternehmungen des Südrevieres, die während der Kohlennot trotz hoher Produktionskosten für ihre teilweise minderwertigen, vor allem unaufbereiteten Sorten Absatz finden und deshalb ihre längst eingestellten Betriebe noch einmal in Förderung nehmen konnten. Das gilt in etwa auch für die zum Krupp-Konzern gehörige Anlage Deutschland I/II, während die Zechen der S. R. S. U., die bis Januar 1925 ihren Betrieb einstellten, alte stark abgebaute Berechtsame darstellten.

Seit Mai 1925 dagegen wurden neben veralteten Zechen moderne abbauwürdige Anlagen unter dem Gesichtspunkt der Rationalisierung eingestellt. Es ist verständlich, daß neben dem Beteiligungsverkauf, der den Einzelbetrieben eine gewisse Entschädigung gewährleistet, lediglich größere Konzerne die Führer

[12]) Bis Juli 1925 24 Stück mit 621 Mann Belegschaft, vgl. Denkschrift Bergbauverein, S. 5.

der Rationalisierungspolitik waren. Ihnen standen jeweils mehrere Anlagen zur Verfügung, von denen sie einen Teil stillegen konnten, ohne ihre Beteiligung zu verlieren. Sie konnten den anderen Teil dann stärker in Abbau nehmen und im Betriebsganzen wirtschaftlicher arbeiten.

Die Führung in der Stillegungsbewegung hatte die S. R. S. U., die die während des Ruhrkampfes eingestellten Zechen teils außer Betrieb ließ. Die Stillegungen erfolgten bei Dortmund — fünf Zechen — und Bochum — zwei Zechen — auf kleinen stark abgebauten Berechtsamen und tangierten den Betriebsaufbau, der bei beiden Städten Schwerpunkte der Verarbeitung besitzt, wenig, da an gleicher Stelle weitere Konzernschächte in Betrieb blieben. Drei weiter eingestellte Anlagen markscheiden mit Gemeinschaftszechen und können von diesen aus abgebaut werden. Zwei davon führen die absatzschwierige Gaskohle.

Krupp und Lothringen haben je vier Zechen eingestellt. Die Anlagen Deutschland I/II sind — wie betont — natürlich erlegen. Eintracht Tiefbau mußte wegen Absatzmangels die Förderung aufgeben. Die jüngste Stillegung — Hannibal II — erfolgte, weil die starken Betriebseinschränkungen die Verbrauchsbeteiligung verwässert haben und Krupp über eine relativ kleine Verkaufsbeteiligung verfügt [13]). Ob die Stillegung ohne diesen offiziell angegebenen Grund, einer aus der Syndikatsorganisation erwachsenden Hemmung, erfolgt wäre, ist schwer festzustellen. Bildet der angegebene Grund die einzige Ursache, so müßte man solche Wirkungen der Syndikatsorganisation als wirtschaftlich bedenklich bezeichnen, auch dann, wenn die Sachlage wie in diesem Falle dadurch praktisch weniger nachteilig ist, daß Hannibal I weiter betrieben wird und die benachbarte Anlage daher abgebaut werden kann.

Die von Lothringen-König Ludwig stillgelegten Zechen sind — wie bei Ewald — ausschließlich stark abgebaute Südrandzechen, die nur um der Beteiligung willen fusioniert wurden.

Der Phönix dagegen legte drei moderne Anlagen still; die

---

[13]) D. B. Z. v. 21. 2. 1926.

Zechen Schleswig und Westende I/III markscheiden mit Konzernzechen und dienten mit diesen zusammen zur Versorgung benachbarter Verbraucherwerke. Mit Minderung des Bedarfes der Eisenwerke war es für den Konzern zweckmäßig, einen Teil der unmittelbaren Kohlenbasis stillzulegen und den Verbrauch auf der zweiten Anlage konzentriert zu fördern. Die Zeche Nordstern konnte wegen des mangelnden Absatzes für Gaskohlen nicht in Betrieb gehalten werden.

Die übrigen Stillegungen dürften den Erfordernissen der einzelnen Konzerne und teilweise auch natürlichen Erscheinungen entsprechen.

Den Einzelunternehmungen bleibt neben dem Beteiligungsverkauf nur die Möglichkeit, Teile ihrer Anlagen stillzulegen durch Konzentration der Förderung auf die besten Flöze, eine Maßnahme, die neben der Stillegung von Anlagen allgemein gehandhabt wird. Soweit es sich um abbauwürdige Lager handelt und eine Verwertung durch Betrieb von einer Nachbarzeche aus nicht erfolgen kann, erscheint dieses Verfahren durchaus wirtschaftlich.

Abgesehen von diesen Teileinschränkungen können wir an Hand der Aufstellungen und einer Belegschaftsstatistik [14]) feststellen, daß bis Mitte 1925 von der Stillegung lediglich Zechen des Südrevieres und der angrenzenden Teile des Mittelgebietes — teils natürlich, teils absatzpolitisch bedingt — betroffen wurden, und zwar vorwiegend die Eß- und Magerkohle neben der Fettkohle. Erst seitdem greift die Bewegung auch auf Zechen des nördlichen Abbaugebietes und auf die Gaskohle über. Entspricht nun diese Entwicklung im allgemeinen der Gestaltung der

---

[14]) R. W. Z. vom 2. 7. 1925; lt. Bericht des Landesarbeitsamtes der Provinz Westfalen kamen vom 1. 1. 1923 bis 1. 6. 1925 von der Gesamtbelegschaft des Ruhrgebietes $19^1/_2$ Proz. zur Entlassung. Dieser Durchschnittssatz wird wesentlich überragt von den Kreisen: Hörde (43 Proz.), Witten (92 Proz.), Hattingen (52 Proz.), Schwelm (97 Proz.), Hagen (48 Proz.); wesentlich unterschritten von Beckum (9,3 Proz.), Dortmund (9 Proz.), Hamborn (7,3 Proz.), Lüdinghausen (6,2 Proz.), Hamm (2 Proz.), Osterfeld (2 Proz.), Duisburg (0,6 Proz.). Der Kreis Dinslaken konnte 3 Proz. neu anlegen.

Absatzverhältnisse, so ist damit noch nicht erwiesen, daß das für die Gesamtwirtschaft Zweckmäßige erzielt wurde. Primär werden alle diese Stillegungen unter privatwirtschaftlichen Gesichtspunkten seitens der einzelnen Besitzer durchgeführt. Kann man auch annehmen, daß dank der stark konkurrierten Preise die unwirtschaftlichen Zechen allmählich ausscheiden, daß die Konzerne innerhalb ihres eigenen Einflußbereiches die rationellste Betriebskonzentration durchführen und dank ihrer überragenden Stellung diese Richtlinien in etwa auch für das Gebiet garantieren, so ist letztere Wirkung doch nur unsicher gewährleistet. Es entspricht nicht dem ökonomischen Prinzip, daß moderne Zechen über das erforderliche Maß hinaus eingeschränkt arbeiten, während veraltete sich dank ihrer Beteiligung noch halten können. Dadurch, daß den Betrieben in ihrer Beteiligung eine gewisse Beschäftigung garantiert wird und die Beteiligung mit der Anlage nicht erlischt, sondern veräußerlich ist, hemmt das Syndikat den Stillegungsvorgang und lenkt ihn eventuell in unwirtschaftliche Bahnen. Es kann allerdings dank seiner ganzen Struktur in den Stillegungsprozeß nicht autoritativ eingreifen, und es besteht auch kaum die Möglichkeit, die Vererbbarkeit der Beteiligung zu beseitigen. Man müßte dann auch jeder Schachtanlage eine Sonderbeteiligung als Recht und Pflicht auferlegen und Konzerne mit mehreren Anlagen verpflichten, ihre Gesambeteiligung jeweils auf den speziell berechtigten Anlagen zu fördern; damit würde jede wirtschaftliche Konzentration unterbunden.

Hat das R. W. K. S. aber nicht die Mittel, die Stillegung einheitlich zu leiten, und ist dieses Erfordernis andererseits wirtschaftlich unumgängig, so muß eine übergeordnete Macht oder ein organisch wirksames Prinzip in die Entwicklung eingeschaltet werden. Im Kalibergbau hat die Stillegungsnovelle vom 22. 10. 1921 durch Garantierung einer Quotenrente für freiwillig stillgelegte Betriebe eine wirtschaftliche Kontraktion erzielt[15]. In gleicher Form läßt sich die Maßnahme auf den

[15]) Vgl. Münstermann a. a. O. S. 13. Lt. Frankf. Ztg. v. 12. 1. 1926 wurden bis 31. 12. 1925 von 224 vorhandenen Schächten 118 mit 44,1 Proz. Beteiligung freiwillig eingestellt bis 1953 und 35 bleiben als

Kohlenbergbau nicht übertragen, da die Voraussetzungen unterschiedlich sind. Kali ist ein relativ einheitliches und vor allem im Reich zentral syndiziertes Gut, das auch im Weltmarkt nur von wenig Ländern konkurriert wird, während die Ruhrkohle im In- und Ausland im scharfen Wettbewerb mit den verschiedensten Sorten steht, und höchstens ein Reorganisationsplan des gesamten deutschen Kohlenbergbaues als Parallele für die im Kalibergbau gehandhabte Politik betrachtet werden könnte.

Dennoch muß der Bergbau des Ruhrgebietes — wie er absatzorganisatorisch geschlossen dasteht — produktionspolitisch als Einheit betrachtet werden. Es ist deshalb entweder erforderlich, mit Hilfe des freien Wettbewerbes einen Kampf um die wirtschaftliche Berechtigung der Anlagen durchzuführen oder einen einheitlichen Reorganisationsplan [16]) aufzustellen. Letztere Möglichkeit scheint mir die zweckmäßigere, da im Konkurrenzkampf leicht momentan kapitalschwache, technisch höchst leistungsfähige Betriebe ausgeschaltet werden, ein Verlust, der wirtschaftlich nachteilig wäre. Ob dieser Reorganisationsplan unter Ausbau des R. W. K. S. zum Trust, ob seitens der Arbeitsgemeinschaft der Unternehmer- und Arbeiterorganisationen durchzuführen ist, ist mehr eine Zweckmäßigkeitsfrage. Prinzipiell aber hätten angesichts der Bedeutung der Kohle als Naturgut und erstem Energieträger staatliche Organe, etwa der Reichskohlenrat, bei der Aufstellung mitzuwirken, um die Einhaltung der volkswirtschaftlichen Belange zu sichern.

Auf die sozialen Fragen, die mit der Stillegung verknüpft sind, und die als Problem schon bei der Erörterung der Belegschaftsverminderung gestreift wurden, kann nicht näher eingegangen werden [17]). Sie sind bei der Entscheidung über die wirtschaftlichen Notwendigkeiten mit zu beachten, zumal sie mittelbar die Sachlage der ein oder anderen Maßnahme stark revidieren. Eine durch eine Stillegung entvölkerte Gemeinde

Reserveschächte bestehen, so daß nur 71 Schächte zurzeit voll betrieben werden.

[16]) Denkschrift Bergarbeiterverband S. 10.

[17]) Vgl. dazu Duncker a. a. O. S. 105 ff.

muß „abgeschrieben“ werden und irgendwo müssen für die Erwerbssuchenden — Belegschaft wie Bevölkerung — neue Sozialumstände geschaffen werden, Kosten, die zu einem Teil von der Rentabilitätssteigerung abzusetzen sind, die eine Zeche durch die Stillegung der anderen erzielt. Berechenbar ist das nicht, aber es bildet einen wirtschaftlich bedeutsamen Faktor.

β) In der Eisenindustrie im allgemeinen

In der Eisenindustrie stellt sich — wie für die Industrie im Gegensatz zur Urproduktion ganz allgemein — das Stillegungsproblem wesentlich anders dar. Kapitalverluste sind zwar auch hier mit der Kontraktion verknüpft, aber nur an Produktionsmitteln, nicht an Naturprodukten. Vereinfacht sich damit die wirtschaftliche Beurteilung und wird zu einer Kostenfrage, so kommt hinzu, daß das Anlagekapital der Hütten nicht derart vernichtet wird, wie das in den Untertagebauten investierte der Zechen. Abgesehen vom Schrottwert, den es sich erhält, kann etwa eine Maschinenhalle auch anderen Betrieben als Produktionsstandort dienen, können Walzenstraßen umgebaut oder Teile von ihnen anderweitig verwendet werden. Es ist dagegen allerdings zu bedenken, daß der technische Fortschritt bedeutend schneller eine Anpassung erfordert, wenn das Werk sich wirtschaftlich leistungsfähig erhalten will. Welche Bedeutung diesem Moment zukommt, zeigt die Erwägung, daß Hüttenwerke relativ leicht errichtet werden können, während für das Aufkommen von Zechen das Vorhandensein von Naturprodukten erforderlich ist und auch dann noch die Wettbewerbsfähigkeit von der Art der Lagerung, den Sorten u. a. m. abhängt, während ein neues Hüttenwerk nach einem zweckgesetzten Plan errichtet werden kann. Welche Rolle die Konkurrenzfähigkeit weiter spielt, wird durch nichts besser bewiesen, als wieder durch die Entwicklung in England. Die Rückständigkeit der englischen Industrie hat es mit verschuldet, daß Deutschland im raschen Anstieg um die Jahrhundertwende den zweiten Platz in der Weltproduktion erlangen konnte, und hat in England im Krieg eine völlige Reorganisation unter staatlicher Ägide erforderlich gemacht.

Die gewaltige Ausdehnung, die die eisenschaffende Industrie bereits vor dem Krieg und noch während desselben, weiter in der Wiederaufbauperiode genommen hat, und die Steigerung der Leistungsfähigkeit durch die Einführung technischer Fortschritte machen eine scharfe Kontraktion erforderlich. Anfangs suchte man sich mit Kontingentierung der Produktion zu behelfen, aber seit 1925 setzt sich auch in der eisenschaffenden Industrie allgemein die Erkenntnis durch, daß eine Minderung der Produktionsanlagen unumgänglich ist. Die Konzerne hatten innerhalb ihres Einflußbereiches schon vordem Stillegungen, vor allem von veralteten Hochöfen, vorgenommen. So waren bei einer Roheisenproduktion von 9,2 Mill. Tonnen 1922 und 10,2 Mill. Tonnen 1925 im Jahre 1922 143 Hochöfen voll und $5^1/_2$ gedämpft im Betrieb, 1925 dagegen nur 107 voll und 17 gedämpft. Die Leistungsfähigkeit je Ofen stieg von 38 000 t auf 47 500 t pro Tag [18]). Für die Stahlwerke dürfte ein Ähnliches gelten. In der Verfeinerung dagegen waren Stillegungen dauernder Art kaum durchzuführen, da jeder Konzern bestrebt war, möglichst alle Produkte in seinem Programm zu führen und für jede Sorte jeweils nur eine oder wenige Anlagen zur Verfügung standen. Die verschiedene Marktlage jedes Produktes erschwerte dann auch die Durchführung des Mittels, das der Vertrag der R. St. G. wie früher der des Stahlwerksverbandes zur Förderung der Rationalisierung dadurch an die Hand gab, daß Werke untereinander Sortenquoten austauschen konnten, um so eine Konzentration der einzelnen Sorten bei verschiedenen Werken zu bewirken. Die Handhabung dieses Paragraphen, dessen sich 1925 die Unternehmungen Hösch und Phönix bedienten [19]), konnte auf die Dauer nur bei einer gleichzeitigen Gewinnpolung Erfolg versprechen, da die Wirkung ohne diese von nur kurzem Bestand oder beschränktem Umfang bleiben mußte. Und die Maßnahme, die der Phönix wiederholt handhabte, in regelmäßigen Abständen gewisse nicht voll beschäftigte Walzenstraßen für kurze Zeit stillzulegen, war auch nur ein Behelf, der zwar in

---

[18]) Vgl. monatliche Statistik in Stahl und Eisen 1922 und 1925.
[19]) Frankf. Ztg. vom 12. 9. 1925.

der Arbeitsperiode die restlose Energieausnutzung erlaubte, den Druck der stehenden Kosten aber nicht milderte. Wie die Feierschichten ist diese Methode nur zur vorübergehenden Entlastung geeignet.

Es ist daher verständlich, daß der starke Auftrieb, den die Rationalisierungsbewegung 1925 erfahren hat, von der Verfeinerung herkam. Die Mannigfaltigkeit der B-Produkte, die lange Zeit einer Syndizierung widerstrebt haben, konnte nur in einer größeren Besitzgemeinschaft wirtschaftlich konzentriert werden. In dieser Erwägung liegt der Keim der in jüngster Zeit gegründeten „Vereinigte Stahlwerke A.-G., Düsseldorf", ein Organisationsgebilde, dessen Struktur zunächst zwar nur in den äußeren Umrissen erkennbar ist, das aber doch als Symptom der Entwicklungstendenz und -möglichkeiten gewertet werden darf und die praktische Handhabung der Rationalisierungspolitik zu zeigen geeignet ist.

II. Die Stahlgemeinschaft

Die „Vereinigte Stahlwerke A.-G. Düsseldorf-Essen" [1]) umfassen die Konzerne S. R. S. U., Phönix-van der Zypen, Thyssen und Rheinische Stahlwerke. Von diesen Gruppen bleiben unter selbständiger Verwaltung der Stammkonzerne, die als Holdinggesellschaften der Anteile bestehen bleiben, außerhalb der Gemeinschaft:

1. Die Siemens-Schuckert-Gruppe, deren endgültige Beziehungen zur S. R. S. U. noch nicht geklärt sind.
2. Die Zechen von Rheinstahl mit ihrer Verkaufs- und Verbrauchsbeteiligung; sie halten ihre Beziehungen zum Anilin-Trust aufrecht.
3. Die Monopolzechen von Gelsenkirchen, die mit etwa 1 Mill. Tonnen Beteiligung von der Stammgesellschaft selbständig weitergeführt werden.
4. Die Braunkohlenbergwerke von Rheinstahl, van der Zypen und Thyssen.

---

[1]) Abgekürzt V. St. A. G. Vgl. zu den Konzernen die Einzeldarstellung oben Erster Abschnitt IVb.

Alle übrigen Zechen und die gesamten Konzernanlagen im Bereich der eisenschaffenden Industrie gehen an die V. St. A. G. über; die Vertriebsorganisationen werden dem Trust angegliedert [2]).

Anteile der V. St. A. G. [3]) an den Verbänden und Produktionsstätten

	Gesamt	V. St. A. G.	Proz.
R. W. K. S. Bet. Mill. t	157,4	37,2 [4])	23,6
R. St. G. „ 1000 t	14722	6285	42,7
R. E. V. „ 1000 t	3024	1004	33,2
Hochofenwerke:			
Zahl der Hochöfen	217	76	35,0
Fassung der Hochöfen (cbm)	91039	37810	41,5
Fassung der Stahlwerke:			
Thomas (cbm)	1270	567	44,6
S./M. (cbm)	16005	4576	28,6
diverse (cbm)	874	286	32,7
Zahl der Edelstahlwerke	31	4	
Zahl der Walzwerke:			
Stabeisen	73	17	
Träger	14	4	
Schienen	19	7	
Grobblech	30	9	
Feinblech	63	15	
Weißblech	7	4	
Draht	34	8	
Bandeisen	30	12	
Röhren	25	7	
Bandagen und Drahtscheiben	18	7	
Kaltwalzwerke	26	7	
Gießereien:			
Eisen	65	11	
Temper	10	2	
Röhren	6	2	
Walzen	8	3	
Stahlformgußwerke	61	10	
Puddelöfen	100	25	

[2]) Während des Druckes der Arbeit hat sich der Konzern durch Angliederung Stummscher Beteiligungen und Rombach u. a. m. stark erweitert.

[3]) Ohne die Angliederung der Stummschen Beteiligungen, Rombach usw. nach dem Stand vom 1. 4. 1926 etwa.

[4]) Einschließlich der Gesamtbeteiligung von Gelsenkirchen, ausschließlich der Beteiligung von Rheinstahl.

Der Umfang der Gemeinschaft wird aus den Anteilen an den Verbänden und Produktionsstätten in etwa ersichtlich (siehe vorstehende Tabelle).

Die Beteiligung am Kohlenbergbau beträgt, wenn wir das Fernbleiben der Monopolzechen berücksichtigen, etwa 23 Proz. der Gesamtbeteiligung des R. W. K. S., d. h. eine qualifizierte Minorität. In der Hochofenindustrie besitzt die Gemeinschaft über 40 Proz. der Fassungsfähigkeit und über 35 Proz. der Zahl der Hochöfen, d. h. ein überdurchschnittlicher Anteil großer Öfen ist hier konzentriert. Trotz des hohen Werksbedarfes und des Fehlens der Beteiligung des Phönix sind in der V. St. A. G. mehr als 33 Proz. der R. E. V.-Beteiligung vereinigt; nach einer Veröffentlichung für 1926 sogar über 39 Proz. — etwa der Fassungsfähigkeit der Hochöfen entsprechend[5]). In der Stahlproduktion beherrscht der Konzern ebenso mehr als 40 Proz. der in der R. St. G. 1925 organisierten Werke. Als Maßstab für den Anteil an der Stahl- und Walzwerksproduktion kann nur diese Beteiligung dienen, da die Zahl der B-Produktenwerke noch nichts über deren Leistungsfähigkeit besagt und besonders in diesen Produktionszweigen seit 1922 Neubauten modernster Art vorgenommen wurden, die die Produktivkraft stark erhöhten.

Die Stammkonzerne sind an der Gemeinschaft beteiligt:

Konzern	Anteil a. d. V. St. A. G. Proz.	Beteiligung im R. W. K. S. Mill. t	Beteiligung im R. St. G. Mill. t
S. R. S. U. ohne Monopol	39,5	19,2	1,66
Thyssen	26	6,6	1,74
Phönix-v. d. Zypen	26	9,4	1,89
Rheinstahl	8,5	—	0,99

Die Quotenfestsetzung geht auf die Beteiligungsziffern in den Verbänden zurück unter gleichzeitiger Berücksichtigung besonderer Vorzüge der Anlagen der einzelnen Mitglieder. Will man letztere in etwa ermitteln, so kann man von der Regelung bei Rheinstahl ausgehen. Setzen wir 0,99 Mill. Tonnen Stahl-

[5]) Frankf. Ztg. vom 4. 4. 1926.

beteiligung gleich 8½ Proz. Anteil an der V. St. A. G., so ergibt sich eine Differenzquote von 4,2 Proz. zugunsten von Thyssen und von 5,3 Proz. zugunsten der S. R. S. U. Wenn auch diese Ermittelung nur einen rohen Maßstab darstellt, so gibt sie doch einen gewissen Rückhalt für die Bewertung, die die einzelnen Konzerne gefunden haben. Die Thyssensche Sonderquote, die mit Rücksicht auf die geringere Gesamtbeteiligung des Konzernes relativ höher ist als die der S. R. S. U., wurde gewährt für die modernisierten Anlagen bei Hamborn, die hinsichtlich ihrer Leistungsfähigkeit eine Klasse für sich darstellen, und für die rationelle Struktur des ganzen Konzernes, der eine bevorzugt günstige Standortbeziehung zwischen Rohstoffgewinnung, Verarbeitung und Transport aufweist. Die S. R. S. U. bringt als Vorzugswerte eine tiefgehende und breit angelegte Verfeinerung, die teilweise eine Kontraktion im engeren Konzern schon zuläßt; dazu kommt das moderne Höntroper Röhrenwerk, das den Thyssenschen Anlagen durchaus gleichwertig ist; endlich stellt der Bochumer Verein — nachdem Krupp vorläufig der Vereinigung fernblieb — das einzige Qualitätsstahlwerk in der Gemeinschaft dar.

Bedeutsam für die Beurteilung des ganzen Gebildes wird der Charakter der Quoten. Von dem zeitweilig gehegten Plan, die Quoten als Produktionsberechtigungen zu normieren, d. h. praktisch ein Kartell der Konzerne zu bilden, ist man scheinbar abgekommen. Das ist zu begrüßen, denn um ein Kartell innerhalb der Kartelle zu errichten, liegt eine wirtschaftliche Veranlassung nicht vor, da damit kein höherer Effekt erzielt worden wäre, als er schon jetzt vermittels der Handhabung des Quotentausches erreicht werden kann.

Die Art der Finanzierung berechtigt zu der Annahme, daß der Trustgedanke verwirklicht wurde. Das Aktienkapital von 800 Millionen Mark wird den Quoten entsprechend verteilt und damit diese zur Basis der Dividendenberechtigung gemacht. Differenzen für Sonderwerte, die durch die Quoten nicht berücksichtigt werden konnten, werden durch Genußscheine ausgeglichen. Und noch ein zweites, wichtigeres Moment stützt diese Annahme: die Idee, von der aus die Gemeinschaft ins Leben gesetzt wurde.

Thyssen — von jeher der Vorkämpfer des Trustgedankens — hatte, wie erwähnt, entgegen den Expansionsbestrebungen der Nachkriegszeit seine Werke intensiviert und organisch ausgebaut mit dem Erfolg, daß er heute über modernste, noch wenig amortisierte Betriebe verfügt. Diese belasten die Produktion mit der vollen Wucht ihrer hohen Anlagekosten um so mehr, als sie infolge der schwierigen Absatzverhältnisse nur gering beschäftigt werden können. Die Produktionseinschränkungen treffen die Thyssenschen Werke stärker als die weniger modernen Anlagen der anderen Konzerne, da diese ihre im Vergleich kleinen Walzwerke besser ausnutzen und den Absatzmöglichkeiten leichter anpassen können. Die Notwendigkeit aber, im Interesse der Wettbewerbsfähigkeit billiger zu produzieren, kann erfüllt werden, wenn durch Kontraktion der Produktion auf die modernen Thyssen-Werke diese voll ausgenutzt werden. Ein Quotenkampf schien aussichtslos, denn all die jetzt vereinten Konzerne sind leistungsfähig und soweit ihre Anlagen etwa kleiner und weniger modern sind, haben sie den Kostenvorsprung amortisierter Investierungen. Aus dieser Erwägung heraus, wurden die Gemeinschaftsverhandlungen aufgenommen und in der Idee scheinbar auch konsequent durchgeführt, soweit ein solcher Schluß aus den wenigen Verlautbarungen der Organisatoren gezogen werden darf[6]). Die V. St. A. G. werden nach Art einer Besitzgemeinschaft organisiert und bieten, dank ihrer breiten Basis in der Montanindustrie, weitgehende Rationalisierungsmöglichkeiten.

Der Schwerpunkt der Gemeinschaft liegt — wie der Ursprung der Verhandlungen zeigt und der Name bestätigt — in den Stahlwerken im weitesten Sinne, d. h. vor allem der Erzeugung der A- und B-Produkte. Es ergeben sich hier zwei Zentren:

---

[6]) Vgl. Generalversammlungen der Konzerne Ende März 1926, Frankf. Ztg. und D. B. Z. vom 26./27. 3. 1926.

1. am Rhein zwischen Düsseldorf und Hamborn[7]);
2. um Dortmund.

Liegen die Rheinwerke besonders günstig für den Export, den man hier konzentrieren will, und Süddeutschland, so besitzt Dortmund einen Frachtvorsprung nach Innerdeutschland und eine Kanalverbindung zur Küste. An den beiden Zentren kann eine rationelle Verteilung der Walzwerksproduktion vorgenommen werden. An den übrigen Schwerpunkten läßt sich in Gelsenkirchen-Schalke das Gießereiwesen, in Bochum-Höntrop die Qualitätsstahl- und Röhrenproduktion und auf den zahlreichen westfälischen Werken die Verfeinerung konzentrieren[8]). Die Vereinfachungsmöglichkeiten werden erkennbar, wenn wir bedenken, daß z. B. die Rheinstahlwerke und die Hamborner Thyssen-Hütte aneinandergrenzen, daß in Dortmund Phönix und Deutsch-Luxemburg, in Mülheim Deutsch-Luxemburg und Thyssen nahe beinanderliegen und die Betriebsorganisation und -verwaltung wesentlich rationeller gehandhabt werden kann.

Mit der Rationalisierung der Hüttenwerke gleichzeitig wird eine solche der Zechen durchgeführt werden. Sobald erst einmal feststeht, welche Eisenwerke in Betrieb bleiben sollen, ergibt sich — von der Sorte abgesehen — relativ einfach, welche Zechen für die Inanspruchnahme im Selbstverbrauch geeignet sind. Die breite Kohlenbasis bringt gleichzeitig einen Sortenreichtum, der jedem Anspruch der Verbrauchsstätten gerecht werden kann. Wie bei den Hüttenwerken dürften sich auch in der Kohlengewinnung wenige Schwerpunkte herausbilden. Am Rhein werden die großen Thyssenschen Berechtsame, um Dortmund wie auch im Mittelrevier vor allem die S. R. S. U.- und

[7]) Eine Einbeziehung von Krupp, dessen moderne Hütte Rheinhausen sich hier einschiebt, lag nahe, und da vornehmlich traditionelle Gründe das Fernbleiben bestimmten, hofft man auch heute noch auf den späteren Beitritt von Teilen des Krupp-Konzerns — vgl. G. V. Gelsenkirchen —, d. h. vor allem m. E. von Rheinhausen.

[8]) Die Großmaschinenproduktion, in der besonders Thyssen-Mülheim und die Dortmunder Union leistungsfähig waren, wurde mit der Demag zusammengeschweißt zu einem neuen Maschinenkonzern, an dem die V. St. A. G. maßgebend beteiligt sind.

Phönixzechen die Grundlage abgeben und als Zentralen der Kokserzeugung sich allmählich herauskristallisieren. Dem verringerten Bedarf der modernen Hütten entsprechend, sind allgemein die Verbrauchsbeteiligungen der gemischten Werke heute stark verwässert; die gesamten Verbrauchsanlagen der V. St. A. G. arbeiten deshalb lediglich mit der Verbrauchsbeteiligung der S. R. S. U.-Phönix-Thyssen. Damit wird ein wesentlicher Teil der Beteiligungsverwässerung dem Organismus entzogen und eine rationellere Ausnutzung der Beteiligungen gewährleistet.

Die Reorganisationsmaßnahmen werden sich auch auf den Vertrieb erstrecken, der durch das Nebeneinander von Handelsfilialen der verschiedenen Stammgesellschaften an einem Platze noch übersetzt ist. Wie sich die Regelung gestalten wird, steht noch nicht fest. Aber die wahrscheinliche Organisation — geplant wird die Gründung einer besonderen Vertriebsaktiengesellschaft — ergibt sich von selbst. Erst 1925 hat die S. R. S. U. innerhalb ihres Bereiches den Vertrieb ihrer Stammgesellschaften so geregelt, daß die Kohlenabteilung der Handelsfirma von Gelsenkirchen, die Eisenabteilung der von Deutsch-Luxemburg ausschließlich übertragen wurde; für den Phönix-van der Zypen-Rheinstahl hat Otto Wolff bereits den gesamten Export konzentriert. Es wird dahin kommen, daß in Städten und Revieren, in denen mehrere Konzernmitglieder vertreten sind, eine Zentralisation stattfindet. Entsprechend der Gliederung in den Eisenhandelsverbänden dürften sich wenige Bezirksabteilungen — etwa Export, Nord-, Süd- und Westdeutschland — bilden, von denen jeweils eine Organisation von einem der alten Werkshändler übernommen wird. Eine organisatorische Trennung des Vertriebes der Stahlprodukte und der Kohle wird sich gleichzeitig vollziehen. So lange das R. W. K. S. besteht, tritt die Bedeutung des Kohlenvertriebes zurück. Die Ideen des Konzernes aber wie die Thyssens im Gegensatz zu denen des Phönix und Gelsenkirchens, deuten auf eine künftige Betonung des selbständigen Zechenhandels hin.

Die V. St. A. G. stellen in der Montanindustrie einen prinzipiellen Umschwung gegenüber der bisherigen Entwicklung dar.

Die Konzerne der Zeit bis 1923 sind Träger der vertikalen Idee, gemischte Werke großen Ausmaßes, die S. R. S. U. das gewaltigste Beispiel dafür. Die V. St. A. G. beruht absolut auf der horizontalen Idee, die auch die Organisationsidee der Kartelle ist. Da letztere in der Rationalisierungspolitik versagten, mußte eine Besitzorganisation sich bilden. Sie allein vermag die Kontraktion der Produktion auf die wirtschaftlichsten Anlagen zu vollziehen. Mag man auch in den Generalversammlungen der S. R. S. U anläßlich der Gründung der V. St. A. G. betont haben, daß die vertikale Idee nach wie vor Berechtigung habe, so zeigt doch die Organisation an sich wie ihr Zielstreben das absolute Übergewicht des Gedankens horizontaler Organisation. Die Möglichkeit einer Vergrößerung des Trustes wird nicht von der Hand gewiesen, aber es wird betont, daß sie sich ausschließlich in horizontaler Richtung bewegen und sich — wie der Trust selbst — auf Kohle, Hochöfen, Stahl- und Walzwerke beschränken wird.

Man wird diese Tendenz als solche begrüßen können, denn die Gefahren der Zersplitterung der Kräfte wurden durch die Krisenerscheinungen im Stinnes- und Stumm-Konzern genügend aufgedeckt. Und rein technisch-betriebsorganisatorisch besitzt auch nur die Gemeinschaft bis zum Walzwerk eine Berechtigung. Die Individualproduktion jeder Art kann in derart großen Organismen kaum vorteilhaft erfaßt werden.

Eine Gefahr dagegen liegt in der Monopoltendenz der Gemeinschaft. Die V. St. A. G. besitzen im Kohlen- und Eisenmarkt eine überragende Position. Das Beispiel der U. S. Steelcorporation, deren Anteil an der amerikanischen Eisenproduktion dauernd zurückgegangen ist, und die Tatsache, daß neben der V. St. A. G. noch andere mächtige Konzerne selbständig weiterbestehen, läßt uns aber die Monopolgefahr augenblicklich nicht überschätzen. In Stabeisen bleibt Klöckner, in Qualitätsstahl Krupp und Klöckner, in Röhren Mannesmann, in der Großmaschinenindustrie die Gutehoffnungshütte und Krupp bedeutende Wettbewerber. Sie sind zwar keine prinzipiellen Gegner der neuen Organisation und teilweisc ist ihr späterer Beitritt oder eine gegenseitige Konvention durchaus denkbar; heute indessen haben sie noch den Konkurrenzwillen und die Kraft, ihn durchzusetzen. Und letztlich ändert es nichts an der Monopolgefahr, ob die einzelnen Konzerne durch die R. St. G. oder durch Besitzgemeinschaften dem Markt ihren Willen aufprägen. Eine derartige Wirkung ist bei beiden Organisationsformen gleich schädlich und würde Gegenmaßnahmen der Wirtschaft erforderlich machen.

Abgesehen von diesen Gefahren wird die Organisation sich als zweckmäßig erweisen, wenn sie — der Idee entsprechend — die Rationalisierung ungehemmt gegen alle inneren Reibungen durchsetzt. Es ist klar, daß das nicht von heute auf morgen erreicht werden kann. Interne Widerstände sind unumgänglich, und manches muß erst abgetastet werden; Rückschläge sind unvermeidbar, ehe das wirtschaftlich Zweckmäßige erreicht wird. Die starken finanziellen und ideellen Kräfte aber, die sich für die Organisation bereits eingesetzt haben, lassen die Vermeidung eines unzulänglichen Kompromisses im wirtschaftlichen Interesse wünschenswert erscheinen.

Schluß

Die Entwicklungstendenz und das Problem des Organisationszwanges

Die anormalen, oft gegensätzlichen Erscheinungen der Kriegs- und Nachkriegszeit haben die in der Organisation wirksamen Kräfte wiederholt aus ihrer immanenten Richtung gedrängt, so daß sich die Tendenz der Entwicklung heute noch nicht absolut absehen läßt. Immerhin gibt uns die Entwicklung in anderen Zweigen der Industrie und der im Gang befindliche Umstellungsprozeß im Ruhrbergbau und der interessenverbundenen Eisenindustrie Anhaltspunkte zur Beurteilung der Organisationsgestaltung. Das Ziel der organisatorischen Bestrebungen ist klar; es wird die Überwindung der Krisis und die Schaffung einer Basis angestrebt, die eine rationelle und stabilisierte Wirtschaftsführung gewährleistet. Die beiden Kräfte, die um dieses Ziel seit Jahrzehnten ringen, sind die der Vertrags- und Besitzgemeinschaften, die beiden Ideen, die des horizontalen und vertikalen Aufbaues der industriellen Organisation. Die freie Konkurrenz, die ursprünglich die Bildung von Gemeinschaftsorganisationen ausgelöst hat, ist auf deren Formung auch heute noch von stärkstem Einfluß, vermag sich aber auf die Dauer als alleiniges organisatorisches Prinzip nicht mehr durchzusetzen.

Welche Tendenzen zeigen sich speziell in der Entwicklung des Ruhrbergbaues? Die technischen und wirtschaftlichen Vorteile, die zur Entstehung der gemischten Werke in der Ruhrmontanindustrie geführt haben, werden — zumindest für die Hüttenzechen im eigentlichen Sinne — für die nächste Zukunft wirksam bleiben und damit die organisatorische Verbindung von

Kohlenbergbau und Eisenindustrie erhalten. Es ist auch anzunehmen, daß die technischen Fortschritte in der Kohlenverwertung diese Tendenzen noch verstärken werden. Dagegen dürfte sich mit diesen eine scheinbare Rückbildung anbahnen dadurch, daß die Kohle mit ihrer chemotechnischen Vervollkommnung immer mehr den Charakter eines Naturproduktes verliert und mit dem Schwinden der Qualitätsdifferenzen auch der Wert sinkt, der seitens des Verbraucherwerkes dem Zechenbesitz beigemessen wird. Wenn dadurch auch ein Zerfall der gemischten Werke nicht bewirkt wird, so wird die Betonung der Qualität sich doch immer mehr dem Produkt des Verbraucherwerkes zuwenden. Die Kohle wird für das gemischte Werk Mittel zum Zweck im Gegensatz zur reinen Zeche, für die sie wirtschaftlicher Selbstzweck ist. Und da die gemischten Werke wie heute so auch künftig den größeren Einfluß besitzen werden, wird die Organisation des verarbeiteten Produktes die der Kohle bestimmen oder sich eine organisatorische Spaltung zwischen reinen und gemischten Werken vollziehen.

In der Verarbeitungsindustrie sind aber die Strömungen erkennbar. Die Herausbildung von Vertikalkonzernen als Entwicklungsstadien der gemischten Werke kommt mit der Stabilisierung im wesentlichen zum Abschluß. Es zeigt sich — von den Kreditschwierigkeiten abgesehen — daß ein Organisationsoptimum für die Vertikalkonzerne gegeben ist, denn die Nichtberücksichtigung dieses Umstandes ist eines der organischen Krisenmomente eines Stinnes- oder Stumm-Konzerns. Der vertikale Aufbau als tragende Idee, die in technischen und betrieblichen Vorteilen ihre wirtschaftliche Berechtigung besitzt, erhielt in den Nachkriegserscheinungen einen äußerst starken Auftrieb. Es mag genügen, an die Kohlennot, die Wärmewirtschaft, die staatliche Organisations- und Preispolitik, die Sozialisierungsbestrebungen und den Willen, diese zu umgehen, zu erinnern. Mit der Reorganisation der Gesamtwirtschaft seit 1924 machte es sich aber erforderlich, die Hypertrophie im Wirtschaftsganzen — früher durch die Wirtschaftsorganisationen selbst, Quotenkampf in den Kartellen, im Krieg aus dessen Notwendigkeiten heraus, nach dem Krieg durch die den klaren Blick trübenden Erscheinungen der Inflation herbeigeführt — auf ein rationelles Maß zurückzuführen.

So bilden sich — besonders in jüngster Zeit — horizontale Vereinigungen eingliederiger oder vertikaler Wirtschaftsgebilde. In der chemischen Industrie haben sich im Herbst 1925 sämtliche führenden Werke zur „I. G. Farbenindustrie A.-G. Frankfurt", einem Horizontaltrust, zusammengeschlossen. Wenn dieses Ereignis auch nur den Charakter eines Organisationsaktes scheinbar formaler Natur an sich trägt, so sind die Rationalisierungsnotwendigkeiten doch so tiefgreifender Art, daß man sie in der vorgängigen Organisationsform, der Interessengemeinschaft, nicht durchführen konnte [1]). In der Kaliindustrie kam in den Jahren 1921/25 ein Reformwerk zum Abschluß, das gemeinsam vom Staat und der Wirtschaft durchgeführt, die krankhaften Folgen der früheren Kaligesetzgebung zu beseitigen geeignet scheint [2]). Mit der Stillegung zahlreicher Schächte [3]) haben sich wenig große Horizontalkonzerne herausgebildet, und es ist durchaus denkbar, daß diese gemeinsam einmal das Syndikat, das nur mehr eine Art Mantelverband ist, ablösen [4]). In der Eisenindustrie deutet die Gründung der V. St. A. G. eine Parallelentwicklung an. Die Notwendigkeit zu rationalisieren, zwingt auch hier zur Überwindung aller psychologischen Hemmungen. Schon 1926 hatte sich eine Arbeitsgemeinschaft „Siemens-Kirdorf-Stinnes" — „Tradition-Kartell-Trust" bilden lassen und wenn heute eine Einbeziehung des Krupp-Konzernes in die Stahlgemeinschaft an traditionellen Bindungen gescheitert ist, so doch nur, weil die Art der Produktion bei Krupp gewisse Sonderheiten aufweist, die sich schwer in die große Gemeinschaft fügen, und Krupp glaubt, aus eigener Kraft die Krise überwinden zu können. Es ist damit die Entwicklungstendenz in keiner Hinsicht verneint,

---

[1]) Näheres s. Frankf. Ztg. vom 6. 10. 1925.

[2]) Vgl. Wiedenfeld, Kaliindustrie a. a. O. und Münstermann a. a. O.

[3]) Siehe oben Dritter Abschnitt Ib, 2.

[4]) Während des Druckes wird diese Vermutung durch den Majoritätswechsel im Wintershallkonzern bestätigt.

zumal ein späterer Beitritt erwogen wird. Die Entwicklung geht — man möchte sagen, zwangsläufig — zum Horizontaltrust der gemischten Hütten und macht damit die Eisenverbände immer mehr überflüssig. Denn ein großes Verkaufssyndikat verliert seine innere Berechtigung, wo — wie in Röhren z. B. — zwei Werke den Markt absolut beherrschen und eine lose Vertragsgemeinschaft, eine Verkaufsabrede genügt, alle kleineren Werke niederzukonkurrieren. In den anderen schweren Walzwerksprodukten liegen die Verhältnisse ähnlich; wenig große Konzerne, die die Möglichkeit rationeller Produktion haben, besitzen das Übergewicht und ihr Rentabilitätsinteresse drängt notwendig dahin, ihre Anlagen voll auszunutzen, d. h. die kleinen immer mehr auszuschalten. Wo es sich lediglich um die Herstellung von Massenprodukten handelt, wird man diese Entwicklung weder aufhalten können, noch wäre es wirtschaftlich, sie zu hemmen, so bedauerlich das Verschwinden der kleinen Existenzen vom sozialpolitischen Standpunkt aus auch ist. Der Kleinbetrieb wird wesentlich auf die Qualitätsproduktion angewiesen; diese sollte ihm weitgehend vorbehalten bleiben, da die Organisation der Riesenbetriebe an der Qualität und spezialisierten Herstellung wirtschaftlich ihre Grenzen erreicht.

Können wir so von einer Tendenz zum universalen Konzern — der horizontalen Verflochtenheit vertikaler Gebilde — sprechen, und ergibt sich weiter, daß die Eisenverbände wie das Kalisyndikat an Bedeutung verlieren, so drängt sich uns im Rahmen dieser Arbeit die Frage auf, welche Entwicklung das R. W. K. S. nehmen wird. Auf die innige Verbundenheit der Verbände in der Montanindustrie wurde im Zusammenhang mit der Hüttenzechenfrage, auf die Tendenz, aus der Kohle ein Mittel zum Zweck für die gemischten Werke zu machen, vorstehend hingewiesen. Der logische Schluß wäre, daß mit den Eisenverbänden auch das R. W. K. S. seinem Ende entgegenginge. Wird das durch die Entwicklung bestätigt? Gehen wir auch hier zunächst von der Notwendigkeit einer Rationalisierung aus. Die Durchführung der Stillegungsaktion hat gezeigt, daß wenige große Konzerne die Führer dieser Bewegung sind und daß das

Syndikat sich mangels organisatorischer Handhaben in diesem Prozeß ausschalten muß. Es war zu fordern, daß die Stillegungsaktion von einer Zentralorganisation, die zu bilden das R. W. K. S. geeignet ist, durchgeführt werde. Auch in der Mechanisierung des Abbaues und allen Fragen, die mit dem technischen und betriebsorganisatorischen Fortschritt verknüpft sind, vermag das Kartell Positives nicht zu leisten. Gewinnen in diesen wichtigsten Organisationsaufgaben die Unternehmungen die selbständige Entscheidung, so zielt ihr Streben in den eigentlich kartellpolitischen Fragen auf möglichste Ausschaltung des Syndikates ab. Wenn das Jahr 1924 auch unter anormalen Erscheinungen — den Folgen der Ruhrbesetzung — stand, so können die Bestrebungen jener Zeit doch als symptomatisch bezeichnet werden. Die heutige Form des R. W. K. S. erscheint gegenüber der Zeit zunehmender Auflösung — seit 1922 — stark gestrafft. Das darf aber nicht über die Ursachen hinwegtäuschen, die wesentlich im Organisationszwang gegeben sind. Denn der Grad der Straffung zeigt lediglich, daß man das Unvermeidliche möglichst arbeitsfähig aufgebaut hat, während man in den Jahren 1922/24 hoffte, durch eine scharfe Verfechtung egoistischer Interessen den Zerfall der Organisation fördern und mittelbar die Preisgabe des staatlichen Zwanges erreichen zu können.

Unter dem Mantel des Kartellvertrages bestehen die Gegensätze zwischen den wenigen reinen Zechen und den gemischten, zwischen den Verfechtern des Syndikats- und des Zechenhandels fort. Die Revision der Beteiligungsfrage, die zur Beseitigung der Differenzierungen und der Verwässerung dringend ist, scheitert daran, daß der Wille zur Reorganisation mit dem Zwang zur Organisation gelähmt wird.

Andererseits zeigt die Preisgabe verschiedener kartellpolitisch bedeutsamer Bestimmungen die Hemmungen einer zentralen Kartellpolitik; die Bemessung kann unterschiedlich erfolgen, die Beteiligung am bestrittenen Absatz ist den Mitgliedern freigestellt, die Preis- und Absatzpolitik steht stark unter den Einflüssen des Marktes und der Richtpreis besitzt im wesentlichen nur formalen Charakter. Die organische Entwicklung wäre ein

Zerfall des Syndikates und nach einer Zeit freier Konkurrenz die Restitution einer neuen Organisation auf einer von Differenzen bereinigten Basis. Die freie Konkurrenz würde zu einer scharfen Kontraktion — unter Ausscheidung aller leistungsschwachen Betriebe — in wenig Riesenkonzernen führen, die mit eigener Vertriebsorganisation sich gleichwertig gegenüberstehen würden. Es wäre denkbar, daß diese neue Organisation ein Kohlentrust ist, der von den reinen Zechen die Produktion und von den gemischten Zechen den Überschuß über den Selbstverbrauch kauft und im Markt selbständig verkauft. Seine Träger wären die wenigen gemischten und reinen Konzerne. Es ist aber auch denkbar, daß für die selbstverbrauchsfreie Produktion ein neues Syndikat entsteht, in dem irgendwelche Bindung des Werksverbrauches kaum gelingen dürfte. Dafür ist der Besitzstand der gemischten Zechen zu stark angewachsen.

Sehen wir von den Gefahren ab, die eine monopolistische Preispolitik mit sich bringt — sie sind derzeitig durch die scharfe Konkurrenz im Weltmarkt gebannt und ihnen im Falle eines internationalen Kohlenkartelles entgegenzuwirken, wäre Sache staatlicher Wirtschaftspolitik — so müssen wir es als wirtschaftlich zweckmäßig bezeichnen, ein Gebilde zu ermöglichen, das die Divergenzen und organisatorischen Hemmungen des gegenwärtigen Syndikates überwindet, Hemmungen, deren Gefahren am besten durch die Haldenpolitik und die Unmöglichkeit einer zweckentsprechenden Sortenpolitik erwiesen werden.

Die Schwierigkeiten sind im Organisationszwang — vom Kreditproblem abgesehen, dessen Lösung, wie auch die Auslandsanleihen der großen Konzerne beweisen, möglich erscheint — zu suchen, und deshalb ist die Zweckmäßigkeit dieses Problems zu untersuchen. Ein Zwang zur Organisation wird im Kohlenwirtschaftsgesetz an sich nur mittelbar ausgeübt in der richtigen Erkenntnis, daß eine wirtschaftliche Organisation erfolgreicher zu arbeiten vermag, wenn sie vom freien Willen der Interessenten getragen wird, und in der Einsicht, daß ein staatlicher Organisationsakt in seiner organisatorischen Durchführung äußerst schwierig ist[5]). Der Zwang des Kohlenwirtschaftsgesetzes wurde im Laufe der Jahre bei den Kohlenkartellen mehrfach derart gehandhabt, daß jeweils wenige widerstrebende Mitglieder der freiwilligen Organisation der überwältigenden Mehrheit durch Verordnung eingefügt wurden. Mochten diese zwangsangeschlossenen Mitglieder dem auch innerlich widerstreben, so entstanden doch nie ernsthafte Schwierigkeiten aus der Handhabung der diesbezüglichen Bestimmungen. Es ist das darauf zurückzuführen, daß angesichts der ungeklärten wirtschaftlichen Lage die Syndikate auf kurze Zeit geschlossen wurden und der gute Geschäftsgang während der Inflation die Fragen der Organisation in den Hintergrund drängte. Die Sachlage mußte sich ändern, sobald es sich um eine größere Zahl widerstrebender Zechen, um eine Dauerorganisation, um stabilisierte Produktionsverhältnisse oder eine Zeit der Absatzschwierigkeiten handelte. In dieser Form wurde das Zwangsproblem im September 1924 für das R. W. K. S. akut. Es ist auf diesen Fall näher einzugehen, da er prinzipieller Natur ist, da er weiter die Art der heutigen Organisation als einer „notwendigen“ bedingte, und er endlich zur Beurteilung des Problemes als solchem geeignet ist.

Die Verordnung des Reichswirtschaftministers vom 16. 9. 1924 bestimmte, daß auf Grund des § 5 der Ausführungsbestimmungen zum Kohlenwirtschaftsgesetz die Zechen Ewald, Rombacher Hüttenwerke, Graf Bismarck, Westfalen, de Wendel, Friedrich Heinrich, Dahlbusch, Steinkohlenbergwerke Becker A.-G., Friedrich der Große, Adler, Heinrich, Mitglieder des R. W. K. S. seien[6]). Die Rechtsgültigkeit der Verordnung wurde von den zwangsangeschlossenen Zechen angefochten. Die formale Berechtigung der Verordnung bildet eine Streitfrage, die hier nicht untersucht werden soll[7]). Dagegen wird die materielle Seite der Verordnung bedeutsam.

---

[5]) Vgl. die Wirkung des Kali-Gesetzes 1910 und der Verordnung zur Errichtung des Eisenwirtschaftsbundes 1920, Wiedenfeld, Kaliindustrie a. a. O., Bruns a. a. O.

[6]) Deutscher Reichsanzeiger 1924 vom 16. September.

[7]) Vgl. R. W. Z. vom 11. 10. 1924 und D. B. Z. 1924 Nr. 221.

Die Zwangsmitglieder stellten $11^1/_2$ Proz. der Gesamtbeteiligung dar, eine Minderheit, auf deren Wünsche das Syndikat Rücksicht nehmen mußte. Sie wurden einem auf fünf Jahre vereinbarten Syndikat angeschlossen, eine lange Zeit, wenn man die Kurzfristigkeit der vorgängigen Verträge und die ungeklärte Wirtschaftslage in Betracht zieht. Die Zwangszechen waren leistungsfähige Anlagen, die als Außenseiter eine lästige Konkurrenz dargestellt hätten; sie waren aber keineswegs Außenseiter aus Prinzip, sondern nur Gegner eines Syndikates, das ein kardinales Kartellprinzip verletzt hatte: Gleichbehandlung der Mitglieder. Auf die Gegensätze der reinen und gemischten Zechen und des Zechen- und Syndikatshandels, die besonders kraß in den Verträgen 1924 sich ausprägten, wurde oben eingegangen. Dazu kam, daß bei den Verhandlungen für das neue Syndikat Firmen wie Thyssen, Rheinstahl, Krupp, nur gegen Sonderkonzessionen für die Gemeinschaft gewonnen werden konnten[8]). Das Sonderverbrauchsrecht von Rheinstahl für die Anilingruppe wurde erwähnt. Krupp wurde ein Verbrauchsrecht im Tausch gegen Erz und Halbzeug an Lieferanten und Händler, die die Kohlenmengen gar nicht verwerteten, eingeräumt. Gleichzeitig wurde notariell fixiert, daß diese Konzession eine Sonderausnahme sei. Mont Cenis erhielt, so lange die Völklinger Werke von Röchling stillagen, ein Schiebungsrecht von Verbrauchs- nach Verkaufsbeteiligung.

Der Vertragsentwurf, den die Majorität sich zu eigen gemacht hatte, und dessen bedingungslose Annahme sie von den Zwangszechen forderte, war so mit Sonderkonzessionen stark vorbelastet; er blieb selbst für die Mitglieder unklar, da keine Neuredaktion des Vertragswerkes stattfand, sondern eine Generalklausel erlassen wurde, die alle Beschlüsse früherer Syndikate als bindendes Recht des neuen statuierte. Das machte das Vertragswerk unhaltbar zumindest für die Mitglieder, die vordem nicht im Kartell waren.

Sachliche Erwägungen spezieller Art verhinderten aber in erster Linie die Einigung. Rombach wurde ein Verbrauchs-

[8]) Vgl. R. W. Z. vom 30. 10. 1924 und D. K. Z. 1924 S. 970 ff.

schiebungsrecht verweigert, das man Mont Cenis eingeräumt hatte; Ewald, Graf Bismarck, Westfalen hatten Einwände gegen die Regelung der Frage des Zechenhandels, in der Thyssen ein Sonderrecht erhalten hatte. Den übrigen Zechen waren Beteiligungsansprüche abschlägig beschieden worden. Diese Einwände hielten sich durchaus im üblichen Rahmen. Der Zwangsanschluß seitens des Reichswirtschaftsministers war bedenklich, zumal dieser sich der Unzulänglichkeit des Syndikatsvertrages bewußt war.

Betrachten wir die prinzipielle Seite, so ist es wirtschaftlich unhaltbar, jemanden in ein Vertragsverhältnis einzuordnen, in dem er nicht „pares inter pares" ist, sondern in dem er von anderen statuierte Pflichten zu übernehmen hat, ohne die Möglichkeit zu besitzen, eigene Ansprüche geltend zu machen. Es ist nicht angängig, daß einem Mitglied Sonderberechtigungen eingeräumt werden, wenn nicht der andere noch Außenstehende für den Fall gleichgelagerter Voraussetzungen gleiches Recht fordern und von dessen Gewährung seinen Beitritt abhängig machen darf. So lange Sonderabkommen in gemeinsamer Beratung aller Beteiligten beschlossen werden, sind sie gemeinsames Recht der freien Vereinbarung selbständiger Unternehmer. Dagegen ist es mit der Idee der Selbstverwaltung wie dem Grundsatz der Vertragsfreiheit unvereinbar, einzelne Wirtschaftssubjekte in derartige Vertragsfesseln zwangsweise einzufügen.

Der Reichswirtschaftsminister war nicht berechtigt, die Zwangsverordnung — wie sie erlassen wurde — zu verfügen [9]): „Das Syndikat stellt inhaltlich ein Konglomerat von Gesetzesverletzungen, von willkürlichen Bevorzugungen einzelner Mitglieder und von Benachteiligungen der schwächeren Firmen dar, wie sie bei einem gemeinwirtschaftlichen Syndikat nicht vorkommen dürften. Der Syndikatsvertrag als Ganzes — wegen seiner unklaren Fassung — und die Verordnung des Reichswirtschaftsministers sind daher nicht rechtsgültig."

---

[9]) Gutachten der Zwangszechen, s. R. W. Z. vom 30. 10. 1924.

Wollte der Reichswirtschaftsminister fördernd in die Organisationsgestaltung eingreifen, so hätte er von sich aus ein Vertragswerk schaffen müssen, das sich streng jeder Sonderbestimmungen für einzelne Mitglieder enthielt. Angesichts der Vielgestaltigkeit der Organisationsaufgaben, denen — wie die Arbeit erkennen ließ — ein Kohlensyndikat entsprechen muß, ist eine solche Verordnung nur als Rahmenorganisation denkbar, als eine auf den Einzelfall zugeschnittene Spezialisierung des Kohlenwirtschaftsgesetzes, sofern man — was 1924 außerhalb des Bereiches der Erwägungen lag — nicht sozialisieren, d. h. den Staatsbetrieb überhaupt einführen wollte.

Damit steht fest, daß der staatliche Organisationsakt, wenn er nicht rechtswidrig wirken wollte, bedeutungslos bleiben mußte. Denn eine Rahmenverordnung kann nur Nebenfragen regeln, nie die Wurzeln der Gegensätze erfassen. Wie 1924, so gilt diese Erkenntnis heute und künftig, da Sonderrechte und Gegensätze jede Gemeinschaftsorganisation an sich selbständiger und sachlich differenziert aufgebauter Unternehmungen durchziehen. Und die Wirtschaftsgeschichte hat bewiesen, daß die Organisationsakte des Staates umgangen werden — wie die Sherman Bill in Amerika — oder wirtschaftlich schädliche Erscheinungen zeitigen, wie in der deutschen Kaliindustrie nach 1910. Gegenüber der Zweckmäßigkeit staatlicher Organisation ist eine starke Skepsis berechtigt. Es ist Aufgabe des Staates, der organischen Entwicklung keine Fesseln anzulegen, die eine unwirtschaftliche und eventuell dem Staatswohl schädliche Organisation herbeiführen können.

Trotz dieser Ablehnung einer öffentlichen Regelung der wirtschaftlichen Organisation, kann sich der Staat der privaten Wirtschaft gegenüber nicht vollkommen passiv verhalten. Aber seine Tätigkeit sollte sich auf das Gebiet allgemein wirtschaftspolitischer Maßnahmen beschränken mit dem Ziel, die öffentlichen Belange gegen Monopolgefahren der privaten Organisationen — seien es Kartelle, seien es Trusts — zu sichern. Die Mittel der Steuer-, Zoll- und Tarifpolitik, die Handhabung der Handelsverträge, die Leitung der eigenen konkurrierenden Wirtschaftsbetriebe und anderes mehr dürften zur Sicherung dieser Aufgaben genügen. Die Organisation der Wirtschaft als solche bewährt sich noch am besten, mag sie — wie derzeitig — auch unzulänglich sein, wenn sie im weltwirtschaftlichen Wettbewerb Sache der Wirtschaftsführer ist, sofern diese den organischen Tendenzen und den öffentlichen Belangen Rechnung tragen. Aufgabe der öffentlichen Kritik — der Wirtschaftskreise wie der staatlichen Stellen und aller sozialen Schichten — ist es, an der Organisationsgestaltung mitzuwirken, um die jeweilige Optimalorganisation zu erreichen. Im Ruhrbergbau, dessen Reorganisation sich als notwendig erweist, sind die gestaltenden Kräfte an der Arbeit; die Dinge sind im Fluß, und so kann es nur darauf ankommen, die Tendenzen der Entwicklung zu erkennen und aufmerksam zu verfolgen, um sie — sei es im Wege der öffentlichen Kritik, sei es im Rahmen der allgemeinen Wirtschaftspolitik — notfalls zu beeinflussen. Wir gewinnen damit das Fundament für die wirtschaftliche Wertung.

Statistischer Anhang

Tabelle I: Außenseiterstatistik[1])

Jahr	Kohle (in 1000 t)			Koks (in 1000 t)		
	Syndikatsproduktion	Außenseiterproduktion		Syndikatsproduktion	Außenseiterproduktion	
	t	t	Proz.	t	t	Proz.
1893	33 539	5 410	13,89	4 197	—	—
1894	35 044	5 911	14,43	.	—	—
1895	35 348	6 142	14,80	.	—	—
1896	38 916	6 329	11,65	.	—	—
1897	42 195	6 573	13,47	.	—	—
1898	44 866	6 561	12,75	6 339	—	—
1899	48 024	7 193	13.02	.	—	—
1900	52 081	8 255	13,67	.	—	—
1901	50 412	8 785	14,84	.	—	—
1902	48 610	10 193	17,33	.	—	—
1903	53 822	11 755	17,90	9 353	—	—
1904	67 256	1 445	2,10	10 989	—	—
1905	65 383	1 533	2,29	12 289	—	—
1906	76 631	2 308	2,93	15 480	—	—
1907	80 156	2 247	2,72	16 885	—	—
1908	81 921	3 125	3,06	15 684	192	1,2
1909	80 828	4 283	5,03	15 078	761	0.5
1910	83 629	5 686	6,03	16 748	1131	6,8
1911	86 905	6 895	7,03	17 282	1632	9,4
1912	93 812	9 281	9,00	19 660	2522	12,8
1913	101 652	12 835	11,21	21 166	3629	17,1
1914	84 810	13 548	13,77	16 562	3830	23,1
1915	73 984	12 794	14,74	16 842	3324	19,8
1916	93 556	1 007	1,06	26 178	—	—
1917	98 714	652	0,65	.	—	—
1918	95 516	511	0,53	.	—	—
1919	70 266	898	1,25	.	—	—
1920	87 546	710	0,80	.	—	—
1921	93 733	382	0,41	.	—	—
1922	96 552	794	0,82	.	—	—
1923	41 120	1 626	3,80	.	—	—

[1]) Aufgestellt nach Statistik G.B.G.B. R.W.K.S. Tafel 1. Vgl. Arbeit, Erster Abschnitt III a und b.

Tabelle II: Anteil der gemischten Konzerne an der Eisenproduktion[1])

Konzern	Hochöfen		Stahlwerke						Walzwerke											Gießereien			
	Zahl	Fassung	Thomas	SM bas.	div.	Edelstahl	Stahlformguß	Puddelwerke	Stabeisen	Träger	Schienen	Grobbleche	Feinbleche	Weißbleche	Draht	Bandeisen	Röhren	Bandagen und Radscheiben	Kaltwalzw.	Eisen	Temper	Röhren	Walzen
		cbm	t	t	t	t	Zahl																
Deutschland																							
Ohne Saar u. Ost-Oberschlesien	217	91039	1270	16005	874	31	61	100	73	14	19	30	63	7	34	30	25	18	26	65	10	6	8
Saargebiet	32	12735	367	817	51	1	4	—	7	3	4	2	2	1	4	3	1	—	—	7	2	1	3
Deutsch-Luxemburg	10	6745	120	830	45	2	2	20	4	1	1	1	3	—	2	2	—	1	1	2	1	1	1
Gelsenkirchen BAG.	12	4895	—	160	5	—	1	—	2	—	—	—	1	1	—	1	1	—	1	1	—	1	—
Bochumer Verein	5	2750	—	510	114	1	1	—	2	—	2	—	—	—	1	2	1	1	2	1	—	—	1
Hohenzollernhütte	1	435	—	—	—	—	—	—	—	—	—	—	—	—	—	—	—	—	—	—	—	—	—
Charlottenhütte	6	1585	—	110	—	—	—	—	—	—	—	2	4	—	—	—	—	1	—	—	—	—	—
Böhler & Co.	—	—	—	30	24	1	—	—	1	—	—	—	—	—	—	—	—	—	—	—	—	—	—
S.R.S.U.	34	16410	120	1640	188	4	4	20	9	1	3	3	8	1	3	5	2	3	4	4	1	2	2
A.-G. für Hüttenbetrieb	5	2330	—	—	—	—	—	—	—	—	—	—	—	—	—	—	—	—	—	1	—	—	1
Aug. Thyssen-Hütte	7	4200	180	380	73	—	1	—	1	1	1	—	1	—	2	1	1	—	1	1	—	—	—
Thyssen & Co.	—	—	—	356	—	—	—	—	1	—	—	1	1	—	—	1	1	—	—	—	—	—	—
Friedrichshütte	3	765	—	150	—	—	—	—	—	—	—	1	1	—	—	—	—	—	—	—	—	—	—
Thyssen-Konzern[2])	15	7295	180	886	73	—	1	—	2	1	1	2	3	—	2	2	2	—	1	2	—	—	1
Phönix A.-G.	17	8788	152	1280	10	—	2	5	4	1	2	2	2	1	3	2	2	2	—	4	1	—	—
v. d. Zypen	4	1407	—	310	15	—	1	—	1	—	—	—	1	2	—	1	—	1	—	—	—	—	—
Phönix-Konzern	21	10195	152	1590	25	—	3	5	5	1	2	2	3	3	3	3	2	3	—	4	1	—	—
Rheinische Stahlwerke	6	3910	115	460	—	—	2	—	1	1	1	2	1	—	—	2	1	1	2	1	—	—	—
Vereinigte Stahlwerke A.-G.	**76**	**37810**	**567**	**4576**	**286**	**4**	**10**	**25**	**17**	**4**	**7**	**9**	**15**	**4**	**8**	**12**	**7**	**7**	**7**	**11**	**2**	**2**	**3**
Krupp-Konzern	17	7340	150	1973	147	1	3	—	3	1	1	1	1	—	3	—	—	1	1	3	1	—	1
Gutehoffnungshütte	11	5280	150	594	3	—	1	—	1	1	1	1	1	—	2	—	—	1	1	1	—	—	—
Hösch-Köln-Neuessen	7	3920	60	470	2	—	1	—	1	1	1	1	1	—	1	1	—	—	—	—	—	—	—
Eicken & Co.	—	—	—	48	3	1	—	—	1	—	—	1	1	—	1	—	—	—	—	—	—	—	—
Hösch-Konzern	7	3920	60	518	5	1	1	—	2	1	1	2	2	—	2	1	—	—	—	—	—	—	—
Mannesmannröhrenwerke	—	—	—	524	5	—	—	—	1	—	—	2	1	—	—	—	5	—	—	—	—	—	—
Bremer Hütte	3	980	—	230	—	—	1	—	—	—	—	1	1	—	—	—	—	—	—	—	—	—	—
Mannesmann-Konzern	3	980	—	754	5	—	1	—	1	—	—	3	2	—	—	—	5	—	—	—	—	—	—

Klöckner-Konzern [2])	10	5585	40	1080	—	—	1	—	6	1	2	1	1	—	2	3	—	1	1	4	—	—	1
Rombacher Hütte	3	690	—	440	—	—	2	—	1	1	1	—	—	—	—	—	—	2	—	2	—	—	—
Eisenhütte Holstein	—	—	—	90	—	—	—	—	—	—	—	1	—	—	—	—	—	—	—	—	—	—	—
Marienhütte	2	520	—	—	—	—	—	—	—	—	—	—	—	—	—	—	—	—	—	—	—	—	—
Rombach-Konzern	5	1210	—	530	—	—	2	—	1	1	1	1	—	—	—	—	—	2	—	2	—	—	—
Niederrheinische Hütte	4	2040	—	380	—	—	—	—	1	—	—	1	1	—	1	—	—	—	—	1	—	—	—
Gußstahlwerk Witten	—	—	—	261	—	—	1	—	1	—	1	1	1	—	1	—	—	—	—	—	—	—	—
Menden & Schwerte	—	—	—	175	—	—	—	—	1	—	—	—	—	—	1	1	—	—	—	—	—	—	—
Westf. Eisen- und Drahtwerke	3	1050	—	105	—	—	1	12	—	—	—	—	—	—	2	—	—	—	—	1	—	—	—
Gelsenkirchener Gußstahlwerk	—	—	—	202	6	—	3	—	1	—	—	—	—	—	—	—	—	—	—	1	1	—	—
Norddeutsche Hütte	3	1200	—	—	—	—	—	—	—	—	—	—	—	—	—	—	—	—	—	—	—	—	—
Stumm-Konzern	10	4290	—	1087	6	—	5	12	4	—	1	2	2	—	5	1	—	—	—	3	1	—	—
Maximilianshütte	9	2893	96	159	—	—	1	—	3	2	2	—	2	—	—	1	—	—	—	1	—	—	—
Buderus-Röchling	—	—	—	55	20	2	—	—	1	—	—	—	—	—	—	—	—	—	—	—	—	—	—
Buderussches Eisenwerk	5	1680	—	—	—	—	—	—	—	—	—	—	—	—	—	—	—	—	—	1	—	1	—
Buderus-Röchling	14	4573	96	214	20	2	1	—	4	2	2	—	2	—	—	1	—	—	—	2	—	1	—
Ilseder Hütte	6	3278	125	120	3	—	—	—	1	1	1	—	—	—	—	—	—	—	—	—	—	—	—
Lothring.-Bergbau A.-G. [3])	3	600	—	—	—	—	—	—	—	—	—	—	—	—	—	—	—	—	—	—	—	—	—
Saarbeziehungen der gemischten Konzerne																							
Röchling	7	3470	100	42	25	1	1	—	2	1	1	—	—	—	2	1	—	—	—	1	—	—	1
Stumm-Konzern	6	2935	92	105	15	—	1	—	1	1	1	—	—	—	1	1	1	—	—	2	1	—	1
Deutsche Werke der oberschlesischen Gruppe (als Vergleich herangezogen)																							
Donnersmarckhütte	4	1469	—	—	—	—	—	—	—	—	—	—	—	—	—	—	—	—	—	1	—	1	1
Oberbedarf	—	—	—	50	—	—	—	—	1	1	—	—	—	—	—	—	1	1	—	2	1	—	—
Oberschlesische Eisenwerke	7	2315	—	350	—	—	—	—	2	—	—	—	—	—	1	1	—	—	2	—	—	—	—
Linke-Hofmann-Lauchhammer	—	—	—	560	—	—	2	—	1	—	—	1	—	—	—	—	1	1	—	3	1	1	—
Oberschlesische Gruppe	11	3784	—	960	—	—	2	—	4	1	—	1	—	—	1	1	2	2	2	6	2	2	1
Konsortial Thyssen-Klöckner: Geisweid & Krefeld [2])	2	600	—	407	57	1	1	—	2	—	—	1	2	—	1	1	1	—	1	—	—	—	—

[1]) Zusammengestellt nach: Gemeinfaßliche Darstellung des Eisenhüttenwesens, S. 544 ff, nach dem Stand von 1922.

[2]) Thyssen-Konzern und Klöckner-Konzern ohne die Konsortialbeteiligung an den Geisweider Eisenwerken und Krefelder Stahlwerken, die gesondert ausgewiesen sind.

[3]) Der Lothringen-Konzern lediglich mit der Mathildenhütte Harzburg, da 1922 die übrigen Produktionsstätten noch nicht fertiggestellt waren, vgl. Erster Abschnitt, IV, S. 96 ff.

Tabelle III: Beteiligung der Konzerne an den Syndikaten[1]

in 1000 t

Konzern	R.W.K.S. am 1. 8. 1925 Verkaufs- Beteiligung	Verbrauchs- Beteiligung	Gesamt- Beteiligung	R.E.V. 1920	R.St.G. 1. 6. 1925
S.R.S.U.	15338	4910	20248	726	1660[2]
Thyssen-Konzern . . .	3870	2723	6593	213[3]	1744[3]
Phönix-Konzern inkl. Zollverein u. ½ Emscher Lippe	6601	2755	9356	119[4]	1892
Rhein. Stahlwerke[5] . .	4870	2270	7140	36	988
Vereinigte Stahlwerke[5]	25809	10388	36197	1094	6284
Haniel-Gutehoffnungshütte	8394	1835	10229	141	1081
Krupp-Konzern inkl. ½ Emscher Lippe .	7452	3380	10832	141	1660
Hösch-Köln-Neuessen incl. Trier	6201	1280	7481	—[6]	831
Mannesmann-Röhrenwerke	4556	521	5077	109	445
Klöckner-Konzern . .	3691	1492	5183	127[3]	827[3]
Rombach-Konzern . .	1850	350	2200	72	305
Stumm-Konzern . . .	2775	1100	3875	395	866
Buderussche Eisenw.[7] .	595	255	850	105	—
Röchling.	990	245	1235	.	371
Ilseder Hütte	726	750	1476	—	570
Lothring. Bergbau A.-G.	4825	180	5005	36	—
de Wendel	600	900	1505	—	—
Consortial Thyssen-Klöckner: Geisweid und Krefeld[3] . . .	—	—	—	38	151
Gesamtsyndikat	130150	27289	157439	3024	14722

[1]) Vgl. Beteiligungsstatistik des R.W.K.S. Tabelle V. Ferner s. oben, Erster Abschnitt, IV und Zweiter Abschnitt, I.

[2]) Ohne Charlottenhütte, deren Beteiligung noch nicht feststand.

[3]) Für Thyssen und Klöckner ohne ihre Konsortialbeteiligung, die gesondert ausgewiesen ist.

[4]) Nur für v. d. Zypen, da der Phönix erst später dem Verband beitrat.

[5]) Die Rheinischen Stahlwerke nahmen nur mit ihren Roheisen- und Stahlbeteiligungen an den Vereinigten Stahlwerken teil.

[6]) Hösch trat erst später dem Roheisenverband bei.

[7]) Ohne Berücksichtigung der erst später vollzogenen Transaktion mit der Harpener Bergbau-A.-G.

[8]) Einschließlich der Monopolzechen der Gelsenkirchener Bergwerks-A.-G., die mit ca. 1000000 t Beteiligung außerhalb der Gemeinschaft bleiben.

Tabelle IV: Beteiligungen im Kohlensyndikat im Laufe der Entwicklung

a) Kohlenverkaufsbeteiligungen 1. 8. 1925

Mitglied	seit	to
Adler	1916	1 428 010
Alte Haase . .	1917	710 000
AugusteViktoria	1916	100 000
Blankenburg .	1893	175 000
BochumerVerein	1904	1 443 400
Buderussche Eisenwerke .	1911	595 000
Caroline . . .	1893	290 000
Carolus Magnus	1893	383 570
Ver. Constantin d. Gr. . . .	1893	3 507 140
Dahlbusch . .	1893	1 530 230
Deutsch-Lux. B. & H. A.-G. .	1904	3 853 230
Dirgardt . . .	1916	900 000
Emscher Lippe .	1916	2 040 000
Ess. Bergw.-Ver. Kön. Wilhelm	1893	1 404 600
Ess.Steinkohlen-Bergwerks-A.-G. (E.St.B.) .	1907	5 463 320
Ewald	1893	2 827 310
Friedrich d. Gr.	1893	725 860
Friedr. Ernestine	1893	394 540
Friedr. Heinrich	1916	1 250 000
Friedrich Krupp A.-G. . . .	1904	1 588 100
Fritz Thyssen .	1919	1 870 010
Gebr. Stumm .	1919	1 370 000
Gelsenkirchener Bergw.-A.-G.	1893	10 041 800
Verein.Gibraltar Erbstollen. .	1920	225 000
Glückaufsegen .	1917	625 000
Gottessegen . .	1893	240 000
Graf Beust . .	1893	508 950
Graf Bismarck .	1893	2 550 550
Graf Schwerin .	1893	937 640
Gutehoffnungs-hütte . . .	1904	3 363 200
Verein.Hammer-thal	1916	75 000
Harpener Berg-bau-A.-G. . .	1893	9 112 420
Herbeder Stein-kohlenb. . .	1917	450 000
Heinrich . . .	1893	375 000
Verein. Helene und Amalie .	1893	1 336 930
Hermann . . .	1916	1 000 000
Hibernia . . .	1893	6 682 880
Eisen- u. Stahl-werk Hösch .	1904	1 565 400
Köln-Neuessen. Bergw.-Ver. .	1913	4 635 140
Klöckner-Werke A.-G. . . .	1923	3 690 850
Langenbrahm .	1904	819 570
Lohberg . . .	1916	1 000 000
LothringenBerg-bau A.-G. .	1893	1 664 400
König Ludwig .	1893	1 715 290
Magdeburger Bergw. A.-G.	1893	900 000
Mansfeld . . .	1904	367 200
Mannesmann-röhrenwerke .	1912	4 556 100
Mathias Stinnes	1893	2 380 880
Mont Cenis . .	1893	990 130
Mülheimer Berg-werks-Ver. .	1898	1 598 210
Neumühl . . .	1904	1 831 000
Ver.Neuschöler-pad-Hobeisen	1903	210 000
Niederrhein. Bergw.-Ges. .	1924	900 000
Phönix . . .	1904	2 988 400
Präsident Berg-bau-A.-G. . .	1922	900 000
PreußischeBerg-werksdirektion	1916	6 285 000
Prinz Friedrich	1920	300 000
Rhein I . . .	1916	1 000 000
RheinischeStahl-werke . . .	1904	4 870 010
Rheinpreußen .	1904	3 200 000
RombacherHüt-tenwerke . .	1920	1 850 000
Sachsen . . .	1916	1 060 000
Ver. Schürbank u. Charlotten-burg . . .	1893	247 560

Mitglied	seit	to
Siebenplaneten .	1893	366 600
Ver. Trappe . .	1893	209 950
Victoria Lünen .	1916	1 000 000
Victoria Mathias	1893	581 330
Ver. Welheim .	1916	1 000 000
Westfalen . .	1916	1 200 000
de Wendel . .	1916	600 000
Wilhelmine Mevissen . . .	1916	700 000
Zollverein . .	1893	2 592 820
R. W. K. S. Gesamtbeteilig.:		131 149 530

b) Koksverkaufsbeteiligungen 1. 8. 1925

Mitglied	to
Auguste Viktoria . .	28 025
Bochumer Verein . .	4 000
Buderus	135 000
Carolus Magnus . .	100 000
Constantin d. Gr. . .	1 300 200
Dahlbusch	183 000
Deutsch-Luxemburg .	853 700
Essener Steinkohle .	566 580
Emscher Lippe . . .	980 150
König Wilhelm . .	512 167
Ewald	410 000
Friedrich der Große .	30 000
Friedr. Ernestine . .	99 260
Friedr. Heinrich . .	450 000
Fritz Thyssen . . .	35 000
Gebr. Stumm . . .	20 000
Gelsenkirchen . . .	1 826 808
Glückaufsegen . . .	300 000
Graf Beust . . .	66 760
Graf Bismarck . . .	300 000
Graf Schwerin . . .	242 800
Gutehoffnungshütte .	215 000
Harpener Bergb. A.-G.	2 365 800
Helene und Amalie .	387 000
Hermann	300 000
Hibernia	1 612 800
Hösch	120 000
Köln-Neuessen . . .	1 063 540
Klöcknerwerke A.-G. .	1 045 840
Lothr. Bergbau A.-G.	708 200
König Ludwig . . .	593 050
Mansfeld	300 000
Mannesmannröhrenw.	1 243 000
Mathias Stinnes . .	248 195
Mont Cenis	223 900
MülheimerBergw.-Ver.	95 000
Neumühl	563 000
Phönix	681 000
Präsident	225 000
Preuß. Bergw.-Direkt.	2 060 400
Rhein. Stahlwerke . .	1 095 000
Rheinpreußen . . .	795 000
Rombacher Hüttenw. .	487 400
Siebenplaneten . . .	67 400
Victoria Lünen . . .	300 000
Victoria Mathias . .	145 060
Ver. Welheim . . .	200 000
de Wendel	66 700
Westfalen	290 000
Zollverein	540 000
Gesamtbeteiligung .	26 480 735

c) Brikettverkaufsbeteiligungen 1. 8. 1925

Mitglied	to	Mitglied	to
Adler	535 000	Hibernia	116 950
Alte Haase	242 000	Klöckner	72 000
Blankenburg	100 000	Mannesmann	216 000
Bochumer Ver.	218 700	MülheimerBergw.-Ver.	529 500
Buderus	72 000	Neuschölerpad & Hobeisen	60 100
Caroline	65 000	Niederrhein. BWV.	216 000
Constantin d. Gr.	223 350	Phönix	10 000
Deutsch-Luxemburg	710 550	Prinz Friedrich	200 000
Essener Steinkohle	1 225 300	Rheinstahl	400 400
Gebr. Stumm	100 000	Schürbank und Charlottenburg	108 400
Gelsenkirchen	261 400	Siebenplaneten	159 960
Gottessegen	65 000	Wilhelm. Mevissen	168 000
Gutehoffnungshütte	212 400		
Harpen	417 620		
Herbeder St.B.	250 000		
Helene-Amalie	72 000	Gesamtbeteiligung	7 027 630

d) Verbrauchsbeteiligungen 1. 8. 1925

Mitglied	to	Mitglied	to
Bochumer Verein	792 400	Mont Cenis	245 000
Gelsenkirchen	2 095 820	de Wendel	900 000
Deutsch-Luxemburg	2 021 300	Friedrich d. Gr.	750 000
Friedr. Thyssen	2 723 000	Buderussche EW.	255 000
Rhein. Stahlwerke	2 269 800	Lothr. Bergbau A.-G.	180 000
Phönix	2 675 000	Auguste Victoria	900 000
Friedrich Krupp	3 300 000	Adler A.-G.	30 000
Emscher Lippe	160 000	Graf Bismarck	50 000
Gutehoffnungshütte	1 835 200	Friedrich Ernestine	118 375
Hösch	1 280 000	Graf Beust	149 000
Klöcknerwerke	1 492 200	Victoria Mathias	166 500
Gebr. Stumm	1 100 000	Preuß. Bergw.-Direkt.	530 000
Mannesmannröhrenw.	520 600	Mansfeld	400 000
Rombacher Hüttenw.	350 000	Gesamtbeteiligung	27 289 195

Anmerkung zur Beteiligungsstatistik: Zusammengestellt nach den Originalverträgen des R.W.K.S., teilweise abgedruckt im Jahrbuch für den O.B.B. Dortmund 1893ff.

Tabelle V: Bemessungszahlen[1])

a) für Kohle

Jahr	Prozent im Durchschnitt	Jahr	Prozent im Durchschnitt	Jahr	Prozent im Durchschnitt
1893	—	1903	19.50	1913	1,46[2])
1894	11,75	1904	22,25	1914	29,30
1895	12.68	1905	20,66	1915	28,75
1896	12.50	1906	6,25	1916	20,—
1897	0,83	1907	—	1917	8,33
1898	8,54	1908	11,67	1918 } 1923 }	Aufhebung der Bemessungszahlen
1899	3,75	1909	20,—	1924	33,—[3])
1900	—	1910	15,42	1925	51,25
1901	13,75	1911	12,50		
1902	23,—	1912	2,92		

b) für Koks

Jahr	Prozent im Durchschnitt	Jahr	Prozent im Durchschnitt	Jahr	Prozent im Durchschnitt
1904	26,25	1911	31,04	1919	37,50
1905	21.50	1912	21,—	1920	50,—
1906	4,25	1913	23,33	1921	47,08
1907	—	1914	60,76	1922[5])	15,—
1908	31,25	1915	37,50	1924	48,—[3])
1909	39,17	1916	20,—	1925	62,92
1910	28,54	1917[4])	8,33		

c) für Brikett

Jahr	Prozent im Durchschnitt	Jahr	Prozent im Durchschnitt	Jahr	Prozent im Durchschnitt
1904	32.50	1910	21,25	1916	20,—
1905	15,75	1911	21.88	1917	8,33
1906	7,50	1912	15,42	1918 } 1923 }	Aufhebung der Bemessungszahlen
1907	—	1913	12,92	1924	42,—[3])
1908	7,92	1914	21,39[6])	1925	61,66
1909	20,92	1915	20,—		

[1]) Nach den G.B.G.B. des R.W.K.S. 1893 ff.

[2]) 1913 wurde bis Juni 105 Proz. der Beteiligung von den Mitgliedern abgenommen, so daß für das erste Halbjahr eine Beteiligungserhöhung vorlag.

[3]) Bis Juli 1924 lag keine offizielle, sondern nur interne Bemessung vor, so daß die effektive Minderabnahme größer war.

[4]) Seit Juni 1917 Aufhebung bis März 1919.

[5]) Seit Mai 1922 Aufhebung bis Ende 1923.

[6]) Von August bis Oktober 1914 lag keine offizielle, wohl aber interne Bemessung vor.

Tabelle VI: Preis-Statistik[1])

a) Richtpreise (vgl. Graph. Anh. Tab. I)

Fettförderkohle Datum	Papiermark-Nettopreis[2]) in Goldmark umgerechnet
1893/1894	7.00
1894/1895	7.50
1895/1896	7.50
1896/1897	8.30
1897/1898	8.60
1898/1899	8.60
1899/1900	9.10
1900/1901	11.10
1901/1902	11.10
1902/1903	9.00
1903/1904	9.00
1904/1905	9.00
1905/1906	9.30
1906/1907	10.00
1907/1908	11.00
1908/1909	11.00
1909/1910	10.50
1910/1911	10.50
1911/1912	10.50
1912/1913	11.25
1913/1914	12.00
1914/1915	11.25
1915: 1. 4.	11.30
1. 9.	12.00
1916: 1. 3.	10.95
1917: 1. 1.	12.30
1. 5.	13.80
1. 10.	11.70
1918: 1. 9.	14.34
1919: 1. 1.	17.55
1. 5.	16.86
16. 6.	17.36
1. 10.	10.71
1. 12.	7.49
1920: 1. 1.	7.69
1. 2.	5.81
1. 3.	6.31
1. 4.	10.46

Fettförderkohle Datum	Papiermark-Nettopreis[2]) in Goldmark umgerechnet
1920: 1. 5.	11.75
1921: 1. 4.	12.98
1. 9.	9.70
1. 12.	7.72
1922: 1. 2.	8.69
1. 3.	9.04
20. 4.	7.32
1. 7.	5.93
1. 8.	5.06
1. 9.	3.45
1. 10.	6.07
1. 11.	2.67
16. 11.	3.85
1. 12.	5.67
1923: 12. 1.	5.14
1. 2.	3.61
9. 2.	6.58
1. 4.	17.48
16. 5.	9.39
1. 6.	10.76
15. 6.	10.78
25. 6.	14.23
9. 7.	14.34
17. 7.	17.93
27. 7.	8.10
2. 8.	12.84
9. 8.	21.09
20. 8.	24.22
27. 8.	37.14
3. 9.	25.14
10. 9.	9.51
17. 9.	23.76
24. 9.	27.59
15. 10.	24.37
19. 12.	20.04
1924: 1. 7.	16.11
1. 10.	14.72

[1]) Nach der Preisstatistik des R. W. K. S., vgl. G. B. 1922/1924. Daselbst sind auch die Soziallasten gesondert ausgewiesen.
[2]) Richtpreis abzüglich Soziallasten, Kohlen- und Umsatzsteuer.

a) Richtpreise (Fortsetzung)[1])

Jahr	Gießerei-Roheisen III	Stabeisen
	in Goldmark	
1900	97.30	179.60
1901	61.50	121.25
1902	60.70	111.70
1903	63.95	107.80
1904	64.—	108.20
1905	64.80	111.—
1906	72.20	132.30
1907	79.50	137.60
1908	70.—	105.60
1909	57.70	102.10
1910	63.50	112.10
1911	64.80	106.—
1912	69.30	119.50
1913	74.50	108.50
1914	70.05	99.—
1915	68.80	118 90
1916	69.05	138.60
1917	79.90	137.45
1918	101.62	168.40
1919	118.46	159.20
1920	124 01	208.10
1921	83.37	120.20
1922	74.32	118.55
1923	106.43	168.40
1924	92.65	128.50
1925 Januar	84.—	132.50
1925 April	86.—	133.50
1925 Mai	86.—	136.—

b) Sortenpreise von 1893 bis 1914[2])

Jahr	Gew. Mager-Nußkohle	Gasflamm-Stückkohle	Gew. Eß-Nußkohle	Kokskohle	Hochofenkoks
	ℳ	ℳ	ℳ	ℳ	ℳ
1893/1894	13.—	11.25	12.50	5.50	—
1894/1895	13.—	12.—	12.—	6.—	—
1895/1896	13.—	12.—	12.—	6.50	—
1896/1897	13.50	11.25	12.—	6 50	—
1897/1898	14.—	12.—	13.—	7.—	—
1898/1899	14.—	12.—	13.50	8.—	—
1899/1900	14.50	12.—	14.75	8.50	—
1900/1901	15.50	13.50	14.75	10.50	—
1901/1902	16.50	13.50	14.75	10.50	—
1902/1903	16.50	13.50	14.50	9 50	—
1903/1904	15.50	12.50	14.25	9 50	—
1904/1905	15.50	12.50	14.25	9.50	15.—
1905/1906	15.25	12.25	14.25	9 50	16 —
1906/1907	16.—	12.50	15.50	10.50	16.50
1907/1908	17.—	13.50	16.50	12.25	18 50
1908/1909	17.—	13.50	16.50	12.25	18.50
1909/1910	17.—	13.50	16.50	10.25	15.—
1910/1911	17.—	13.50	16.50	11.25	16.50
1911/1912	17.—	13.25	16.50	11.25	16.50
1912/1913	17.75	13.50	17 25	12.—	17.50
1913/1914	18.25	14.—	17.25	13.25	18.50
1914/1915	17.75	13.50	17.25	12.25	17.—

[1]) Nach Statistik „Stahl und Eisen" 1925, S. 1242 ff., Jahres- bzw. Monatsdurchschnittspreise auf Goldmark umgerechnet.

[2]) Nach Wiedenfeld: R.W.K.S., Statist. Anhang Tabelle II, ergänzt nach den G.B. des R.W.K.S.

c) Sortenindex von 1913 bis 1925[1])

Richtpreis der Fettförderkohle = 100 (vgl. Graph. Tabelle II)

Datum	Eßkohle fein	Gasflammförderkohle	Kokskohle	Gas- und Fettnußkohle 1–3	Brikett I	Magernuß I (östl. Revier)	Hochofenkoks	Eßnuß 1–3	Magernuß I (westl. Revier)	Brechkoks I
1. 4. 1913	80	96	114	119	121	152	154	156	173	175
1. 4. 1914	77	98	108	122	122	158	151	153	180	169
1. 4. 1915	80	98	98	120	119	136	117	130	154	132
1. 9. 1915	80	98	100	120	117	144	123	140	165	126
1. 3. 1916	80	98	107	120	121	144	133	140	165	117
1. 1. 1917	80	98	106	117	126	134	135	140	157	148
1. 5. 1917	80	90	105	115	126	134	134	140	150	148
1. 10. 1917	80	98	105	113	119	130	138	130	145	148
1. 9. 1918	85	99	105	112	118	128	139	130	141	149
1. 1. 1919	90	99	103	105	114	117	142	117	126	149
1. 5. 1919	90	99	102	109	112	115	145	115	121	159
1. 10. 1919	95	99	101	108	125	113	145	113	118	159
1. 1. 1920	96	98	101	110	140	114	145	113	118	165
1. 5. 1920	96	100	102	120	180	135	146	132	132	173
1. 4. 1921	96	100	102	120	167	136	146	133	132	173
1. 9. 1921	96	100	102	130	145	149	146	140	146	173
1. 2. 1922	96	100	102	135	146	151	146	150	148	174
1. 9. 1922	96	105	102	135	150	151	147	148	148	175
1. 12. 1922	96	105	102	135	186	151	146	144	148	175
1. 4. 1923	96	105	102	138	181	151	147	148	160	179
1. 6. 1923	96	105	102	135	185	151	147	150	148	177
9. 7. 1923	96	105	102	135	160	151	147	150	148	175
2. 8. 1923	96	105	102	135	156	150	146	150	148	175
17. 9. 1923	96	105	102	135	144	152	145	150	148	175
24. 9. 1923	96	105	102	135	136	152	146	150	148	175
15. 10. 1923	96	105	102	135	130	152	146	150	149	175
19. 12. 1923	102	105	114	135	137	172	152	170	170	182
1. 7. 1924	86	105	120	136	137	176	163	172	212	200
1. 10. 1924	73	105	113	137	127	187	160	177	253	200
1. 4. 1925	66	105	113	137	127	167	160	163	220	184
1. 9. 1925	66	105	113	137	127	187	160	177	267	200
1. 10. 1925	70	105	113	137	127	187	160	180	267	200
15. 10. 1925	70	105	107	137	127	187	150	180	267	191
1. 12. 1925	70	105	107	137	127	187	148	190	267	191

[1]) Ermittelt aus der Preisstatistik des R.W.K.S., vgl. Sonderdruck des R.W.K.S. 1924 und G.B.G.B.R.W.K.S., ergänzt nach den Preisbekanntmachungen des Reichskohlenrates. Die Preisbasis — Fettförderkohle — ist, im Gegensatz zur Tabelle a einschließlich aller Steuern und Soziallasten gewählt, da diese Lasten für die einzelnen Sorten nicht einzeln ausgewiesen werden; zudem tangiert diese Methode den Vergleich nicht, da die relative Belastung gleich hoch ist.

Tabelle VII: Entwicklung der Reviervertriebsgesellschaften[1])

Abkürzungen: u = unbestrittenes Gebiet, b = bestrittenes Gebiet, S = Syndikat, H = freie Großhändler, Z = Einzelzeche, IB = Inlandblock, HB = Hollandblock, ZH = Zechenhandelsgesellschaft.

Spaltenbezeichnung: 1 = Firma, 2 = Gründungsjahr, 3 = Syndikatsreviere bis 1924, 4 = Syndikatsreviere ab 1925, 5 = Gebietscharakter am 1.10.1924, 6 = Gebietscharakter am 1.5.1925, 7—11 = Träger der Organisation bis 31.3.1917, 15.1.1924, 30.9.1924, 30.4.1925, seit 1.5.1925.

Spalte											Jahresumsatz in 1000 t[1])	
1	2	3	4	5	6	7	8	9	10	11	1913/14	1920/21
Glückauf, Abt, Beck & Co., Cassel	1896	17	17	u	u	SH	S	IB	ZH	ZH	1,943	973
Westphalia, Wiesebrock, Schulte & Co., Hannover	1896	3 6	3 6	u	u	SH	S	IB	ZH	ZH	1,909	1,444
Deutsche Kohlenhandelsgesellschaft, Lüders, Sonnewald & Co., Bremen	1897	2	2	b	u	SH	S	IB	Z	ZH	1,788	1,470
Westfälische Kohlenhandelsgesellschaft, Belwinkel, Börsing & Co, Dortmund	1899	5 4	5 4	u	u	SH	S	IB	ZH	ZH	2,603	2,139
Westfälische Kohlen- und Koksverkaufsgesellschaft Butzmann & Co., Magdeburg	1901	7	7	u	u	SH	S	IB	ZH	ZH	486	900
Kohlenkontor Weyhenmeyer & Co. Komm.-Ges., Mannheim	1903	20—27	20—27	u	u	SZH	S	IB	ZH	ZH	12,644	10,069

Westfälische Kohlenverkaufsgesellschaft Vollrath, Weck & Co., Berlin	1905	29	29	b	u	SH	S	IB	Z	ZH	524	1,475
Kohlenhandelsgesellschaft Niederrhein, Weyher, Franke & Co., Duisburg	1917	8—10	8—10	u	u	—	S	IB	ZH	ZH	—	1,954 für 1920
Kohlenhandelsgesellschaft Bergkohle Scholten, Graf & Co., Düsseldorf	1917	11	11	u	u	—	S	IB	ZH	ZH	—	1,447
Kohlenhandelsgesellschaft Mark Siepmann, Schrader & Co., Hagen	1917	12 13 16	12 13 16	u	u	—	S	IB	ZH	ZH	—	1,913
Ruhrkohlenhandelsgesellschaft Hansa, Siemons, Kallmeier & Co., Köln	1917	14 15 18 19	14 15 18 19	u	u	—	S	IB	ZH	ZH	—	1,786
Westfälisches Kohlenkonter Nath, Enschermann & Co., Hamburg	1906	1	1	b	b	SZH	S	IB	Z	Z	3,719 für 1913	3,006 für 1920
Steenkolenhandelsvereeniging Utrecht	1897	Holland		b	b	SZH	S	HB	Z	Z		
Deutsches Kohlendepot Hamburg	1905	Übersee		b	b	SH	SH	SH	SH	SH		
Société Gén. Charbonnière Antwerpen	1907	Belgien		—	—	SHZ	im Krieg liquidiert					

[1]) Richtsteig a. a. O., Statistischer Anhang, im wesentlichen Ruhrsteinkohle, bei Hannover z. B. aber auch englische und niedersächsische Steinkohle.

Tabelle VIII: Beteiligungen im Kohlenkontor

Reeder-Gesellschafter	Verfügende Zechen	Hafen	Gemeinschaft seit	Beteiligung in 1000		
				1.4.15 t	1925 Kahn- t	1925 Schlepp- P.S.
Mathias Stinnes	Stinnes	ja	1904	2271	909	2098
Hugo Stinnes	Stinnes, Deutsch-Lux., Mülh. BWV.	ja	1904	1099	412	413
Harpen	Harpen	ja	1904	1051	688	1228
Frz. Haniel & Co.	Haniel, Gutehoffnungshütte	ja	1904	1046	1700	2370
Raab, Karcher & Co.	Gelsenkirchen	ja	1905	1828	750	883
Fr. Thyssen	Thyssen-Zechen	ja	1911	429	1030	1090
Ad. Harloff	Bismarck, Friedrich der Große	ja	1914	355	.	.
Winschermann & Co.	König Ludwig	ja	1913	331	563	700
Jul. de Gruyter Hennenbruch & Haumann	Kön. Wilhelm	ja	1914	420	415	514
Stachelhaus & Buchloh Wirsing & Dörtelmann	Konstantin der Große	nein	1914	413	350	626
H. P. Disch	Rombach	ja	1914	185	325	520
Ad. Thomä G. Engels & Co.	Ewald	nein	1914	260	83	—
Gg. Reitz	Köln-Neuessener BV	ja	1914	143	150	87
F. W. Liebrecht	Gutehoffnungshütte	ja	1913	124	s. Haniel	
I. Schürmann	Rheinstahl	ja	1914	80	639	488
Hansen, Neuerburg & Co. K. G. J. Neu & Co.	Mannesmann	ja	.	—	157	254
Klöckner-Reederei u. Kohlenhandelsgesellschaft	Klöckner	ja	.	—	96	—
Linden-Reederei	Essener Steinkohle	nein	.	—	160	291
C. G. Mayer	Mont Cenis	ja	.	—	152	218
Rhein- und Seeschiffahrts-A.-G.	Fiskus	ja	.	—	549	397

Tabelle IX; Produktion, Absatz und Haldung[1]
(vgl. Gr. A. Tabelle III)

Monat	Förderung	Haldenbestände	Theoretischer Absatz	Abfuhr der Rhein-Ruhrhäfen	Wagengestellung
	in Millionen Tonnen				in 1000 Stück
1913:					
Januar	9786	.	.	1537	842,4
Februar	9194	.	.	1574	794,5
März	9181	1265	.	1565	799,1
April	9969	.	.	1964	841,1
Mai	9261	.	.	1841	783,4
Juni	9586	1187	.	1964	820,5
Juli	10150	.	.	2191	859,6
August	9795	.	.	1973	822,8
September	9696	1199	.	1862	806,9
Oktober	9895	.	.	1793	826,1
November	8932	.	.	1511	737,7
Dezember	9102	1589	.	1684	745,1
1924:					
Januar	6471	2500	.	1220	322,7
Februar	7530	2373	7657	1432	403,9
März	8504	2614	8263	1521	509,3
April	8355	2624	8345	1820	594,0
Mai[2]	1610	1508	2726	603	148,6
Juni	7611	1670	7449	1059	501,1
Juli	9124	2724	8070	2067	541,5
August	8679	3283	8120	1682	489,5
September	9159	3922	8520	1990	540,8
Oktober	9579	4734	8777	2127	591,7
November	8481	5123	8092	1307	570,7
Dezember	8969	5169	8923	1667	650,9
1925:					
Januar	9560	7064	7665	1756	649,1
Februar	8397	7555	7906	1307	572,2
März	9047	8187	8415	1472	615,1
April	8300	8857	7630	1386	556,3
Mai	8404	9180	8081	1688	579,5
Juni	7882	9395	7667	1587	557,5
Juli	8811	9356	8850	1957	659,3
August	8591	9143	8804	2026	624,1
September	8733	9020	8856	1836	630,8
Oktober	9170	9056	9134	2026	657,3
November	8533	8934	8655	1745	621,3
Dezember	8678	.	.	1662	671,8

[1]) Glückauf, 1926, Heft 3.
[2]) Bergarbeiterstreik.

Tabelle X: Absatzstatistik, Gliederung des Syndikatsvertriebes[1])
(in 1000 Tonnen)

Datum	Förderung	Spalte[2]) 1	2		3		4		5	
		Gesamtabsatz	Werks- u. Zechen-Verbrauch		Verbrauch eigener Werke[3])		Landdebit Deputat Vorvertr.		Syndikatsvertrieb	
	t	t	t	Proz.	t	Proz.	t	Proz.	t	Proz.
Monatsdurchschnitt 1913	8471	8492	1631	19.2	1849	21,8	225	2,6	4786	56,4
1914	7068	6951	1563	22.5	1165	16,7	214	3,0	4009	57,7
1915	6165	6249	1412	22,6	1611	25,8	211	3,4	3015	48,2
1916	7796	7599	1704	22,5	2157	28,2	488	6.4	3250	42,9
1. Quart. 1917	7639	7305	2094	28.6	1820	24.9	583	8.0	2808	38,5
1917/1918	8393	8378	2134	25.5	2324	27,7	426	5.1	3494	41,7
1918/1919	7373	7484	2058	27,1	2253	29,7	393	5.2	2880	38.0
1919/1920	6017	6086	1669	27,4	1669	27,4	425	7.0	2323	38.2
1920/1921	7637	7647	1778	23,3	2087	27,3	444	5.8	3338	43,6
1921/1922	7876	7901	1940	24.5	2147	27,2	465	5.9	3349	42,4
1922/1923	7729	7257	2226	30,7	1874	25,8	460	6,3	2697	37,2
1923/15.1.24	2547	2912	1663	57.2	329	11,3	229	7,7	691	23,8
1925:										
Januar . . .	9560	9041	2800	30.9	1470	16.3	821	9.1	3950	43,7
Februar . .	8397	8008	2667	33.3	1396	17.4	714	8,9	3231	40.4
März . . .	9047	8495	2821	33,2	1412	16.6	742	8,7	3520	41,5
April . . .	8300	7755	2431	31.4	1276	16.3	712	9,2	3336	43,1
Mai	8404	7898	2402	30,4	1236	15,6	329	4.2	3931	49,8
Juni	7882	7779	2366	30.4	1283	16,5	283	3,6	3847	49.5
Juli	8811	8882	2437	27.5	1553	17,3	281	3,2	4611	52,0
August . .	8591	8674	2234	25,7	1471	16,9	282	3,3	4687	54,1
September .	8733	8762	2213	25.3	1518	17,3	355	4,0	4676	53,4
Oktober . .	9170	9058	2325	25,7	1490	16,4	354	3,9	4889	54.0
November .	8530	8530	2275	26,6	1362	16,0	349	4,1	4544	53.3
Dezember .	8678	8859	2422	27,3	1686	19,1	364	4,1	4387	49,5
Durchschnitt:	8675	8477	2449	28,9	1429	16.9	465	5,4	4134	48,8

Exportvertrieb:

1913: 2060 = 24,3 Proz. des Gesamtabsatzes, 43 Proz. des Syndikatsvertriebes
1925: 2293 = 27,5 „ „ „ 55,5 „ „ „

[1]) Nach Statistik G. B. R.W. K. S. 1922/24 und Glückauf 1926, S. 222.
[2]) Vgl. Zweiter Abschnitt, V, S. 214.
[3]) Kokereien, Brikettfabriken, Nebenproduktenbetriebe, Ziegeleien.

Tabelle XI: Kohlenempfang der Güterverkehrsbezirke[1])

(in 1000 Tonnen)

Nummer[2])	Bezirk	Jahr	Gesamtempfang an Stein-kohlen	Gesamtempfang an Braun-kohlen	Gesamtempfang an Kohlen ohne Umrechnung	Lieferungen der Ruhr	Lieferungen der Ruhr: Prozent von Spalte a	Lieferungen der Ruhr: Prozent von Spalte b
			Spalte a	Spalte b	Spalte c	d	a	b
1	Ost- und Westpreußen, Pommern, Posen, Schlesien	1913	13435	1483	14918	79	0,6	0,5
		1922	9010	1891	10901	188	2,1	1,8
2	Freistaat Sachsen	1913	1270	6746	8016	286	22.5	3.6
		1922	1791	6750	8541	272	15,1	3,2
3	Berlin - Brandenburg.	1913	7067	2778	9845	549	7,8	5.6
		1922	6963	3788	10751	1516	21.8	14.1
4	Provinz Sachsen, Anhalt	1913	3791	1371	5162	2368	62,5	45,9
		1922	3863	1010	4873	2210	57,4	45,5
5	Mecklenburg, Schlesw.-Holst., Lübeck, Hamburg, Unterelbe	1913	11485	764	12249	4093	35,7	33.4
		1922	8722	1444	10156	2752	31,6	27,1
6	Unterweser, Bremen	1913	1720	63	1783	1372	79,8	76.9
		1922	1982	101	2083	848	22,8	40,7
7	Hannover, Braunschweig, Oldenburg, Schaumburg-Lippe, Pyrmont, Kreis Schaumburg . .	1913	7547	1320	8867	6785	89,9	76,5
		1922	6398	1510	7908	4367	68,2	55,2

[1]) Nach Glückauf 1925, S. 1344/45, zusammengestellt, a. a. O. ermittelt auf Basis der amtlichen Verkehrsstatistik der Güterbewegung auf deutschen Eisenbahnen und Wasserstraßen, vgl. Vierteljahreshefte zur Statistik des Deutschen Reiches. Ohne den Innergebietsverkehr der einzelnen Bezirke ermittelt, z. B. ohne Ruhrkohle im Ruhrgebiet, ohne Aachener Steinkohle — rheinische Braunkohle im Rheinland, ohne mitteldeutsche und ostelbische Braunkohle, sächsische und schlesische Steinkohle in den betr. Bezirken. Wohl aber ist im Bezirk 1 — infolge Zusammenziehung mehrerer Teilbezirke zu einer größeren Gesamtheit — der Kohlenverkehr zwischen Niederschlesien-Oberschlesien-Breslau (in der amtlichen Statistik drei Einzelbezirke) mit verrechnet.

[2]) Die Nummer bezieht sich auf Zweiter Abschnitt V b 1, Seite 220 ff., besonders Seite 225 ff.

Tabelle XI (Fortsetzung)

Nummer	Bezirk	Jahr	Gesamtempfang an Stein-kohlen	Braun-kohlen	Kohlen ohne Umrechnung	Lieferungen der Ruhr	Prozent von Spalte	
			Spalte					
			a	b	c	d	a	b
8	Provinz Hessen-Nassau, Freistaat Hessen, Kreis Wetzlar	1913	6839	605	7444	5477	80,1	73,6
		1922	5686	2031	7717	4576	80,5	59,3
9	Prov. Westfalen (ohne Ruhr), Lippe-Waldeck (ohne Pyrmont)	1913	5161	276	5437	5113	99,1	94,1
		1922	4496	407	4903	4196	93,4	85,6
10	Rheinprov. rechts (ohne Ruhr-Rheinhäfen, Wetzlar)	1913	3842	878	4720	3514	91,4	74,5
		1922	3966	1808	5774	2020	50,9	35,0
11	Rheinprov. links (ohne Saargeb.), Kr. Birkenfeld .	1913	7329	11	7340	6441	87,9	87,8
		1922	5214	132	5346	4542	87,1	85,0
12	Saargebiet	1913	878	27	905	271	30,8	29,9
		1922	397	80	477	387	97,5	81,0
13	Pfalz (ohne Ludwigshafen) . . .	1913	1258	382	1640	97	7,7	5,9
		1922	438	137	575	331	75,6	57,6
14	Baden	1913	2972	257	3229	913	30,7	28,3
		1922	2815	775	3590	926	32,9	25,8
15	Mannheim-Rheinau-Ludwigshafen	1913	4463	374	4847	4006	89,7	82,7
		1922	6021	1414	7435	4858	80,7	65,3
16	Württemberg . .	1913	2292	211	2503	252	11,0	10,1
		1922	2310	585	2895	743	32,2	25,7
17	Südbayern	1913	1217	771	1988	297	24,4	15,0
		1922	1517	955	2472	365	24,1	14,8
18	Nordbayern . . .	1913	2011	1700	3711	677	33,7	18,2
		1922	2158	1838	3996	1108	51,3	27,7
19	Elsaß-Lothringen	1913	7626	224	7850	4462	58,5	56,6
		1922	.	.	.	2930	.	.
	Fremdbezug des Ruhrgebietes . .	1913	211	483	694	.	.	.
		1922	633	1939	2572	.	.	.

Tabelle XII: Zechen-Stillegungen[1])

Abkürzungen:

Sorten: M = Magerkohle, E = Eßkohle, F = Fettkohle, G = Gas- und Gasflammkohle.

Reviere: U = Unna, Dt = Dortmund, DtW = Dortmund-West, Wi = Witten, H = Hattingen, SB = Südbochum, NB = Nordbochum, G = Gelsenkirchen, Wa = Wattenscheid, We = Werden, Du = Duisburg, K = Krefeld.

Stillegungsursachen: N = Natürliche Stillegung, AK = Absatzkrisis, BK = Beteiligungskauf, So = Sortenschwierigkeit.

Name der Zeche	Konzern	Datum der Inbetriebnahme	Datum der Stilllegung	Belegschaft	Sorte	Revier	Ursache der Stillegung
Hasenwinkel . . .	S.R.S.U.	1862	März 1923	1088	E	H	N, AK
Nottekampsbank .	—	1921	Okt. 1923	136	M	We	N
Kl. Windmühle .	—	1919	Mai 1924	240	E	Wi	N
Bergmann	—	1919	Juni 1924	475	M	Wi	N
Vincenz	—	1918	„ 1924	223	E	H	N
Alte Haase III . .	—	1856	Juli 1924	478	M	Wi	N, SO
Wiendahlsbank . .	S.R.S.U.	1853	Aug. 1924	1670	F	Dt	AK, N
Carl Friedrichs Erbstolln	S.R.S.U.	1863	„ 1924	1450	E	SB	AK, N
Hamburg-Franziska	S.R.S.U.	1856	„ 1924	1647	E	Wi	AK, N
Deutschland I . .	Krupp	1893	Sept. 1924	367	F	Wi	N
Verlorener Sohn .	—	1906	„ 1924	617	E	H	N
Neuglück	—	1917	Ende 1924	215	M	H	N
Deutschland II . .	Krupp	1886	Jan. 1925	529	F	Wi	N
Alte Haase I . . .	—	1901	Mai 1925	588	M	H	N, SO
Westende I/II . .	Phönix	1864	„ 1925	1100	F	Du	AK
Massen I/II	Buderus	1853	Juli 1925	1641	F	U	N, AK, So
Herbeder Steinkohlenbergwerk	Lothringen	1913	„ 1925	1206	E	H	BK, N
Schleswig	Phönix	1859	„ 1925	1325	F	U	AK
Admiral	Rheinstahl	1910	„ 1925	1032	E	Dt	BK, N
Fr. Vogel & Unverhofft	Lothringen	1843	„ 1925	1480	F	Dt	AK
Schürbank u. Charlottenburg . . .	Lothringen	1850	„ 1925	1402	M	U	BK, AK
Robert	—	1917	„ 1925	344	E	H	N
Mülheimerglück .	—	1910	„ 1925	174	E	H	N

[1]) Vgl. Denkschrift des Zechenverbandes, a. a. O., sowie Glückauf 1926. Nur die Zechen sind hier erfaßt, die über 100 Mann Belegschaft hatten; außer diesen wurden noch zahlreiche Kleinbetriebe eingestellt, die größtenteils als natürlich erlegen zu gelten haben und nur von örtlicher Bedeutung waren.

Tabelle XII (Fortsetzung)

Name der Zeche	Konzern	Datum der		Belegschaft	Sorte	Revier	Ursache der Stillegung
		Inbetriebnahme	Stilllegung				
Rheinpreußen I/II	Haniel	1876	Aug. 1925	3025	FM	K	AK
Eintr. Tiefbau . .	Krupp	1856	„ 1925	1788	E	H	AK
Adler	—	1906	„ 1925	1315	M	We	N, AK
Nordstern I/IV . .	Phönix	1857	„ 1925	4733	G	G	So
Gibraltar Erbst. .	Haniel	1919	„ 1925	507	E	H	N, BK
General	Klöckner	1812	Sept. 1925	827	FM	SB	AK, N
Kaiser Friedrich .	S.R.S.U.	1858	„ 1925	2147	F	Dt	AK
Teutoburgia. . . .	S.R.S.U.	1909	„ 1925	1182	G	DtW	AK, So
Blankenburg . . .	Ewald	1874	„ 1925	753	ME	H	N, BK
Hammerthal . . .	Ewald	1913	„ 1925	157	E	H	N, BK
Herkules I/V . . .	E.S.K.	1850	„ 1925	1528	ME	We	N, So
Victoria-Kupferdr.	E.S.K.	1857	„ 1925	975	M	We	N
Hibernia.	Hibernia	1855	„ 1925	2065	F	G	AK
Glückauf Tiefbau	S.R.S.U.	1840	Okt. 1925	2369	F	Dt	AK, N
Prinz Wilhelm . .	Adler	1920	Nov. 1925	335	E	We	N
Massen III/IV. . .	Buderus	1854	Dez. 1925	2410	F	U	N, So
Centrum II/V. . .	Rheinstahl	1876	„ 1925	1136	E	Wa	AK
Gutglück u. Wrangel	—	1890	Okt. 1925	120	E	H	N
Pluto, Schacht Wilhelm	S.R.S.U.	1876	Nov. 1925	2376	F	G	AK
Friedrich Joachim	—	1875	Dez. 1925	1801	F	G	AK
Unser Fritz II/III/V	Mannesmann	1885	„ 1925	1655	G	G	AK, So
Ver. Trappe . . .	König Ludwig	1848	„ 1925	736	F	Wi	N, BK
Hannibal II. . . .	Krupp	.	März 1926	ca. 1100	FG	NB	AK, So
Rheinelbe I	S.R.S.U.	.	Juli 1925	ca. 1000	G	Wa	So

Graphischer Anhang

Tabelle I: Richtpreiskurven

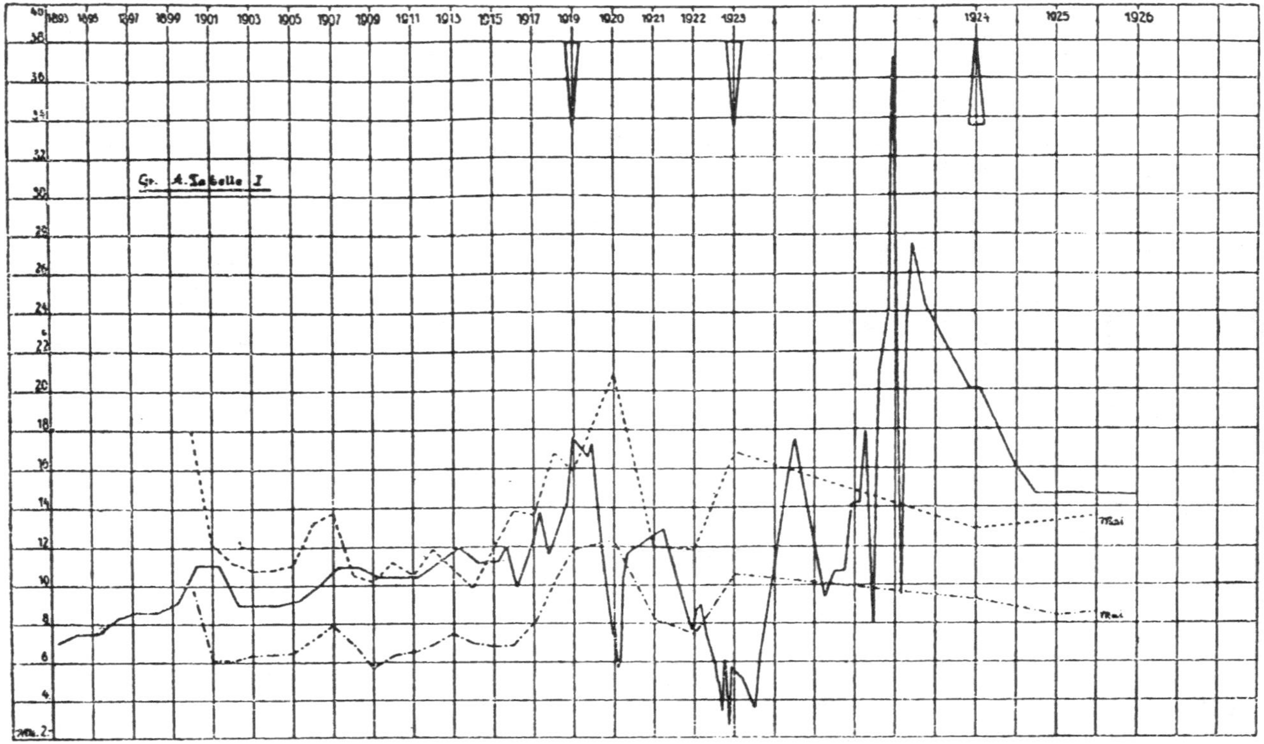

Die Kurve für Fettförderkohle stellt bis 1914 einschließlich den jährlich festgesetzten Richtpreis dar; seit 1915 bezieht sie sich auf den jeweils festgesetzten Richtpreis ausschließlich der Sonderbelastungen – Kohlen- und Umsatzsteuer und soziale Lasten – und ist auf Grund der amtlichen Umrechnungskurse am Tag der Preisfestsetzung auf Goldmark umgerechnet; seit der Stabilisierung im Nov. 1923 versteht sie sich für die jeweils veröffentlichten Gold-, Renten- bzw. Reichsmarkpreise abzüglich der vorgenannten Belastungen.

Erläuterungen:
Fettförderkohle: ‐ ‐ ‐ ‐ ‐
Gießerei-Roheisen III: – · – · –
Stabeisen: ———

Die Kurven für Gießerei-Roheisen III und Stabeisen stellen $^1/_{10}$ der Jahresdurchschnittsgoldpreise dar, die einer Statistik von Stahl und Eisen, 1925, Seite 1242 ff. entnommen sind.

Die graphische Darstellung selbst wurde am 1. 1. 1919 und 1. 1. 1923 gedehnt und am 1. 1. 1924 wieder zusammengezogen (vgl. die Keile).

Tabelle II: Richtpreise einiger Hauptsorten, auf Fettförderkohle bezogen 1913—1925

(vgl. Stat. Anhang, S. 301 und Anm. 1, Stat. Anhang, S. 301)

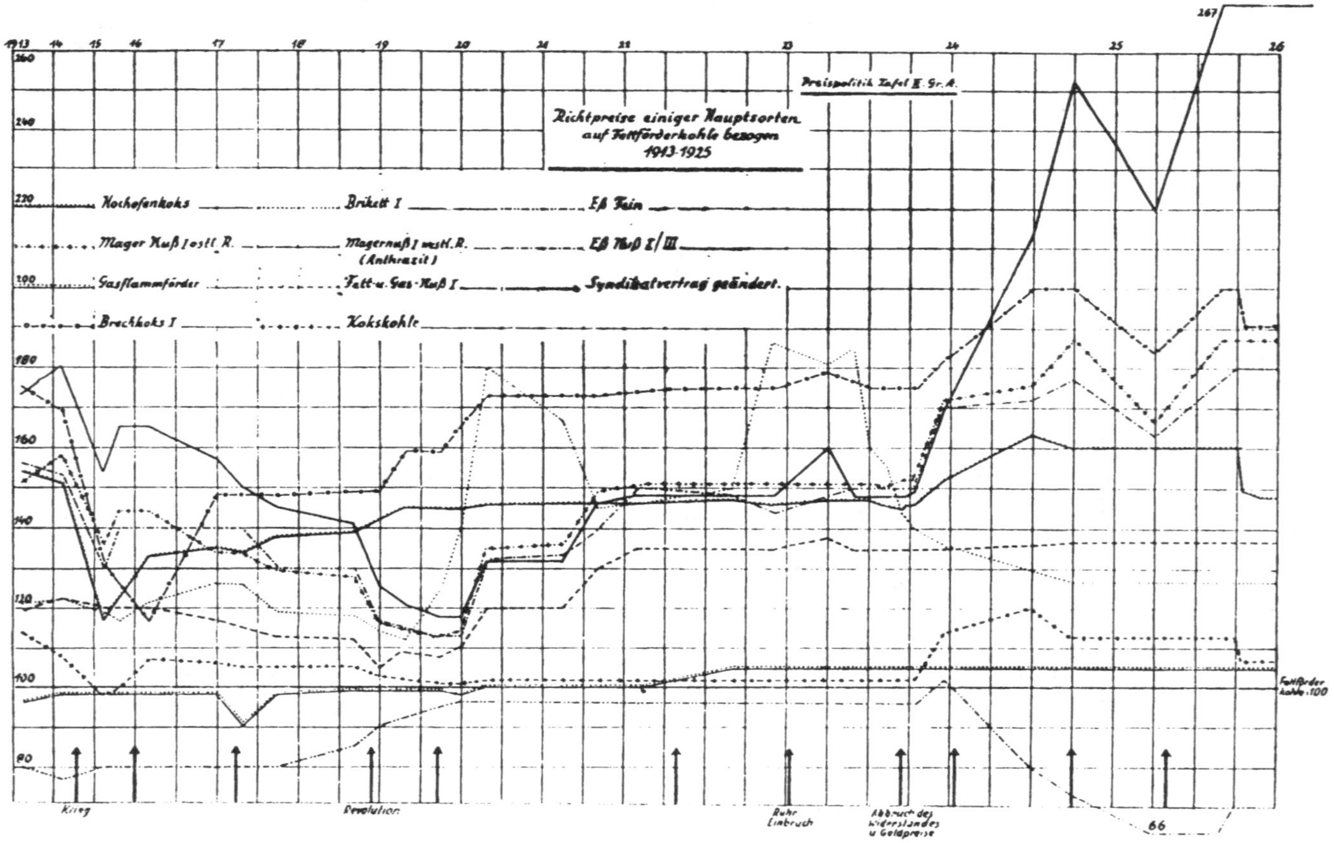

Tabelle III: Produktion, Absatz, Haldung

(vgl. Stat. Anhang Tabelle 9)

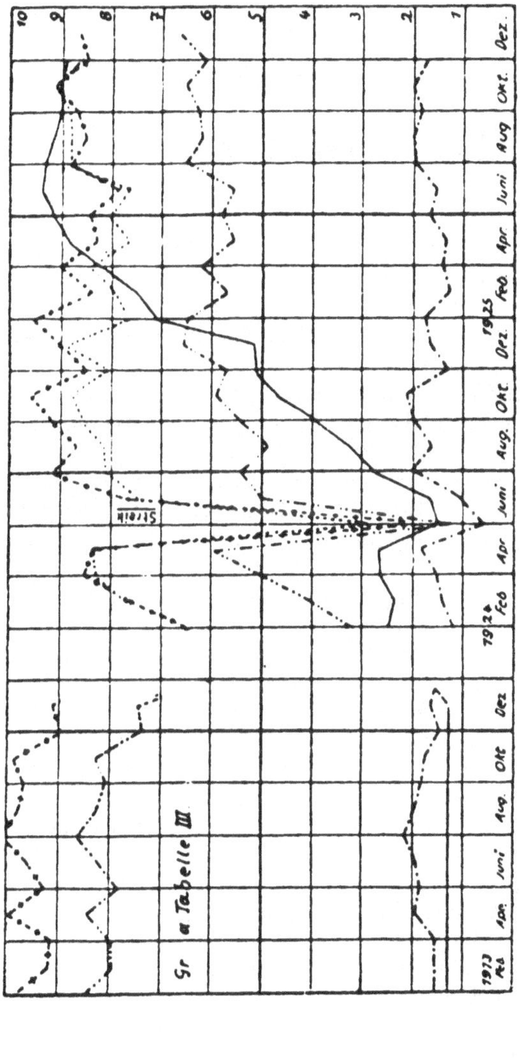

monatliche Förderung in Millionen Tonnen
monatliche Lagerbestände der Zechen und des Syndikates in Mill.:Tonnen
theoretischer Monatsabsatz in Millionen Tonnen
monatliche Abfuhr in den Rhein-Ruhrhäfen in Millionen Tonnen
monatliche Wagenstellung in 100000 Stück à 10 Tonnen.

Literaturverzeichnis

I. Theoretische und wirtschaftspolitische Bücher

Reichsamt des Innern, Kontradiktorische Verhandlungen über deutsche Kartelle, Bd. I. Berlin 1904.

— Denkschrift über das Kartellwesen, I. u. III. Teil. Berlin 1905/07.

Statistisches Reichsamt, Deutschlands Wirtschaftslage unter den Nachwirkungen des Weltkrieges. Berlin 1923.

Adler, W., Die Organisationsbestrebungen in Stabeisenfabrikation und Stabeisenhandel, ihre Bedeutung für die Gesamtorganisation der Eisenindustrie. Bonn 1920.

Arnst, P., August Thyssen und sein Werk. Leipzig 1925.

Bartz, O., Aufbau und Tätigkeit des Rheinisch-Westfälischen Kohlensyndikates in ihrer Entwicklung von 1893—1912. Diss. Erlangen 1913.

Beckerath, H. v., Kräfte, Ziele und Gestaltungen in der Industriewirtschaft. 2. Aufl. Jena 1924.

— Zwangskartellierung oder freie Organisation der Industrie. Stuttgart 1918.

Bergbauverein, Die Entwicklung des niederrheinisch-westfälischen Steinkohlenbergbaues in der zweiten Hälfte des 19. Jahrhunderts, Bd. X/XI. Berlin 1904.

— Zur Sozialisierung des Kohlenbergbaues. Essen 1920.

Bockhoff, W., Der Steinkohlenmarkt Deutschlands in den letzten 20—25 Jahren. Diss. Münster 1913.

Bonikowsky, H., Der Einfluß der industriellen Kartelle auf den Handel in Deutschland. Jena 1907.

Bonikowsky, Die wirtschaftlichen Verhältnisse der oberschlesischen Montanindustrie, Bd. II. (In Festschrift zum XII. Deutschen Bergmannstag.) Breslau 1913.

Borchardt, K., Zwanzig Jahre deutscher Kohlenhandel. (In Kohlenhandelsfragen, Festschrift für L. Wiesinger.) Berlin 1925.

Brockdorff, H. v., Denkschrift zur Sozialisierung des Kohlenbergbaues. Berlin 1919.

Bruns, H., Der Eisenwirtschaftsbund. Jena 1922.
Burger, I., Der Kohlenhandel der Pfalz. (In Kohlenhandelsfragen.) Berlin 1925.
Croner, F., Die Sozialisierung des Kohlenbergbaues. Diss. Heidelberg 1921.
Crousaz, V. v., Die moderne Konzentrationsbewegung in der Großindustrie. Diss. Breslau 1921.
Czempin, W., Der deutsche Braunkohlenmarkt, seine Preisgestaltung und Organisation in den letzten 30 Jahren. Berlin 1914.
Dehne, G., Deutschlands Großkraftversorgung. Berlin 1925.
Deutsch, P., Die oberschlesische Montanindustrie in ihrer wirtschaftlichen Bedeutung für Deutschland vor und nach der Teilung des Industriebezirkes. Diss. Leipzig 1924.
Duncker, M., Die neuen Zechenstillegungen an der Ruhr. Leipzig 1907.
Eisenhüttenleute, Verein deutscher, Gemeinfaßliche Darstellung des Eisenhüttenwesens. 12. Aufl. Düsseldorf 1923.
Emmendorfer, Ruhrkampf und Kohlenhandel. (In Kohlenhandelsfragen.) Berlin 1925.
Flechtheim, I., Die rechtliche Organisation der Kartelle. 2. Aufl. Mannheim 1923.
Flegel, K., Die Kohle. 4. Aufl. Handwörterbuch d. Staatswissenschaften. Jena.
Franken, R., Syndikatshandel oder Freihandel im Kohlenabsatz? Dipl. Köln 1925.
Freundt, F. A., Emil Kirdorf. Ein Lebensbild. Essen 1921.
Göpel, O., Essen, Montanindustrielle Entwicklung und Aufbau der Ruhr-Emscher-Stadt. Essen 1925.
Götzke, W., Das Rheinisch-Westfälische Kohlensyndikat und seine wirtschaftliche Bedeutung. Essen 1905.
Goldschmidt, C., Über die Konzentration im deutschen Kohlenbergbau. Karlsruhe 1912.
Gothein, E., Bergbau. Im Grundr. d. Soz.-Ök., Bd. VI. 1. u. 2. Aufl. Tübingen 1914/1923.
— Bergbau. Im Handwörterbuch d. Staatswissenschaft., 4. Aufl. Jena.
— Das Ruhrgebiet. Seine Eigenart, seine Bedeutung für Deutschland und seine Widerstandskraft. Berlin 1923.
Gothein, Gg., Die Verstaatlichung des Kohlenbergbaues. Berlin 1905.
— Reichsbergbaumonopol? Stuttgart 1916.
Habicht, B., Beitrag zur Frage der Sozialisierung der Montanindustrie. Diss. Breslau 1919.

Hager, C. H., Der Import englischer Kohle nach Deutschland unter den Einwirkungen der Zwangswirtschaft. (In Kohlenhandelsfragen.) Berlin 1925.

Hecht, W., Organisationsformen der deutschen Rohstoffindustrien. Die Kohle. Kempten 1924.

Heinz, M., Kartellbildungen im mitteldeutschen Braunkohlengebiet. Diss. Heidelberg 1919.

Herle, I., und M. Metzner, Aufgaben und Tätigkeit der Kartelle in der Gegenwart. Berlin 1925.

Heymann, H. G., Die gemischten Werke im deutschen Großeisengewerbe. München 1904.

Hillringhaus, M., Das Rheinisch-Westfälische Roheisensyndikat und seine Auflösung. Leipzig 1911.

Isay, R., Studien im privaten und öffentlichen Kartellrecht. Mannheim 1922.

Jaspert, H., Die bergbauliche Arbeit und ihre Ökonomisierung. Dipl. Köln 1922.

Jüngst, E., Entwicklungstendenzen im Ruhrbergbau. Essen 1910.

— Der Steinkohlenbergbau. (Sonderabdruck aus dem Kaiserjubiläumswerk „Die deutsche Industrie, ihre Entwicklung und ihr jetziger Stand".) Berlin 1913.

— Gutachten über den voraussichtlichen Einfluß des § 13, Ziff. 6 des Syndikatsvertragsentwurfs auf den Koksabsatz der reinen Zechen. Essen 1914.

— Lohn, Selbstkosten und Lebenshaltung im Ruhrbergbau. Essen 1925.

Jutzi, W., Die deutsche Montanindustrie auf dem Wege zum Trust. Jena 1905.

Kempkens, I., Die Ruhrhäfen, ihr Handel und ihre Industrie. Bonn 1914.

— Die jüngsten Fusionierungen im Kohlenkontor. (In Annalen des Deutschen Reiches für Gesetzgebung, Verwaltung und Volkswirtschaft.) 1915.

Kern, K., Vertikaler Zusammenschluß in der deutschen Industrie. Diss. Freiburg 1921.

Kerscht, W., Das Rheinisch-Westfälische Kohlensyndikat in seiner geschichtlichen Entwicklung von 1910 bis 1920. Diss. Freiburg 1922.

Kestner, Fr., Organisationszwang. Eine Untersuchung über die Kämpfe zwischen Kartellen und Außenseitern. Berlin 1912.

Köhrer, E., Oberschlesien, seine Entwicklung und Zukunft. Berlin 1925.

Könecke, F., Die Konzentrationstendenz der Montanindustrie Deutschlands in der Nachkriegszeit, ihr Wesen, gegenwärtiger Stand, Ursachen und Auswirkungen. Diss. Heidelberg 1922.

Köngeter, E., Das Kohlenwirtschaftsgesetz und der Kohlenhandel. Berlin 1920.

— Kohlenverteilung und Kohlenwirtschaftsstellen. Berlin 1920.

Kornazowsky, Der oberschlesische Industriebezirk. Geschichtliches und rechtliche Entwicklung. (In Festschrift z. XII. Deutschen Bergmannstag.) Breslau 1913.

Krebs, P., Die deutschen Kohlenpreise seit Beginn des Weltkrieges. Kempten 1924.

Kreutz, W., Wesen und Bedeutung der Beteiligungsziffer beim Rheinisch-Westfälischen Kohlensyndikat. Karlsruhe 1912.

Kulmitz, P. H. v., Das Absatzgebiet der schlesischen Kohle. Jena 1914.

Laeis, M. E., Die Kohlenversorgung Deutschlands mit besonderer Berücksichtigung des Friedensvertrages. Diss. Würzburg 1921.

Ledermann, E., Die Stinnes nahestehenden Konzerne im wirtschaftlichen Organismus. Dipl. Mannheim 1922.

Leisse, W., Wandlungen in der Organisation der Eisenindustrie und des Eisenhandels seit dem Gründungsjahr des Stahlwerksverbandes. München 1912.

Levy, H., Monopole, Kartelle und Trusts in ihren Beziehungen zur Organisation der kapitalistischen Industrie. Jena 1909.

Liefering, M., Das Rheinisch-Westfälische Kohlensyndikat und sein Einfluß auf die Kohlenpreise und die Lage der Bergarbeiter. Tübingen 1910.

Liefmann, R., Kartelle. 4. Aufl. Im Handwörterbuch der Staatswissenschaften. Jena.

— Kartelle und Trusts und die Weiterbildung der volkswirtschaftlichen Organisation. 6. Aufl. Stuttgart 1924.

— Beteiligungs- und Finanzierungsgesellschaften. 3. Aufl. Jena 1921.

— Die Kartelle in und nach dem Kriege. Berlin 1918.

— Krisen und Kartelle. Leipzig 1902.

Lübke, A., Die sterbende Kohle. Regensburg 1925.

Manitius, H., Die Nebenerzeugnisse der Steinkohle in der deutschen Volkswirtschaft. Diss. Münster 1923.

Mann, Der Hansakanal und seine wirtschaftliche Bedeutung. (In Kohlenhandelsfragen.) Berlin 1925.

Manno, E., Die Kohlenversorgung Süddeutschlands. Diss. Heidelberg 1913.

Mannstädt, Hch., Ursachen und Ziele des Zusammenschlusses im Gewerbe. Jena 1916.

Mannstädt, Hch., Die Konzentration in der Eisenindustrie und die Lage der reinen Walzwerke. Jena 1906.

Matschoß, C., August Thyssen und sein Werk. Berlin 1921.

Meifert, W., Die organisatorische Entwicklung der rheinisch-westfälischen Kohlenwirtschaft. Diss. Münster 1923.

Meißner, M., Die Versorgung der Weltwirtschaft mit Bergwerkserzeugnissen, I. 1860/1922. I. Teil: Kohle, Erdöl und Salze. Berlin 1925.

Meyer, H., Die niederrheinische Braunkohlenindustrie und ihre wirtschaftliche Organisation. (In Festschrift zum XI. Deutschen Bergmannstag in Aachen.) Berlin 1910.

Metallarbeiter-Verband, Deutscher, Konzerne der Metallindustrie. Stuttgart 1923.

Morgenroth, W., Die Exportpolitik der Kartelle. Leipzig 1907.

Münstermann, H., Die Konzerne der Kaliindustrie. Leipzig 1925.

Nedden, Fr. zur, Energiepolitik und Produktionskostenverminderung. Berlin 1924.

Oermler, H., Stahlwerksverband und Stahltrust. Diss Tübingen 1913.

Osteuropa-Institut, Oberschlesien und der Genfer Schiedsspruch. Berlin-Breslau 1925.

Passow, R., Kartelle des Bergbaues. Leipzig 1911.

— Zwangskartelle. Leipzig 1918.

— Betrieb, Unternehmung und Konzern. Jena 1925.

Petzold, H., Die Organe der Kohlengemeinwirtschaft. Diss. Breslau 1921.

Pilz, A., Die Hüttenzechenfrage im Ruhrbezirk und Richtlinien für eine Erneuerung des Rheinisch-Westfälischen Kohlensyndikates. Essen 1910.

Philippovich, E. v., Grundriß der politischen Ökonomie, Bd. I, 15. Aufl. Tübingen 1920.

Pohle, L., Die Kartelle der gewerblichen Unternehmer. Leipzig 1898.

— Die Entwicklung des deutschen Wirtschaftslebens im letzten Jahrhundert. 4. Aufl. Leipzig 1920.

Poßberg, H., Die neuere Entwicklung des Kohlenmarktes in Deutschland. Berlin 1920.

Pütz, C., Ursachen und Tragweite der Krise in der Kohlen- und Eisenindustrie Deutschlands. Gießen 1877.

Rasch, Der Kohlenhandel in Berlin. (In Kohlenhandelsfragen.) Berlin 1925.

Reier, O., Industrielle Arbeit in Niederschlesien. Das Niederschlesische Steinkohlensyndikat. 1912.

Richtsteig, W., Die Kohlenhandelsgesellschaften des Rheinisch-Westfälischen Kohlensyndikates zu Essen. Diss. Münster 1923.

Riese, O., Die rechtliche Konstruktion der nach den Sozialisierungsgesetzen zu bildenden Syndikate. Diss. Frankfurt 1921.

Sarter, Fr., Die Syndikatsbestrebungen im niederrheinisch-westfälischen Steinkohlenbezirke. Jena 1894.

Schacht, H., Der Stahlwerksverband und die jüngste Kartellentwicklung in Deutschland. Berlin 1904.

Scheer, O., Das Niederlausitzer Brikettsyndikat in Berlin. Berlin 1920.

Schlünder, E., Zur Sozialisierung des Kohlenbergbaues und über die Weiterführung des heutigen Wirtschaftssystems unter dem Gesichtspunkte der Sozialpolitik bei besonderer Berücksichtigung des Ruhrkohlenbergbaues. Diss. Freiburg 1923.

Schmidt, A., Die Steinkohle in Oberschlesien und an der Saar, die Bedeutung ihres Besitzes und die Folgen ihres Verlustes für Deutschland. Stuttgart 1919.

Schneider, R., Entwicklung des niederrheinisch-westfälischen Bergbaues und der Eisenindustrie im 19. Jahrhundert unter besonderer Berücksichtigung der Arbeiterverhältnisse. Bochum 1899.

Seul, Absatz und Absatzorganisation der rheinischen Braunkohle. (In Kohlenhandelsfragen.) Berlin 1925.

Spethmann, H., Die Großwirtschaft an der Ruhr. Breslau 1925.

Spiethoff, Krisen. Im Handwörterbuch der Staats-Wissenschaften. 4. Aufl. Jena.

Strothbaum, F., Tätigkeit und Bedeutung der deutschen Braunkohlensyndikate. Diss. Heidelberg 1912.

Thelen, O., Der deutsche Braunkohlenbergbau und seine Kartelle. Essen 1916.

Thönes, W., Die Zwangssyndikate im Kohlenbergbau und ihre Vorgeschichte. Jena 1921.

Tiegs, H., Deutschlands Steinkohlenhandel. Berlin 1904.

Tröltsch, W., Die deutschen Industriekartelle vor und seit dem Krieg. Essen 1916.

Troß, A., Der Aufbau der Eisen- und eisenverarbeitenden Industriekonzerne Deutschlands. Berlin 1923.

Tschierschky, S., Kartell und Trust. Göttingen 1903.

— Kartellprämien. Leipzig 1906.

— Zur Reform der Industriekartelle. Berlin 1921.

— Das Problem der staatlichen Kartellaufsicht. Berlin 1923.

Ufermann, P., und C. Hüglin, Stinnes und seine Konzerne. Berlin 1924.

Vogelstein, Th., Die finanzielle Organisation der kapitalistischen Industrie und die Monopolbildungen, Abt. 6. 1. Aufl. Grundriß der Soz.-Ök. Tübingen 1914.

Wiedenfeld, K., Die Kaliindustrie und das Reichskaligesetz. Leipzig 1911.

— Das Rheinisch-Westfälische Kohlensyndikat. Bonn 1912.

— Staatliche Preisfestsetzung. Bonn 1918.

— Das Persönliche im modernen Unternehmertum, 2. Aufl. München 1920.

— Die deutsche Wirtschaft und ihre Führer, Bd. I, Vorwort. Gotha 1925.

— Der Handel in der Volkswirtschaft. (In Kohlenhandelsfragen.) Berlin 1925.

— Ein Jahrhundert rheinischer Montanindustrie 1815/1915. Bonn 1916.

Wiese, L. v., Konkurrenz, 4. Aufl. Im Handwörterbuch der Staats-Wissenschaften. Jena.

Willms, W., Die Bedeutung des Rheinisch-Westfälischen Kohlensyndikates für die Bergarbeiter. Diss. Köln 1921.

Wingels, Th. O., Die industrielle Gruppenbildung in der rheinisch-westfälischen Großeisenindustrie als Anpassungsprozeß an die nach Beendigung des Weltkrieges geschaffene Lage. Diss. Köln 1922.

Würmeling, Fr. I., Das Kohlenwirtschaftsgesetz von 1919 und seine Bedeutung. Diss. Freiburg 1921.

Zuckerkandl und Hans Meyer, Preis, 4. Aufl. Im Handwörterbuch der Staats-Wissenschaften. Jena.

Bund der Industriellen, Kohlensyndikat und Staat. Berlin 1912.

Diverse, Kohlenwirtschaft und Reparationslieferungen. Berlin 1923.

II. Festschriften

Jüngst, E., Festschrift zur Feier des 50jährigen Bestehens des Vereins für die bergbaulichen Interessen im O. B. B. Dortmund in Essen 1858/1908. Essen 1908.

Däbritz, W., Denkschrift zum 50jährigen Bestehen der Essener Credit-Anstalt in Essen. Essen 1922.

Ferner der Firmen: Gelsenkirchener Bergwerks-A.-G., Phönix, Krupp, Gute-Hoffnungshütte, Rheinische Stahlwerke, Gebr. Stumm, Gewerkschaft Langenbrahm, Gewerkschaft Ewald, Linke-Hofmann-Lauchhammer-Werke.

25 Jahre Deutsche Bergwerks-Zeitung, Nr. 2—5. 1925.

III. Denkschriften

Bergbauverein und Zechenverband, Denkschrift zur Lage des Ruhrbergbaues. Essen 1925.

Allgemeiner Deutscher Bergarbeiterverband, Denkschrift zur Umstellung des Ruhrbergbaues. Bochum 1925.

Deutscher Braunkohlenindustrieverein, Denkschrift zur Lage des mitteldeutschen Braunkohlenbergbaues. Halle 1925.

Reichsverband der Deutschen Industrie, Deutsche Wirtschafts- und Finanzpolitik. Berlin 1925.

Reichskohlenrat, Gutachten über die Preiselemente der Ruhrkohle in der Zeit vom Juli 1924 bis Januar 1925, erstattet von Steiger Halbfell. 1925.

Stolberg, H. K., Die Frachtenpolitik der Reichsbahn und die Notwendigkeit ihrer Umstellung. 2. Aufl. Stolberg 1924.

IV. Verträge

Friedensvertrag von Versailles. RGBL 1919.

Micumabkommen des Ruhrbergbaus vom 23. 11. 1923 und 15. 4. 1924.

Abkommen vom 5. 11. 1924 über Reparationslieferungen.

Verträge des Rheinisch-Westfälischen Kohlensyndikates von 1893, 1895, 1903 mit Novelle von 1909; Entwürfe I—III von 1914/15, 1915, 1916, 1919, 1922, 1925.

Verträge der „Vereinigung für die Verteilung und den Verkauf von Ruhrkohle Aktiengesellschaft“ vom Januar und September 1924.

Vertrag der Rohstahlgemeinschaft A.-G. von 1924.

Vertrag des Stahlwerksverbandes A.-G. von 1904.

Vertrag des Oberschlesischen Steinkohlensyndikat G. m. b. H. von 1925.

Vertrag des Mitteldeutschen Braunkohlensyndikat von 1925.

Vertrag des Ostelbischen Braunkohlensyndikat von 1920.

Vertrag des Rheinischen Braunkohlensyndikat von 1920.

V. Jahr- und Handbücher

Jahrbuch für den O.B.B. Dortmund 1893/1925. Essen.

Wirtschaftsjahrbuch für den Ruhrbezirk 1920/1925. Essen.

Handbuch der Aktiengesellschaften I/II, 30. Aufl. 1925.

VI. Statistische Bücher

Statistisches Jahrbuch für das Deutsche Reich 1924/1925, 24. Jahrg. Berlin 1925.

Statistisches Heft des Bergbauvereins, 22. Aufl. Essen 1924.

Die Bergwerke und Salinen im niederrheinisch-westfälischen Bergbaubezirk 1913/1924. Verlag Glückauf. Essen 1925.

VII. Geschäftsberichte.

Von etwa 100 Firmen (Syndikate, Gesellschaften, Interessenverbände) für die Jahre 1900 ff.

VIII. Zeitschriften, Zeitungen, Archive.

Glückauf. Essen 1910/1926.
Stahl und Eisen. Düsseldorf 1915/1926.
Wirtschaftliche Nachrichten aus dem Ruhrbezirk. Essen 1920/1925.
Deutsche Kohlenzeitung. Berlin 1913/1926.
Kartellrundschau. Berlin 1915/1926.
Wirtschaft und Statistik. Berlin 1921/1926.
Zeitschrift für Berg-, Hütten- und Salinenwesen. Berlin 1913/1925.
Reichsarbeitsblatt. Berlin 1913/1925.
Reichsanzeiger. Berlin 1921/1925.

Frankfurter Zeitung. Frankfurt.	
Berliner Tageblatt. Berlin.	Regelmäßig.
Deutsche Bergwerkszeitung. Essen.	

Rheinisch-Westfälische Zeitung. Essen.	
Kölnische Zeitung. Köln.	
Kölnische Volkszeitung. Köln.	Gelegentlich.
Vossische Zeitung. Berlin.	
Berliner Börsenzeitung, Berlin.	

Archiv des Bergbauvereins Essen.
Archiv der Deutschen Bergwerkszeitung. Essen.
Archiv der Rheinisch-Westfälischen Zeitung. Essen.

FSC
www.fsc.org
MIX
Papier | Fördert gute Waldnutzung
FSC® C083411

Kolibri 360 GmbH
Ferdinand-Jühlke-Straße 7
99095 Erfurt, Deutschland
produktsicherheit@kolibri360.de